Band 643

Wilfried Hartmann

Karl der Große

Verlag W. Kohlhammer

Umschlag: Karl der Große, Reiterstatuette, Ausschnitt, um 860 (Paris, Louvre)

Alle Rechte vorbehalten
©2010 W. Kohlhammer GmbH Stuttgart
Karten: Peter Palm, Berlin
Gesamtherstellung:
W. Kohlhammer GmbH + Co. KG, Stuttgart
Printed in Germany

ISBN 978-3-17-018068-0

Inhaltsverzeichnis

Vorwort 9
Einleitung 11
   Quellen und Quellenkritik 13
   Literatur 22

1 Herkunft 25
   Die Arnulfinger 25
   Karl Martell 27
   Karlmann und Pippin 32
   Das Königtum Pippins 34

2 Geburt, Kindheit und Jugend
   Karls des Großen 39

3 Teilung des Reiches bis zum Tode
   Karlmanns 46

4 Ehe und Familie 50
   Karls Töchter 65

5 Lebensführung 70

6 Tod und Begräbnis 77

7 Karl als Eroberer 82
   Langobardenreich 83
   Muslime in Spanien 86
   Baiern 89

Awaren 93
　　Sachsen 98
　　Karls Kriegsführung 106

8　Wie regierte Karl sein Reich? 112
　　Die wirtschaftlichen Grundlagen 112
　　Ausstellung von Urkunden 115
　　Die Pfalzen 115
　　Politische und soziale Struktur des Reiches 120
　　Karl und das Recht 129

9　Wirtschaftsleben 152

10　Karl und die Kirche 159
　　Innere Christianisierung und äußere Mission 160
　　Bischöfe und Kirchenorganisation 163
　　Mönche 167
　　Verhältnis zum Papst 167
　　Karl als Herr der Kirche 171
　　Kirchliche Gesetzgebung 173

11　Bildung und Wissenschaft 177
　　Karl und die Schulen 177
　　Wissenschaftliche Berater 195
　　Karolingische »Renaissance«? 202

12　Kaisertum 206

13　Das Frankenreich und seine Nachbarn 219
　　England 220
　　Norden 223
　　Slawen 224
　　Byzanz 226
　　Orient 228

14　Die Söhne Karls und die Regelung seiner
　　Nachfolge 233

15 Die Lage im Frankenreich nach Karls Tod ... 242

16 Nachleben 247
   Karl der Große als Vorfahr 247
   Karl der Große als Kreuzfahrer 250
   Karl der Große als Idealherrscher 252

Schluss 261

Abkürzungen 263

Anmerkungen 265

Quellen und Literatur 299
   Quellen 299
   Literatur 302

Abbildungsverzeichnis 325
   Abbildungen 325
   Karten 325
   Stammtafeln 326

Personenregister 327

Vorwort

Es gibt bereits viele Monographien und Biographien über Karl den Großen; man kann daher fragen, warum dieser Menge noch ein weiteres Buch hinzugefügt werden muss. Aber gerade diese riesige Anzahl an Titeln, die im Umkreis des Jahres 2000, als das 1200-jährige Jubiläum von Karls Kaiserkrönung durch Ausstellungen und Buchpublikationen gefeiert wurde, einen neuen Höhepunkt erreichte, macht es nötig, immer wieder eine Gesamtdarstellung von Leben und Herrschaft dieses mittelalterlichen Idealherrschers zu versuchen.

In diesem Buch sollen nicht nur das Leben und die Leistungen Karls des Großen als Eroberer und als Verwalter seines Reiches erneut dargestellt werden, sondern es wird viel Raum darauf verwendet, Karls auf die Kirche bezogene Reformen und seine Anstrengungen für die Bildung herauszuarbeiten.

Meiner lieben Frau Martina Hartmann verdankt dieses Buch sehr viel: nicht nur war sie immer bereit, mit mir über einzelne Probleme zu diskutieren, sondern sie gab zahlreiche Hinweise und leistete auch Beistand bei der formalen Gestaltung der Anmerkungen und des Literaturverzeichnisses.

Frau Monica Wejwar vom Kohlhammer Verlag ist zu danken für geduldige Ermunterung, mit der sie das Entstehen des Buches begleitete, das lange nicht recht voranschreiten wollte, dann aber doch rasch abgeschlossen werden konnte.

Gilching, im September 2009
Wilfried Hartmann

Einleitung

Noch zu Lebzeiten Karls des Großen, im Jahr 811, rühmte der irische Rekluse Dungal, der im Kloster St. Denis ein von der Welt abgeschlossenes und gelehrtes Leben führte, in einem Brief an den fränkischen Herrscher diesen als vorbildlichen Regenten, Kriegsmann, Kirchenführer und Freund der Gelehrten:

> »(du bist ein Vorbild) für die Großen des Reiches beim richtigen Regieren ihrer Untertanen, für die Krieger beim Ausüben ihrer militärischen Kunst, für die Kleriker bei der rechten Beobachtung der christlichen Religion und für die Philosophen und Gelehrten beim richtigen Philosophieren und beim rechtgläubigen Nachdenken über Gott«[1].

Dass Karl auf diesen vier von Dungal genannten Tätigkeitsfeldern Besonderes geleistet hat, ist kaum bestreitbar; und hierin besteht seine Größe, hierdurch wird er weit über seine Vorgänger und Nachfolger hinausgehoben.

Die Verehrung und wohl auch die Verklärung Karls des Großen als idealer Herrscher hat also schon begonnen, als er noch lebte, und diese Verehrung ist im weiteren Verlauf des 9. Jahrhunderts zu einer Karlslegende gewachsen, die der Mönch Notker von St. Gallen in seinem Werk über die Taten Karls bezeugt. Im Hochmittelalter, besonders im 12. Jahrhundert, steigerte sich diese Karlslegende noch weiter und der Mythos von Karl dem Großen entstand, der noch im 19. und 20. Jahrhundert lebendig war[2].

Der Historiker ist als Biograph Karls dazu aufgerufen, diesen Mythos zu durchdringen, um über die tatsächliche Lebensleistung dieses fränkischen Königs und Kaisers zu berichten.

»Entmythologisierung« zu betreiben darf aber nicht heißen, ins andere Extrem zu verfallen und aus Karl einen »barbarischen Eroberer« oder einen »Stammeshäuptling« zu machen oder ihn als Verbrecher darzustellen, der seinen Bruder und dessen Kinder habe umbringen lassen.

Wenn man ein angemessenes Bild von Karls Herrschaft entwerfen will, muss man sich aber auch davor hüten, alle Geschehnisse und Leistungen seiner Regierung auf Karls Absichten und seine politischen, militärischen, juristischen und vielleicht sogar theologischen Fähigkeiten zurückzuführen, auch wenn eine biographisch ausgerichtete Darstellung dazu geradezu einladen würde.

Es ist zwar heute nicht mehr möglich, die eigenen Ideen Karls von denen seiner Berater und Helfer zu unterscheiden, aber auch für die Politiker unserer Zeit gilt, dass wir bei ihnen meist nicht erkennen können, woher sie die Grundlagen für ihre Entscheidungen bezogen haben. Allerdings gehen wir für unsere eigene Zeit, ja für die gesamte Moderne, davon aus, dass politische Maßnahmen auf längerfristig angelegten Konzeptionen beruhen; ob wir mit solchen für das Regierungshandeln eines mittelalterlichen Herrschers rechnen dürfen, ist mindestens unsicher[3].

Vorausschauende Planung dürfte es wahrscheinlich nicht bei den Kriegszügen Karls gegeben haben, wenigstens nicht in dem Sinn, dass er seine Kriege gegen die Langobarden, die Sachsen oder die Muslime in Spanien mit der Absicht begonnen hätte, das Frankenreich so sehr zu vergrößern, dass seine Ausdehnung der des 476 untergegangenen weströmischen Kaiserreichs entsprochen hätte. Wir dürfen aber auch nicht so weit gehen, Karl oder seinen Zeitgenossen überhaupt die Fähigkeit zu längerfristigen Plänen und Konzepten abzusprechen.

Solche Konzepte gab es ohne Zweifel in der inneren Politik Karls, so wenn er das Heerwesen reformierte oder einen im ganzen Reich gültigen neuen Münzfuß durchsetzte, aber auch wenn er das Gerichtswesen oder die Reichsverwaltung reformierte[4]. Einer langfristig wirksamen Initiative Karls entsprach auch seine Bildungspolitik, die heute als die vielleicht eindrucksvollste und nachhaltigste Aktivität des fränkischen Königs und Kaisers gilt.

Was wir über die literarische Ausbildung Karls wissen oder auch über sein Äußeres wird im Lauf der folgenden Seiten hoffentlich klar werden. Ungeklärt bleiben dürfte aber, wie wir uns den Charakter und die innersten Antriebskräfte des Menschen Karl vorzustellen haben, auch wenn die Karlsvita Einhards zu diesem Thema einiges Material bietet. Natürlich muss diese Biographie auf die dort gebotenen Informationen zurückgreifen, es ist aber zu bedenken, dass Einhards Werk eine Tendenz hat und dass er sich gerade bei der Beschreibung der persönlichen Züge seines Helden der Worte bediente, die der römische Autor Sueton um 120 n. Chr. für die Beschreibung der Charaktermerkmale der römischen Kaiser benutzt hatte.

Quellen und Quellenkritik

Als wichtigste historiographische Quelle über Karl den Großen gilt bis heute die Lebensbeschreibung, die Karls Gefährte in den letzten Jahren vor seinem Tod, der Mainfranke Einhard (um 770–840) verfasst hat. Wann dieses Werk geschrieben wurde, ist bis heute umstritten; während Rosamond McKitterick jüngst wieder die Jahre unmittelbar nach Karls Tod (814–817) ins Spiel brachte[5], hat der Verfasser der umfangreichsten Monographie über Einhards Werk, Matthias Tischler, gute Gründe für 827 oder 828 anführen können[6]. Die Vita ist zuerst erwähnt in einem Reichenauer Bibliothekskatalog von 821, der allerdings auch spätere Ergänzungen enthält. Als erster Benutzer gilt Lupus von Ferrières, der in einem Brief aus Fulda von der Vita spricht; Lupus weilte von 828 bis 833 dort.

Nur hingewiesen werden soll hier auf die große Wirkung der Karlsvita Einhards, von der heute noch über 120 Handschriften und Fragmente erhalten sind, von denen 105 aus dem Mittelalter stammen[7]. Dazu kommen zahlreiche Erwähnungen des Werks in Bibliothekskatalogen, die seine riesige Verbreitung bezeugen[8].

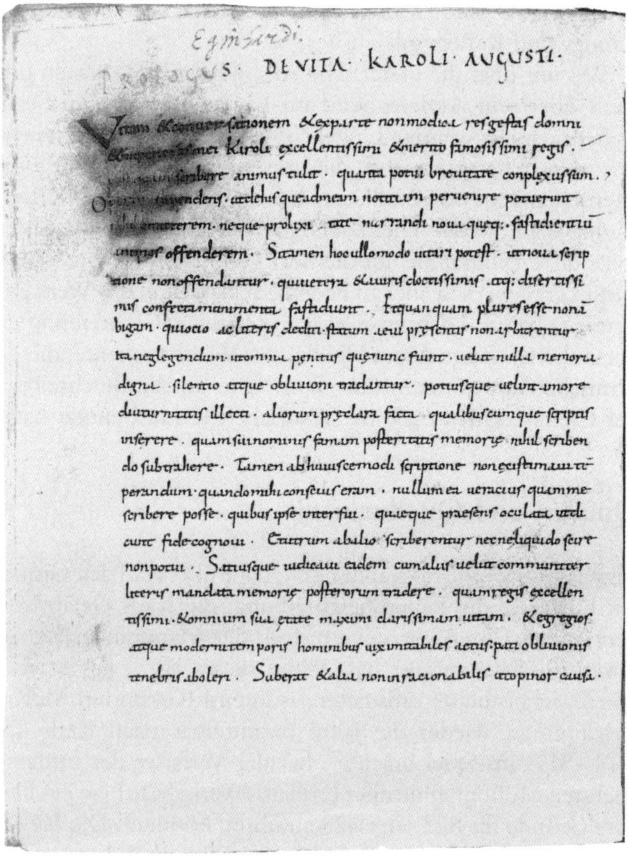

Abb. 1: Eine der ältesten erhaltenen Handschriften von Einhards Karlsvita (entstanden ca. 867 in St. Gallen)

Die ältere Forschung hat die Karlsvita gern als »die erste echte Biographie« des Mittelalters bezeichnet, eine Charakterisierung, die Walter Berschin 1991 in seinem großen Werk über »Biographie und Epochenstil« »ganz irreführend« genannt hat, obwohl er daran festhalten will, dass es sich bei Einhards Vita um ein »Werk einsamer Größe« handelt[9].

Schon seit dem 16. Jahrhundert wissen wir, dass ein wichtiges Vorbild Einhards die Kaiserviten des römischen Autors Sueton waren; vor allem aus dessen Vita des Kaisers Augustus hat Einhard viele Redewendungen und auch die Gliederung seines Werks entnommen. Wahrscheinlich lag Einhard eine Sueton-Handschrift aus Fulda vor; ansonsten war der Autor nämlich im frühen Mittelalter kaum bekannt. Das Vorbild Suetons dürfte Einhards Blick für manche Züge der Persönlichkeit Karls geschärft haben, die sonst im Mittelalter meist unbeachtet blieben.

Ob aber der Einfluss des Sueton tatsächlich so groß ist, wie das die Forschung zeitweilig annahm, ist inzwischen eher zweifelhaft geworden: Die Gliederung der Vita weicht in vielen Punkten von der der Kaiserviten Suetons ab[10], und auch in der Ausführung des Werkes fällt auf, dass Einhard ohne anekdotische Details auskommt, wie sie sich bei Sueton finden. Wörtliche Entlehnungen gibt es nur in dem Teil der Karlsvita, die Karls physische Erscheinung und seine Lebensweise schildern[11]. Unter den biographischen Schriften der römischen Antike könnte Einhard vielleicht auch auf den *Agricola* des Tacitus zurückgegriffen haben; dieses Werk ist die einzige antike Biographie einer Einzelperson. Rosamond McKitterick hat für diese Vermutung eine Reihe von Belegen gesammelt[12].

Bereits Ranke hatte von zahlreichen »historischen Fehlern« und falschen Informationen bei Einhard gesprochen[13]; zuletzt hat Matthias Becher – nicht immer zu recht – behauptet, dass Einhard die Unwahrheit sage oder dass er Tatsachen verschweige, die nicht in seine Tendenz passen[14]. Die Tendenz, die in der Karlsvita zum Ausdruck kommt, hat Gunther Wolf als »hofhistoriographischen Euphemismus« bezeichnet und dafür auch eine ganze Reihe von Belegen angeführt[15].

Unter den eigentlichen Geschichtswerken aus dem 8. und 9. Jahrhundert, die zu unserem Wissen über Karl den Großen beitragen, muss zuerst ein Werk genannt werden, das von zwei Angehörigen der karolingischen Familie, König Pippins Onkel Childebrand und dessen Sohn Nibelung, verfasst wurde und das den wenig aussagekräftigen Titel »Fortsetzer Fredegars«

trägt. An diesem Werk ist vor allem interessant, dass es die frühesten zeitgenössischen Nachrichten übermittelt. Nach der Überzeugung der Mehrheit der Forscher ist es nämlich kurz nach 750 entstanden; McKitterick will seine Entstehungszeit allerdings erst in die Jahre zwischen 768 und 786 legen[16].

Das umfangreichste zeitgenössisch entstandene Geschichtswerk aus der Zeit Karls des Großen sind die *Annales regni Francorum* (künftig: ARF), die Fränkischen Reichsannalen, in denen die Zeit von 741 bis 829 dargestellt wird[17]. Während die ältere Forschung angenommen hatte, das Werk sei im Kloster Lorsch entstanden, woher die älteste erhaltene Handschrift stammt, glaubt man heute, es sei in der Umgebung Karls des Großen verfasst worden. Die Einträge zu den Jahren 741 bis 788/795 wurden erst nachträglich und zwar nach 790 niedergeschrieben, während die Jahresberichte von 793/94 bis 807 und auch von 808 bis 829 wohl jahrweise eingetragen wurden.

Die jüngere Forschung hat erhebliche Zweifel an der Richtigkeit der Darstellung der Faktengeschichte in dieser Quelle für die Jahre von 741 bis 788 zusammengetragen. So konnte Matthias Becher zeigen, dass der Verfasser zahlreiche Fakten umgeschrieben hat, um eine relativ harmonische Familiengeschichte der Vorfahren Karls des Großen zu gestalten[18]. Auch die Darstellung der Eingliederung Baierns ins Frankenreich ist nach Becher mit Unwahrheiten durchsetzt[19]. Rosamond McKitterick vermutet, dass die Niederschrift der Jahresberichte 741–793 in den 790er Jahren mit dem Aufbau eines Königshofes und den Anfängen von Aachen als königlicher Hauptstadt zusammenhängen[20]. Eine beachtenswerte Bemerkung McKittericks gilt noch der Wirksamkeit dieses Geschichtswerks, das bewusst im ganzen Reich verteilt worden sei, um überall die karolingische Sicht von der Vergangenheit durchzusetzen[21].

Wohl erst nach dem Tod Karls des Großen (814–817) wurden diese Annalen stark überarbeitet; als Autor dieser Überarbeitung glaubte die ältere Forschung Einhard bestimmen zu können; wir bezeichnen dieses Werk daher bis heute als »Einhardsannalen«[22]. Vor einigen Jahren hat der englische

Historiker Roger Collins darauf hingewiesen, dass die inhaltliche Überarbeitung recht massiv war. So wird jetzt auch über Fehlschläge bei den Kriegszügen Karls des Großen berichtet, was in der ursprünglichen Fassung der Reichsannalen meist nicht der Fall gewesen war, und die Überarbeitung bietet zusätzliche Nachrichten[23]. Nach Collins haben die überarbeitete Version für die Jahre bis 801 und die Berichte für die Jahre 807 bis 829 möglicherweise denselben Autor[24].

Ein drittes Geschichtswerk, das wahrscheinlich in den letzten Jahren Karls des Großen entstanden ist, berichtet über den Aufstieg der karolingischen Familie, die *Annales Mettenses priores*, die älteren Metzer Annalen[25]. Die Darstellung der Regierung Karls des Großen bis 802/805 ist in diesem Werk aus verschiedenen Quellen, vor allem den Reichsannalen, kompiliert worden; diese Kompilation wurde in den Jahren 804/806 wahrscheinlich im Kloster Chelles bei Paris vorgenommen[26].

Neben diesen Werken, die zweifellos stark vom Hof beeinflusst wurden, haben sich noch eine ganze Reihe von kleineren Annalen erhalten, die vielfach nur kurze Nachrichten bieten, die aber deshalb von Bedeutung sind, weil sie zuweilen über Ereignisse berichten, die sonst unbekannt geblieben wären.

Auch sie scheinen nicht unbeeinflusst vom Königshof zu sein, wie die *Annales Petaviani* zeigen, die keine »örtliche Färbung« aufweisen, sondern in der Nähe der Familie der Karolinger entstanden sein dürften[27].

Das wahrscheinlich älteste Annalenwerk stellen die *Annales Sancti Amandi*[28] dar, die für die Zeit von 782 bis 809 Beziehungen zum Kloster St. Amand (heute: Frankreich, Dép. Nord) aufweisen und daher ihren Namen erhalten haben. In den früheren Teilen ist ihr Inhalt aber durchaus reichsgeschichtlich und stark auf die Familie der Karolinger konzentriert[29].

Auch die *Annales Laureshamenses*, die Lorscher Annalen, weisen Beziehungen zum Hof Karls des Großen auf, wenn es stimmt, dass Bischof Richbod von Trier (791/92–804) sie verfasst hat. Diese Annalen berichten von einer Reihe von Begebenheiten, die in den anderen zeitgenössischen Quellen fehlen; sie enthalten etwa Nachrichten über die Verschwörungen Hardrads und Pippins des Buckligen, über die Niederlage von Roncesvalles und anderes[30].

Von den weiteren Annalen seien noch die *Annales Mosellani* und das *Chronicon von Moissac* genannt, das bis zum Jahr 818 reicht und vielleicht wenig später entstanden ist[31].

Den Übergang von der zeitgenössischen Historiographie zur Legendenbildung markieren die *Gesta Karoli* des Mönchs Notker von St. Gallen, die dieser am Beginn der 880er Jahre für den Urenkel Karls des Großen, für Karl III., verfasste. Von dem ursprünglich auf drei Bücher angelegten Werk sind nur zwei ausgeführt; vermutlich nach dem Sturz Karls III. (im November 887) hat Notker sein Werk abgebrochen. Er hat in sein Werk zahlreiche Anekdoten und Geschichten eingefügt, die für die Faktengeschichte der Zeit Karls des Großen zwar wenig beitragen, die aber ein Zeugnis für die am Ende des 9. Jahrhunderts bereits weit fortgeschrittene Legendenbildung um den großen Kaiser darstellen. Wenn die Gesta auch zahlreiche chronologische Ungenauigkeiten und offensichtliche Verwechslungen enthalten, bedeutet das nicht, dass Notkers Darstellung jeden Rückhalt an der Realgeschichte verloren hat, so stellte er die Kirchenherrschaft Karls sehr ausführlich dar, die bei Einhard völlig mit Schweigen übergangen worden war.

Karl wird als Idealgestalt eines christlichen Herrschers gezeichnet, der von Gott zum Kämpfer gegen das Böse und den Satan berufen wurde. Vor fast 50 Jahren hat Theodor Siegrist das Werk zu recht als »Fürstenspiegel in Exempelform« und als »Erbauungsliteratur« bezeichnet[32].

Merkwürdig ist, dass die durchaus reiche Überlieferung dieses Textes – es haben sich insgesamt 17 Handschriften erhalten – erst im 12. Jahrhundert einsetzt[33] und dass nirgends der Verfasser genannt ist.

Eine Besonderheit der Zeit Karls des Großen stellt es dar, dass zahlreiche Dichtungen (Gedichte und Epen) erhalten sind, die viele Aussagen über die politischen Verhältnisse enthalten. Zuerst ist hier ein Epos oder Eposfragment zu nennen, das unter dem Namen *Karolus magnus et Leo papa*, Paderborner Epos oder Aachener Karlsepos bekannt ist; es sollte vielleicht am besten als »Karlsepos« bezeichnet werden[34]. Die Mehrheit der Forscher folgt inzwischen der Ansicht von Dieter Schaller[35], dass das nur fragmentarisch erhaltene Epos ursprünglich aus vier Büchern bestand und kein »Paderborner« Epos über den Besuch von Papst Leo III. in Paderborn gewesen ist, sondern erst nach der Kaiserkrönung Karls in Aachen entstand[36].

Der erhaltene Teil des Epos schildert nicht nur den Besuch des Papstes in Paderborn, sondern auch eine große Jagd, anlässlich der Karl mit seinen Söhnen und Töchtern vorgestellt wird. Berühmt sind auch die Charakterisierungen Karls im Epos, wo er als *pharus Europae* (»Leuchtturm Europas«, Z. 12), als *Europae venerandus apex* (»verehrungswürdige Spitze Europas«, Z. 93) oder als *pater Europae* (»Vater Europas«, Z. 504) bezeichnet wird. Über den Verfasser dieses Gedichts ist viel spekuliert worden; häufig wurde Einhard vermutet, zuletzt wurden für den sonst weniger bekannten Dichter Modoin einige Argumente zusammengetragen[37].

Eine Darstellung der Regierung Karls des Großen in epischer Form auf der Basis der Reichsannalen hat der Poeta Saxo, ein in Sachsen schreibender Dichter des ausgehenden 9. Jahrhunderts (888/891), hinterlassen[38].

Aus zahlreichen Gedichten, die von Gelehrten aus Karls Umgebung wie Alkuin, Theodulf von Orléans und anderen verfasst wurden, kennen wir viele Details über das Leben und Treiben am Hof und in hofnahen Kreisen. Das älteste erhaltene Gedicht für Karl stammt jedoch von Paulinus von Aquileia und feiert Karls Triumph über die aufständischen Langobarden im Jahr 776[39].

Eine weitere Besonderheit der Quellenlage im Zeitalter Karls des Großen stellen die recht zahlreichen Briefe dar, die in besonders großer Zahl von Alkuin[40] und von Einhard[41], aber auch von anderen Zeitgenossen des Frankenkönigs und von ihm selbst erhalten sind.

Eine wichtige Quellengruppe stellen dann noch solche Texte dar, die nicht bewusst – und daher vielfach tendenziös – über Vorgänge berichten, sondern als direkte Zeugnisse die

Tätigkeit eines Herrschers bezeugen, das sind vor allem Urkunden und Rechtsverordnungen.

Was die Urkunden angeht, so sind sie ohne Zweifel nur in einer kleinen Auswahl auf uns gekommen. Erhalten haben sich vornehmlich solche Diplome, die sich auf Besitztitel beziehen, weil diese aufbewahrt wurden, um später eventuelle Anfechtungen eines Besitzes abzuwehren[42]. Dieser Aspekt ist es auch, der den Grund zu den nicht wenigen Urkundenfälschungen gab, wobei ein berühmter Herrscher wie Karl der Große besonders häufig als angeblicher Aussteller einer Urkunde auftaucht. Von den insgesamt 262 erhaltenen Urkunden, die Karl als Aussteller nennen, sind höchstens 164 echt, während mindestens 98 als Fälschungen angesehen werden müssen. Das sind angesichts der langen Regierungszeit Karls keine sehr hohen Zahlen, aber wenn man die Urkundenzahl bei seinem Vater Pippin daneben hält (30 echte und zwölf gefälschte Urkunden in 17 Königsjahren), war die Steigerung der Urkundentätigkeit doch ganz erheblich.

Das Jahr, aus dem die meisten Urkunden erhalten sind, war das Jahr 775, aus dem 22 echte Stücke auf uns gekommen sind. Warum das so ist, hat Rosamond McKitterick damit erklärt, dass in diesem Jahr mehrere Klöster eine Stiftung erhalten haben, deren Archive außergewöhnlich gut erhalten sind[43]. Andere Jahre mit fünf und mehr Urkunden sind: 769 (5), 772 (6), 774 (9), 779 (8), 781 (8), 782 (7), 790 (6), also alles Jahre aus der ersten Hälfte der Regierung Karls. Aus seiner Kaiserzeit, 801–814, haben sich insgesamt nur 21 Stücke erhalten. Aus zehn Jahren gibt es überhaupt keine Urkunden: 768, 784, 785, 789, 793, 796, 798, 804, 805 und 814.

Was den Inhalt der Urkunden angeht, so bestätigen 90 Diplome Besitz, 13 verleihen Zölle, 45 verleihen oder bestätigen Immunitäten. Die Masse der Empfänger sind Klöster (99), gefolgt von Kirchen (31), einzelnen Geistlichen (15) und Laien (9).

Aufschluss über die rechts- und kirchenpolitischen Absichten Karls des Großen können wir besonders aus seinen gesetzesartigen Erlassen gewinnen, die wegen ihrer Einteilung in Kapitel als Kapitularien bezeichnet werden. Die äußere Form dieser Erlasse ist sehr unterschiedlich, manche Kapitularien beginnen mit einer Adresse und enden mit Datum und Ortsangabe wie eine Urkunde, andere scheinen eher private Mitschriften zu sein, die nur in Stichworten eine Art Tagesordnung wiedergeben. Die meisten Bestimmungen der Kapitularien richten sich an die *missi dominici*, die Königsboten, es waren Verwaltungsanordnungen oder Ausführungsbestimmungen allgemeiner Gesetze. Im 9. Jahrhundert lassen sich aber Gesetze und Regeln für die Verwaltung nicht exakt trennen und anscheinend legte man auch keinen Wert darauf, zwischen kirchlichen und weltlichen Gegenständen zu unterscheiden.

Da die Kapitularien heute sämtlich in lateinischer Sprache überliefert sind und es wohl auch kaum andere Ausfertigungen gegeben hat, setzt ihre Verkündigung voraus, dass sie in die Volkssprachen (romanisch/altfranzösisch bzw. althochdeutsch/altsächsisch) übersetzt wurden: in manchen Texten ist dies ausdrücklich vorgeschrieben; aus dem Raum Trier hat sich ein Kapitular Ludwigs des Frommen mit althochdeutscher Glossierung erhalten[44].

Wegen der heterogenen Gestalt der einzelnen Kapitularien und kapitulariennahen Texte ist es schwierig, genaue Zahlenangaben über die im Lauf der Regierung Karls des Großen erlassenen Kapitularien zu machen. Rosamond McKitterick will für die Zeit bis zur Kaiserkrönung 22 und für die Jahre von 801 bis 814 79 Kapitularien feststellen; andererseits behauptet sie, dass »die reine Textmenge für die Jahre vor 800 und nach 800 fast gleich« sei[45]. So richtig es ist, dass vor 800 einige wichtige und wirkungsvolle Kapitularien erlassen wurden, vor allem das von Herstal 779 und die *Admonitio generalis* von 789, so wenig kann bezweifelt werden, dass die Zahl der nach 801 erlassenen Kapitularien die Anzahl der aus der Zeit davor um ein Mehrfaches übertrifft[46]. Und nicht nur die *Admonitio generalis* von 789 ist in über 40 erhaltenen Textzeugen überliefert, sondern auch einige der Kapitularien von 803 und 805 weisen eine sehr reiche Überlieferung auf[47]. Schwach überliefert sind nicht nur eine Reihe von Kapitularien aus der Zeit nach 801, sondern etwa auch das *Capitulare de Villis* oder die beiden umfangreichen Kapitularien aus den letzten Jahren Karls des Großen, die erst Hubert Mordek wieder ans Licht gebracht hat[48]. Die größere Anzahl von Verordnungen Karls des Großen aus der Zeit nach der Kaiserkrönung ist nicht die Folge einer qualitativen Veränderung der Gesetzgebungspraxis des Kaisers[49], sondern eine Folge der Tatsache, dass nach 802 die Expansion des Frankenreichs im Wesentlichen abgeschlossen war und dass der Kaiser jetzt die innere Konsolidierung des Reiches ins Zentrum seiner Tätigkeit stellte[50].

Zur gesetzgeberischen Aktivität Karls des Großen gehören auch die Leges, vor allem die karolingische Überarbeitung der *Lex Salica*, des fränkischen Rechts, und die erstmals erfolgte Verschriftlichung der Rechte der Sachsen und der Friesen[51].

Wichtiger noch als diese Kodifikationen des weltlichen Rechts sind die Beschlüsse der Synoden aus der Zeit Karls des Großen, vor allem die der Reformsynoden von 813[52].

Zu den erhaltenen Realien aus der Zeit Karls des Großen selbst gehören vor allem die Handschriften, deren genaue Anzahl für die Regierungszeit Karls nicht angegeben werden kann[53]. Weiterhin sind Kunstwerke, Münzen sowie Bauten, besonders die Pfalzkapelle in Aachen, zu beachten.

Literatur

Schon 1866 hatte Sigurd Abel für die von der Historischen Kommission bei der Bayerischen Akademie der Wissenschaften betreuten Jahrbücher der deutschen Geschichte die Zeit Karls des Großen bearbeitet. 1883 und 1888 erschien dieses Werk in zweiter Auflage, bearbeitet durch Bernhard Simson[54]. Für die quellengestützte Faktengeschichte der Zeit Karls des Großen ist es immer noch unentbehrlich, auch wenn zu beachten ist, dass vor allem die Forschung der letzten Jahre neue Erkenntnisse auf dem Gebiet der Quellenkritik erarbeitet hat und daher sogar auf der Ebene der Fakten zu neuen Einsichten gelangt ist.

Es kann hier natürlich kein Überblick über die riesige Literatur über Karl den Großen gegeben werden, auch wenn nur die eigentlich biographische Literatur erfasst werden sollte; kurz charakterisiert werden sollen aber einige neue Titel, die im Umkreis des Jubiläumsjahrs 2000 (1200 Jahre Kaisertum Karls des Großen) erschienen sind.

Zuerst ist da zu erwähnen das Buch des englischen Historikers Roger Collins[55], das 1998 erschienen ist und das in eher knapper Weise versucht, ein Gesamtbild der Geschichte Karls in chronologischer Abfolge zu geben. Das 1999 erschienene große Werk des französischen Historikers Jean Favier[56] ist systematisch ausgerichtet und bietet einen großen und doch quellennahen Überblick über alle denkbaren Gegenstände, die mit Karl dem Großen in Verbindung gebracht werden können, von der Wirtschaftsgeschichte bis zur Kultur- und Religionsgeschichte; es beachtet auch Karls Nachleben.

Dieter Hägermann[57] hat sich dagegen in seinem ebenfalls umfangreichen Werk, das zuerst 2000 erschien, wieder nach der Chronologie gerichtet. Sein Vorzug sind die zahlreichen Quellenzitate, der Schwerpunkt liegt in der politischen sowie der Wirtschafts- und Sozialgeschichte; der Kultur- und der Kirchengeschichte ist dagegen nicht ausreichend Raum gegeben. Hägermann hat 2003 auch eine kurze Darstellung Karls in den rororo-Monographien vorgelegt[58].

1999 erschien zuerst das kleine Büchlein von Matthias Becher[59], das angesichts des sehr beschränkten Raums viel an Informationen bietet, wenn es auch nicht frei von Einseitigkeiten ist.

Erst vor kurzem erschien – gleichzeitig auf deutsch und auf englisch – die Biographie Karls von Rosamond McKitterick[60] (2008), die eigentlich keine Gesamtdarstellung der Geschichte Karls des Großen ist, sondern eine Sammlung von Einzelstudien, unter denen besonders die zur Historiographie und zu den Handschriften aus dem Umkreis des Herrschers an frühere

Einzelstudien der Verfasserin anschließen und durchaus Neues bringen[61].

Im Zusammenhang mit dem Karls-Jubiläum von 2000 und mit der großen Ausstellung in Paderborn 1999 sind mehrere Sammelbände erschienen, von denen ich nennen möchte: Erkens, Karl der Große und das Erbe der Kulturen (2001)[62], Godman/Jarnut/Johanek, Am Vorabend der Kaiserkrönung (2002)[63] sowie zuletzt: Story, Charlemagne. Empire and Society (2005)[64], die jeweils eine Vielzahl von wichtigen Einzelstudien enthalten.

Neben diesen neuen Sammelbänden sind aber immer noch die meisten der Beiträge im vierbändigen »Karlswerk« sehr brauchbar, das 1965 zur großen Karlsausstellung in Aachen erschienen ist[65].

Damals wurde auch ein Katalog[66] publiziert mit vielen Abbildungen und Beschreibungen von Exponaten. Aus jüngerer Zeit sind das reich bebilderte, dreibändige Katalogwerk zur Ausstellung in Paderborn 1999[67] und der Band zur Ausstellung in Rom im Jahr 2000[68] zu nennen.

1 Herkunft

Die Arnulfinger

Der Name der Herrscherfamilie, die »Karolinger«[1], geht auf den Namen Karl zurück, dessen erster Träger der Großvater Karls des Großen, Karl mit dem Beinamen Martell, »der Hammer«, gewesen ist, der 741 verstarb. Die Familie führte sich aber noch fast 150 Jahre weiter zurück bis zum ersten männlichen Ahnen Arnulf, der um 580 in einer Adelsfamilie aus dem Maasgebiet um Metz[2] geboren wurde und der 640 als Einsiedler in Remiremont in den südlichen Vogesen starb, nachdem er von 614 bis 629 Bischof von Metz gewesen war. Nach diesem Arnulf wird die Familie vor Karl dem Großen in der Forschung auch als »Arnulfinger« bezeichnet.

Obwohl schon ein Zeitgenosse eine Lebensbeschreibung des bald als Heiligen verehrten Arnulf verfasst hat[3], wissen wir nichts über seine Eltern oder sein Herkommen; es heißt nur seine Familie sei »edel« und »vornehm genug« gewesen. Arnulf hatte schon vor seiner Erhebung zum Bischof eine wichtige Rolle am Hof des mächtigen Merowingerkönigs Dagobert I. von Austrasien († 638/39) gespielt, dessen engster Vertrauter er wurde. Als er sich 629 in die Vogesen zurückzog, gab er eine einflussreiche Stellung in Reich und Kirche auf und folgte anscheinend seinem Wunsch nach einem asketischen Leben. Solche Züge einer intensiven Religiosität finden wir auch bei späteren Angehörigen des »karolingischen« Hauses, etwa bei Karlmann, dem Onkel Karls des Großen, der 747 ins Kloster eintrat, oder auch bei Ludwig dem Frommen, der mehrfach als Büßer auftrat[4]. Arnulf hatte einen Sohn namens Ansegisel, der sich mit Begga vermählte, die aus einer reichen und mächtigen

Familie aus dem Gebiet der Ardennen im heutigen östlichen Belgien stammte. Ihr Vater Pippin (später »der Ältere« genannt) amtierte von 623–629 und wieder von 639–640 als Hausmeier, als oberster Herrschaftsträger nach dem König, im östlichen Teil des Frankenreichs, in Austrasien. Von diesem Pippin leitet sich die Bezeichnung der Familie als »Pippiniden« ab.

Beggas Bruder Grimoald konnte von 642/43 bis zu seinem gewaltsamen Tod 662 das Hausmeieramt ausüben. Als er aber versuchte, seinen Sohn Childebert, der einen merowingischen Namen erhalten und den der Merowingerkönig adoptiert hatte, zum König zu erheben, kam es zur Katastrophe: In Austrien wurde zwar dieses pippinidische Königtum anerkannt, aber die Neustrier, die Bewohner des westlichen Teils des Frankenreichs, leisteten Widerstand, nahmen Grimoald gefangen und richteten ihn in Paris hin[5].

Pippin der Mittlere, der Sohn Ansegisels und Beggas, konnte aber nach weiteren 25 Jahren im Jahr 687 durch einen Sieg in Tertry (bei St. Quentin in Nordfrankreich) über den neustrischen Hausmeier Ebroin die Macht im Gesamtreich erobern. Mit diesem Sieg war die Macht der »Karolinger« für lange Zeit gesichert. Die Ehe mit Plektrud, deren Familie große Besitztümer im Kölner Raum, am Niederrhein und im Gebiet um Trier besaß, bedeutete für Pippin einen beträchtlichen Machtzuwachs. Er baute Jupille und Herstal (bei Lüttich) zu Pfalzen aus, die von großen Eigengütern umgeben waren. Er steigerte seinen Einfluss im Frankenreich auch dadurch, dass er sich zahlreiche Klöster übertragen ließ, deren Schutz er garantierte. Auf diese Weise konnte er seinen Einflussbereich weit nach Westen, bis nach Rouen und Nantes, ausdehnen.

Außerdem kümmerte sich Pippin intensiv um die Gebiete nördlich und östlich des Rheins. Um diese Regionen auf Dauer ins Frankenreich einzugliedern, beschränkte er sich nicht allein auf militärische Eroberung, sondern er unterstützte auch die Christianisierung dieser Gebiete, indem er den Angelsachsen Willibrord († 739) förderte. Im ehemals friesischen Gebiet, in Utrecht, wurde um 700 für Willibrord ein Bistum errichtet, und 705 wurde das Kloster Echternach (im heutigen Luxemburg) im pippinidischen Machtbereich gegründet, das bald zum Hauskloster der Arnulfinger-Pippiniden ausgebaut wurde[6].

Karl Martell

Nach dem Tod Pippins des Mittleren am 16. Dezember 714 kam es zu Kämpfen zwischen seiner Witwe Plektrud, die die Macht für ihre Enkel erhalten wollte, und Pippins jüngerem Sohn (von einer weiteren Ehefrau namens Alpais[7]) Karl, der sich 717 in Austrien durchsetzen konnte (Schlacht von Vinchy bei Cambrai). Bis 720 konnte Karl auch Neustrien bis zur Loire unterwerfen. Seine Neffen tauchen in den Quellen noch einmal 723 auf, als es heißt, dass zwei von ihnen eingekerkert wurden, von denen einer starb. Ein dritter Neffe, Hugo, stieg unter der Protektion Karls zum Bischof von Rouen, Paris und Bayeux auf und erhielt zudem die Abteien von St. Wandrille und von Jumièges am Unterlauf der Seine übertragen. Damit konnte er wichtige Teile Neustriens direkt kontrollieren.

Bei seinem Aufstieg als in seiner eigenen Familie ungeliebter Seiteneinsteiger, den seine Stiefmutter von der Nachfolge ganz hatte fernhalten wollen, war Karl Martell vom austrasischen Adel unterstützt worden. Diesen entschädigte er mit Grundbesitz, der zum Teil aus dem Besitz der Kirche stammte. Die Nachwelt hat Karl dieses Vorgehen übel genommen; besonders in der Hagiographie war sein Ansehen schlecht, nachdem zuerst 858 durch Erzbischof Hinkmar von Reims die Legende erzählt wurde, das Grab Karl Martells in St. Denis sei leer, weil er in der Hölle für seine Übergriffe auf Kirchengut bestraft werde[8].

Mit einer anderen Leistung kann Karl aber aufwarten, die sein Bild bei der Nachwelt sehr positiv bestimmt hat, nämlich mit seinem Sieg über die Muslime, die 711 bei Gibraltar europäischen Boden betreten hatten und nach der Eroberung des spanischen Westgotenreichs schon bald auf gallisches Gebiet östlich der Pyrenäen übergriffen, wo sie 720 Narbonne eroberten. In der Nähe von Poitiers fand im Oktober 732 jene Schlacht statt, die den Ruhm des *princeps* (»Fürsten«) Karl nicht nur im Frankenreich und auf den britischen Inseln, sondern auch im muslimischen Spanien verbreitete[9]. Auch in den folgenden Jahren mussten Kämpfe gegen die Sarazenen ausgefochten werden, die Karl Martell meist siegreich beenden konnte, auch wenn es ihm nicht gelang, Septimanien mit der Hauptstadt Narbonne den Muslimen abzunehmen[10].

Karl Martell war während seiner ganzen Herrschaft ein sehr kriegerischer Fürst; lediglich zum Jahr 740 – also kurz vor seinem Tod – berichten die Annalen davon, dass es keinen Kriegszug gegeben habe. Die schwersten Kämpfe hatte er in Aquitanien und in den Gebieten östlich des Rheins zu führen; in Aquitanien musste er nicht nur gegen die vordringenden Sarazenen bestehen, sondern auch versuchen, die seit längerer Zeit dem Zugriff der Franken sich entziehenden Aquitanier unter ihrem Herzog Eudo wieder zu unterwerfen. Im Osten wurden in den Jahren 733 und 734 Feldzüge gegen die Friesen unternommen und mehrfach zog Karl Martell gegen die Sachsen; 738 mussten sie seinen Sieg durch Stellung von Geiseln und Zahlung von Tributen akzeptieren. Schon in den 720er Jahren war Karl auch gegen Baiern und Alemannien gezogen, ohne diese Gebiete endgültig ins Frankenreich eingliedern zu können.

Die Beziehungen Karls zur Kirche waren – anders als es die kritischen Stimmen seit der zweiten Hälfte des 9. Jahrhunderts vermuten lassen – zeitweise sehr eng[11]. Aus den Briefen des Bonifatius an die Päpste seiner Zeit kennen wir keine Klagen, dass sich der mächtige Hausmeier seinen Missions- oder Organisationsplänen entgegen gestellt hätte. Es ist wohl auch nicht auf ein hemmendes Einwirken Karl Martells zurückzuführen, dass es Bonifatius bis 741 nicht gelungen ist, in Hessen und Thüringen die geplanten Bistümer zu errichten[12]. In die Zeit dieses Hausmeiers fallen auch die ersten Versuche des Papsttums, in den Franken einen neuen

Schutzherrn gegen die im 8. Jahrhundert in Italien erneut expandierenden Langobarden zu gewinnen, nachdem die Beziehungen zum Kaisertum in Konstantinopel seit der Unterstützung der Bilderfeinde durch den Kaiser (also seit ca. 726) gespannt waren. Karl Martell hat aber ein Hilfegesuch des Papstes Gregor III. (731–741) aus dem Jahr 739 nicht zum Anlass genommen, in Italien auf dessen Seite einzugreifen. Nicht nur der Kampf gegen die Sarazenen, in dem die Langobarden die Franken 737 oder 738 nachhaltig unterstützt hatten, dürfte Karl davon abgehalten haben, militärisch gegen die Langobarden vorzugehen, sondern auch die Lage in Baiern, das sich in seinen Selbstständigkeitsbestrebungen auf die Langobarden stützte. Als Zeugnis für eine enge persönliche Beziehung zwischen Karl und dem langobardischen König Liutprand (712–744) kann auch angeführt werden, dass Karl um 738 seinen jüngeren Sohn Pippin nach Italien geschickt hat, wo er vom Langobardenkönig adoptiert wurde, indem Liutprand persönlich dem Franken die Haare abschnitt[13].

Am Ende seines Lebens wurde Karl von seinen Zeitgenossen als König angesehen; die Päpste bezeichnen ihn als *subregulus* (»Unterkönig«); die Chronisten nennen ihn *dux* (Herzog) oder *princeps* (Fürst); nur die Urkunden bezeichnen ihn immer korrekt als *maior domus* (Hausmeier). Seit 737 hatte Karl ohne einen König aus dem Geschlecht der Merowinger regiert; ob er das Königtum dieser Dynastie damit erlöschen lassen wollte, wissen wir nicht.

Bestattet wurde Karl Martell in St. Denis, der vielleicht wichtigsten Grablege der merowingischen Frankenkönige, in der Dagobert I. († 638/39) und weitere neustrische Könige bestattet worden waren[14].

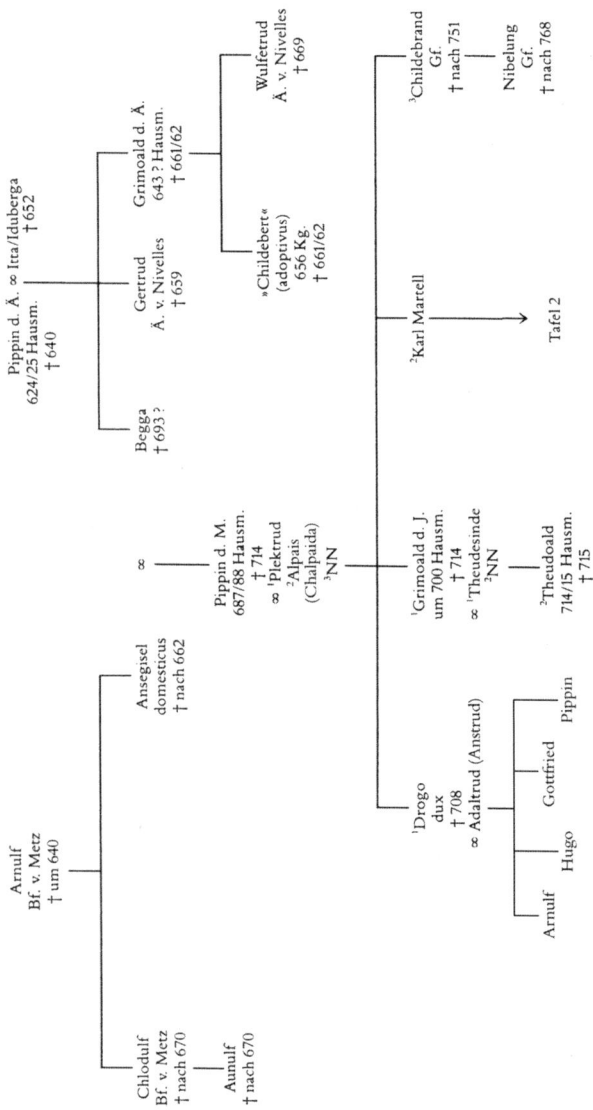

Stammtafel 1: Arnulfinger, Pippiniden, Karolinger

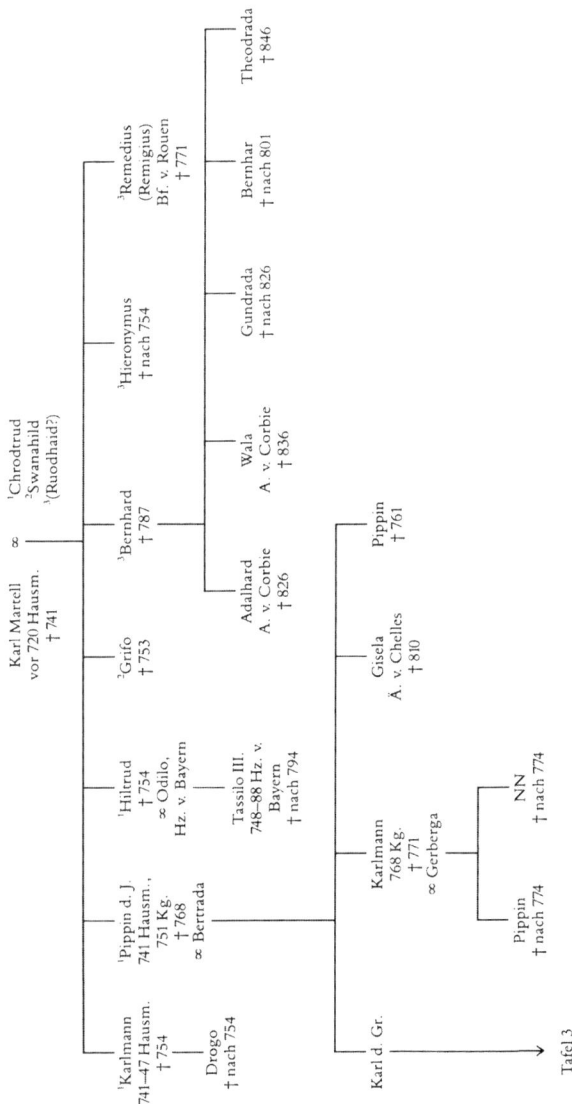

Stammtafel 2: Von Karl Martell zu Karl dem Großen

Karlmann und Pippin

Als Karl Martell am 22. Oktober 741 starb, hatte er das Frankenreich wie ein König unter seine Söhne aufgeteilt. Aus erster Ehe hatte er zwei Söhne, die beim Tod ihres Vaters ungefähr 30 (Karlmann) und 27 (Pippin) Jahre alt waren. Von seiner zweiten Frau, der Baierin Swanahild, hatte er einen Sohn namens Grifo[15]. Nach einer Nachfolgeregelung, die kurz vor dem Tode des alten Hausmeiers getroffen wurde, sollten alle drei Söhne einen Anteil an den merowingischen Teilreichen Neustrien, Austrien und Burgund erhalten. Nur undeutlich lassen die Quellen aus der Zeit um und nach 800, vor allem die Annalen von Metz und die Einhardsannalen, erkennen, dass es noch im Jahr 741 zu Auseinandersetzungen zwischen den Brüdern kam, wobei Karlmann und Pippin die Initiative zum Kampf gegen ihren Stiefbruder Grifo ergriffen. Dieser wurde gefangen genommen und vielleicht in der alten Arnulfingerfeste Chèvremont bei Lüttich eingesperrt; seiner Mutter Swanahild wurde das Kloster Chelles bei Paris als Aufenthaltsort zugewiesen. Wie auch bei späteren inneren Kämpfen wurden die Hauptgegner nicht getötet, sondern in ein Kloster eingewiesen, wo sie beaufsichtigt und von Aktivitäten gegen die Machthaber abgehalten werden konnten[16].

Dass die beiden siegreichen Brüder ihrer Macht nicht ganz sicher waren, zeigt sich auch darin, dass sie 743 wieder einen Merowinger zum König erhoben, in dessen Namen sie als Hausmeier amtierten[17].

Die politische Rolle Grifos war noch nicht ganz ausgespielt, denn 747, nachdem Karlmann ins Kloster eingetreten war und Pippin die Macht im gesamten Frankenreich an sich gerissen hatte, entließ er Grifo aus der Haft und übergab ihm einige Gebiete zur selbstständigen Herrschaft. Grifo war damit nicht zufrieden und reiste über Thüringen nach Baiern, wo er – nach dem Bericht einiger Quellen – von seiner Mutter her über Anhänger verfügte. Die bairische Herzogin Hiltrud war seine Stiefschwester; sie ist die Mutter

Tassilos III., des späteren Gegners Karls des Großen. 749 zog Pippin gegen seinen Stiefbruder, besiegte ihn und fand ihn mit zwölf Grafschaften in Neustrien in der Gegend von Le Mans ab. Man mag das erstaunlich finden, dass der siegreiche Hausmeier seinen aufständischen Stiefbruder nicht ganz ausschaltete; diese Milde findet sich aber auch später noch sehr oft, wenn Brüder oder Söhne gegen den regierenden Herrscher sich empörten[18]. Vielleicht war aber die Anhängerschaft Grifos doch noch recht beachtlich, so dass Pippin seine Ansprüche auf einen Anteil am Reich nicht ganz übergehen konnte.

Wahrscheinlich noch 749 verließ Grifo das Frankenreich, um zuerst in Aquitanien Verbündete für seine Ansprüche auf einen Anteil am Erbe seines Vaters zu gewinnen. Als er 753 nach Italien reisen wollte, um dort bei den Langobarden Unterstützung zu finden, wurde er beim Übergang über die Alpen von zwei Grenzgrafen erschlagen.

Die Anfänge der Herrschaft der Söhne Karl Martells waren aber nicht nur durch diesen Familienzwist, sondern vor allem durch Aufstände in verschiedenen Gebieten an den Rändern des Frankenreichs bedroht. Schon 742 zogen Karlmann und Pippin gemeinsam gegen Aquitanien und gegen Alemannien, im folgenden Jahr fand ein Zug gegen Baiern statt, der mit der Flucht des Herzogs Odilo siegreich für die Franken beendet wurde. Karlmann allein führte 743 und 744 Feldzüge gegen die Sachsen durch. 745 war ein neuer Krieg gegen die Aquitanier nötig, im Jahr darauf erhoben sich die Alemannen, die von Karlmann mit äußerster Brutalität niedergeschlagen wurden (sog. Blutbad von Cannstatt). Im Anschluss an dieses Ereignis trat Karlmann 747 ins Kloster ein.

Seit 744/45 hatte es Spannungen zwischen den beiden Brüdern gegeben, vielleicht waren sie eine Folge der Heirat Pippins mit Bertrada, die aus einer im Moselraum mächtigen Sippe stammte, aus der auch Plektrud, die erste Gattin Pippins des Mittleren, hervorgegangen war[19]. Karlmann konnte dies als Versuch ansehen, dass sein Bruder in Austrien, in seinem Reichsteil, Fuß fassen wollte.

Der Klostereintritt Karlmanns im Jahr 747 liegt im Dunkeln, die Quellen geben über seine Motive keine klare Auskunft[20], vor allem sagen sie nichts darüber, ob Karlmann seinen Reichsteil an Pippin abgetreten hat oder ob er davon ausging, dass seine Kinder in sein Erbe eintreten würden. Pippins Ehe war bis dahin wahrscheinlich noch kinderlos[21]. Bei aller Eigentümlichkeit ist die Konversion Karlmanns in seiner Zeit nicht einmalig, denn auch schon früher hatten Angehörige der arnulfingischen Familie eine Neigung zu religiöser Hingabe gezeigt, wie die Geschichte des Spitzenahns Arnulf beweist. Und aus dem angelsächsischen England kennen wir sogar mehrere Fälle, dass ein alternder König sich auf eine Wallfahrt nach Rom begab, von der er nicht mehr auf den Thron zurückkehrte, sondern den Rest seiner Tage in einem römischen Kloster zubrachte. Der angelsächsische Missionar Bonifatius, der enge Beziehungen zu Karlmann pflegte, könnte ihn auf diese Vorbilder hingewiesen haben. Wenige Jahre nach Karlmann (749) hat übrigens auch der langobardische König Ratchis auf seinen Thron verzichtet und sein Leben im Kloster Montecassino beschlossen.

Wie stark der Widerstand der Kinder Karlmanns gegen die Alleinherrschaft Pippins gewesen ist, wissen wir nicht. Aber Karlmanns Sohn Drogo dürfte tatsächlich einen Versuch gemacht haben, einen Anteil am Erbe seines Vaters zu erlangen. 748 scheint Drogo im östlichen Frankenreich als Hausmeier amtiert zu haben[22]; später (wohl noch 753) wurden er und seine Brüder wahrscheinlich in ein Kloster verwiesen[23].

Das Königtum Pippins

Da schon das alleinige Hausmeiertum Pippins auf großen Widerstand stieß, gab es sicher auch eine erhebliche Gegnerschaft gegen den Plan, sich zum König erheben zu lassen, auch wenn wir den Umfang dieser Opposition nicht einschätzen können. Um seine Gegner auszumanövrieren, hat Pippin sein Vorhaben mehrfach abgesichert. Einerseits wurde »nach Rat und mit Zustimmung aller Franken« eine Gesandtschaft nach Rom geschickt, um den Papst zu veranlassen, Pippins Vorhaben eindeutig zu unterstützen. Nach dem Bericht der Reichsannalen, der allerdings erst Jahrzehnte später niedergeschrieben wurde, soll Papst Zacharias (741–752) sich folgendermaßen geäußert haben:

> »Es ist besser, dass der König heisst, der die Macht hat, als der, dem keinerlei königliche Gewalt mehr verblieben ist; daher soll kraft apostolischer Autorität Pippin König werden, damit die Ordnung nicht gestört wird«[24].

Aufgrund dieser Auskunft sei Pippin zum König gewählt und auf den Thron erhoben worden; eine Krönung fand aber nicht statt und auch keine Schilderhebung wie zu germanischer Zeit. Um sein Königtum abzusichern, ließ sich Pippin vielleicht von einem Bischof zum König salben (nach den Reichsannalen soll die Salbung durch Bonifatius vollzogen worden sein)[25]. Er hätte damit eine Form der Legitimierung des Königtums übernommen, die bis dahin bei den Franken nicht üblich gewesen war, sondern die in den letzten Jahren des Westgotenreichs, zuerst bei König Wamba (672–680), und auch bei den Angelsachsen nach dem Vorbild des Alten Testaments gelegentlich vorgenommen wurde. Der letzte Merowinger Childerich III. wurde zum Mönch geschoren und verschwand im Kloster St. Bertin; sein Sohn wurde dem Kloster St. Wandrille zur Verwahrung übergeben[26].

Die Legitimität von Pippins Königtum wurde verstärkt, als der Papst selbst – es war Stephan II., der Nachfolger des Zacharias, – 753/54 ins Frankenreich reiste, um von Pippin Unterstützung gegen die aggressiven Langobarden zu erbitten. Damit trat zum ersten Mal ein Papst eine Reise ins Gebiet nördlich der Alpen an[27], während in früheren Zeiten die Päpste höchstens gelegentlich nach Konstantinopel gereist waren.

Anfang Oktober 753 kamen Bischof Chrodegang von Metz und Herzog Autchar nach Rom, um den Papst ins Frankenreich zu geleiten. Der König zog dem Papst nicht bis zur Grenze seines Reiches entgegen, sondern er ließ ihn durch Abt

Fulrad von St. Denis und Herzog Rothard in St. Maurice d'Agaune empfangen, die ihm mitteilten, dass Pippin ihn in seiner Pfalz Ponthion (20 km südöstlich von Châlons-sur-Marne) erwarte. Die Begegnung zwischen Papst und Frankenkönig am 6. Januar 754 ging in sicher vorher mit den Beauftragten des Papstes abgesprochenen, strengen Formen vonstatten[28]: Der ältere Sohn Pippins, der damals vielleicht noch nicht einmal sechsjährige Karl, wurde dem Papst entgegen geschickt; der König selbst ritt ihm mit Familie und Gefolge etwa 3 000 Schritt entgegen. In Sichtweite des Papstes stieg Pippin vom Pferd, warf sich auf den Boden und leistete den Stratordienst, d. h. der König führte das Pferd des Papstes am Zügel. Darauf warf sich auch der Papst zu Boden und wollte sich nicht eher erheben, bis der König, seine beiden Söhne und die wichtigsten Adeligen ihm die Hand reichten mit dem Versprechen, ihn gegen die Langobarden zu unterstützen.

Pippin versprach dem Papst feierlich seinen Schutz und auch die Schenkung des Dukats von Rom und des Exarchats von Ravenna (»Pippinsche Schenkung«); auf diesem Gebiet ist später der Kirchenstaat entstanden. Dabei muss allerdings beachtet werden, dass Pippin überhaupt keinen Rechtstitel für diese Schenkung besaß; beide Gebiete gehörten zum byzantinischen Kaiserreich, und Pippin hatte damals auch nicht das Recht des Eroberers, weil er noch gar nicht in Italien gekämpft hatte.

Der Kriegszug gegen die Langobarden sollte nach Pippins Willen noch 754 stattfinden; gegen anfänglichen Widerstand der fränkischen Großen konnte der König auf einer Reichsversammlung in Quierzy an Ostern 754 einen Beschluss für einen Italienzug durchsetzen. In Quierzy wurde auch die Schenkung der von den Langobarden der römischen Kirche entrissenen Güter an den Papst vorgenommen, die allerdings zuerst noch erobert werden mussten.

Der Langobardenkönig Aistulf nahm die Gefahr sehr ernst; er veranlasste den Mönch gewordenen Karlmann dazu, ins Frankenreich zu reisen, um seinen Bruder vom Krieg gegen die Langobarden abzuhalten. Karlmann ist wenige Monate später in Vienne gestorben; nicht einmal sein Leichnam durfte im Frankenreich bleiben, er wurde ins Kloster Montecassino gebracht. Seine Söhne verschwanden jetzt ebenfalls im Kloster, um ihnen jede Möglichkeit zu politischer Aktion zu nehmen.

Der Sicherung von Pippins Dynastie diente die Weihe und Salbung seiner beiden Söhne, die der Papst am 28. Juli 754 in St. Denis vornahm. Auch die Königin Bertrada wurde geweiht und die anwesenden Großen sollen nach dem Bericht einer angeblich im Jahr 767 verfassten Quelle verpflichtet worden sein, »niemals aus der Nachkommenschaft eines anderen (als Pippin) einen König zu wählen«[29]. Das fränkische Königtum wurde also unter der Drohung von Exkommunikation und Interdikt auf Pippin und seine direkten Nachkommen beschränkt; diese Vorkehrung war nicht gegen eine eventuelle Restitution der Merowinger, sondern gegen die Söhne Karlmanns gerichtet.

Im August 754 zog Pippin nach Italien, nachdem der Langobardenkönig Aistulf mehrere Angebote zu einer friedlichen Beilegung des Konflikts abgelehnt hatte. Nach einem erstaunlich schnellen Sieg zog Pippin wieder nach Norden; Aistulf hatte zugesagt, dem Papst das Exarchat von Ravenna und andere von ihm beanspruchte Gebiete auszuliefern. Er dachte aber nicht daran, dieses Versprechen einzuhalten, vielmehr ging er zum Angriff auf päpstliche Besitzungen über und rückte im Winter 755/56 sogar gegen die Stadt Rom vor. Daher zogen die Franken im Mai 756 erneut über die Alpen; Aistulf erlitt abermals eine Niederlage, musste seine Eroberungen herausrücken und sein Reich aus der Hand des Siegers entgegennehmen. Als Aistulf kurze Zeit später starb, verließ sein Bruder Ratchis das Kloster Montecassino, in dem er seit 749 gelebt hatte. Aber nicht Ratchis, sondern der Herzog Desiderius von Toskana konnte sich als neuer König der Langobarden durchsetzen, so dass Ratchis ins Kloster zurückkehrte.

In der Mitte des 750er Jahre wurde Pippin auch als Reformer des Frankenreichs aktiv, wie eine Reihe von Reichsversammlungen und Synoden zeigen, auf denen Kapitularien erlassen wurden, mit denen eine christliche Lebensweise des Klerus und der Laien vorangebracht werden sollte. So wurden genaue Vorschriften über die Heirat mit Verwandten und die – sehr eingeschränkte – Möglichkeit der Auflösung einer Ehe getroffen[30]. Man kann sich fragen, ob diese Regeln allein deshalb erlassen wurden, weil Pippin den Bewohnern des Frankenreichs die Einhaltung der christlichen Familiengesetze aufzwingen wollte, oder ob er auch beabsichtigte, die Heiratspolitik der fränkischen Adelsclans zu beeinflussen und sie daran zu hindern, durch Heiraten innerhalb ihrer Verwandtschaft geschlossene Besitzkomplexe aufzubauen[31].

Eine andere Reformmaßnahme betraf das Münzwesen: Nicht nur wurde jetzt die Goldwährung durch eine Silberwährung ersetzt, sondern schon unter Pippin übernahm das Königtum die Prägung des Geldes; damit wurde das Silbergeld zu einem Instrument der Regierung und der Propaganda für das Herrscherhaus. Die Maßnahmen Pippins bildeten die Voraussetzung für die Münzreform Karls des Großen in den Jahren 793 und 794[32].

In den letzten Jahren seiner Regierung befasste sich Pippin vor allem mit der Konsolidierung der fränkischen Herrschaft im Südwesten Galliens. 759 konnte er Septimanien mit der Hauptstadt Narbonne dem Frankenreich eingliedern, ein Gebiet, das die Merowinger nie hatten erobern können. In den Jahren 760–763 und 766–768 führte Pippin Feldzüge nach Aquitanien durch, wobei ganz planmäßig vorgegangen wurde, um eine dauernde Herrschaft über dieses Land zu erreichen. Die Unterbrechung des Krieges in den Jahren 764 und 765 war die Folge einer schweren Hungersnot, die das Frankenreich zwei Jahre lang lähmte.

Die langwierigen Feldzüge in Aquitanien, die am ehesten mit den Sachsenkriegen Karls des Großen zu vergleichen sind, hatten die Gesundheit des Königs untergraben. Er starb am 24. September 768 mit erst 54 Jahren in St. Denis, wo er auch bestattet wurde. Vor seinem Tod hatte er noch die Nachfolge so geregelt, dass seine beiden Söhne Karl und Karlmann das Reich zu gleichen Teilen erben sollten.

2 Geburt, Kindheit und Jugend Karls des Großen

Auszugehen ist von der Aussage in Einhards Karlsbiographie (c. 4), dass es »sinnlos« sei,

> »von Karls Geburt, Kindheit und Jugendzeit zu erzählen, da bisher noch nie davon berichtet wurde und heute auch niemand mehr lebt, der darüber Auskunft geben könnte.«

Dass Einhard in dieser Weise seine Unkenntnis über die Kindheit und Jugendzeit Karls ausdrücklich bekennt, hängt zum einen damit zusammen, dass er seine Lebensbeschreibung nach dem Vorbild der Kaiserviten des römischen Schriftstellers Sueton angelegt hat, und dieser behandelte jeweils auch die ersten Lebensjahre der späteren Kaiser. Andererseits gilt aber bis heute, dass die Quellenlage für die ersten 20–25 Lebensjahre Karls des Großen ausgesprochen schlecht ist.

Das wird besonders deutlich, wenn wir nach dem genauen Datum von Karls Geburt fragen, denn hier hat erst eine Untersuchung, die 1992 erschienen ist, eine Lösung erbracht, die heute allgemein anerkannt wird und nach der Karl am 2. April 748 geboren wurde[1]. Die ältere Forschung hatte – ausgehend von der Nachricht bei Einhard, dass Karl in seinem 72. Lebensjahr gestorben sei (am 28. Januar 814) – als Karls Geburtsjahr meist das Jahr 742 angenommen[2]. Es war dann 1972 Karl Ferdinand Werner, der nachzuweisen versuchte, dass der 2. April 747 Karls Geburtstag gewesen sei[3]. Das Jahr von Karls Geburt entnahm Werner den *Annales Petaviani*, in denen aber nur in einer von drei erhaltenen Handschriften die Geburt Karls überhaupt erwähnt ist[4]. Den Tag der Geburt Karls überliefert ebenfalls nur eine einzige Handschrift, nämlich ein Kalender von Lorsch, das in der ersten Hälfte des 9. Jahrhunderts geschrieben sein soll. Wenn diese Festlegung der Entstehungszeit zutrifft, könnte der zum 2. April erwähnte Kaiser Karl keinesfalls der im Jahr 839 geborene Karl III. sein, sondern es müsste sich um den Geburtstag Karls des Großen handeln[5]. Beide Zeugnisse sind also sehr schwach überliefert, was einmal damit zusammenhängt, dass in Karls Geburtsjahr sein Vater noch nicht fränkischer König, sondern »nur« Hausmeier gewesen ist, aber auch damit, dass man im Mittelalter überhaupt nicht so sehr auf den Tag der Geburt eines Menschen geachtet hat[6].

Dass Becher das Ergebnis von Werner noch verfeinern konnte, hängt damit zusammen, dass er glaubt, die *Annales Petaviani* hätten den Osterstil beachtet, d. h. das Jahr 747 habe für den Annalisten erst mit dem Ostersamstag des Jahres 748, also am 20. April, geendet, damit lag der 2. April noch im Jahr 747. Außerdem weist Becher darauf hin, dass der 2. April 747 der Ostersonntag war, und dass die Zeitgenossen es sicherlich erwähnt hätten, wenn Karl der Große tatsächlich an diesem für den christlichen Glauben im Mittelalter so zentralen Fest geboren wäre.

Beide Argumente scheinen mir aber nicht völlig durchschlagend zu sein: Zum einen muss man bedenken, dass der Jahresanfang am Osterfest in der Annalistik immer wieder nicht konsequent beachtet wurde, zum andern, dass in einer Zeit, die den Geburtstag eines Menschen nicht wichtig nahm, auch nicht eigens erwähnt werden musste, wenn ein zukünftiger Herrscher am Ostersonntag geboren wurde.

Andererseits muss man zugeben, dass mit dem neu gewonnenen Geburtstag am 2. April 748 eine ganze Reihe von bisher nur unzureichend erklärbaren Ereignissen und Tatsachen besser verständlich gemacht werden können. Das gilt vor allem für den Klostereintritt von Karls Onkel Karlmann im Sommer oder Herbst 747, der besser verständlich wird, wenn man davon ausgehen kann, dass die Ehe seines Bruders Pippin zu diesem Zeitpunkt noch kinderlos war: dann konnte Karlmann nämlich davon ausgehen, dass sein Sohn Drogo in sein Erbe würde eintreten können[7]. In der einzigen Quelle, in der Drogo erwähnt ist, beim Fortsetzer des sog. Fredegar (c. 30), heißt es nur: »Karlmann übergab ... sein Reich und seinen Sohn Drogo in die Hände seines Bruders Pippin und zog ... nach Rom«[8].

Auch zu dem ebenfalls nicht besonders gut bezeugten Datum der Eheschließung zwischen Pippin und Bertrada passt das Geburtsdatum 2. April 748 recht gut, wenn man berücksichtigt, dass wir aus dem Schreiben des angelsächsischen Mönchs Cathwulf wissen, dass Pippin und seine Gemahlin Gott um Nachkommenschaft gebeten haben[9]. Dies ist nur glaubwürdig, wenn die Ehe einige Jahre – etwa von 744 bis 747 – kinderlos geblieben war.

Nicht besser bezeugt als das Geburtsjahr Karls ist das seines Bruders Karlmann (751) und seiner Schwester Gisela (757), denn auch diese Daten kennen wir nur aus der Handschrift Paris, BNF 4995 der *Annales Petaviani*, in der die Geburt Karls des Großen verzeichnet ist[10]. Dagegen melden mehrere Annalenwerke, darunter auch die Reichsannalen, die Geburt eines weiteren Sohns mit Namen Pippin zum Jahr 759[11].

Wenn man bedenkt, dass Pippin seit 751 König der Franken war und es daher von großer Bedeutung sein konnte, wenn dem König ein weiterer Sohn geboren wurde, könnte man schließen, dass die Geburt Karlmanns zwar ins Jahr 751 gefallen sein kann, aber doch vor dem Tag der Königserhebung Pippins stattgefunden haben muss.

Was die Namen der beiden Söhne Pippins angeht, so waren sie einerseits gar nicht originell, weil sie die Namen von Pippins Vater Karl (Martell, † 741) und seines Bruders Karlmann aufgriffen. Dass Pippin aber für seinen zweiten Sohn den Namen Karlmann wählte, dürfte zeigen, dass er zum Zeitpunkt von dessen Geburt mit seinem Bruder keinesfalls völlig gebrochen hatte. Auf der anderen Seite sind die beiden Vornamen ausgesprochen ungewöhnlich und nach ihrer Bedeutung für die Söhne eines mächtigen Hausmeiers bzw. Königs geradezu unpassend. Weder der Name Karl noch der Name Karlmann hatte innerhalb der arnulfingisch-pippinidischen Familie oder gar in der merowingischen Königsfamilie ein Vorbild. Daher müssen wir fragen, woher diese Namen kamen und was sie eigentlich bedeuten: »Karl« bezeichnete einen Angehörigen des untersten Rangs der Klasse der Freien und »Karlmann« war nichts anderes als die Koseform des Namens Karl[12]. Man wird also die Vergabe dieser Namen als Ausdruck des großen Selbstbewusstseins der neuen Dynastie ansehen dürfen, das sich allerdings allein bei Pippin manifestierte. Denn sein älterer Bruder Karlmann hatte seinen Sohn Drogo genannt und damit einen Namen wieder aufgegriffen, den der älteste Sohn Pippins des Mittleren, der Halbbruder Karl Martells, getragen hatte.

Aus Karls Kindheit sind nur zwei Episoden aus dem Jahr 754 quellenmäßig gut bezeugt: Da ist einmal die Nachricht, dass der damals vielleicht erst fünfjährige Sohn des Frankenkönigs am 6. Januar 754 mit einer Begrüßungsdelegation dem Papst entgegen gesandt wurde, um ihn im Frankenreich zu empfangen[13]. Weiterhin wissen wir, dass die beiden Söhne Pippins, Karl und Karlmann, am Osterfest des Jahres 754, also am 14. April, zu Mitkönigen gesalbt wurden[14].

Ein weiteres Ereignis aus der Kindheit Karls soll sich 755 oder 756 zugetragen haben: Die *Translatio S. Germani* berichtet davon, dass Karl selbst erzählt habe, wie er im Alter von sieben Jahren in den für die Überführung der Reliquien des heiligen Germanus ausgehobenen Gräben gespielt und dabei einen Milchzahn verloren habe[15]. Nachdem bereits vor über hundert Jahren diese Episode als Interpolation und Erfindung abgetan worden war[16], hat Becher diesen Bericht zur Bestätigung des von ihm auf den 2. April 748 verlegten Geburtstags herangezogen[17]. Dagegen hat Johannes Fried nachzuweisen versucht, dass an dieser schönen Geschichte nichts Wahres dran ist; sie sei vielmehr zu den »munteren Geschichten« über Karl den Großen zu zählen, die am Ende des 9. Jahrhunderts in Umlauf waren[18]. Jüngst hat Janet Nelson nochmals zwei neue Argumente zugunsten der Echtheit dieser Episode vorgebracht: In der gesamten lateinischen Literatur sei eine derartige Geschichte nirgends überliefert, außer an dieser Stelle; das ist für sie ein wichtiges Argument gegen eine Interpolation durch einen fälschenden Mönch. Außerdem hat sie auf eine

Beziehung des alten Karl zu Abt Irmino von St. Germain hingewiesen: dieser sei nämlich unter den Zeugen für sein Testament im Jahr 811 gewesen und damals könnte Karl ihm diese Geschichte über den Heiligen seines Klosters erzählt haben[19].

Mehr als den Erhalt oder den Verlust dieser hübschen Episode aus Karls Kinderzeit müssen wir beklagen, dass wir überhaupt nichts über die Erziehung der Söhne Pippins wissen. Direkte Nachrichten über dieses Thema haben wir nämlich gar nicht, es gibt nur zwei indirekte Zeugnisse. Das eine findet sich in der Vita von Karls Vetter Adalhard, von dem es heißt, er sei mit Karl zusammen am Hofe König Pippins erzogen worden und habe die gleichen Lehrer wie dieser gehabt[20].

Und in Einhards Karlsvita heißt es, dass Karl sowohl seine Söhne als auch seine Töchter in den freien Künsten erziehen ließ, »an denen« er selbst interessiert war«[21]. Ob man daraus schließen darf, dass er auch schon in seiner Kindheit oder Jugend mit diesen Wissenschaften vertraut gemacht worden war oder ob er das Interesse erst viel später, im Austausch mit seinen gelehrten Freunden gewonnen hat, ist aus dieser kurzen Passage nicht sicher zu entnehmen.

Es bleibt also auch hier ein Fragezeichen, obwohl Pierre Riché davon überzeugt ist, dass Pippin selbst die Wissenschaften gefördert hat und man daher auch annehmen könnte, er habe seine Kinder literarisch ausbilden lassen[22].

Neben den recht kärglichen Zeugnissen aus der Historiographie liefern die Urkunden noch einige Belege für die Kindheit und Jugend von Pippins Söhnen: Ein frühes Zeugnis ist eine Urkunde, die Pippin noch als Hausmeier für das Kloster St. Denis ausgestellt hat. Dort werden die beschenkten Mönche gebeten, »für den Hausmeier und für seine Söhne« (*pro nos vel filios nostros*) bei Tag und bei Nacht ununterbrochen Gebete zu sprechen[23]. Die Urkunde selbst, die im Original erhalten ist, ist nicht datiert; ihre Datierung auf »751 vor 23. Sept./22. Okt., vielleicht sogar vor dem 20. Juni«[24] beruht auf dem Argument, dass Pippin erst dann für sich und seine Söhne eine Gebetsbitte aussprechen konnte, nachdem sein zweiter Sohn Karlmann geboren war, also 751, und zwar vor Pippins Erhebung zum König.

In zwei Urkunden aus der Königszeit Pippins wird Karl genannt. Die erste wurde am 1. Juni 760 ausgestellt, und in ihr nehmen Pippin und sein Sohn Karl das Kloster St. Calais in den Königsschutz[25]. Karl wird dort als *vir illuster* bezeichnet[26], einem Titel, den sich die merowingischen Könige, die karolingischen Hausmeier und auch Pippin selbst beigelegt hatten. Damit sollte wohl ausgedrückt werden, dass Karl jetzt zu selbstständigen politischen oder militärischen Handlungen fähig war, was man als Bestätigung nehmen kann, dass er damals das mündige Alter erreicht hatte. Da nach dem Recht der salischen Franken die Mündigkeit mit dem zwölften Geburtstag erreicht war[27], passt diese Urkunde gut zur These von Becher, dass Karl am 2. April 748 geboren wurde[28].

Am 13. August 762 erteilte Pippin dem Kloster Prüm ein großes Privileg, in dem die Zustimmung Karls und auch Karlmanns ausdrücklich erwähnt ist[29]. Wenn Karlmann tatsächlich 751 geboren wurde, wäre er damals noch nicht zwölf Jahre alt, also auch noch nicht rechtlich handlungsfähig gewesen.

Nur historiographisch, nämlich durch mehrere annalistische Quellen bezeugt, ist die Nachricht, dass König Pippin im Jahr 763 seinen Söhnen Karl und Karlmann einige Grafschaften übertragen habe[30]. Dies passt wieder gut zu einem Geburtsjahr 751 für Karlmann, denn dann hätte Pippin den zwölften Geburtstag seines zweiten Sohnes abgewartet, um die Regierungsfähigkeit seiner beiden Söhne deutlich zu machen[31]. Karl erhielt damals wahrscheinlich Herrschaftsrechte im Maine, dem Gebiet um Le Mans, das an der Grenze zum damals noch nicht fest in fränkischer Hand befindlichen Aquitanien lag[32].

Die Amtsfähigkeit eines frühmittelalterlichen Herrschers zeigt sich aber vor allem in seiner Fähigkeit, ein Heer zu führen. Die früheste Erwähnung über eine Teilnahme Karls an einem Kriegszug stammt aus den Reichsannalen und den *Annales Sancti Amandi* für das Jahr 761: damals habe Pippin

Geburt, Kindheit und Jugend Karls des Großen 45

seinen ältesten Sohn Karl auf den Feldzug nach Aquitanien mitgenommen[33]. Im folgenden Jahr 762 wird sowohl von Karls Teilnahme am Aquitanienzug seines Vaters als auch von der Teilnahme beider Söhne an einem Kriegszug berichtet[34]. Das passt – genauso wie der Konsens Karlmanns zum großen Privileg für Prüm – nicht so recht zu einem Geburtsjahr 751 von Karlmann.

Aus den Monaten Januar bis März des Jahres 764 besitzen wir einen Brief Papst Pauls I., in dem Pippin, seine Söhne Karl und Karlmann, die Königin Bertrada und das Töchterchen Gisela erwähnt sind[35]. Wenig später adressierte derselbe Papst ein Mahnschreiben an die jungen »Könige«, das den Eindruck erweckt, als wäre der Papst der Meinung gewesen, dass sie tatsächlich schon an der Herrschaft teilgenommen hätten[36].

3 Teilung des Reiches bis zum Tode Karlmanns

Pippin, der Vater Karls des Großen, hatte vor seinem Tod sein Reich unter seine beiden Söhne aufgeteilt[1]: Karl erhielt die nördlichen Teile Austriens und Neustriens sowie das westliche Aquitanien; Karlmann bekam Burgund, die Provence, Septimanien, das östliche Aquitanien, Alemannien und das Elsass sowie in Neustrien das Gebiet um Paris und Soissons. Nach Einhard (c. 3) entsprachen diese Anteile denen Pippins und seines Bruders Karlmann bei der Reichsteilung von 741[2]. Auch in der *Divisio regnorum* von 806 ist noch einmal von der Teilung von 768 die Rede, wenn es in c. 4 heißt, dass nach dem Tod des ältesten Sohnes (Karl der Jüngere) dessen Anteil zwischen den überlebenden Brüdern (Pippin und Ludwig) so aufgeteilt werden sollte, »wie er früher zwischen uns und unserem Bruder Karlmann geteilt gewesen ist. Pippin soll dann den Teil bekommen, den unser Bruder Karlmann gehabt hat, Ludwig aber den Teil empfangen, den wir in Besitz gehabt haben«[3].

Am 9. Oktober 768, am Fest des heiligen Dionysius, dem wichtigsten fränkischen Heiligen, erfolgte gleichzeitig die Erhebung der beiden Nachfolger zum König, wobei Karl in Noyon und Karlmann in der alten merowingischen Königsstadt Soissons zum König gesalbt wurde[4]. Eine eigentliche Doppelherrschaft der beiden Brüder bestand aber nicht, denn die wenigen Quellen für diese Jahre, vor allem die Urkunden, lassen erkennen, dass jeder der beiden Könige ganz selbstständig in seinem jeweiligen Reich amtierte. Interessant ist noch, dass aus der kurzen Regierungszeit Karlmanns zwölf Urkunden erhalten sind, während wir aus der Zeit von 768 bis Ende 771 nur neun Urkunden Karls des Großen besitzen.

Es gab anscheinend von Anfang an Spannungen zwischen den beiden Brüdern[5]; mehrfach musste ihre Mutter Bertrada als Vermittlerin eingreifen. Karlmann verweigerte seinem Bruder militärische Unterstützung, als dieser noch 768 gezwungen war, einen Aufstand im unruhigen Aquitanien niederzuschlagen. Nach seinem Sieg war Karl nicht mehr bereit, seinen Bruder an der Herrschaft über dieses Gebiet zu beteiligen, wie es das Testament Pippins vorgesehen hatte.

Es gibt aber auch Anzeichen für eine Zusammenarbeit zwischen den Brüdern: so haben Karl und Karlmann im März 769 gemeinsam zwölf fränkische Bischöfe zu einer römischen Synode abgeordnet. Im Liber Pontificalis ist die Anwesenheit des Erzbischofs von Sens neben den Bischöfen von Amiens, Meaux, Mainz, Tours, Lyon, Bourges, Narbonne, Worms, Würzburg, Langres, Reims und Noyon bezeugt[6]. Jeweils genau die Hälfte dieser Bischöfe kam aus dem Reich Karlmanns (Sens, Lyon, Narbonne, Würzburg, Langres und Reims) und aus dem Reich Karls (Amiens, Meaux, Mainz, Worms, Tours und Noyon). Auf dieser römischen Synode wurde neben der Frage der Papstwahl auch der Bilderstreit erörtert[7].

Bald schon dürfte Karl aber versucht haben, das Reich seines Bruders Karlmann einzukreisen, indem er ein Bündnis mit den Langobarden vorbereitete und durch eine Ehe mit einer Tochter des Langobardenkönigs Desiderius absicherte[8]. Das hätte ein Abgehen vom Bund zwischen Frankenkönig und Papst bedeutet, der 751/54 von Pippin eingeleitet worden war.

Die inneren Spannungen im Frankenreich sind auch daran abzulesen, dass in den Jahren 770 und 771 eine »merkwürdige Passivität« und ein »starkes Friedensbedürfnis« bei den Franken zu verzeichnen ist[9]. So reiste Bertrada 770 zuerst nach Baiern und schloss einen Vertrag mit Tassilo und dann nach Italien, um auch mit dem Langobardenkönig Desiderius zu einem Einvernehmen zu kommen; dieser Vertrag sollte mit einer Ehe besiegelt werden[10]. Dass Nachrichten über die Differenzen zwischen Karl und seinem Bruder bis nach Rom gedrungen waren, erweist der Briefwechsel des Papstes mit dem Frankenreich. Denn seit Sommer 770 richtete der Papst seine Schreiben nicht mehr gemeinsam an die beiden Könige, sondern entweder an Karl und seine Mutter Bertrada oder an Karlmann[11].

Dass der Papst aber nicht einseitig auf der Seite Karls stand, zeigt sein Angebot an Karlmann, die Patenschaft für seinen kleinen Sohn zu übernehmen. Dies war wahrscheinlich eine Reaktion des Papstes auf das Bündnis Karls mit den Langobarden. Vielleicht war es aber auch Bertrada auf ihrer Italienreise gelungen, den Papst wieder von einem Bund mit Karlmann abzubringen[12].

Dass der älteste Sohn Karlmanns den Namen Pippin erhielt[13] wie auch der erste Sohn Karls, der vielleicht im gleichen Jahr geboren wurde, zeigt wieder die Konkurrenz der beiden Brüder: Beide wollten mit dieser Namenswahl deutlich machen, dass ihr Sohn in der Nachfolge des königlichen Vaters stehen sollte.

Als Karlmann am 4. Dezember 771 unerwartet verstarb, brachte Karl den Reichsteil seines Bruders sehr rasch in seine Gewalt; die Erbansprüche der noch unmündigen Kinder Karlmanns wurden übergangen (so wie Pippin das 747 gegenüber den Kindern seines Bruders Karlmann gemacht hatte). Karlmanns Witwe floh nach Italien, an den Hof des Königs Desiderius. Nach der Eroberung des Langobardenreichs durch Karl im Jahr 774 wurden sie und ihre beiden Söhne festgesetzt und verschwanden wahrscheinlich hinter Klostermauern.

Es ist reine Spekulation, wenn Michael Richter vermutet, dass Karl der Große am Tod seines Bruders beteiligt war; in den Quellen gibt es für eine solche Annahme keinerlei Spuren[14]. Im Gegenteil: dass Karlmann nicht in St. Denis, wo sein Vater Pippin ruhte, sondern im Kloster St. Remi in Reims bestattet wurde, ist keine Benachteiligung Karlmanns durch seinen überlebenden Bruder, sondern die Erfüllung des Wunsches des Verstorbenen, der dem Remigiuskloster eine Schenkung machte, in der es ausdrücklich heißt, dass er in St. Remi bestattet werden wollte[15]. Leider ist diese Urkunde Karlmanns nicht mehr erhalten, sondern nur noch durch das vertrauenswürdige Regest Flodoards bekannt, sonst hätten wir vielleicht sogar noch das Datum für diese Schenkung. Erhalten ist eine Urkunde Karlmanns für St. Denis vom Dezember 771, in der er davon spricht, dass er sich vorbereiten wolle, vor den höchsten Richter zu treten[16]. Darf man dies als Aussage des schon schwer kranken Karlmann werten oder ist dies lediglich ein Topos in einer Urkunde als Begründung für eine Schenkung, die keinen Rückschluss auf die tatsächlichen Beweggründe des schenkenden Herrschers erlaubt?

Eine »Damnatio memoriae Karlmanns«, wie sie Hägermann sehen will[17], hat es auch nicht gegeben, denn Karl gab seinem zweiten Sohn von seiner Gemahlin Hildegard, der wahrscheinlich im Jahr 777 geboren wurde, den Namen Karlmann. Und die eben erwähnte Urkunde Karlmanns für St. Denis wurde durch Karl den Großen 774 bestätigt, wobei sich der Text von Karls Diplom an vielen Stellen auf die Vorgängerurkunde Karlmanns stützt[18].

Es ist jedoch auffallend, dass die in Karls Umgebung abgefassten Geschichtswerke, besonders die Reichsannalen, über die kurzen Jahre der gemeinsamen Herrschaft nur wenig mitteilen. Einhard berichtet (c. 3), dass die Anhänger Karlmanns den Frieden zwischen den beiden Königen zu stören versuchten, ja sie sogar in einen Krieg verwickeln wollten.

Unmittelbar nach dem Tod seines Bruders übernahm Karl die Macht in dessen Reich; viele der wichtigsten Gefolgsleute Karlmanns kamen persönlich zu Karl in die an der Grenze zwischen beiden Teilreichen gelegene Pfalz Corbeny bei Laon; die Reichsannalen nennen namentlich Erzbischof Wichar von Sens, Abt Fulrad von St. Denis und die Grafen Warin und Adelhard. Ob Karl in Corbeny regelrecht gewählt und gesalbt wurde, wissen wir nicht.

4 Ehe und Familie

Karl der Große war mindestens vier, vielleicht sogar fünf Mal verheiratet; die Namen dieser Frauen sind: Himiltrud, Gerberga (?), Hildegard, Fastrada und vielleicht Liutgard; außerdem kennen wir von ihm vier (oder fünf) Konkubinen namentlich, nämlich Madelgard, Gerswind, Regina und Adallind, vielleicht gehört auch eine Sigrada in diesen Kreis. Von diesen Frauen hatte Karl insgesamt mindestens 18 Kinder, acht Knaben und zehn Mädchen. 13 von ihnen erreichten das Erwachsenenalter; vier Söhne – neben seinem Nachfolger Ludwig dem Frommen noch die nicht-ehelichen Söhne Drogo und Hugo, die als Erzbischof von Metz bzw. als Abt von St. Quentin und St. Bertin hohe geistliche Positionen innehatten, sowie Theoderich, der Mönch wurde[1] – und fünf Töchter, von denen mindestens zwei ins Kloster eintreten mussten, haben Karl überlebt.

Die ausführlichsten Nachrichten über die Familienverhältnisse Karls bietet die Karlsvita Einhards, daneben gibt es in den *Gesta Karoli* Notkers einige Stellen zum Thema, obwohl – zu unserem großen Bedauern – Notkers drittes Buch über das Alltagsleben Karls sich nicht erhalten hat (oder nicht geschrieben wurde?). Die übrigen historiographischen Quellen der Karolingerzeit berichten über Karls Ehefrauen, Konkubinen und Kinder nur wenig. An direkten Quellen hat sich ein einziger Brief Karls an eine seiner Ehefrauen erhalten; wir kommen noch auf ihn zu sprechen.

Über die Beziehungen des kleinen Karl zu seiner Mutter Bertrada wissen wir nichts; und auch über Karls Schwester Gisela liegen kaum Zeugnisse vor. 766/67, im Alter von zehn Jahren, sollte sie mit dem byzantinischen Kaisersohn Leon verheiratet werden[2]. Ihr Vater Pippin lehnte diesen Vorschlag aus Byzanz jedoch ab, obwohl eine solche Ehe für das neue karolingische Königshaus eine hohe Ehre bedeutet hätte. Vielleicht wollte Pippin aber keine Verbindung mit den byzantinischen Bilderfeinden eingehen?

Nach 768 gab es noch den Plan einer Ehe Giselas mit Adelchis, dem Sohn des Langobardenkönigs Desiderius, die ebenfalls nicht zustande kam. Gisela zog sich wenig später ins Nonnenkloster Chelles zurück. Sie war übrigens eine hoch gebildete Frau, wie ihre Korrespondenz mit Alkuin bezeugt. Über Beziehungen Karls des Großen zu seiner Schwester haben wir nur eine vereinzelte Nachricht in den Metzer Annalen, wonach Karl Gisela im Jahr 804 in ihrem Kloster Chelles (bei Paris) besucht hat, als sie krank war.

Die erste Frau, mit der Karl eine sexuelle Verbindung einging und deren Namen wir kennen, war Himiltrud[3]; mit ihr hatte er einen Sohn, der den Namen von Karls Vater Pippin erhielt. Die ältere Forschung hat diese Himiltrud als Konkubine oder als Friedelfrau bezeichnet, um Karl den Großen nicht der mehrfachen Verstoßung einer legitimen Ehefrau beschuldigen zu müssen. In den letzten Jahren hat sich aber die Auffassung durchgesetzt, dass Himiltrud die rechtmäßige Gattin Karls gewesen ist. Dafür spricht der Name, den der Sohn aus dieser Verbindung erhielt: Pippin. Denn mit diesem Namen sollte offensichtlich ein eventueller Nachfolger bezeichnet werden. Erst später wurde Himiltrud in mehreren zeitgenössischen Quellen als Konkubine und Pippin als Bastard bezeichnet[4].

Über die Herkunft der beiden Frauen der Brüder Karl und Karlmann, Himiltrud und Gerberga, ist übrigens nichts bekannt.

Bei der Trennung von dieser ersten Frau Himiltrud und bei seiner zweiten Ehe spielte dann Karls Mutter Bertrada eine entscheidende Rolle. Nach dem Tod Pippins und der Teilung des Reiches zwischen seinen beiden Söhnen Karl und Karlmann waren unter anderem Alemannien, Burgund und die Provence an Karlmann gefallen. Es lag daher im Interesse Karls, ein Bündnis mit den Langobarden einzugehen, die damals große Teile Italiens beherrschten und die damit die unmittelbaren Nachbarn von Karlmanns Reich waren.

Die von Bertrada für Karl ausersehene Gemahlin war eine Tochter des Langobardenkönigs Desiderius (757–774), der bereits zwei seiner Töchter an bedeutende Fürsten verheiratet hatte. Liutperga wurde – wohl noch vor 768 – mit dem Herzog oder besser Fürsten (*princeps*) von Baiern, Tassilo III., einem Vetter Karls des Großen verehelicht; eine weitere Tochter mit Namen Adelperga war mit dem langobardischen *dux* (Herzog) Arichis von Benevent verheiratet; die älteste Tochter – Anselperga – lebte im Kloster Santa Giulia in Brescia, dessen Äbtissin sie später wurde. Karl der Große erhielt 770 die vierte Tochter zur Ehefrau[5].

Den Namen dieser Tochter nennen die Quellen nicht; Janet Nelson hat die recht plausible Vermutung geäußert, dass sie Gerberga hieß[6]. Gegen diese Ehe des älteren Frankenkönigs erhob der damalige Papst Stephan III. heftigen Widerspruch. In einem Brief an die beiden Könige Karl und Karlmann, den wir aus dem *Codex Carolinus* kennen, sind dem Papst einige Sätze in die Feder geflossen, die geradezu rassistisch sind und die belegen, welcher Schrecken den Papst erfasst hatte angesichts der Gefahr, dass der Frankenkönig mit seinen Erzfeinden, den Langobarden, ein Bündnis schließen wolle:

> »Was für ein Wahnsinn ist es, dass Euer edles fränkisches Volk, das alle Völker überstrahlt, und Euer so glänzendes und edles Königsgeschlecht befleckt werden soll durch das treulose und stinkende Volk der Langobarden, das gar nicht unter die Völker gerechnet wird und von dem bekanntlich die Aussätzigen abstammen; denn kein vernünftiger Mensch kann glauben, dass so gefeierte Könige durch eine so verwünschens- und verabscheuenswerte Berührung sich beflecken«[7].

Der Papst fährt dann fort, dass jede Ehe mit einer Frau aus einem fremden Volk für die Herrscher von Übel sei; vor allem aber betont er, dass Karl und Karlmann bereits »in rechtmäßiger Ehe nach der Vorschrift ihres Vaters« mit schönen Gemahlinnen aus ihrem eigenen Volk verbunden seien und es daher eine Sünde sei, eine andere Frau zu nehmen.

Beendet wurde Karls Ehe mit der langobardischen Königstochter, aus der keine Kinder hervorgingen, schon sehr bald. Als nämlich Karls Bruder Karlmann am 4. Dezember 771 plötzlich verstarb, sah Karl wohl den richtigen Zeitpunkt gekommen, die durch seine Mutter eingeleitete Politik eines Bündnisses mit den Langobarden zu korrigieren: Karl schickte seine Gattin zu ihrem Vater zurück und verband sich nur wenig später (d. h. entweder noch Ende 771 oder Anfang 772) mit einer noch sehr jungen Frau aus einem bedeutenden Geschlecht Alemanniens namens Hildegard, die damals wohl erst 13 Jahre alt war[8].

In der Forschung wird diese Verbindung meist so interpretiert, dass Karl nach dem Tod seines Bruders habe versuchen wollen, in Alemannien, das zum Reich Karlmanns gehört hatte, Fuß zu fassen. Die Ehe mit Hildegard konnte vielleicht auch den bairischen Fürsten Tassilo, der mit einer Schwester der von Karl verschmähten Desideriustochter verheiratet war, mit Karls Haltung versöhnen, da Hildegard wie Tassilo vom alemannischen Herzog Gottfried († 709) abstammte. Sie war eine Ururenkelin, Tassilo ein Enkel dieses Fürsten aus dem alemannischen Zweig der Familie der Agilolfinger.

Unter den Zeitgenossen gab es jedoch zum Teil recht heftige Kritik an der Trennung von der Desideriustochter, und von Einhard wissen wir, dass auch Karls Mutter Bertrada die Auflösung der Ehe scharf getadelt hat. Ein weiterer Kritiker war Karls Vetter Adalhard, der Anfang 772 ins Kloster eintrat, entweder, um seinen Protest gegen die langobardenfeindliche Politik zu unterstreichen oder vielleicht auch um gegen die Übernahme der gesamten Macht im Frankenreich durch Karl zu protestieren, der den Herrschaftsanspruch seines Neffen Pippin völlig übergangen hatte[9]. Noch nach vielen Jahren hat Paschasius Radbertus in der Vita dieses Adalhard (verfasst nach 826) Karl vorgeworfen, er habe sich schuldig gemacht, weil er seine rechtmäßige Ehefrau verstoßen habe, ohne dass er ihr ein Vergehen habe nachweisen können.

Und am Ende des 9. Jahrhunderts sah sich Notker von St. Gallen veranlasst, eine Erklärung für die Verstoßung der langobardischen Ehefrau zu geben:

»Kurz (nach der Hochzeit) verließ Karl diese Frau, weil sie bettlägerig und zur Fortpflanzung seines Stammes unbrauchbar war, nach dem Urteil der ehrwürdigsten Bischöfe.«

In dieser Quelle wird also nicht nur ein Scheidungsgrund genannt, sondern es wird auch eine Bischofssynode erfunden, die diese Trennung sanktioniert haben soll.

Die Ehe Karls mit Hildegard dauerte bis zu ihrem Tod; sie starb am 30. April 783. Aus dieser Ehe gingen insgesamt neun Kinder hervor; vier Knaben und fünf Mädchen; obwohl eine Zwillingsgeburt dabei war, kam die junge Frau also bis zu ihrem frühen Tod nicht aus den Schwangerschaften heraus. Aus diesen zahlreichen Schwangerschaften darf man wohl eine intensive Beziehung der Eheleute Karl und Hildegard herauslesen und man darf auch schließen, dass Karl seine Ehefrau auf seinen Kriegszügen öfter dabei gehabt hat. Sicher wissen wir, dass der Frankenkönig seine auch damals wieder schwangere Gattin im Winter 773/74 nach Pavia kommen ließ, als er die Hauptstadt des Langobardenreichs belagerte. Dass Karl seine Gattin und seine Söhne Pippin und Karl nicht mitnahm, als er an Ostern 774 nach Rom reiste, hängt wohl damit zusammen, dass Hildegard eben eine Tochter geboren hatte; das kleine Mädchen starb noch im Jahr seiner Geburt.

778 begleitete Hildegard ihren königlichen Gemahl nach Aquitanien, dort wurden am 16. April die Zwillinge Ludwig und Lothar geboren; einer der beiden, Lothar, starb wenig später.

780/81 reiste Hildegard mit Karl nach Rom, zusammen mit den Kindern Rotrud, Karlmann(-Pippin), Ludwig und Berta, die damals gerade ein Jahr alt gewesen sein dürfte. Hildegard war auch da wieder schwanger und gebar ihre vorletzte Tochter Gisela. Kurz nach der Geburt ihrer jüngsten Tochter Hildegard ist sie 783 gestorben.

Am Tag nach ihrem Tod, am 1. Mai 783, machte Karl eine Stiftung für das Kloster St. Arnulf in Metz, den Begräbnisort der Hildegard[10]. Darin wird sie nicht nur mehrfach als *dilectissima coniux* (»über alles geliebte Gattin«) angesprochen, sondern sie wird sogar – und das ist dann doch in einer Urkunde ganz ungewöhnlich! – *dulcissima coniux* (»allersüßeste Gattin«) genannt.

Die Urteile der Zeitgenossen über Hildegard sind allesamt positiv; ihr Tod ist sogar in den Reichsannalen erwähnt, und Thegan, der Biograph ihres Sohnes Ludwig (des Frommen), nennt sie *beatissima regina* – »allerglücklichste Königin«. Über ihre Persönlichkeit wissen wir leider fast überhaupt nichts. Daher ist die Nachricht von Interesse, dass sie sich kurz vor ihrem Tod mit Lioba, der damals schon recht alten einstigen Gefährtin des Bonifatius, getroffen hat; auch wenn es vielleicht zu weit geht, wenn man daraus auf eine »schwesterliche und geistliche Freundschaft« der beiden Frauen geschlossen hat[11]. Und es gibt eine Nachricht über ein in goldenen Buchstaben auf purpurnes Pergament geschriebenes Psalmenbuch, das Hildegard gehört hat; nach ihrem Tod hat der Frankenkönig dieses Buch der Abtei St. Denis geschenkt; es ist aber nicht erhalten[12].

Schon wenige Monate nach dem Tod seiner geliebten Frau Hildegard heiratete Karl erneut (im Herbst 783). Die neue Gattin war eine fränkische Adlige namens Fastrada. Der kurze Abstand zum Tod Hildegards wurde gelegentlich kritisiert; Franz Staab hat darauf hingewiesen, dass die noch sehr kleinen Kinder eine Mutter benötigten, nachdem auch ihre Großmutter Bertrada am 12. oder 13. Juli 783 verstorben war[13]. Auch von Seiten des Kirchenrechts bestanden keine Einwände gegen eine rasche Wiederverheiratung: im Bußbuch Theodors von Canterbury (II,12,10) heißt es z. B., dass ein Mann nur einen Monat warten müsse, bis er sich wieder verheiraten dürfe[14]; die Trauerzeit einer Witwe war länger; sie musste mit einer neuen Heirat ein volles Jahr warten.

Mit Fastrada hatte Karl zwei Töchter, die um 785 und um 787 geboren wurden; sie hießen Theodrada und Hiltrud. Über die Persönlichkeit der Fastrada glaubte man sich deshalb gut unterrichtet, weil Einhard in c. 20 der Karlsvita über sie ein ganz dezidiertes Urteil ausspricht:

»Man glaubt allgemein, dass die Grausamkeit der Königin Fastrada diese Verschwörungen veranlasst hat. Die Verschwörungen (von 786 und 792) richteten sich deswegen gegen den König, weil er den rücksichtslosen Handlungen seiner Gemahlin beizustimmen und von seiner sonstigen Güte und Milde in ungewohnter Weise abzuweichen schien«.

Beschreibt dieses Urteil Einhards tatsächlich die Rolle der Fastrada oder wollte er damit vielleicht eher Judith, die zweite Gemahlin Ludwigs des Frommen treffen, deren Intrigen am Hof zu schweren Turbulenzen und zu gefährlichen Aufständen in der Zeit um 830 führten?

Nun gibt es durchaus einige Zeugnisse dafür, dass die Rolle der Fastrada anders war als die Hildegards, dass Fastrada die Rolle einer Königin wirklich ausfüllte: Ich nenne hier nur einen Text, der in einer Formelsammlung überliefert ist und in dem von einem Zweikampf in Gegenwart der Fastrada (wahrscheinlich aus dem Jahr 792 oder 793) berichtet wird, bei dem einer der Teilnehmer erschlagen wurde[15]. Dass ein Zweikampf vor Gericht stattfand, um ein gerechtes Urteil in einem Verfahren zu ermöglichen, hatte Karl der Große schon 779 verboten; er hatte statt dessen empfohlen, das unblutige Gottesurteil der Kreuzprobe[16] vorzunehmen. Es könnte also sein, dass sich der Vorwurf der Grausamkeit gegen Fastrada auf derartige Vorfälle bezieht. Außerdem ist interessant, dass die Königin in Abwesenheit des Königs den Vorsitz bei Gericht innehatte.

Obwohl Fastrada Karl nicht so oft auf seinen Kriegszügen und Reisen begleitet hat wie ihre Vorgängerin Hildegard, dürfte ihr Einfluss auf ihren Gemahl erheblich gewesen sein. Dafür spricht auch ein Satz aus den Reichsannalen, die sonst nicht gerade Intimitäten aus dem Privatleben des Königs ausplaudern. Zu 787 schreibt der Annalist jedoch:

> »Und es kam dieser milde König zu seiner Gemahlin, der Königin Fastrada, nach Worms, wo sie sich aneinander erfreuten und ergötzten und Gottes Erbarmen priesen«[17].

Noch interessanter ist aber ein Brief Karls, den der König im Jahr 791 während seines Feldzugs gegen die Awaren schrieb, in dem er seine Frau als »äußerst liebenswürdig« bezeichnet und auch seine »süßesten« Töchter nicht vergisst. Wie eng seine Beziehung zu Fastrada war, kann man auch aus der ungeduldigen Schlussbemerkung entnehmen, mit der Karl seine Frau tadelt, dass er seit seiner Abreise von ihr weder einen Brief noch einen Boten erhalten habe[18]. Aus der etwas ungeschickten Formulierung des letzten Satzes könnte man vielleicht sogar entnehmen, dass es Karl selbst war, der ihn formuliert hat:

Unde volumus, ut sepius nobis de tua sanitate vel de aliud, quod placuerit, significari debeas. Iterumque salutamus tibi multum in Domino. Also: »Wir wünschen daher, dass Du uns mehr über Deinen Gesundheitszustand und über anderes, was Dich beschäftigt, anzeigen sollst. Und nochmals grüßen wir Dich vielmals im Namen des Herrn«[19].

Am Ende ihres Lebens war Fastrada wahrscheinlich sehr krank; dennoch hat Karl sie 794 nach Frankfurt mitgenommen[20], wo er mit den fränkischen Bischöfen ein großes Konzil feierte, auf dem der Anspruch des Frankenkönigs auf die führende Rolle in der Kirche erhoben wurde. In Frankfurt starb Fastrada am 10. August 794; zwei Tage später wurde sie im Kloster St. Alban in Mainz beigesetzt. Eine Schenkungsurkunde Karls ist zwar diesmal nicht erhalten, aber in einer verlässlichen Quelle aus dem 11. Jahrhundert gut bezeugt. Noch bis in die Zeit um 1500 wurde in Mainz Fastradas Todestag feierlich begangen[21].

Die letzte Frau, die in einigen zeitgenössischen Quellen als Ehefrau Karls, bezeichnet wird, ist Liutgard[22]. Ihr Name taucht bereits zu Lebzeiten Fastradas in den Quellen auf; vielleicht hatte Karl schon damals eine Beziehung zu ihr aufgenommen. Da sie seit 799 in einigen Quellen *uxor* genannt wird, hat man vermutet, dass Karl der Große, als er in diesem Jahr den Besuch des Papstes Leo III. erwartete, sein Verhältnis »legalisieren« wollte. Aber diese Deutung könnte auch auf der anachronistischen Annahme beruhen, Karl habe auf den Papst Rücksicht nehmen müssen.

Alkuin, von dem wir eine Reihe von Briefen an Liutgard besitzen, nennt sie nie *uxor, coniux* oder *regina*, also Ehefrau,

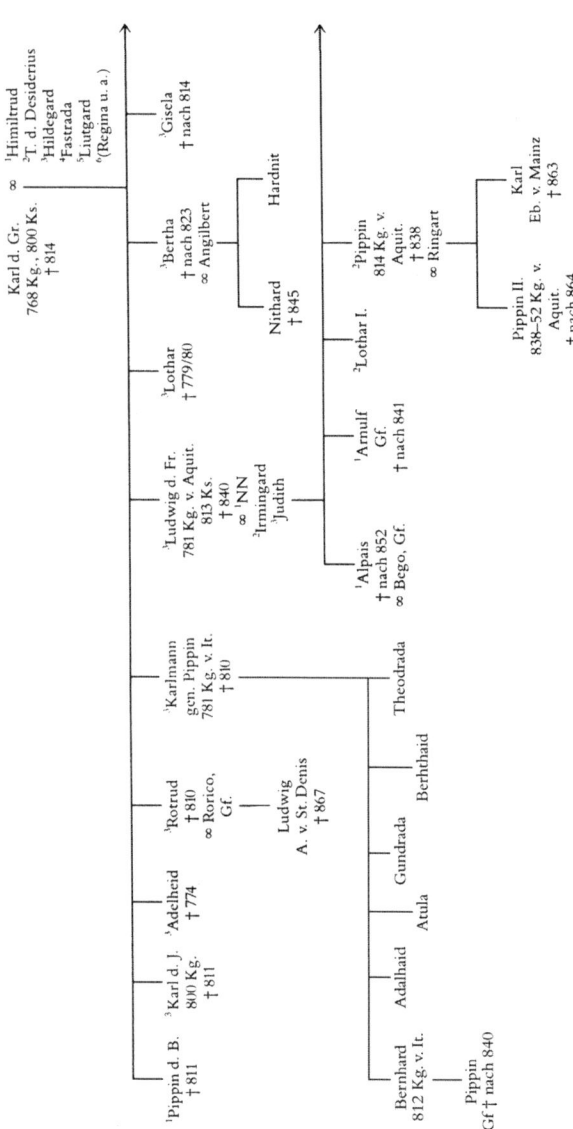

Stammtafel 3: Kinder und Enkel Karls des Großen

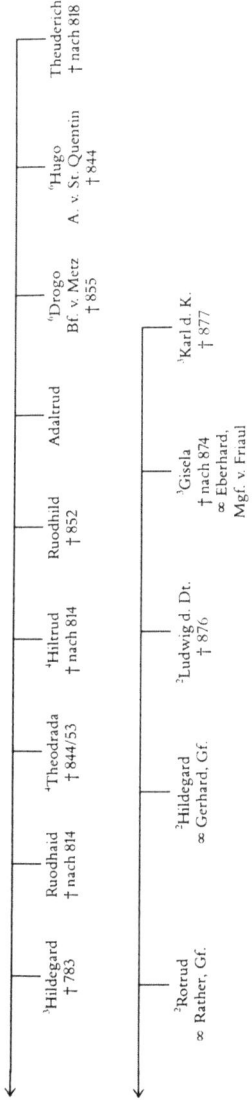

Stammtafel 3: Fortsetzung

Gemahlin oder Königin, sondern immer nur *nobilissima femina* – »sehr edle Frau«. Daraus wird man wohl eher schließen dürfen, dass Karl sein Verhältnis zu ihr nicht »legalisiert« hat.

Ob nun Liutgard die legitime Ehefrau Karls gewesen ist oder nicht; sie hatte zweifellos eine bedeutende Stellung an seiner Seite: Aus einem Brief Alkuins wissen wir, dass man Liutgard fragen musste, wenn man wissen wollte, wo der Frankenkönig den Winter zu verbringen gedachte[23]. Nach der Eroberung des Awarenreichs half Liutgard dabei, die gewaltige Beute unter die Bischöfe und Kirchen des Frankenreichs zu verteilen[24]. 798 reiste sie mit ihren Stieftöchtern ins Kloster Nivelles, um dort für das Seelenheil der Familie zu beten. Ein Brief Alkuins macht auch deutlich, dass Liutgard eine beachtliche Bildung besaß und dass sie sich für liturgische Fragen interessierte[25].

Nach Liutgards Tod (am 4. Juni 800) ist Karl keine weitere Ehe mehr eingegangen. Ein wichtiger Grund dafür war sicherlich, dass der Kaiser die Zahl seiner legitimen Erben nicht vergrößern wollte, da ja aus der Ehe mit Hildegard drei Söhne als Erben bereit standen, unter denen das Reich nach fränkischer Sitte aufgeteilt werden musste[26].

Einhard nennt für die Zeit nach Liutgards Tod noch die Namen von drei Konkubinen (die Sächsin Gerswind, Regina und Adallind); der Bearbeiter der Karlsvita in der Zeit um 840, der Reichenauer Mönch und Abt Walahfrid Strabo, kennt noch den Namen einer weiteren Konkubine (Madelgard) und ihrer Tochter (Ruodhild). Im Jahr 1900 ist die Vermutung geäußert worden, dass wir mindestens eine weitere Konkubine Karls namentlich kennen, die in einer mit tironischen Noten – also einer Art Kurzschrift – auf der Rückseite einer Urkunde Karls aus dem Jahr 777 erwähnt ist; dort heißt es, dass Karl seine Magd Sigrada eigenhändig (wie von der *Lex Salica* vorgeschrieben) freigelassen habe. Der Entdecker dieser Notiz, Michael Tangl, hat vermutet, dass es sich bei der freigelassenen Magd um eine Geliebte des fränkischen Königs handelt. Wir hätten dann den Namen einer Konkubine, mit der Karl während seiner Ehe mit Hildegard verkehrte. Tangl bemerkte allerdings, wenn seine Vermutung nicht zutreffe, »bedaure ich lebhaft, dem Magdthum Sigradanas durch schwarzen Verdacht nahe getreten zu sein«[27].

Tangl hat übrigens auch darauf hingewiesen, dass bei Einhard nur die Namen derjenigen Konkubinen genannt seien, von denen auch Kinder bekannt sind. Darüber hinaus dürfte es nämlich weitere Beischläferinnen gegeben haben, und Karl hat wahrscheinlich auch schon mit Konkubinen verkehrt, als er noch in legitimer Ehe mit Fastrada verheiratet war. Erst recht dürfte er in den darauf folgenden Jahren nebeneinander mehrere Konkubinen um sich gehabt haben[28].

An dieser Stelle muss auch noch ein Heiratsprojekt Karls des Großen erwähnt werden, von dem allerdings nur eine byzantinische Quelle berichtet: Beim byzantinischen Chronisten Theophanes findet sich die Nachricht, dass die Kaiserin Irene, die zwischen 797 und 802 in Konstantinopel die Alleinherrschaft innehatte, geplant habe, sich mit dem am 25. Dezember 800 zum Kaiser gekrönten Karl zu verehelichen[29]. Zu bedenken ist dabei aber, dass Irene damals bereits etwa 50 Jahre alt war. Außerdem hat dieses Vorhaben in den westlichen Quellen keinerlei Spuren hinterlassen.

Die Urkunden Karls des Großen lassen keinen Einfluss seiner Frauen erkennen, es gibt nämlich nur eine einzige Urkunde, in der eine von diesen, nämlich Hildegard, als Mitausstellerin einer Urkunde erscheint[30]. Aber das bedeutet nicht, dass die Frauen keinen Einfluss auf Karls politische Pläne und ihre Umsetzung gehabt hätten; für Fastrada und für Liutgard ist das oben schon gezeigt worden. Nach Liutgards Tod müssen wir damit rechnen, dass wohl weniger die Konkubinen, sondern eher Karls ältere Töchter, Rotrud bis zu ihrem Tod im Jahre 810, sowie Berta und Gisela, erheblichen Einfluss auf ihren Vater auszuüben vermochten.

In den »Taten Karls« des St. Galler Mönchs Notker, in denen über Karl den Großen am Ende des 9. Jahrhunderts im Umlauf befindliche Anekdoten und Legenden verarbeitet sind, wird an mehreren Stellen deutlich, dass die Königin, die bei dem Alemannen Notker immer Hildegard heißt, die Entscheidungen ihres mächtigen Gemahls stark beeinflusst hat. Aus einer dieser Geschichten geht hervor, dass Karl zwar nicht immer bereit war, den inständigen Bitten seiner Frau auch Folge zu leisten, dass er aber durch die Erinnerung an den frühen Tod Hildegards zu Tränen gerührt war und eine ergangene Entscheidung revidierte; dass er dann zusammen mit seiner Frau (das dürfte eher Fastrada gewesen sein) einen allzu machtgierigen Bischof maßregelte und dass die Ehefrau so einflussreich war, dass der König einen seiner Gefolgsleute ungerecht anschuldigte und seiner Lehen beraubte[31].

Aus all diesen Episoden geht hervor, dass Karls Gemahlin einen bedeutenden Einfluss auf den Herrscher ausübte, wenn es darum ging, Gefolgsleute oder auch kirchliche Amtsträger zu überwachen, zu belohnen oder zu bestrafen.

Zusammenfassend lässt sich über das Ehe- und Geschlechtsleben Karls des Großen also Folgendes sagen:
- Vor seiner Ehe mit der Schwäbin Hildegard hat er zwei Ehefrauen verstoßen.
- Vielleicht schon während dieser Verbindung hatte er Beziehungen zu Konkubinen.
- Nach der Ehe mit Fastrada, spätestens nach der Verbindung mit Liutgard, hatte er nur noch Umgang mit Konkubinen.

Durfte so das Eheleben eines christlichen Königs und Kaisers aussehen?

Von den Vorgängern Karls, von den Merowingern, wissen wir, dass wenigstens einige von ihnen mehrere Ehefrauen nebeneinander hatten, also in Polygamie lebten[32].

Karl gilt als bedeutender Gesetzgeber[33], und daher wollen wir uns wenigstens kurz der Frage zuwenden, wie die eherechtlichen Normen seiner Zeit aussahen, welche Vorschriften in der Kirche zu dieser Frage galten und ob Karl selbst Regeln zum Eherecht aufgestellt hat.

Nach den bis heute gültigen Vorstellungen sind vor allem die Kirche und das Kirchenrecht zuständig, wenn das eheliche und das geschlechtliche Leben der gläubigen Christen reguliert werden soll. Ganz so eindeutig waren die Verhältnisse im frühen

Mittelalter jedoch nicht, aber in den um das Jahr 800 verbreiteten Kirchenrechtssammlungen wurde das Thema »die Ehe der Laien« immerhin wenigstens am Rand behandelt. Dies gilt einmal für die *Collectio Vetus Gallica*, die einen kurzen Abschnitt (Titel 49) diesem Thema widmet, wobei demjenigen, der seine Ehefrau verstieß, mit der Exkommunikation gedroht wurde (c. 2), und außerdem alle Männer ermahnt wurden, sich mit ihren Ehefrauen zu begnügen und keine Konkubinen zu haben (c. 3). Eine Ehefrau soll nur dann verstoßen werden dürfen, wenn sie Ehebruch begangen hatte[34].

Auch die *Collectio Hibernensis*, die Irische Kanonessammlung, die nach 700 in Irland entstanden ist und um 800 eine weite Verbreitung im Frankenreich erreicht hatte, befasste sich (in Abschnitt 46) mit Ehefragen. Der entsprechende Abschnitt besteht aus 38 Kapiteln; er ist in einer größeren Anzahl von Handschriften auch separat überliefert[35].

Die hier zusammengestellten kirchenrechtlichen Texte weisen jedoch Widersprüche auf: so wurde zwar einerseits verboten, dass Männer vor ihrer Ehe oder neben der Ehefrau eine Konkubine hatten, aber es wurde doch erlaubt, dass Frauen solche Männer heirateten, die vor der Ehe mit einer Konkubine zusammengelebt hatten. Und es wurde auf der einen Seite eine Verstoßung der Ehefrau untersagt, wenn sie keinen Ehebruch begangen hatte, aber andererseits wurde auch die Bestimmung aus dem Alten Testament (Dtn. 24,1) wiederholt, dass man seiner Frau einen Scheidungsbrief schreiben dürfe, wenn sie einem nicht mehr gefalle. Hier zeigt sich, dass in diesem Rechtsbuch noch nicht so eindeutig die Monogamie und die Unmöglichkeit der Ehescheidung verankert war, wie es die Kirche nach der Mitte des 9. Jahrhunderts vorgeschrieben und durchgesetzt hat.

Das Kirchenrecht hätte also durchaus Regeln geboten, mit denen Karl seine nonchalante Haltung zur Ehe hätte rechtfertigen können.

Das weltliche Recht des 8. und beginnenden 9. Jahrhunderts sprach sich noch weniger klar über das Eheleben aus als das Kirchenrecht. Karl war Franke und daher hatte er nach dem fränkischen Recht, das in seiner Zeit in der *Lex Salica* und der *Lex Ribuaria* schriftlich vorlag, zu leben. In diesen beiden Rechtsbüchern findet sich jedoch kein einziges Kapitel, das sich mit dem Eheleben befasst. Anders sieht es in den Leges der von Karl besiegten Langobarden und Baiern aus: Schon ein Gesetz des langobardischen Königs Grimoald aus dem Jahr 668 hatte in c. 6 die Verstoßung der Ehefrau untersagt[36], und die *Lex Baiuvariorum* aus der Zeit um 720 hat für die Verlassung der Ehefrau »aus Hass« die recht hohe Buße von 48 Schilling angedroht[37].

Die eigene Gesetzgebungstätigkeit Karls des Großen begann vielleicht schon bald nach seinem Regierungsantritt. Aber sowohl in dem Kapitular des Jahres 769 als auch in späteren Erlassen, so im Kapitular von Herstal 779, in mehreren Kapitularien des Jahres 802, also nach seiner Kaiserkrönung, und in den Synoden des Jahres 813, war das einzige Thema zum Eherecht, das Karl behandelte, das Verbot der Heirat mit nahen Verwandten, das Inzestverbot[38]. Hier hat Karl der Große nicht nur Normen erlassen, sondern er hat auch die Verfolgung derjenigen geregelt, die sich dieses Vergehens schuldig gemacht hatten.

Einzig ein kurzes Kapitel in Karls *Admonitio generalis* von 789, geht auf die Trennung einer Ehe ein (c. 43). Dort heißt es, dass kein Mann nach der Entlassung seiner Ehefrau eine neue Ehe eingehen darf, solange die frühere Frau noch am Leben ist[39]. Dieses Kapitel wurde in einem Erlass des Jahres 802 nochmals wiederholt (als c. 22)[40].

Ganz anders hatte sich Karls Vater Pippin verhalten: in mehreren Königsgesetzen aus den 750er Jahren hatte er genaue Rechtsverordnungen über die Ehe erlassen. Eine ähnlich ausgedehnte Gesetzgebung über dieses Thema findet sich interessanterweise in Karls Zeit nur aus Italien, wo Karls Sohn Pippin als Unterkönig herrschte. Dessen Berater war Adalhard, der den Hof Karls verlassen hatte, nachdem der König 771 sich von seiner langobardischen Ehefrau getrennt und die Alemannin Hildegard geheiratet hatte.

Karls Töchter

Nach den Ehefrauen und Konkubinen Karls sollen hier auch Karls Töchter behandelt werden: Insgesamt waren es, wie oben schon bemerkt, mindestens zehn. Interessant ist zuerst die Namensgebung[41]; dabei lässt sich nämlich sehr schön das Prinzip der Nachbenennung beobachten:

Seine älteste und seine vierte Tochter benannte Karl nach seinen Schwestern: Die älteste hieß Adelheid wie die früh verstorbene Schwester Karls, die vierte nannte er Gisela nach ihrer damals noch lebenden Tante. Die dritte Tochter erhielt den Namen Berta nach ihrer Großmutter, die ebenfalls noch am Leben war. Mit dem Namen der zweiten Tochter, Rotrud, wird der Name der Ehefrau Karl Martells, also der Großmutter Karls, wieder aufgenommen. Die jüngste Tochter aus der Ehe Karls mit Hildegard, die kurz vor dem Tod ihrer Mutter geboren wurde, erhielt deren Namen, obwohl sonst die Nachbenennung nach der Mutter nicht üblich war.

Die weiteren Töchter Karls heißen Ruodhaid, wie eine früh verstorbene Schwester Karls, Theodrada, wie die Enkelin Karl Martells (über dessen unehelichen Sohn Bernhard) und Hiltrud, nach der Tochter Karl Martells, die sich gegen den Wunsch ihres Vaters mit Odilo von Baiern verbunden hatte und die damit die Mutter Tassilos III. wurde: Karl hatte anscheinend keine Probleme, diesen Namen wieder aufzugreifen; dagegen galt die Verbindung Hiltruds mit Odilo und die voreheliche Geburt Tassilos in der Zeit Ludwigs des Frommen als Skandal[42].

Bei den letzten beiden Töchtern (Ruodhild und Adaltrud) wird es schwierig, ein Vorbild für die Namensgebung zu finden; man hat fast den Eindruck, als ob in der Familie Karls des Großen die Mädchennamen ausgegangen waren.

Für die älteste überlebende Karlstochter Rotrud gab es den Plan einer Ehe mit dem jungen byzantinischen Kaiser Konstantin VI., bereits im Jahr 781 erfolgte die Verlobung; die – damals etwa sechs Jahre alte – Braut erhielt bereits Griechischunterricht, um auf das Leben in Byzanz vorbereitet zu sein. Aber nach 787 wurde die Verlobung wieder gelöst[43]. Rotrud lebte dann am Hof des Vaters und hatte dort auch ein Verhältnis unbekannter Dauer mit einem Grafen Rorico, aus dem ein Sohn hervorging, der den Namen Ludwig erhielt. Dieser wurde später Abt von St. Denis; er starb 867[44].

Die Zweitälteste, Berta, sollte 789 mit Ecfrith, dem Sohn und Thronerben des angelsächsischen Königs Offa von Mercien verheiratet werden[45]. Vorangegangen war der Plan einer englischen Heirat für Karls gleichnamigen Sohn Karl den Jüngeren, der eine Tochter Offas ehelichen sollte. Als Offa im Gegenzug eine Doppelhochzeit vorschlug und für Karls Tochter Berta seinen Sohn Ecfrith anbot, lehnte der Frankenkönig dieses Angebot aus England als Zumutung ab. Die Folge war ein schwerer Konflikt zwischen dem Frankenreich und dem mächtigen englischen Teilkönig, in dessen weiterem Verlauf Karl die Grenzen des Frankenreichs für angelsächsische Kaufleute sperren ließ.

Wie ihre Schwester Rotrud lebte Berta in den nächsten Jahren am Hof ihres Vaters; auch sie ging ein Verhältnis ein, und zwar mit Karls Freund Angilbert, dem späteren Laienabt des Klosters St. Riquier (Centula). Aus dieser Verbindung gingen zwei Söhne hervor: Nithard und Hartnit. Dies wissen wir, weil Nithard ein Geschichtswerk verfasst hat, das vor allem die Zeit der Bruderkriege nach dem Tod Ludwigs des Frommen, also in den Jahren 840 bis 843, behandelt. Darin findet sich anlässlich der Erhebung der Gebeine seines Anfang 814 verstorbenen Vaters Angilbert folgender Satz: »Angilbert zeugte mit einer Tochter des großen Königs namens Berehta meinen Bruder Hartnit und mich, Nithard«[46].

Bertas Liebschaft wurde später in eine Sage umgeformt, in der aus Berta eine Emma wurde und ihr Geliebter Eginhard, also Einhard, heißt. In einer Winternacht trägt Emma/Berta ihren Freund aus ihrer Kemenate über den Hof, damit sich seine Fußspuren nicht im Schnee abzeichnen und das Verhältnis bekannt wird. Die früheste Bezeugung dieser Geschichte findet sich in einem Eintrag aus dem 12. Jahrhundert in der Lorscher Chronik. Vor allem im 19. Jahrhundert war diese schöne Sage durch zahlreiche Dramen und Gedichte in Deutschland und Frankreich populär[47], und Wilhelm Busch hat sie in eine hübsche Bildergeschichte verwandelt.

In Wahrheit dürften die Beziehungen der Karlstöchter und das lockere Leben am Karlshof sehr wohl bekannt gewesen sein, gibt es doch aus der Zeit um 800 eine briefliche Warnung Alkuins an den Abt von Corbie, dem geraten wird, es lieber nicht zu gestatten, dass einer seiner Mönche an den Kaiserhof reise, weil dieser Mönch dort schon einmal fast sein Seelenheil verloren hätte[48]. Noch eindrücklicher ist eine Warnung Alkuins an seinen Schüler Nathanael, wo es heißt, dass »die gekrönten Tauben nicht vor sein Fenster kommen sollen, die durch die Gemächer der Pfalz flattern«. Mit diesen gekrönten Tauben dürften die leichtlebigen Töchter Karls gemeint sein[49].

Von Einhard erfahren wir etwas über die Bildung der Kinder Karls; dabei ist in unserem Zusammenhang vor allem hervorzuheben, dass der Kaiser auch seinen Töchtern eine wissenschaftliche Ausbildung zuteil werden ließ. Es heißt nämlich in der Karlsvita (c. 19): »Sowohl die Knaben als auch die Mädchen sollten zunächst in den Wissenschaften unterrichtet werden, an denen er selbst interessiert war« und das waren – wieder nach Einhard – vor allem Grammatik, Rhetorik, Dialektik und besonders Astronomie. Daneben sollten die Mädchen aber auch Handarbeit treiben. Nach Einhard soll Karl sehr gern im Kreis seiner Töchter und Enkelinnen gespeist haben, denn er schreibt: »Wenn Karl zu Hause war, aß er nie ohne sie und nahm sie stets auf seine Reisen mit.« Theodulf von Orléans schildert diese Verhältnisse in einem Gedicht[50], in dem auch die Reihenfolge des Auftauchens der Frauen interessant ist; zuerst werden nämlich Karls Töchter Berta, Rotrud und Gisela genannt, und erst danach seine Frau oder Konkubine Liutgard, die übrigens auch hier nicht als *uxor* oder *coniux*, sondern als *pulchra virago* (»schöne Frau«) angesprochen wird. Etwas später tauchen in diesem Gedicht zusammen mit den älteren auch die jüngeren Töchter des Königs auf, wenn es heißt:

»Berta brachte Rosen, Rotrud Veilchen, Gisela Lilien, ... Rothaid Früchte des Baumes, Hiltrud Gaben der Erde, Theodrada einen Fang aus dem Wasser«[51].

Das Karlsepos aus dem Jahr 799 oder 800, in dem die Begegnung Papst Leos III. mit Karl dem Großen in Paderborn dargestellt wird, schildert in seinem ersten Teil eine höfische Jagd. Hier werden nur sehr knapp zwei von Karls Söhnen, nämlich Karl der Jüngere und Pippin, vorgestellt (Z. 197–207), ehe dann in über 50 Versen sehr eingehend und eindrucksvoll das glänzende Auftreten der Töchter dargestellt wird (Z. 212–267). Sie erscheinen in der Abfolge Rotrud, Berta, Gisela, Rothaid, Theodrada und Hiltrud, das heißt, sie sind nach ihrem Alter geordnet. Die Gattin oder Konkubine Liutgard kommt übrigens in diesem Gedicht überhaupt nicht vor; vielleicht war sie zur Zeit der Abfassung des Gedichts bereits verstorben.

Beim Tod Karls lebten aber nicht nur die Töchter Berta, Gisela, Ruodhaid, Theodrada, Hiltrud, Ruodhild und Adaltrud, sondern vielleicht auch noch einige seiner Konkubinen am Hof. Dazu kommen eventuell die beiden Cousinen Gundrada und Theodrada sowie – nach dem Zeugnis Einhards – auch fünf Enkelinnen, die Töchter des 810 verstorbenen Pippin von Italien.

Ludwig der Fromme beendete bald nach seinem Herrschaftsantritt diese »Weiberwirtschaft«, wie sein Biograph, der Astronomus berichtet (c. 21):

> »Schon lange hatte ihn (nämlich Ludwig den Frommen) in seinem Herzen, obgleich er von Natur äußerst mild war, das Treiben seiner Schwestern in der väterlichen Wohngemeinschaft geärgert; der einzige Makel, mit dem das Vaterhaus befleckt war«[52].

Was der Übersetzer als »Wohngemeinschaft« wiedergegeben hat, heißt auf Latein *contubernium*, und diesen Begriff benutzt auch Einhard, wenn er schreibt, dass Karl davon gesprochen habe, er könne die »Gemeinschaft« seiner Töchter nicht entbehren (c. 19). Janet Nelson hat vermutet, dass hinter diesem Begriff mehr stecke als eine »Wohngemeinschaft«; sie möchte darin einen Hinweis auf mögliche sexuelle Beziehungen zwischen Karl und seinen Töchtern sehen[53].

In Kapitel 23 kommt der Astronomus nochmals auf die Frauen am Hof Karls des Großen zu sprechen:

> »Hierauf – gemeint ist nach der Testamentseröffnung – ließ der Kaiser die ganz überaus zahlreiche weibliche Gesellschaft vom Hof entfernen, bis auf einige wenige, die er für den königlichen Dienst geeignet fand. Jede der Schwestern zog sich in die vom Vater erhaltenen Besitzungen zurück; wer jedoch solche noch nicht bekommen hatte, wurde vom Kaiser ausgestattet und begab sich auf die zugewiesenen Güter«[54].

Das bedeutet: Ludwig hat seine Schwestern (und wohl auch seine Nichten) vom Hof verbannt; eine Einweisung ins Kloster bedeutete dies aber nicht. Nur von Theodrada und Ruothild wissen wir sicher, dass sie nach Karls Tod in ein Kloster eingetreten sind[55].

5 Lebensführung

Wieder ist es Einhard, von dem wir die wichtigsten Merkmale von Karls äußerer Erscheinung zu kennen glauben. In seinem 22. Kapitel schreibt er:

> »Karl war von breitem und kräftigem Körperbau, dabei von hoher Gestalt, die aber das rechte Maß nicht überstieg. Es ist allgemein bekannt, dass er sieben Fuß groß war. Er hatte einen runden Kopf, seine Augen waren sehr groß und lebhaft, die Nase etwas lang; er hatte schöne graue Haare und ein freundliches, heiteres Gesicht. Seine Erscheinung war immer imposant und würdevoll, ganz gleich ob er stand oder saß. Sein Nacken war zwar etwas dick und kurz, und sein Bauch trat ein wenig hervor, doch fielen diese Fehler bei dem Ebenmaß seiner Glieder nicht sehr auf. Er hatte einen festen Gang, eine durchaus männliche Haltung des Körpers und eine helle Stimme, obwohl sie nicht so kräftig war, wie man bei seiner Größe hätte erwarten können«[1].

Wie im ganzen Werk, so hat Einhard auch in diesem Abschnitt zahlreiche Wörter und Satzteile aus den Kaiserviten Suetons entnommen, um Karl zu beschreiben. Das heisst aber nicht, dass er ein Phantom beschrieben hat, denn Karls Körpergröße ist durch die Untersuchung seiner Gebeine bestätigt, nach der er tatsächlich über 1,90 m groß war, und auch über seine eher helle und schwache Stimme haben wir weitere Quellen. Der feiste und kurze Hals und der vorstehende Bauch sind überhaupt keine Eigenschaften eines Mannes von idealer Gestalt und Wirkung, daher dürfte hier eher das Aussehen des älteren Kaisers Karl, so wie ihn Einhard selbst häufig gesehen hatte, beschrieben sein als dass er bloß Textbausteine aus Sueton übernommen hätte, um den Kaiser zu beschreiben[2].

Abb. 2: Silberdenar Karls des Großen

Von Interesse ist auch der Hinweis Einhards auf die rednerische Begabung Karls, die soweit gegangen sei, »dass er sogar geschwätzig erscheinen konnte« (c. 25). Dieser Hinweis passt gut zusammen mit Einhards Bemerkung in c. 24, dass Karl, wenn er in der Nacht aufwachte, aufstand, sich ankleiden ließ und seine Freunde zu sich bat: der alte Kaiser hatte das Bedürfnis sich mit ihnen zu unterhalten.

Ein zeitgenössisches Bild des Frankenkönigs hat sich zwar nicht erhalten, aber es gibt einige Münzporträts, die anscheinend eher ein Abbild des tatsächlichen Aussehens Karls überliefern als dass sie ein älteres Porträt übernommen hätten. Dies gilt besonders für die Haar- und Barttracht: Wir wissen – wieder aus Einhard (c. 1), dass die Merowingerkönige nach germanischer Sitte »mit wallendem Kopfhaar und ungeschnittenem Bart auf dem Thron saßen«, während Karl auf seinen Münzen kurz geschnittene Haare hat und einen Schnurrbart trägt[3]. Diese Haartracht hatte bei den Karolingern Tradition, wahrscheinlich hat schon Karls Vater Pippin sich auf diese Weise von den merowingischen Königen unterschieden; und eine Reihe von Bildern von Karls Sohn Ludwig dem Frommen und dessen Söhnen Lothar I. und Karl dem Kahlen lassen ganz eindeutig einen Schnurrbart erkennen[4]. Wir können also in der Darstellung des Königs auf den Münzen der Karlszeit den Versuch sehen, ein wirkliches Porträt des Herrschers wiederzugeben. Wenn Karl der Große der erste Karolinger war, der einen Schnurrbart trug, dann würde das gut zu seiner Ver-

ehrung für den Ostgotenkönig Theoderich passen, der auf einer Münze ebenfalls mit Schnurrbart dargestellt ist[5].
Als mögliches Porträt Karls gilt auch die Reiterstatuette, die heute im Louvre aufbewahrt wird. Nach der übereinstimmenden Ansicht der kunsthistorischen Experten wurde diese 24 cm hohe Arbeit aus Bronze um 860, also in der Zeit Karls des Kahlen, in Metz angefertigt, wo sie auch lange Jahrhunderte aufbewahrt wurde. Im Zuge der Französischen Revolution wurde sie beschädigt und zuerst dem Museum Carnevalet, später dem Louvre übergeben[6]. Es könnte sich zwar auch um eine Statue Karls des Kahlen handeln; manches spricht jedoch dafür, dass es ein »Erinnerungsbild« Karls des Großen darstellen sollte, das zugleich die auch sonst bezeugte Absicht seines Enkels Karls des Kahlen unterstreichen könnte, seinen Großvater nachzuahmen. Es könnten also beide Herrscher, der Kaiser und sein westfränkischer Enkel, mit dieser Statuette dargestellt sein[7].

Die äußere Erscheinung des Reiters könnte jedenfalls darauf hindeuten, dass versucht wurde, eine gewisse Ähnlichkeit mit Karl dem Großen zu erreichen; der runde Kopf und der Schnurrbart könnten das oben erwähnte Münzbild Karls des Großen nachahmen; seine Kleidung entspricht der Beschreibung von Karls Kleidung bei Einhard (c. 23)[8]. Und die Tatsache, dass der Reiter reiches Kopfhaar besitzt, ist vielleicht auch ein Argument, das dagegen angeführt werden kann, den Reiterkönig als ein Porträt Karls »des Kahlen« zu deuten[9].

Dass andere Einzelheiten, wie etwa der Reichsapfel und das kurze Szepter (oder Schwert), die der Reiter in seinen beiden Händen trägt, erst seit der Mitte des 9. Jahrhunderts im Frankenreich bekannt waren und benutzt wurden, muss nicht gegen die hier bevorzugte Interpretation der Reiterstatuette sprechen. Dass der karolingische Idealherrscher als Reiter dargestellt wurde, könnte durch die Reiterstatue Kaiser Marc Aurels in Rom, die im Mittelalter als Bildnis Konstantins des Großen angesehen wurde, oder auch durch die Reiterstatue des Ostgotenkönigs Theoderich, die Karl der Große von Ravenna nach Aachen hatte bringen lassen, angeregt sein[10].

Abb. 3: Bronzestatuette aus Metz (um 860)

Weitere Eigenheiten des großen Karolingers kennen wir wieder aus Einhard, der schreibt (c. 24), dass Karl »maßvoll im Essen und Trinken« gewesen sei. Während er »die Trunkenheit bei jedem Menschen, ganz besonders an sich selbst und den übrigen Mitgliedern seines Haushaltes sehr verabscheute«, sei es ihm aber schwer gefallen, beim Essen enthaltsam zu sein.

> »Er beklagte sich oft, dass das Fasten seiner Gesundheit schade«.
> »Seine Mahlzeiten bestanden aus vier Gängen und dem Fleisch, das seine Jäger am Spieß brieten und das er lieber als alles andere aß«.

Archäologische Untersuchungen in den sächsischen Pfalzen, vor allem in Paderborn, haben gezeigt, dass dort meist das Fleisch von Rindern, Schweinen und Schafen gegessen wurde; der Anteil von gejagtem Wild scheint sehr gering gewesen zu sein[11].

Dennoch muss von der Jagdleidenschaft Karls des Großen als einem wichtigen Aspekt seiner Persönlichkeit gesprochen werden. Einhard schreibt darüber (c. 22):

> »Nach fränkischem Brauch ritt und jagte er fleißig; es gibt auf der Welt kein Volk, das sich in dieser Beziehung mit den Franken messen könnte«.

Noch deutlicher wird diese besondere Freude an der Jagd in zwei Episoden aus Notkers *Gesta Karoli*. In der einen (*Gesta* II,15) wird eine »Heldentat« Pippins beschrieben, der seinen Gefolgsleuten durch eine mit großem Mut vollbrachte Tat bewies, dass er einen riesigen Stier, den ein wilder Löwe am Nacken gepackt und zu Boden geworfen hatte, zusammen mit dem Löwen mit einem Schwertstreich töten konnte[12]. In der anderen wird berichtet, dass Karl der Große vor Gesandten des Kalifen Harun ar-Raschid seine besonderen Fähigkeiten auf dem Gebiet der Jagd vorführte:

> »Da rüstete sich Karl, dem Ruhe und Muße unerträglich sind, zur Jagd auf Wisente und Auerochsen in den Wald zu ziehen und die Gesandten der Perser mit sich zu nehmen. Beim Anblick dieser gewaltigen Tiere ergriffen sie aber, von großem Schrecken erfasst, die Flucht. Aber Karl, der Held, erschrak nicht...«[13]

In beiden Episoden wird deutlich, dass es beim Jagen nicht so sehr um die Beschaffung von wohlschmeckender Nahrung ging, auch nicht um die Lust am Töten, sondern um die Darstellung von Mut und Kraft, wie sie ein rechter Herrscher benötigte. Außerdem wird in der Jagd auch die aristokratische Lebensart gepflegt, es wurden soziale Verbindungen und Beziehungen hergestellt und immer wieder erneuert[14]. Karl Hauck hat außerdem auf die Bedeutung der »Jagdgastlichkeit im Dienste der Diplomatie« hingewiesen[15].

Diese symbolische Seite der Jagd kann besonders anschaulich gemacht werden, wenn wir einige Verse aus dem Karlsepos zitieren, denn dieses Gedicht besteht zu einem beträchtlichen Teil aus der Schilderung einer höfischen Jagd, die fast 200 Zeilen (Z. 137–326) des insgesamt 539 Zeilen langen Eposfragments einnimmt.

Am Anfang wird die Jagd allgemein beschrieben (Z. 147–152):

> »Wild aller Art verbirgt sich da und dort im Gehölz. Hier im Schatten des Waldes pflegt Vater Karl, der ehrwürdige Held, sich auf freier Bahn im geliebten Spiele zu tummeln, hier jagt er das Wild mit der Meute und erlegt mit schwirrendem Pfeile das Rotwild im Tann«[16].

Auf dem Höhepunkt des Jagdgeschehens wird eine Einzelaktion Karls geschildert (Z. 295–299):

> »Da stürmt Vater Karl selber herbei mitten durch die Schar, schneller als die Vögel fliegen, und stößt der Bestie die Lanze ins Herz, das kalte Eisen tief in den Leib des Untiers versenkend. Da bricht der Eber zusammen, er speit mit dem Blute das Leben aus und wälzt sich verendend im gelben Sande. Von der Höhe her sehen's die Söhne des Königs mit an«[17].

Und gegen Ende dieser langen Beschreibung wird Karls Jagdlust nochmals in geradezu übersteigerter Weise dargestellt (Z. 308–313):

> »Der herrliche Vater Karl selbst sprengt voran, den Jagdspeer in der Faust. Er streckt unzählige Rudel von Wildschweinen nieder, in Massen fallen überall die Leiber der Tiere, die er erlegt.

Alsdann verteilt Karl an all seine Mannen die Beute, lässt mit den Trophäen der Jagd die Gefährten sich schwer beladen«[18].

Als »fähiger Jäger« stellt der Kaiser »seine Beherrschung der Natur – zu Lande und zu Meer – unter Beweis«[19].

Aber nicht nur als Jäger hatte Karl Berührung mit Tieren; er besaß auch mehrere Tiergärten, in denen exotische Tiere gehalten wurden. Nicht nur der weiße Elefant, den Karl vom Kalifen Harun ar-Raschid geschenkt bekommen hatte, sondern auch Löwen, Bären und vielleicht Affen haben sich dort getummelt[20].

Und wenn in der Beschreibung der königlichen Güter davon die Rede ist, dass dort immer mehrere Pfauen lebten, dann dienten auch die kaum zum Verspeisen, sondern sie wurden als schöne Tiere geschätzt, an denen sich der Herrscher und sein Hofstaat erfreuen wollten[21].

6 Tod und Begräbnis

Einhard berichtet uns auch vom Gesundheitszustand des alten Kaisers, wenn er schreibt (c. 22):

»Seine Gesundheit war immer ausgezeichnet, nur in den letzten vier Jahren seines Lebens litt er öfter an Fieberanfällen … Trotzdem folgte er weiterhin lieber seinem eigenen Gutdünken und nicht dem Rat der Ärzte, die er fast hasste, weil sie ihm vorschrieben, dass er das gewohnte Bratenfleisch aufgeben und dafür gekochtes Fleisch essen sollte«.

Auch im Herbst 813, wenige Monate vor seinem Tod (c. 30),

»begab sich Karl trotz seines fortgeschrittenen Alters wie gewöhnlich auf die Jagd, und zwar nicht weit von seinem Palast in Aachen. So verbrachte er den restlichen Herbst und kehrte dann Anfang November nach Aachen zurück. Im Januar wurde er dort während seines Winteraufenthaltes von einem hohen Fieber befallen und musste das Bett hüten. Er beschloss zu fasten, wie er es bei Fieber immer getan hatte … Zu dem Fieber stellten sich Schmerzen in der Seite ein … Trotzdem bestand er darauf, weiterhin zu fasten, und stärkte sich nur ab und zu durch etwas Trinken. Er starb, nachdem er die heilige Kommunion erhalten hatte, am achtundzwanzigsten Januar zwischen acht und neun Uhr früh, sieben Tage nach seiner Erkrankung, im zweiundsiebzigsten Lebensjahre und seinem siebenundvierzigsten Regierungsjahr«.

Die genauen Angaben über den Zeitpunkt des Todes und über das Alter des sterbenden Kaisers sind dem Vorbild, der Vita des Kaisers Augustus von Sueton, sehr genau nachgebildet, denn auch dort sind Tag und Stunde sowie das genaue Lebensalter des Verstorbenen genannt[1].

Was das Begräbnis Karls angeht, so wissen wir wieder aus Einhard (c. 31), dass er noch an seinem Todestag in der Marienkirche in Aachen beigesetzt wurde. Wenn Einhard allerdings behauptet, dies sei geschehen, »weil er selbst keine Anweisungen ... hinterlassen hatte«, wo er bestattet werden wollte, dann trifft dies nicht zu; allerdings lag die Aussage Karls dazu schon lange zurück: Ganz am Anfang seiner Regierung nämlich, in einer Urkunde für das Kloster St. Denis vom 13. Januar 769, in der erwähnt ist, dass Karls Vater Pippin dort bestattet liegt, hatte Karl bestimmt: »auch wir wünschen, wenn es Gott gefällt, (dort) begraben zu werden«[2]. Ziemlich genau 45 Jahre waren seither vergangen, so dass es kein Wunder ist, dass die Zeitgenossen diesen Wunsch vergessen hatten, den Karl anscheinend in den Tagen vor seinem Tod nicht mehr wiederholt hat.

Dennoch ist es bemerkenswert, dass keiner seiner Nachfolger oder Nachkommen in Aachen bestattet wurde; Karl ist der einzige Karolinger geblieben, dessen sterbliche Überreste dort ruhen[3].

Wie Karl bestattet wurde, wissen wir nicht genau; aus Einhards Angaben könnte man schließen, es sei eine gewöhnliche Erdbestattung gewesen[4]. Nach Einhard wurde über dem Grab ein vergoldeter Bogen errichtet und mit einem Bild des Verstorbenen und einer Inschrift versehen, deren Wortlaut der Biograph angibt (c. 31):

> »In diesem Grabe ruht Karl, der große und rechtgläubige Kaiser, der das Reich der Franken ruhmvoll vergrößert und siebenundvierzig Jahre lang erfolgreich regiert hat. Er starb als Siebziger, in der siebenten Indiktion, am 28. Januar im Jahre des Herrn 814«.

Wahrscheinlich wurde der tote Kaiser aber schon damals in den weißen Marmorsarkophag gelegt, in dem er bei der Erhebung seiner Gebeine durch Friedrich Barbarossa im Jahr 1165 gefunden wurde; so berichtet nämlich die zeitgenössische Kölner Königschronik: die Gebeine Karls seien »aus dem Sarkophag geborgen worden, in dem sie seit 352 Jahren gelegen hatten«[5].

Tod und Begräbnis

Abb. 4: Im Proserpina-Sarkophag wurde Karl der Große vielleicht beigesetzt

Ein antiker Sarkophag aus dem dritten nachchristlichen Jahrhundert befindet sich noch heute in Aachen; er ist mit einer Reliefdarstellung vom Raub der Proserpina geschmückt. Dass dieser Sarkophag als Sarg Karls des Großen angesehen wird, ist aber erst seit dem Beginn des 16. Jahrhunderts bezeugt. Dennoch wurde zuletzt noch im Ausstellungskatalog von Paderborn 1999 sehr dezidiert behauptet, dass Karl in diesem Marmorsarkophag beigesetzt worden sei[6]. Als wesentliches Argument dafür wurde bereits im ausgehenden 19. Jahrhundert angeführt, dass die Innenmaße des Proserpina-Sarkophags fast völlig mit den Ausmaßen des Karlsschreins aus dem beginnenden 13. Jahrhundert übereinstimmen. Dazu kommt, dass die meisten karolingischen Herrscher des 8. und 9. Jahrhunderts in antiken oder antikisierenden Sarkophagen bestattet wurden; das gilt für Karls Bruder Karlmann ebenso wie für seinen Sohn und Nachfolger Ludwig den Frommen und seinen Enkel Ludwig den Deutschen[7].

Weder von einer Erdbestattung noch von einem in einem antiken Sarkophag beigesetzten Toten erzählen die Quellen über den Besuch Kaiser Ottos III. (991–1002) bei seinem toten Vorgänger: demnach soll Otto den toten Leib Karls in vollem Kaiserornat und auf einem Thron sitzend vorgefunden haben[8].

Neben seinem politischen Testament, das in der Nachfolgeordnung von 806[9] niedergelegt war, hat der Kaiser auch ein privates Testament hinterlassen, dessen genauen Wortlaut wir kennen, da es im letzten Kapitel (c. 33) von Einhards Vita wiedergegeben ist[10]. Obwohl er sagt, er zitiere nur »eine kurze Zusammenfassung«, ist diese so umfangreich, dass hier nur eine knappe Inhaltsangabe gegeben werden kann:

Die privaten Schätze sollten in drei gleiche Teile aufgeteilt werden, zwei dieser drei Teile wurden in einundzwanzig Teile aufgeteilt, »weil es in seinem Reich bekanntlich 21 Hauptstädte gibt«: damit waren die Metropolen gemeint, in denen die Erzbischöfe residierten. Die Namen dieser Metropolen sind im Testament einzeln genannt: Rom, Ravenna, Mailand, Cividale, Grado, Köln, Mainz, Salzburg, Trier, Sens, Besançon, Lyon, Rouen, Reims, Arles, Vienne, Tarantaise, Embrun, Bordeaux, Tours und Bourges[11]. Jeder dieser 21 Teile sollte in einer gesonderten Truhe aufbewahrt werden, die mit dem Namen der Stadt beschriftet ist. Karls Erben sollten dann jeder Metropole ihren Anteil als Almosen zugehen lassen, und zwar so, dass der Metropolit ein Drittel des Anteils für sich behalten und zwei Drittel an seine Suffragane weitergeben sollte.

Der dritte Hauptteil solle vorerst vom Besitzer, also von Karl, für seinen täglichen Bedarf verwendet werden. Nach seinem Tod sollte dieser Hauptteil in vier Teile zerlegt werden. Einer soll den 21 Teilen für die Metropolen hinzugefügt werden. Den zweiten sollen die Söhne und Töchter des Erblassers erhalten und er »soll unter ihnen gerecht und gleichmäßig verteilt werden«. Der dritte Teil sollte »nach christlichem Brauch für die Armen verwendet und der vierte den Dienern und Dienerinnen des Palastes ... geschenkt werden«.

Die Bücher aus seiner Bibliothek sollten nach Karls Willen verkauft, der Erlös an die Armen verteilt werden.

Besonders erwähnt werden dann noch drei silberne Tische und ein goldener Tisch[12], von denen zwei silberne Tische mit den Darstellungen von Konstantinopel und von Rom an die Kirche St. Peter in Rom bzw. die Bischofskirche von Ravenna geschenkt werden sollten. Der goldene und der besonders schwere silberne Tisch mit der »Darstellung des ganzen Weltalls« sollten dem dritten Teil für die Erben und die Almosen zugeschlagen werden.

Interessant sind auch die Namen der Zeugen, die das Schriftstück unterzeichnet haben[13]: Es werden sieben Erzbischöfe, vier Bischöfe und vier Äbte, also 15 geistliche Würdenträger, sowie 15 Grafen genannt, ohne ihre Sitze und Amtsbereiche anzugeben. Die Forschung hat sich bemüht, diese herauszufinden, weil sie uns einen Einblick darüber verschaffen, in welchen Regionen des Reiches Karl seine engsten Vertrauten hatte.

Für die meisten hier genannten Bischöfe und Äbte wissen wir auch aus anderen Quellen, dass sie Karl dem Großen nahe standen. Das gilt für seinen Kanzler Hildebold von Köln ebenso wie für Riculf von Mainz und für Arn von Salzburg. Weniger sicher ist das bei Wulfar von Reims, Bernoin von Besançon, Leidrad von Lyon und Johannes von Arles. Unter den Bischöfen gehört vor allem Theodulf von Orléans zum engsten Umkreis Karls, aber auch Haito von Basel war als sein politischer Berater tätig; Waltcaud von Lüttich war der für die Residenz Aachen zuständige Bischof. Über Jesse von Amiens wissen wir nichts Genaues. Zwei der Äbte waren Schüler Alkuins, nämlich Fridugis von St. Martin in Tours und Angilbert von St. Riquier, der ja auch der »Schwiegerfreund« Karls des Großen war.

Unter den weltlichen Amtsträgern ragen neben Karls Vetter Wala mehrere wichtige Markgrafen hervor, nämlich Unruoch von Friaul, Gerold von der Ostmark und Bera von Barcelona. Andere, wie Otolf und Burchard, hatten als Seneschall oder Marschall wichtige Hofämter inne. Nicht vertreten waren anscheinend Grafen oder Bischöfe aus Sachsen sowie aus den Unterkönigreichen Aquitanien und Italien[14].

7 Karl als Eroberer

Im Lauf seiner Regierung, vor allem während ihrer ersten Hälfte, hatte Karl der Große durch zahlreiche erfolgreiche Feldzüge ein großes Reich geschaffen. Dabei konnte er auf den Erfolgen seines Großvaters Karl Martell und seines Vaters Pippin aufbauen, die schon Alemannen und Friesen unterworfen und Aquitanien erobert hatten. Erstaunlich bei den Eroberungszügen Karls ist aber vor allem, dass er nicht nur kurze Erfolge erzielte, sondern dass die durch Karls Kriege erreichten Außengrenzen des Frankenreichs seine eigene Lebenszeit bei weitem überdauert haben[1]. Es ist Karl offenbar gelungen, die neu eroberten Gebiete so gut in sein Reich zu integrieren und ihre Führungsschichten mit dem Reich zu versöhnen, dass eine lange nachwirkende Gemeinsamkeit dieser Länder geschaffen wurde.

Diese Gemeinsamkeit ist auf dem Feld des religiösen, kulturellen und literarischen Lebens noch stärker als auf politischem Gebiet zu beobachten. Dennoch dürfte ohne jeden Zweifel die politische Einheit, die durch die militärischen Aktionen Karls des Großen erreicht worden ist, die notwendige Voraussetzung für die kulturelle Vereinheitlichung des westlichen Europa gewesen sein.

Auch für das Nachleben Karls des Großen waren seine militärischen Erfolge von großer Bedeutung; daher sollen sie hier wenigstens in den Grundzügen dargestellt werden. Weil Karl seine Feldzüge über die bisherigen Grenzen des Frankenreichs hinaus in alle Himmelsrichtungen geführt hat, wobei er sich kurz nacheinander oder sogar gleichzeitig gegen unterschiedliche Gegner wandte, wäre eine Darstellung der Kriegszüge Karls in chronologischer Abfolge ziemlich verwirrend.

Die einzelnen Eroberungen werden daher im Folgenden getrennt voneinander dargestellt.

Langobardenreich

Das anfangs recht gute Verhältnis zwischen Karl und dem langobardischen König Desiderius verschlechterte sich nachhaltig, als Karl dessen Tochter nach Italien zurückschickte und als Karlmanns Witwe mit ihren Kindern am Hof des Desiderius Zuflucht suchte und fand. Daher reagierte der Frankenkönig positiv auf einen Hilferuf des neuen Papstes Hadrian I. (772–795) und zog 773 nach Italien. Desiderius hatte an der Adria Städte und Gebiete besetzt, die nach den Italienzügen Pippins von 756/57 dem Papst übergeben worden waren.

Anders als sein Vater beabsichtigte Karl von Anfang an, das Langobardenreich zu erobern und in sein Reich einzugliedern. Da Karl mit einem großen Heer über die Alpen gekommen war, wagte König Desiderius keine offene Feldschlacht, sondern zog sich in seine Hauptstadt Pavia zurück. Karl ließ sich davon nicht abschrecken und belagerte Pavia neun Monate lang, bis es sich im Juni 774 ergab. Das fränkische Heer hatte vielleicht während der Aquitanienkriege Pippins Erfahrung in der Belagerungstechnik sammeln können; jedenfalls bewährte es sich darin[2]. Im Frühjahr 774 verließ Karl das Belagerungsheer für einige Wochen; er reiste nach Rom, um dort den Papst zu treffen und wohl auch, um den Beistand der Apostel für den Kampf gegen die Langobarden zu erbitten[3].

Der Langobardenkönig mit seinem gesamten Hofstaat und den Beamten wurde gefangen genommen; auch der reiche Kronschatz fiel den Franken in die Hände. Bereits vorher war es Karl gelungen, das stark befestigte Verona, das der Sohn des Desiderius, Adelchis, verteidigte, zu erobern. Adelchis konnte entkommen; er floh nach Byzanz, wohl in der Hoffnung, mit Hilfe des Kaisers sein Reich wieder gewinnen zu können. Dieser Versuch scheiterte endgültig im Jahr 788. Karlmanns

Witwe Gerberga und ihre Kinder fielen Karl in die Hände; wahrscheinlich sind sie in einem Kloster verschwunden.

Dieses Schicksal erlitten auch Desiderius und seine Familie; sie wurden – wie vor ihnen andere Gegner der Karolinger – in ein Kloster eingewiesen. Karl wurde ohne besondere Wahl und Krönung, nur kraft Eroberungsrechts, König der Langobarden. Erstaunlich ist der rasche Zusammenbruch des Langobardenreichs, das immerhin 200 Jahre (seit 568) Bestand gehabt hatte[4]. Vergleichbar ist das Ende des Westgotenreichs (711) und die rasche Eroberung Englands durch die Normannen unter Wilhelm dem Eroberer (1066): in beiden Fällen war die Loyalität des Adels gegenüber dem regierenden König nicht besonders groß.

Interessant ist, dass sich bereits seit den frühen 750er Jahren, noch vor oder während des ersten Langobardenkriegs des Frankenkönigs Pippin, Klostergründungen von vornehmen Langobarden häuften. Sie gründeten nicht nur Klöster, sondern nicht wenige der führenden adligen Langobarden traten auch selbst in das von ihnen gegründete Kloster ein; ihre Familien dürften bald danach ausgestorben sein[5].

Ganz ohne weitere Kämpfe ließ sich aber das neu eroberte Italien nicht ins Fränkische Reich eingliedern. 775 mussten noch Cividale del Friuli und Treviso belagert und 776 ein Aufstand des Herzogs Hrodgaud von Friaul niedergeschlagen werden, und auch 780/81 war wieder ein Italienzug erforderlich. Noch 781 wurde dann das ehemalige Reich der Langobarden nach fränkischem Muster umorganisiert und es wurden meist fränkische Grafen als königliche Amtsträger installiert[6].

Karls Sohn Pippin wurde als Unterkönig in Italien erhoben; als Erzieher und Vormund des erst vierjährigen Knaben und eigentlicher Regent des Landes amtierte Adalhard, der Vetter Karls des Großen[7]. Es ist zu vermuten, dass es auch Adalhard war, von dem einige der ungefähr 15 italienischen Kapitularien[8] mit ihren zum Teil sehr interessanten Bestimmungen stammen[9]. Seit ca. 790 war Adalhard wieder im Frankenreich, wo er eine enge Freundschaft mit Alkuin pflegte und als Abt von Corbie wirkte[10].

Es sind uns aber noch weitere Berater des jungen Pippin bekannt, nämlich Abt Waldo von Reichenau († 813), Angilbert von St. Riquier, der Pippins Hofkapelle leitete[11], und der als *baiulus* (»Tutor«) bezeichnete Rotchild[12].

Von Italien aus hat Pippin auch an einigen Feldzügen seines Vaters teilgenommen, vor allem am Krieg gegen die Awaren[13]. Pippins wichtigste Aufgabe war es jedoch, in Italien die fränkische Herrschaft gegen die unabhängig gebliebenen langobardischen Fürstentümer von Spoleto und Benevent zu verteidigen. Vor allem die Kriege gegen Benevent zogen sich über viele Jahrzehnte hin und es gelang den Franken nicht, dieses Gebiet auf Dauer zu unterwerfen, weil es sich auf das Oströmische Kaiserreich, an das es im Süden grenzte, stützen konnte.

787, während seines dritten Rombesuchs, unternahm Karl der Große auf Drängen von Papst Hadrian I. einen Zug gegen Benevent und stieß dabei bis nach Capua vor. Es kam nicht zu einem Entscheidungskampf, weil Fürst Arichis von Benevent (758–787) die fränkische Oberhoheit anerkannte und Geiseln stellte. Grimoald, der Sohn und Nachfolger des Arichis, versuchte schon bald die fränkische Oberhoheit wieder abzuschütteln, daher musste Pippin von Italien in den 790er Jahren und noch einmal 800–802 mehrere Feldzüge gegen Benevent unternehmen. Erst 812 kam ein Friede zwischen dem Frankenreich und dem langobardischen Fürstentum zustande.

Da war aber Pippin schon tot; er starb am 8. Juli 810; an seiner Stelle wurde wieder Adalhard nach Italien gesandt. Der noch minderjährige Sohn Pippins, Bernhard, wurde zuerst an den Hof Karls geholt, aber 812 in Begleitung von Adalhards Bruder Wala als neuer König nach Italien geschickt. Die Regentschaft hatte wiederum Adalhard inne[14]. Aber noch am Ende des Jahres 812 war Bernhard volljährig geworden[15] und herrschte jetzt eigenständig.

Nach dem Tode Karls des Großen verlor Adalhard jeden Einfluss am Hof und wurde in den äußersten Westen des Frankenreichs, nach St. Philibert auf der Insel Noirmoutier verbannt[16].

Muslime in Spanien

Auch das Eingreifen Karls im Südwesten des Frankenreichs, im muslimischen Spanien, erfolgte aufgrund eines Hilferufs, den Sulayman al-Arabi, der Gouverneur von Saragossa, persönlich in Aachen aussprach. Er bat Karl um Unterstützung gegen den Emir von Cordoba, Abd ar-Rahman I. (756–788), wie die überarbeitete Fassung der Reichsannalen berichtet[17]. Der Frankenkönig dürfte dieser Bitte um Hilfe nicht ungern nachgekommen sein, weil er hoffte, durch einen Vorstoß ins Gebiet südlich der Pyrenäen die südwestliche Grenze seines Reiches absichern zu können. Weiter reichende Eroberungspläne verband Karl mit diesem Zug wahrscheinlich nicht, obwohl das Heer, mit dem er im Frühjahr 778 das Grenzgebirge überschritt, recht beachtlich war[18]. Eine Gruppe des Heeres zog im Norden über die Pyrenäen, unterwarf Pamplona und drang bis ins Ebrotal vor. Eine zweite Heeressäule aus Burgundern, Austriern, Baiern, Septimaniern und Langobarden überquerte das Gebirge im Süden und stieß über Gerona und Barcelona bis nach Saragossa vor, das aber nicht eingenommen werden konnte. Beim Rückmarsch der Franken wurde ihre Nachhut in einem engen Tal der Pyrenäen am 15. August 778 von baskischen Kriegern überfallen, dabei wurden zahlreiche Franken getötet[19].

Während die Reichsannalen diese Niederlage verschweigen, berichtet die Überarbeitung, die Einhardsannalen, Folgendes:

> »Auf den Höhen der Pyrenäen hatten sich die Waskonen in Hinterhalt gelegt, griffen die Nachhut an und brachten das ganze Heer in große Verwirrung. Obgleich ihnen die Franken, was Bewaffnung und Mut betrifft, sichtbar überlegen waren, erlitten sie doch wegen ihrer ungünstigen Position und der ungleichen Kampfesweise eine Niederlage. Viele von seinem Hof, die Karl an die Spitze der Truppen gestellt hatte, wurden in diesem Kampf getötet …«.

Namen von gefallenen Kriegern werden hier jedoch nicht genannt, dagegen weiß Einhard solche zu nennen (c. 9):

»Bei dem Überfall fielen der königliche Truchsess Ekkehard, Pfalzgraf Anselm, Markgraf Roland von der Bretagne und noch viele andere«.

Hier taucht also schon der Name Rolands auf, mit dem in der Zukunft diese Niederlage verbunden sein sollte. Das um 1100 entstandene und schon bald weit verbreitete altfranzösische *Chanson de Roland*, dem in der zweiten Hälfte des 12. Jahrhunderts auch eine deutsche Bearbeitung folgte, hat dazu beigetragen, dass dieser gescheiterte Rückzug eine ungeheure Bekanntheit erhielt, die bis zum Orlando furioso des Ariost im beginnenden 16. Jahrhundert, ja sogar bis zu einigen französischen Opern und deutschen Dramen im 19. Jahrhundert reicht[20].

In den Quellen werden unterschiedliche Begründungen für den Krieg gegen die Muslime angegeben: Während Karl der Große in einem Brief an Papst Hadrian I. das militärische Unternehmen als Verteidigungskrieg ausgibt, spricht der Papst in seiner Antwort von einem Krieg gegen die Ungläubigen, den er mit dem Kampf des Volkes Israel gegen die Ägypter vergleicht. In den *Annales Mettenses* wird als Motiv angegeben, Karl sei durch die Klagen der christlichen Bewohner Spaniens über die Grausamkeit der Sarazenen zu seinem Krieg veranlasst worden[21].

Der Misserfolg des spanischen Feldzugs hatte gezeigt, dass vor weiteren Eroberungsplänen die fränkische Herrschaft in den südlichen Gebieten Aquitaniens und in den Pyrenäen selbst gefestigt werden musste. 781 wurde der damals erst dreijährige Ludwig zum Unterkönig von Aquitanien erhoben; er sollte mit einer eigenen Hofhaltung dem Adel des Landes ein Betätigungsfeld in der Nähe des Königs bieten.

792/93 kam es zu einem Einfall der Araber ins südliche Aquitanien; die befestigten Städte Narbonne und Carcassonne konnten aber gehalten werden, auch wenn ein fränkisches Heer eine Niederlage erlitt[22].

797 änderte sich die fränkische Politik gegen die Muslime in Spanien und die Franken stießen erneut über die Pyrenäen

nach Süden vor. Dabei konnte eine Reihe von befestigten Städten eingenommen werden. Nach der Kaiserkrönung Karls wurde dann ein größerer Feldzug in Nordspanien unternommen: Der Unterkönig Ludwig zog 801 gegen Barcelona, das lange einen Ausgangspunkt für militärische Aktionen der Muslime gebildet hatte. Nach längerer Belagerung (September 802 bis April 803) konnte die Stadt erobert werden; noch schwieriger war es, Tortosa einzunehmen, was erst 809 nach mehreren vergeblichen Anläufen gelang. Die Entscheidung in Nordspanien fiel nicht durch ein überlegenes Reiterheer, sondern durch eine ausgefeilte Belagerungstechnik, der die Araber nicht gewachsen waren.

Nach der Eroberung von Huesca (810) und Pamplona (811) wurde das Gebiet südlich der Pyrenäen ins Königreich Aquitanien eingegliedert und in mehrere Grafschaften aufgeteilt; die Grafen kamen aus dem lokalen gotischen Adel. Eine »Spanische Mark«, eine eigene Grenzgrafschaft gegen das muslimische Spanien, hat es in der Zeit Karls des Großen nicht gegeben, sondern erst in den Jahren zwischen 821 und 850[23].

Die Sicherung der Grenze gegen die Muslime geschah vor allem durch die Ansiedlung von christlichen Flüchtlingen in einem breiten Grenzstreifen. Bereits kurz nach dem Scheitern von Karls Unternehmen, um das Jahr 780, setzte eine starke Einwanderung aus dem muslimischen Spanien ins Frankenreich ein. Die *Hispani* genannten Neuankömmlinge wurden auf Königsland angesiedelt und erhielten auch eine besondere rechtliche Stellung. Sie waren verpflichtet, Kriegsdienst zu leisten.

Ludwig der Fromme hat als Unterkönig in Aquitanien anscheinend keine Kapitularien erlassen; jedenfalls sind keine erhalten mit Ausnahme eines nur aus Stichworten bestehenden Stücks aus dem Jahr 789, das Karl den Großen als Autor nennt[24]. Auch noch 812 war der Kaiser selbst der Ansprechpartner, als spanische Ansiedler sich über die fränkischen Grafen im südlichen Aquitanien beschwerten, weil sie ihre Güter einzogen und ihnen Abgaben und Lasten auferlegten.

Das *Praeceptum de Hispanis*[25] lässt erkennen, dass diese Siedler schon seit 30 Jahren dort wohnten. Ihre Namen klingen zum größten Teil gotisch, einige sind latinisiert, zwei sogar arabisch[26].

Baiern

Bereits Karl Martell (725) und seine Söhne (743) hatten versucht, Baiern stärker ins Frankenreich einzubeziehen. Unter seinem Fürsten Tassilo III. (748–788), einem Neffen Pippins, konnte Baiern aber eine recht selbstständige Politik treiben, die sich auf gute Beziehungen zu den Langobarden, aber auch zum Papsttum stützte. Mit dem Langobardenkönig Desiderius trat Tassilo in nähere Verbindung, als er dessen Tochter Liutperga heiratete[27]. Als aber Karl der Große 773/74 Krieg gegen die Langobarden führte und das Langobardenreich zerstörte, griff Tassilo nicht zu ihren Gunsten ein. Er versuchte stattdessen, seine Macht durch eine Expansion nach Osten auszudehnen und auszubauen. 769 wurde im Pustertal Innichen und 777 im heutigen Oberösterreich Kremsmünster gegründet; beide Klöster sollten als Stützpunkte für die Mission bei den Slawen dienen.

Wichtig für die Unabhängigkeit der Politik Tassilos waren seine Beziehungen zum Papsttum. Während eine Romreise in den Jahren 768 oder 769 nur erschlossen werden kann[28], ist eine bairische Gesandtschaft mit ziemlicher Sicherheit 772, gleich nach dem Amtsantritt Papst Hadrians I., in Rom gewesen; dabei wurde der älteste Sohn des Baiernfürsten, Theodo, am Pfingstfest 772 vom Papst getauft und gesalbt[29].

Einen wichtigen Beleg für die intensive Regierungstätigkeit Tassilos stellen Synoden dar, die in diesen Jahren in Baiern stattfanden. Während sich die zwölf Kapitel von Dingolfing (um 770) noch teilweise mit geistlichen Angelegenheiten beschäftigen, wenn es auch dabei vor allem um die Sicherung von Schenkungen an die Kirche geht, so behandeln die 18 Kanones von Neuching (771) fast ausschließlich weltliche

Gegenstände[30]. Interessant ist dabei vor allem, wie sehr sich die Synoden bemühten, die Vorrechte des Adels zu sichern und auszubauen. Die enge Verbindung mit der fränkischen Kirche wird dadurch deutlich, dass auch in Dingolfing eine Gebetsverbrüderung der »Bischöfe und Äbte des bairischen Volkes« abgeschlossen wurde, wie sie 762 in Attigny von den fränkischen Bischöfen und Äbten vereinbart worden war[31].

In Baiern gab es zur Zeit Tassilos ein reges geistiges Leben, das eine Reihe von Heiligenviten und auch einige volkssprachige Texte hervorgebracht hat[32]. Zu diesem Aufleben der literarischen Betätigung haben sicherlich auch die in Baiern tätigen irischen Geistlichen beigetragen, unter denen Virgil von Salzburg († 784) besonders herausragte[33].

In den letzten Jahren hat das bis dahin gültige Bild der Forschung vom Ende des selbstständigen Baiern wesentliche Veränderungen erfahren[34]. Die Fränkischen Reichsannalen, deren erster Teil um 790 abgefasst wurde[35], stellen diese Ereignisse offenbar allein aus der Sicht der fränkischen Sieger und damit tassilofeindlich dar. Danach soll sich Tassilo bereits 757 durch einen Eid seinem Onkel Pippin gegenüber zu militärischer Hilfeleistung verpflichtet haben. 763 soll Tassilo das Heer Pippins, das in Aquitanien kämpfte, verlassen haben, angeblich, weil er krank geworden sei. 781 habe dann Karl seinen Vetter genötigt, auf der Reichsversammlung von Worms den 757 Pippin geleisteten Eid zu erneuern; zur Sicherheit habe Tassilo Geiseln stellen müssen. Als Karl den bairischen Fürsten 787 aufforderte, in Worms zu erscheinen und sich zu unterwerfen, erschien Tassilo nicht. Mit einem großen Aufgebot rückten die Franken daraufhin von drei Seiten gegen Baiern vor, und Tassilo war zu schwach, um militärischen Widerstand zu leisten; Adel und Klerus hatten sich nämlich bereits auf die fränkische Seite gestellt.

Der bairische Adel, der schon seit längerer Zeit vielfach in familiäre Beziehungen zum fränkischen Adel getreten war, hat wohl mit Neid den Machtzuwachs der fränkischen Verwandten betrachtet, die in Italien und in Sachsen durch Karls Eroberungen neue Besitzungen erwerben konnten. Dagegen hatte Tassilo bei seiner Expansionspolitik nach Osten den Adel kaum beteiligt.

Für die Position des Klerus war entscheidend, dass der Papst vor allem nach der zweiten Romreise Karls (781) vollständig auf der Seite der Franken stand; Hadrian I. bedrohte Tassilo sogar als Rebellen mit dem Anathem.

Am 3. Oktober 787 erschien Tassilo vor Karl, um sich zu unterwerfen; jetzt musste er einen Vasalleneid leisten. Darauf erhielt er Baiern als königliches Lehen übertragen. Anscheinend war er aber nicht bereit, die eingegangene Lehnsbindung auf Dauer zu akzeptieren. Ob er Verbindung zu den benachbarten Awaren aufgenommen hat, um sich gegen einen fränkischen Angriff abzusichern, ist ungewiss. Dies wurde ihm aber bei dem Prozess, der im Sommer 788 gegen ihn eröffnet wurde, vorgeworfen. Tassilo wurde nämlich in die Königspfalz Ingelheim geladen, wo er mit seiner langobardischen Gemahlin und seinen Kindern gefangen gesetzt wurde. Vor dem königlichen Gericht traten bairische Adelige auf, die den Fürsten beschuldigten, sich mit den Awaren gegen Karl verbündet zu haben. Tassilo hat diesen Hochverrat angeblich eingestanden.

Im weiteren Verlauf des Verfahrens wurde ihm dann noch vorgeworfen, dass er sich im Jahr 763 eigenmächtig aus dem Heer entfernt habe; auf diesem Vergehen der »harizliz«, der Fahnenflucht, stand die Todesstrafe, da es sich dabei um ein Majestätsverbrechen handelt. Der König habe aber – von Mitleid ergriffen – Tassilo zur Klosterhaft begnadigt[36].

Sechs Jahre später, auf dem Konzil von Frankfurt 794, tauchte der ehemalige Baiernfürst nochmals auf, er musste um Verzeihung bitten sowie – und das ist wohl das Entscheidende – schriftlich für sich und seine Nachkommen auf Baiern verzichten. Da sich die Akten dieses Konzils erhalten haben, kann das entsprechende Kapitel wörtlich zitiert werden:

>»Tassilo stand inmitten des hochheiligen Konzils und bat um Gnade für die aufgehäufte Schuld, die er zur Zeit des Herrn Königs Pippin gegen denselben und das Frankenreich und

später, unter unserem allerfrömmsten Herrn König Karl, auf sich geladen hatte, indem er den Treueid brach. Man sah, wie er demütig beim König um Gnade flehte ... Alle Herrschaft und allen Besitz, soweit sie ihm, seinen Söhnen und Töchtern im Herzogtum Baiern rechtmäßig zustanden, gab er auf und warf er von sich und verzichtete ... ohne jeden Vorbehalt auf sie und übergab seine Söhne und Töchter in Karls Barmherzigkeit. ... Von diesem Kapitel ließ er (= Karl) drei Abschriften mit identischem Wortlaut anfertigen: eine sollte in der Pfalz verbleiben, die zweite dem vorgenannten Tassilo, damit er sie im Kloster bei sich hätte, ausgehändigt, die dritte in der Hofkapelle aufbewahrt werden«[37].

Anscheinend hatten Tassilo und die alte Fürstenfamilie der Agilolfinger in den ersten Jahren der fränkischen Herrschaft in Baiern doch wieder Anhänger gefunden, so dass ein besonders feierlicher Schlussstrich gezogen werden musste.

Karl hatte seine Inbesitznahme Baierns dadurch inszeniert, dass er ungewöhnlich lange, nämlich vom Sommer 791 bis zum Sommer 793 in Regensburg, der alten Hauptstadt des Landes, residierte. Aus diesem Verhalten wird man schließen dürfen, dass die Eingliederung Baierns ins Frankenreich nicht ohne Probleme vor sich ging.

Auch später blieb dem Land eine gewisse Sonderstellung erhalten; es wurde nicht wie Alemannien oder Sachsen behandelt und in einzelne Grafschaften aufgeteilt, sondern der Schwager Karls, der Alemanne Gerold, wurde als Präfekt eingesetzt, der an der Spitze des ganzen Landes stand. Baiern erhielt zwar von Karl noch keinen Unterkönig wie Italien oder Aquitanien; dies tat dann aber Ludwig der Fromme, als er 817 seinen gleichnamigen Sohn Ludwig (den Deutschen) zum Unterkönig von Baiern machte.

Auch kirchlich blieb Baiern eine Einheit, indem 798 Bischof Arn von Salzburg zum Erzbischof erhoben und an die Spitze einer bairischen Kirchenprovinz gestellt wurde.

In der jüngeren Forschung ist Karls Vorgehen gegen Tassilo meist heftig getadelt und als »Schauprozess« bezeichnet worden[38]. Und es besteht kein Zweifel daran, dass der Prozess geschickt inszeniert war und dass in den offiziösen Reichsannalen die Berechtigung des Vorgehens gegen den bairischen Fürsten in apologetischer Absicht in den Vordergrund gerückt wurde.

Die Eingliederung Baierns erfolgte – anders als es bei Alemannien in den 740er Jahren und wie es bei Sachsen in einem dreißigjährigen Kampf gewesen war – ohne großes Blutvergießen und das Ende seiner Herrschaft hatte eben auch die ungeschickte Politik Tassilos herbeigeführt. Es waren auch nicht nur »falsche Beschuldigungen«, die ihn zu Fall brachten: Selbst wenn der Vorwurf des Landesverrats, die Verbindung mit den Awaren, nicht zutreffen sollte, so ist es doch wahrscheinlich, dass Tassilo die Frankenfreunde im bairischen Adel benachteiligt hat.

Awaren

Obwohl wir heute nicht mehr beweisen können, dass Tassilo tatsächlich mit den Awaren paktiert hat, steht fest, dass die Awaren im Jahr 788 Einfälle nach Italien und nach Baiern unternahmen. Sie befürchteten wohl, nach der Eingliederung des Langobardenreichs und Baierns ins Frankenreich das nächste Opfer der fränkischen Expansion zu werden.

Das Volk der Awaren taucht zuerst 558 in den byzantinischen Quellen auf, als eine awarische Gesandtschaft beim Kaiser in Konstantinopel erschien[39]. Das reiternomadische Volk, das aus der mongolischen Steppe gekommen war, hat aber nur für ein gutes halbes Jahrhundert (bis es 626 vor Konstantinopel eine schwere Niederlage erlitt) seine Nachbarn, vor allem das Oströmische Reich, mit seiner Angriffslust in Atem gehalten. Zwischen 574 und 626 hatten die Byzantiner alljährlich gewaltige Summen an Tributzahlungen entrichten müssen, die von den Awaren gehortet wurden. Nach 626 blieben sie dann weitgehend friedlich; auch nach Westen richteten sie keine Angriffe mehr. Im ausgehenden 8. Jahrhundert erscheinen die Awaren schon durch innere Konflikte geschwächt[40].

Nach dem Scheitern der Angriffe im Jahr 788 schickten die Awaren 790 Gesandte nach Worms, um über eine Grenze zum Frankenreich zu verhandeln[41]. Eine Einigung kam aber nicht zustande, vielmehr wurde Karl der Große militärisch gegen die Awaren aktiv. Einhard hat (c. 13) diesen Krieg als den größten mit Ausnahme des Sachsenkriegs bezeichnet, möglicherweise deshalb, weil es sich auch hierbei um eine Auseinandersetzung mit Heiden handelte. Dieser Aspekt dürfte auch bei den Zeitgenossen, sogar bei Karl selbst, große Bedeutung besessen haben, wie der Brief des Frankenkönigs an seine Gemahlin Fastrada aus dem September 791 zeigt[42].

Im Jahr 791 drang ein großes Heer aus Franken, Sachsen, Thüringern, Friesen und Baiern beiderseits der Donau über die Enns vor, um die Awaren zu bekämpfen; diese zogen sich aber nach Osten zurück, ohne sich einer Schlacht zu stellen, als sie die Größe des Frankenheeres erkannt hatten. Dieses stieß bis zur Raab vor und plünderte und zerstörte das Gebiet zwischen Wienerwald und Raab. Der Nachschub der Franken wurde dadurch gesichert, dass die Heere von einer großen Zahl von Schiffen auf der Donau begleitet wurden, die wahrscheinlich auch Belagerungsgerät an Bord hatten[43].

792 ließ Karl eine bewegliche Brücke errichten, die auf Schiffen flussabwärts transportierbar war, so dass die Donau an vielen Stellen überquert werden konnte[44]. Im folgenden Jahr wurde dann ein noch größeres Projekt ins Werk gesetzt, um die Nachschubprobleme für Unternehmungen nach Südosten besser in den Griff zu bekommen: An einer geographisch vorzüglich ausgewählten Stelle, nämlich dort, wo in der Nähe von Weißenburg im heutigen Bayern das Stromgebiet von Rhein und Donau nur ca. 1500 bis 1800 Meter voneinander getrennt ist, sollte ein Kanal die Rednitz, einen Nebenfluss des Mains, mit der Altmühl, einem Nebenfluss der Donau, verbinden[45]. Der zu überwindende Höhenunterschied beträgt an der von Karl ausgewählten Stelle nur ca. 20 Meter. Man hat ausgerechnet, dass mehrere Tausend Arbeiter ca. drei Monate hätten Erdbewegungen durchführen müssen, um den Kanal zu bauen. Die Arbeit, deren Ergebnis heute noch besichtigt

werden kann, musste aber abgebrochen werden, da heftige Regenfälle die ausgeschaufelte Erde wieder zurückschwemmten.

Die überarbeitete Fassung der Reichsannalen gibt über dieses Unternehmen einen genauen Bericht:

> »Karl war von einigen Leuten ... überzeugt worden, dass, wenn zwischen Rednitz und Altmühl ein schiffbarer Graben geführt würde, man ganz bequem von der Donau in den Rhein fahren könnte, da der eine von jenen Flüssen in die Donau, der andere in den Main mündet. Darum begab er sich sogleich mit seinem ganzen Gefolge in die Gegend, ließ eine große Menge Menschen dahin kommen und den ganzen Herbst hindurch daran arbeiten. Es wurde also zwischen diesen beiden Flüssen ein Graben gezogen, zweitausend Schritte lang und dreihundert Fuß breit; jedoch umsonst. Denn bei dem anhaltenden Regen und da das sumpfige Erdreich schon von Natur zu viel Nässe hatte, konnte die Arbeit keinen Halt und Bestand gewinnen, sondern wie viel Erde bei Tag von den Grabenden herausgeschafft wurde, so viel setzte sich wieder bei Nacht, indem die Erde wieder an ihre alte Stelle einsank«[46].

Es dürfte aber noch ein anderes Problem gegeben haben, nämlich die Notwendigkeit, die über 5000 Arbeitskräfte in dem abgelegenen Gebiet ausreichend zu verpflegen[47].

Weil Karl zunächst gegen Sachsen und Sarazenen kämpfen musste, konnte erst 795 an einen neuen Feldzug gegen die Awaren gedacht werden. Inzwischen waren als Nachwirkung des Feldzugs von 791 bei den Awaren schwere Konflikte ausgebrochen; der innere Zusammenhalt ihres Reiches hatte sich nahezu aufgelöst. In dieser Situation entsandte Markgraf Erich von Friaul 795 eine kleine Streitmacht unter dem Slawen Woynimir ins Awarenreich, die bis zur zentralen Befestigung, dem »Ring«, vordringen und einen Teil des legendären Awarenschatzes erbeuten konnte[48].

796 zogen dann Pippin von Italien und Erich von Friaul an der Save entlang zur Donau, ohne auf Widerstand zu stoßen. Die Franken konnten bis zu den Ringburgen der Awaren, die in der Pusztaebene östlich der Donau lagen, vordringen und

den Hauptring einnehmen. Die riesigen Schätze der Awaren, die aus Plünderungen und Tributen stammten, die vor allem die byzantinischen Kaiser im 6. und 7. Jahrhundert entrichtet hatten, wurden erbeutet und auf angeblich 15 vierspännigen Ochsenwagen abtransportiert, wie ein englisches Annalenwerk berichtet[49]. Die Beute wurde zum größten Teil an den Adel verteilt oder an die Kirche geschenkt; aus dem erbeuteten Gold wurden liturgische Geräte anfertigt, aus dem Erlös aber auch zahlreiche neue Kirchen errichtet[50]. Ein weiterer Teil der Awarenbeute wurde durch Angilbert nach Rom gebracht und dem Papst übergeben. Karl selbst begnügte sich mit einem eher bescheidenen Anteil.

Als durch die Feldzüge von 791 und 795/96 das Reich der Awaren durch die Eroberung der Ringe zerschlagen wurde, hatte es seinen Höhepunkt längst überschritten und war in innerer Auflösung begriffen. Kampflos fiel die Hauptbefestigung den Franken in die Hände, beinahe unblutig war der Feldzug verlaufen. Die zahlreichen Gefangenen wurden – anders als in Sachsen – milde behandelt und bald wieder freigelassen[51]. Die einheimischen Fürsten scheinen unter fränkischer Hoheit weiterhin die Macht ausgeübt zu haben; eine direkte fränkische Verwaltung beschränkte sich auf das Gebiet zwischen Enns und Wienerwald; östlich des Wienerwaldes gibt es erst in der 840er Jahren des 9. Jahrhunderts Schenkungen aufgrund des königlichen Bodenregals. Die awarischen Stammesfürsten wurden durch Treueide und vasallitische Kommendation auf Karl den Großen verpflichtet.

797, besonders aber 799 und 802/03 kam es noch einmal zu Aufständen, aber auch nach deren Niederschlagung blieben die inneren Strukturen des Awarenreichs unangetastet. Der Feldzug von 799 war nach Einhard (c. 13) vor allem deshalb so schwierig, weil dabei sowohl Markgraf Erich von Friaul als auch der bairische Präfekt Gerold ihr Leben verloren, beides Männer, die zu den wesentlichen Stützen der Südostpolitik Karls des Großen gehört hatten[52]. Bei einem awarischen Angriff 802 fielen zwei Grenzgrafen in Pannonien. 803 konnte aber ein fränkisches Heer die Ordnung wiederherstellen. Danach haben sich die Awaren nie wieder gegen die Franken aufgelehnt[53].

Die awarischen Fürsten nahmen den christlichen Glauben an; dabei erhielten sie christliche Namen. Wir kennen den Kagan Theodor und dessen Nachfolger Abraham, der in Anwesenheit Karls des Großen an der Fischa getauft wurde. Obwohl am Ende des 8. Jahrhunderts eine Diskussion um die Form der Missionierung der Awaren in Gang gekommen war, gäb es aber anscheinend keinen Versuch, das Volk zu missionieren; die Taufen beschränkten sich auf einzelne Awarenfürsten.

Da es nicht möglich erschien, mit Kolonisten aus Baiern die weiten Gebiete Pannoniens zu besiedeln, erschien den Franken eine Aussiedlung oder gar Tötung der Awaren nicht als angebracht. Untersuchungen der Friedhöfe zeigen, dass die Awaren sehr zahlreich gewesen sein dürften[54]. Im Lauf des 9. Jahrhunderts wanderten schließlich Slawen nach Pannonien ein. Diese Einwanderung ging nicht ohne Kämpfe vonstatten, die schon 803 einsetzten. 811 musste Karl Truppen nach Pannonien entsenden, um Kämpfe zwischen Awaren und Slawen zu beenden[55].

Noch 817, in der Nachfolgeordnung Ludwigs des Frommen, der *Ordinatio imperii*, werden Awaren und Slawen als östliche Nachbarn der Baiern erwähnt[56] und 822 erschien eine awarische Gesandtschaft vor dem Kaiser, die als Anerkennung der fränkischen Oberherrschaft reiche Geschenke mitbrachte[57]. Nach diesem Datum erwähnen die Quellen aber keine Awarenfürsten mehr. Etwas später wurden die Gebiete zwischen Wienerwald und Raab sowie zwischen Save und Drau fränkischen Grafen unterstellt und damit direkt ins Frankenreich eingegliedert. Diese neue Organisation der ehemals awarischen Gebiete ist aber weniger eine Folge wieder aufgelebten fränkischen Expansionsstrebens, sondern sie diente der Abwehr der Bulgaren, die in den 820er Jahren nach Pannonien vorstießen und von den Awaren nicht mehr aufgehalten werden konnten.

Sachsen

Rasch waren die Reiche der Langobarden und der Awaren, praktisch ohne Blutvergießen das Fürstentum Baiern in das fränkische Reich eingegliedert worden. Dagegen erforderte es eine jahrzehntelange Anstrengung, das Volk der Sachsen zu unterwerfen, die anders als Langobarden und Baiern noch keine Christen waren.

Das Siedlungsgebiet der Sachsen erstreckte sich vom Rhein im Westen bis zur Elbe im Osten, von der Eider im Norden bis zu den Mittelgebirgen; die Verfassung dieses Volks unterschied sich grundlegend von der der Franken, Alemannen, Baiern oder Langobarden[58]. Obwohl wir uns davor hüten müssen, mit großer Sicherheit Aussagen über die sächsische Verfassung zu machen, dürfte doch feststehen, dass der Adel bei diesem Volk nicht so dominierend und wohl auch nicht so zahlreich war wie bei den anderen Völkern im Gebiet östlich des Rheins. Die Masse der Bevölkerung dürfte auch persönlich frei gewesen sein. Fest steht auch, dass es bei den Sachsen keine ständige Herrschaft eines Königs oder Fürsten gegeben hat, dem das gesamte Volk unterstand.

Die erst in der zweiten Hälfte des 9. Jahrhunderts geschriebene Vita des heiligen Lebuin berichtet, dass sich Vertreter des Adels, der Freien und der Halbfreien alljährlich im Marklo (»Grenzwald«) an der Weser versammelt hätten, um alle wichtigen politischen Fragen zu beraten[59]. Dort sollen auch Kriegszüge beschlossen worden sein, und diese Volksversammlung soll für die Dauer eines Feldzugs einen *dux* (Heerführer) gewählt haben.

Grenzkriege gegen die Sachsen hatte es schon früher gegeben. Einige merowingische Könige, Karl Martell und auch Karls Vater Pippin, hatten immer wieder den Rhein überschritten, um sich für Überfälle zu rächen und um im Osten die Macht des Frankenreichs zu demonstrieren. Es ist umstritten, ob Karl von Anbeginn seiner Herrschaft plante, ganz Sachsen in sein Reich einzugliedern. Nachdem er bereits

770 eine militärische Aktion durchgeführt hatte, rückte er im Sommer 772 mit einem starken Heer in das Gebiet der Engern, des am weitesten im Süden lebenden Teilstammes der Sachsen ein (südlich von Paderborn). Die dem Kriegsgott Eor geweihte Eresburg wurde eingenommen und die weiter im Norden gelegene Irminsul, ein gewaltiger Baumstamm in einem heiligen Hain, wurde zerstört, anschließend wurde durch ein Wunder das Heer vor dem Verdursten gerettet[60]. Einen ähnlichen Bericht vom Fällen eines heiligen Baums (nämlich der Donareiche bei Geismar) mit einem anschließenden Wunder enthält auch die Bonifatius-Vita des Willibald, die wahrscheinlich vor 769 verfasst wurde[61].

Durch den Bericht der Zerstörung des Heiligtums wird in den Reichsannalen der Eindruck erweckt, dass Karl von Anfang an versuchte, in Sachsen das Heidentum auszurotten, um das Land zu christianisieren und unter seine Gewalt zu bringen[62]. Wir wissen nicht, ob die Sachsen die Tragweite des fränkischen Angriffs erfassten, aber es ist erkennbar, dass sie durch die erfolgreiche Aktion gegen eines ihrer zentralen Heiligtümer nicht verunsichert, sondern in ihrem Willen zum Widerstand eher angespornt wurden.

Als Karl 773/774 in Italien gegen die Langobarden kämpfte, kam es zu einem großen Aufstand, durch den der größte Teil des 772 eroberten Gebiets wieder verloren ging. Noch 774 drangen die Franken erneut in Sachsen ein, und im Jahr 775 unternahm Karl der Große mit einem großen Heer einen neuen Krieg gegen die Sachsen. Bei diesem Feldzug zeigte es sich, dass auch in Sachsen – wie in Italien und später in Baiern – der Adel bereit war, sich dem überlegenen fränkischen Heer zu unterwerfen, wohl auch in der Hoffnung auf Beute im expandierenden Frankenreich.

Spätestens bei diesem Zug von 775 zeigen sich die Absichten des Frankenkönigs, denn die überarbeiteten Reichsannalen schreiben:

»Als der König (im Winter 774/775) in der Pfalz Quierzy überwinterte, fasste er den Entschluss, den ungläubigen und vertragsbrüchigen Stamm der Sachsen mit Krieg zu überziehen und ihn so lange fortzusetzen, bis die Sachsen entweder besiegt der christlichen Religion sich unterwerfen oder aber ausgerottet würden«[63].

776 errichtete Karl an der Quelle der Pader eine Pfalz, die er *civitas Karoli* (Karlsburg) nannte[64]. Vielleicht hatte Karl diese Stadt im neu eroberten Gebiet geplant, weil er wie der römische Kaiser Konstantin der Große eine neue Hauptstadt mit seinem Namen versehen wollte, um sich so als »neuer Konstantin« zu erweisen[65]. Im Zuge eines neuen Sachsenaufstands wurde jedoch die Karlsburg völlig zerstört; die Pfalz wurde zwar wieder aufgebaut, erhielt aber jetzt den Namen Paderborn.

Bis 777 schien sich die fränkische Herrschaft soweit konsolidiert zu haben, dass in diesem Jahr zum ersten Mal in Sachsen eine Reichsversammlung abgehalten werden konnte, die in Paderborn zusammentrat. Auf diesem Reichstag erschienen zahlreiche sächsische Adelige und erklärten ihre Loyalität gegenüber dem Frankenkönig. Im Jahr 777 begann auch die systematische Christianisierung der Sachsen, allerdings meist in Form einer Zwangsmissionierung mit Massentaufen ohne ausreichende Unterrichtung der zu taufenden Menschen[66]. Nach der Unterwerfung unter den Frankenkönig sollten sich die Sachsen durch die Taufe dem stärkeren Christengott beugen. Da die Sachsen auch sofort zur Abgabe des Zehnten von Erträgen ihrer Landwirtschaft gezwungen wurden, verbanden sie das Christentum mit dem Erlebnis sklavischer Abhängigkeit.

Es verwundert daher nicht, dass nach Karls Niederlage in Spanien 778 ein neuer Aufstand ausbrach; dabei erscheint zum ersten Mal Widukind als Führer der Empörer. Karl ließ sich aber durch diesen Widerstand nicht in seiner Absicht beirren, Sachsen ganz zu frankisieren: Es wurden zahlreiche Kirchen, Klöster und andere Stützpunkte der fränkischen Herrschaft gegründet, 780 und 782 fanden in Lippspringe Reichsversammlungen statt. 782 wurde die Grafschaftsverfassung nach fränkischem Muster in Sachsen eingeführt; als Grafen sollten auch sächsische Adelige amtieren.

Abb. 5: Grabplatte Widukinds in der Stiftskirche in Enger/Westfalen (um 1100)

Vielleicht in diesem Jahr wurde auch die *Capitulatio de partibus Saxoniae* erlassen[67], in der mit drakonischen Strafen, meist der Todesstrafe, Übergriffe auf den christlichen Glauben und seine Repräsentanten bedroht wurden. Die Todesstrafe wurde nicht nur angedroht für die Zerstörung einer Kirche oder die Ermordung eines Bischofs, Priesters oder Diakons, sondern auch für den Versuch, sich zu verstecken, um der Taufe zu entgehen oder für absichtliches Fastenbrechen, wenn einer in der Fastenzeit gegen das kirchliche Gebot Fleisch zu essen wagte. Wer heidnische Riten ausübte, etwa den Leichnam eines Verstorbenen einäscherte oder den alten Göttern opferte, sollte auch getötet werden. Auch diejenigen, die an Hexen glaubten und andere als Hexen verbrannten, sollten mit dem Tod bestraft werden.

Die Todesstrafe drohte außerdem all denen, die eine Tochter ihres Herrn raubten oder ihre Herrin umgebracht hatten. Hier zeigt sich eine soziale Komponente in der fränkischen Gesetzgebung: Mit aller Macht sollte die Adelsherrschaft, gegen die es anscheinend erheblichen Widerstand gab, durchgesetzt werden.

Wie eng das Christentum und die Herrschaft des fränkischen Königs verknüpft waren, zeigen die Bestimmungen wegen Verschwörung gegen den König: jeder, der dem König untreu wird, sollte den Tod erleiden.

Nur an einer Stelle, am Schluss des Kapitulars, kann man erkennen, dass dieses Gesetz nicht allein vom Terror bestimmt ist. Dort heißt es nämlich, dass einer, der ein todeswürdiges Delikt begangen hat und dieses einem Priester beichtet und verspricht, Buße zu tun, aufgrund der Aussage des Priesters vom Vollzug der Todesstrafe verschont bleiben soll.

Aus der Tatsache, dass es kurz nach der Versammlung von Lippspringe 782 zu einem äußerst heftigen Aufstand kam, könnte man schließen, dass die Sachsen sehr schnell auf diese harte Gesetzgebung reagiert haben – oder war die *Capitulatio* doch eher eine fränkische Reaktion auf einen erneuten Aufruhr? Das Ziel der Empörung waren Priester und Grafen, also die Repräsentanten der Kirche und des Königs; sie wurden erschlagen oder vertrieben.

Ein fränkisches Heer wurde in offener Schlacht vernichtet. Karl selbst musste mit neuen Truppen eingreifen. Es gelang ihm, das sächsische Hauptheer zu umzingeln und die Sachsen dazu zu zwingen, die wichtigsten Empörer auszuliefern, sofern sie sich nicht wie Widukind zu den Dänen abgesetzt hatten. Nach der überarbeiteten Version der Reichsannalen sollen 4500 Sachsen in Verden an der Aller »an einem Tag hingerichtet« worden sein[68]. Diese Zahl dürfte stark übertrieben sein, in einem Zweig der Überlieferung der Reichsannalen fehlt überhaupt eine Zahlenangabe[69]. Es ist auch zu bedenken, dass Zahlenangaben in mittelalterlichen Geschichtswerken nie genau sind, sondern eher eine ungefähre Größenordnung darstellen. Das bedeutet, dass ohne Zweifel eine große Zahl von Sachsen hingerichtet wurde.

Das Ansehen Karls hat in neuerer Zeit durch diesen Exzess von brutaler Gewalt stark gelitten; in der NS-Zeit wurde er deshalb als »Sachsenschlächter« bezeichnet[70]. Ohne Karls Aktion in irgendeiner Weise entschuldigen zu wollen, muss betont werden, dass es sich bei den aufständischen Sachsen in den Augen des Frankenkönigs um Hochverräter handelte, die – nachdem sie die geschworene Treue gebrochen hatten – aus Karls Sicht den Tod verdient hatten[71]. Und man muss auch feststellen, dass wir einen vergleichbaren Gewaltakt aus der an Kriegen reichen Geschichte Karls des Großen nicht kennen.

Um die mühsam errungene Stellung im Winter nicht wieder zu verlieren und den Sachsen keine Gelegenheit zu geben, ihre Kräfte wieder zu sammeln, zog Karl Ende 784 nach Sachsen und verbrachte dort den ganzen Winter. Das brachte anscheinend die Wende. Als an Weihnachten 785 Widukind in die fränkische Pfalz Attigny in den Ardennen kam und sich taufen ließ, fungierte Karl als Taufpate; der lange Krieg schien im Wesentlichen gewonnen. Ob Widukind anschließend in ein Kloster eingewiesen wurde und ob er noch lange Jahre auf der Reichenau zugebracht hat, wie das vor einiger Zeit Gerd Althoff vermutete, ist eher unwahrscheinlich[72].

Die vertiefte Christianisierung und die Schaffung einer Kirchenorganisation[73] kam jetzt langsam in Gang: 787 wurde

Willehad zum Bischof geweiht, der in Bremen seinen Sitz haben sollte; er konnte sein Amt aber nicht antreten. 789 wurde Willerich als sein Nachfolger bestimmt, der aber erst ab 804 sein Amt in Bremen ausüben konnte, nachdem die letzten Aufstände niedergeschlagen waren. Wie in Bremen, so war auch für die übrigen Bistümer im sächsischen Gebiet der Weg zum Bistum lang, so dass kein genaues Datum als »Gründungsjahr« angegeben werden kann:

Paderborn wurde schon früh zum Bischofssitz bestimmt, aber der Sachse Hathumar wurde erst 805 oder 806 zum Bischof geweiht. Um diese Zeit wurde auch in Minden ein Bischof eingesetzt, dessen Namen Erkanbert wir kennen. In Münster wurde im Jahr 805 Liudger zum Bischof geweiht. Der erste Bischof von Osnabrück (Wiho) wird 803 erstmals erwähnt, während das Bistum Verden erst zwischen 845 und 848 etabliert wurde. Auch in Hildesheim, Halberstadt und Hamburg wurden erst unter Ludwig dem Frommen oder Ludwig dem Deutschen Bischöfe eingesetzt[74].

Eine eigene sächsische Kirchenprovinz wurde aber nicht geschaffen, vielmehr wurden die sächsischen Bistümer teils dem Erzbistum Köln (Münster, Osnabrück, Bremen und Minden), teils dem Erzbistum Mainz (Paderborn, Verden, später Hildesheim und Halberstadt) zugeschlagen.

Auch Klöster wurden in den ersten Jahrzehnten nach der Christianisierung der Sachsen noch nicht gegründet; das wichtigste sächsische Kloster des Mittelalters, Corvey, wurde erst 822 vom alten Kloster Corbie an der Somme aus ins Leben gerufen.

792 brachen in Sachsen neuerliche Unruhen aus, als der König mit den Awarenkriegen beschäftigt war. In den Jahren 793 bis 797 mussten immer wieder fränkische Heere nach Sachsen ziehen, um Aufstände zu unterdrücken; die Kämpfe verlagerten sich aber jetzt an die untere Elbe und die Gebiete nahe der Nordsee. Doch die fränkische Herrschaft war jetzt so fest verwurzelt, dass sie nicht mehr beseitigt werden konnte. Nach dem Kriegszug von 797 wurde die *Capitulatio* durch ein milderes Gesetz ersetzt, das am 28. Oktober 797 erlassene *Capitulare Saxonicum*[75]. An die Stelle von Todesstrafen sollten

jetzt Bußzahlungen treten, wie es auch im fränkischen Recht üblich war. Sogar Brandstiftung, Tötung eines königlichen Beauftragten und die Schädigung eines Priesters konnte mit einer Geldzahlung gesühnt werden. Außerdem wird die Exilierung oder Umsiedlung als Strafe für schwere Delikte erwähnt, eine Strafe, die wenige Jahre später auch tatsächlich angewandt wurde.

802 wurde die *Lex Saxonum*, ein Rechtsbuch für die Sachsen nach dem Vorbild der fränkischen Rechtsbücher des *Lex Salica* und der *Lex Ribuaria*, geschaffen, in der Elemente des alten Stammesrechts mit fränkischem Reichsrecht verbunden wurden[76].

Neue Feldzüge wurden 802 und 804 unternommen, um das Gebiet nördlich der Elbe (»Nordalbingien«) zu unterwerfen. Nach dem Kampf wurden angeblich Tausende von Bauern aus ihrer Heimat an der unteren Elbe oder in Holstein vertrieben oder deportiert. Die Sachsen wurden verstreut über die östliche Hälfte des Frankenreichs wieder angesiedelt, wovon bis heute Ortsnamen wie Sachsenhausen bei Frankfurt oder Sachsenheim bei Ludwigsburg zeugen. An der Stelle der Sachsen wurden fränkische Siedler an der Elbe und Elbslawen im östlichen Holstein angesiedelt.

Während der langen Kämpfe mit den Sachsen wurden immer wieder Geiseln gefordert und gestellt, um die Loyalität von hochgestellten Sachsen gegenüber dem Frankenreich zu sichern. Einige der sächsischen Geiseln kennen wir mit Namen, weil sich in einer Handschrift von der Reichenau eine Liste von 37 männlichen Personen erhalten hat, in der neben ihren Namen auch die der Personen genannt sind, denen sie zur Verwahrung übergeben wurden. Diese stammen sämtlich aus Alemannien und hatten ihre Ämter zwischen 802 und 806 inne; in diese Zeit dürfte die Liste also gehören[77]. Da bei vielen der Geiseln auch der Name des Vaters genannt ist, dürfte es sich um Kinder gehandelt haben, die im Innern des Frankenreichs zu Christen erzogen werden sollten. Vereinzelte Quellen bezeugen auch, dass sächsische Geiseln zur Verwahrung ins Westfrankenreich überstellt wurden[78].

Noch 804 begannen Kämpfe mit den Dänen, die unter ihrem König Göttrik versuchten, die Friesen und die Sachsen zu unterwerfen[79].

Die Sachsenkriege hatten Karl den Großen über 30 Jahre lang beschäftigt; immer wieder standen sie im Zentrum seiner militärischen Aktivität. Warum brauchte Karl eine so lange Zeit, bis er dieses schlecht organisierte Volk am Rande der damaligen Zivilisation niedergerungen hatte?

Ein Grund für die lange Dauer der Sachsenkriege liegt sicher in der fehlenden politischen Organisation des Volkes, das keine einheitliche Führung besaß, nach deren Ausschaltung das Volk als Ganzes hätte unterworfen werden können. Es fehlten den Sachsen auch städtische Zentren, die als Stützpunkte für eine Eroberung hätten dienen können; solche Stützpunkte mussten vielmehr erst geschaffen werden. Insofern war es viel einfacher, das Reich der Langobarden zu erobern als in ein verkehrsmäßig wenig erschlossenes Gebiet vorzudringen und sich dort zu halten.

Karls Sachsenkriege können am ehesten mit den langwierigen und lange Zeit wenig erfolgreichen Kämpfen gegen die kleinen slawischen Stämme im Gebiet zwischen Elbe und Oder verglichen werden, deren Eroberung, Christianisierung und Eingliederung ins ostfränkisch-deutsche Reich nach ersten Erfolgen unter Otto I. durch den großen Slawenaufstand von 983 wieder zunichte gemacht wurde. Erst im 12. Jahrhundert konnten diese Gebiete – auch diesmal mit der Parole »Tod oder Taufe« – allmählich erobert werden.

Karls Kriegsführung

Die zahlreichen Eroberungszüge Karls des Großen bedeuteten, dass in fast jedem Jahr seiner Regierung ein Kriegszug stattfand. Es gibt überhaupt nur zwei Jahre ohne Feldzüge, nämlich 790 und 807, was die Reichsannalen zum Jahr 790 mit den Worten kommentieren: »Im folgenden Jahr machte er keinen Heereszug«[80]. Es gab aber unter Karl nicht nur praktisch in jedem Jahr Krieg, sondern in vielen Jahren wurden Heere auf mehrere unterschiedliche Kriegsschauplätze ausgesandt. So zog etwa im Jahr 797 eine Armee nach Huesca in Spanien, Truppen aus Italien und Baiern gegen die Slawen, Erich von Friaul mit Langobarden und Franken gegen die Awaren und Karl der Große selbst gegen die Sachsen. Oder im Jahr 811: da mussten die slawischen Linonen an der Elbe, die Awaren in Pannonien, die Bretonen im äußersten Nordwesten des Reiches und die Muslime in Spanien bekämpft werden.

Angesichts der großen militärischen Erfolge Karls des Großen, der – wenn man den Quellen glauben darf – nur wenige wichtige Schlachten, in denen er selbst das fränkische Heer angeführt hatte, verlor, muss die Frage nach der Ursache dieser Erfolge gestellt werden: Waren die fränkischen Krieger besser ausgebildet als ihre Gegner? Waren sie besser bewaffnet? Oder lag es an der besseren Taktik, Strategie oder Logistik?

Über viele wichtige Tatbestände fehlen uns Nachrichten. So kennen wir nicht die Mannschaftsstärke der fränkischen Heere; die Schätzungen gehen weit auseinander und reichen von unter 20 000 bis zu 100 000 Bewaffneten. Karl Ferdinand Werner geht davon aus, dass Karl dem Großen insgesamt ca. 50 000 Reiter und eine noch größere Anzahl von Fußsoldaten zur Verfügung standen; er weist aber darauf hin, dass dies das »Gesamtpotential« gewesen sei und dass niemals – schon wegen der Versorgungsprobleme – so viele Krieger gleichzeitig hätten aufgeboten werden können[81].

Diejenigen Forscher, die mit nur wenigen Tausend fränkischen Kriegern rechnen, erklären auf diese Weise die lange Dauer der Sachsenkriege[82]. Bei diesen ist aber eher zu bedenken, dass es sich um eine Art Guerillakrieg in einem kaum erschlossenen, unwegsamen Gelände handelte, wo der Gegner leicht einer Schlacht ausweichen und an einer unerwarteten Stelle erneut zuschlagen konnte.

Zur Heerfolge verpflichtet war jeder Freie, der Grundbesitz besaß. Heeresdienst zu leisten, bedeutete nicht nur die Pflicht, in den Krieg zu ziehen, wobei Versäumnis mit hohen Geldbußen belegt war (60 Schillinge, also ca. 30 Kühe, mussten bezahlt werden) und *harisliz* (Verlassen des Heeres) mit dem Tode bestraft wurde, sondern erforderte auch einen großen finanziellen Aufwand: Ausrüstung und Kleidung mussten selbst gestellt und der Unterhalt für drei Monate mitgeführt werden. Als Ausrüstung musste jeder Berittene Schild, Lanze, Schwert und Hirschfänger sowie einen Bogen mit zwölf Pfeilen mitbringen. Nur Wasser, Holz und Grünfutter für das Vieh durften die auf Heerfahrt befindlichen Krieger von den Bewohnern jener Gegenden verlangen, die sie durchzogen. Wir wissen diese Einzelheiten aus einem Brief an den Abt Fulrad von St. Denis, der zugleich zeigt, dass auch geistliche Würdenträger mit ihren Leuten zur Heeresfolge verpflichtet waren[83].

Seit der Mitte des 8. Jahrhunderts waren die gepanzerten Reiter immer wichtiger geworden. Das zeigt sich darin, dass 756 die Heeresversammlung im Frühjahr vom März auf den Mai verlegt wurde, um zu gewährleisten, dass die Reiter unterwegs genügend Futter für ihre Pferde finden konnten. Bezeichnend ist auch, dass 758 der Tribut der Sachsen von der Abgabe von 500 Kühen im Jahr auf die Lieferung von 300 Pferden umgestellt wurde.

Wie wichtig das Reiten für die Franken war, geht auch aus der Karlsvita Einhards hervor, wenn er davon spricht, dass die Söhne Karls »nach fränkischem Brauch Reiten, Jagen und den Waffendienst erlernen mussten« (c. 19).

Eine vollständige Reiterausrüstung war sehr teuer, sie kostete ungefähr 40 Schillinge, das entspricht einem Gegenwert von 20 Kühen. Der Lederhelm kostete sechs, das Lederhemd mit Eisenschuppen zwölf, die 2 m lange Lanze mit Stahlspitze zwei, das zweihändig zu bedienende Schwert sieben Schillinge. Eine solche Ausrüstung konnten sich sicher nur reiche Grundbesitzer leisten.

Genauere Angaben über die wirtschaftlichen Voraussetzungen der Heerespflicht besitzen wir erst aus dem Beginn des 9. Jahrhunderts, aus einer Zeit, in der die negativen Folgen der dauernden Kriege für die Sozialstruktur deutlich wurden. In den Jahren 802, 805, 808, 810 und 811 erließ Karl eine Reihe von Kapitularien, die sich auch mit dem Heerwesen befassten: Demnach sollten nur noch Eigentümer größerer Höfe persönlich in den Krieg ziehen, von den kleineren Bauern sollten je nach Größe ihrer Höfe jeweils mehrere (zwei, drei oder sechs) einen aus ihrer Mitte ausrüsten und entsenden[84]. Nur zur Verteidigung ihrer engeren Heimat, zur Landwehr, sollten alle verpflichtet sein. In der Zeit Karls des Großen war dies im Norden gegen die Dänen und im Nordosten gegen die slawischen Völker notwendig. Nach einem Kapitular von 806 wurden die Sachsen verpflichtet, gegen die Awaren und für einen Spanienzug jeden sechsten Krieger zu stellen, für einen Zug ins nahe gelegene Böhmen jeden dritten, während alle waffenfähigen Männer gegen die unmittelbaren Nachbarn, die Sorben, zur *lantweri* verpflichtet waren[85].

Für die Beurteilung der Belastung des Heerdienstes für die kleinen Bauern ist es noch von Bedeutung, dass Kriegszüge in der Regel im Sommer, in den Monaten Juli, August und September durchgeführt wurden, also gerade in den Monaten, in denen auch die intensivsten Arbeiten in der Landwirtschaft erforderlich waren. Gerade hier setzten die Grafen und Großgrundbesitzer an, wenn sie ihr Recht zur Aushebung zu ihren Gunsten auszunützen versuchten: So verlangten manche Grafen von den armen Freien, dass sie ihren Besitz verkauften oder ihnen überschrieben, wenn sie nicht eingezogen werden wollten. Wer nicht zahlen konnte oder wollte, wurde zum Kriegsdienst verpflichtet, während die reicheren Bauern, die den Grafen ein »Geschenk« machen konnten, zu Hause bleiben durften[86].

Der Kaiser versuchte aber nicht nur, diese Missstände zu beseitigen, sondern er sorgte auch dafür, dass die freien Bauern entweder ihrer Wehrpflicht nachkamen oder als Ersatz eine Kriegssteuer, den Heerbann, zahlten. Wie wichtig diese Abgabe war, zeigt sich daran, dass sie in mehreren Kapitularien aus den Jahren 805 bis 811 erwähnt wird[87].

Dass die Franken besonders gute Waffen besaßen, lässt sich daraus schließen, dass es in Karls Zeit immer wieder Verbote gab, Waffen und Rüstungen ins Ausland zu verkaufen[88].

Dennoch wird man fragen müssen, ob es tatsächlich die Überlegenheit der gut bewaffneten und schwer gepanzerten

Reiterei gewesen ist, mit der wir uns die vielen Siege der Franken in der Zeit Karls des Großen erklären können. Bernard Bachrach hat überzeugend argumentiert, dass nicht die gepanzerten Reiter, sondern die vorzüglich ausgebildete Belagerungskunst der Franken bei den meisten ihrer Eroberungen entscheidend war, vor allem in den Kriegen gegen die Langobarden und die Awaren[89]. Und auch bei den Kämpfen in Sachsen sei es immer Karls Bestreben gewesen, Befestigungen zu erobern, zu sichern und auszubauen.

Dazu kommt aber auch eine überlegene Strategie, die vielfach darin bestand, dass die Franken ihre Heere in mehreren getrennt voneinander operierenden Gruppen gegen den Feind marschieren ließen[90]. So wurde 773 gegen die Langobarden vorgegangen und auch 778 beim spanischen Feldzug, 787 gegen Tassilo von Baiern, 791 gegen die Awaren und 805 gegen die Böhmen. Wenn ein gefährlicher Feind niedergerungen schien, pflegte Karl im Feindesland zu überwintern, um den Sieg zu sichern; so handelte er 780/781 in Italien, wo er in der langobardischen Hauptstadt Pavia überwinterte, so 782–785 in Sachsen, wo er den Winter 784/85 in eigener Person im Land der Besiegten verbrachte, und auch 791–793 in Baiern, wo er über zwei Jahre in der bairischen Hauptstadt Regensburg blieb, was allerdings auch wegen der Planung und Vorbereitung des Awarenkriegs sinnvoll war.

Das Heer war nach landsmannschaftlichen Gesichtspunkten gegliedert, und diese »stammesmäßigen« Heerteile blieben auch im Kampf beisammen; damit wurde zum einen das Zusammengehörigkeitsgefühl gefördert und zum andern ein Wettstreit zwischen den einzelnen Völkerschaften des Reiches angeregt, wer den Ruhm der größten Tapferkeit für sich beanspruchen könnte.

Seit den ersten Angriffen der Normannen auf das Frankenreich im Jahr 799 war es nötig, den Schutz der Küsten durch Küstenwachen oder Überwachung der Flussufer zu organisieren. Auch eine Flotte musste gebaut werden, als 810 und wieder 813 Normannen mit ihren Schiffen das Frankenreich attackierten[91].

Wie wichtig Karl diese Maßnahmen zur Abwehr der Normannen war, zeigt eine kurze Passage in der Ludwigsvita des Astronomus, die wahrscheinlich zum Jahr 808 einzuordnen ist:

> Als »Ludwig wieder zu einem Zug nach Spanien« rüstete, »hielt der Vater ihn davon ab, in eigener Person die Leitung des Feldzugs zu übernehmen. Er hatte nämlich um diese Zeit angeordnet, dass auf allen Flüssen, die ins Meer münden, Schiffe gegen die Einfälle der Normannen gebaut werden sollten. Seinem Sohn übertrug er die Sorge dafür auf Rhône, Garonne und Loire«[92].

Ob Karl der Große seine strategischen Kenntnisse auch aus Büchern erworben hat, ist ungewiss. Der wichtigste römische Autor der Antike, dessen Schrift zur Kriegstechnik in der Zeit Karls bekannt war, ist Vegetius (Ende 4. Jahrhundert); ob Karl selbst eine Handschrift seines Werkes *Epitoma rei militaris* besaß, lässt sich nur vermuten[93]. Wir wissen aber sicher, dass im weiteren Verlauf des 9. Jahrhunderts ein Vegetius bei einer ganzen Reihe von Autoren (wie Hrabanus Maurus oder Frechulf von Lisieux), aber auch von Laien (wie Markgraf Eberhard von Friaul und Graf Eckehard von Mâcon) vorhanden war[94]. Die militärischen Erfolge jener Jahrzehnte lassen sich aber nicht mit denen der Epoche Karls des Großen vergleichen.

8   Wie regierte Karl sein Reich?

Die wirtschaftlichen Grundlagen

In Zeiten der Naturalwirtschaft, und diese herrschte in der Epoche Karls des Großen, konnte der König nicht auf Steuern zurückgreifen, um seinen Hof zu versorgen und seine Amtsträger zu besolden. Die wichtigste materielle Grundlage seiner Herrschaft war das Königsgut[1], das sich auf der einen Seite aus dem Besitz der karolingischen Familie, der in Lothringen und im Moselgebiet konzentriert war, und andererseits aus dem merowingischen Königsgut, das vor allem in der Île de France und im Gebiet um Soissons gelegen war, zusammensetzte.

Um 800 ließ Karl das Königsgut in seinem gesamten Reich beschreiben und inventarisieren. Bis hin zum letzten hölzernen Rechen wurde der Gebäude- und Viehbestand sowie das Inventar der königlichen Höfe schriftlich aufgezeichnet. Obwohl nur noch ganz kleine Restbestände dieser Maßnahme erhalten sind[2], können wir aus diesen erkennen, welche penible Genauigkeit bei der Aufzeichnung angestrebt wurde.

Die zufällig erhaltene Beschreibung eines königlichen Hofes bezieht sich auf die Villa von Annapes (im französischen Departement Nord, östlich von Lille gelegen)[3]. Zuerst werden die Baulichkeiten beschrieben, in diesem Fall ein hölzernes oder aus Stein errichtetes Haus für den König, außerdem 17 weitere Häuser, dazu Stallungen und Scheunen. Die Bauten sind von einem hölzernen Zaun umhegt, der einen Durchgang mit einem aus Stein errichteten Tor besitzt. Als nächstes werden die Behältnisse und Geräte in der Villa genannt, allerdings sind nur solche aus Metall verzeichnet, von den aus Holz hergestellten Geräten heißt es lediglich, sie seien in genügender Anzahl vorhanden. Weiter werden die Erträge in den verschiedenen Getreidearten angegeben, wobei die genaue Menge verzeichnet ist, auch die Menge des ausgesäten und des noch vorhandenen Getreides ist aufgeschrieben.

Schließlich wird der Viehbestand genau registriert, nicht nur die Anzahl der Stücke verschiedener Arten, sondern es wird auch erwähnt, wie viele Rinder oder Schweine ein, zwei oder mehr Jahre alt sind. Bei den Tieren fällt auf, dass es zwar eine recht große Zahl von Rindern (über 100) und vor allem Schweinen (fast 400) gibt, auch 20 Pferde, 250 Schafe und Lämmer, aber nur wenig Geflügel: nämlich nur 80 Hühner und 30 Gänse. Wahrscheinlich war die Zucht und Haltung von Geflügel die vorrangige Aufgabe der Inhaber der kleinen Hofstellen, die ja auch Abgaben in Form von Eiern oder Hühnern leisten mussten.

Interessant sind noch die 22 Pfauen, die im Hof von Annapes gehalten wurden; sie sollten wahrscheinlich nicht verspeist werden, sondern wurden nur wegen ihrer Schönheit gehalten[4].

Ein weiteres wichtiges Zeugnis für Karls Fürsorge für die Verwaltung des Reichsguts hat sich ebenfalls durch Zufall erhalten, nämlich das *Capitulare de Villis*[5], ein Gesetz über die Königshöfe. Dieses Dokument ist wahrscheinlich nach 794 entstanden und enthält zahlreiche ins Einzelne gehende Vorschriften über die Anpflanzung von Obstbäumen und Weinreben, die Pflege des Waldes durch Rodung und Wiederaufforstung, den Anbau bestimmter, genau benannter Gemüse, Kräuter und Gewürze, die Aufzucht von Großvieh und von Kleintieren, besonders Geflügel, sowie die Tatsache, dass auf dem königlichen Hof auch zahlreiche Handwerker vorhanden waren, die nicht nur für den Eigenbedarf produzierten. Die Regelungswut geht bis zu Kleinigkeiten, wenn es etwa heißt, dass bei der Weinherstellung die Trauben nicht mit ungewaschenen Füßen getreten werden dürften. Der König verlangte von seinem Verwalter nicht nur genau festgelegte Lieferungen der Erzeugnisse seines Hofes, sondern er erwartete auch, dass eventuelle Überschüsse gelagert und verkauft wurden, wobei über die erzielten Einnahmen eine genaue Rechnungslegung gefordert wurde.

Bei aller Ausführlichkeit wird interessanterweise im *Capitulare de Villis* die agrarische Technik überhaupt nicht berührt. Vielmehr beschäftigt es sich allein mit Maßnahmen, die den Unterhalt des Königs und seines Hofes sichern sollen[6]. Neben der Viehhaltung, für die genaue Vorschriften gegeben werden, wird auch der Aufzucht junger Hunde für die Jagd große Bedeutung beigemessen. Auch Angaben über Tiergehege werden gemacht.

Die einzige erhaltene Handschrift des *Capitulare de Villis*, die heute in Wolfenbüttel liegt (Cod. 254 Helmst.) besitzt ein interessantes länglich-rechteckiges Format (29,5 × 12,5 cm), aus dem man schließen kann, dass es sich bei dem Codex um ein »Gebrauchsexemplar« handeln könnte, das gut in die Satteltasche eines königlichen Amtsträgers passte.

Einkünfte erzielte der König auch durch die Münzprägung, die möglichst in königlichen Pfalzen erfolgen sollte, wo sie gut überwacht werden konnte. Da es den karolingischen Königen gelang, die in merowingischer Zeit »privatisierte« Münzprägung wieder in die Hand zu bekommen, konnte Karl seine Einnahmen beträchtlich steigern, denn es war üblich, den »Schlagschatz« einzubehalten, d. h. den Unterschied zwischen dem ausgeprägten Münzgewicht und dem verwendeten Silber.

Beträchtliche Einnahmen erzielte Karl der Große durch seine zahlreichen erfolgreichen Kriegszüge. Zwar behielt er niemals die gesamte Beute für sich, sondern teilte sie unter seine wichtigsten Gefolgsleute auf (wie 774 nach der Einnahme von Pavia). 795/96 nach der Eroberung des Rings der Awaren erhielten auch die Kirchen und die Klöster und sogar der Papst einen Anteil an der riesigen Beute[7]. Tributzahlungen gingen ebenfalls an den König, der wohl besonders viel Geld aus dem Verkauf von Gefangenen erzielen konnte, denn die besiegten Feinde wurden in großer Zahl versklavt[8].

Eine große Bedeutung hatten noch die Geschenke[9], wobei allerdings hier der König eher der Gebende als der Nehmende gewesen sein dürfte. Denn nach dem Brauch archaischer, wenig entwickelter Gesellschaften, den wir wohl auch bei den Franken annehmen können, pflegten die führenden Persönlichkeiten ihre Macht und ihr Ansehen in der Gabe möglichst großer Geschenke auszudrücken.

Ausstellung von Urkunden

Aus den Urkunden hat schon die ältere Forschung wichtige Zeugnisse für die Regierungstätigkeit der mittelalterlichen Könige gewonnen. Einmal geht es dabei um die Auswertung der Angabe von Datum und Ort der Urkundenausstellung, die uns Nachrichten über das »Itinerar«, den Reiseweg eines Königs, liefern kann. Auch die historiographischen Quellen, in karolingischer Zeit also vor allem die Annalen, enthalten zahlreiche Angaben über die Aufenthalte des Herrschers, wenn sie über seine Kriegszüge und die Orte, an denen er überwintert oder die hohen Kirchenfeste gefeiert hat, berichten[10].

Rosamond McKitterick hat gegen die »simple Gleichung: Wo die Urkunde aufgesetzt wurde, da waren auch der König und sein Hof« Zweifel angemeldet. Ihre Untersuchung der 22 Urkunden des Jahres 775 ergab, dass die in den Diplomen verzeichneten Ortsangaben nicht bedeuten können, dass der König an all diesen Orten persönlich anwesend war, denn sonst hätte er mehrfach in diesem Jahr immer wieder die Pfalz Quierzy aufsuchen müssen. Sie schlägt stattdessen vor, ein »System reisender Schreiber und Notare« anzunehmen, die die Urkunden abgefasst und beglaubigt hätten[11]. Eindeutige Beweise für diese Vermutung gibt es aber nicht; sie würde vor allem auch voraussetzen, dass die königliche Verwaltung vorzüglich organisiert war.

Die Pfalzen

Schon die merowingischen Könige hatten eine ganze Reihe von Pfalzen auf dem Lande, in denen sie Teile des Jahres

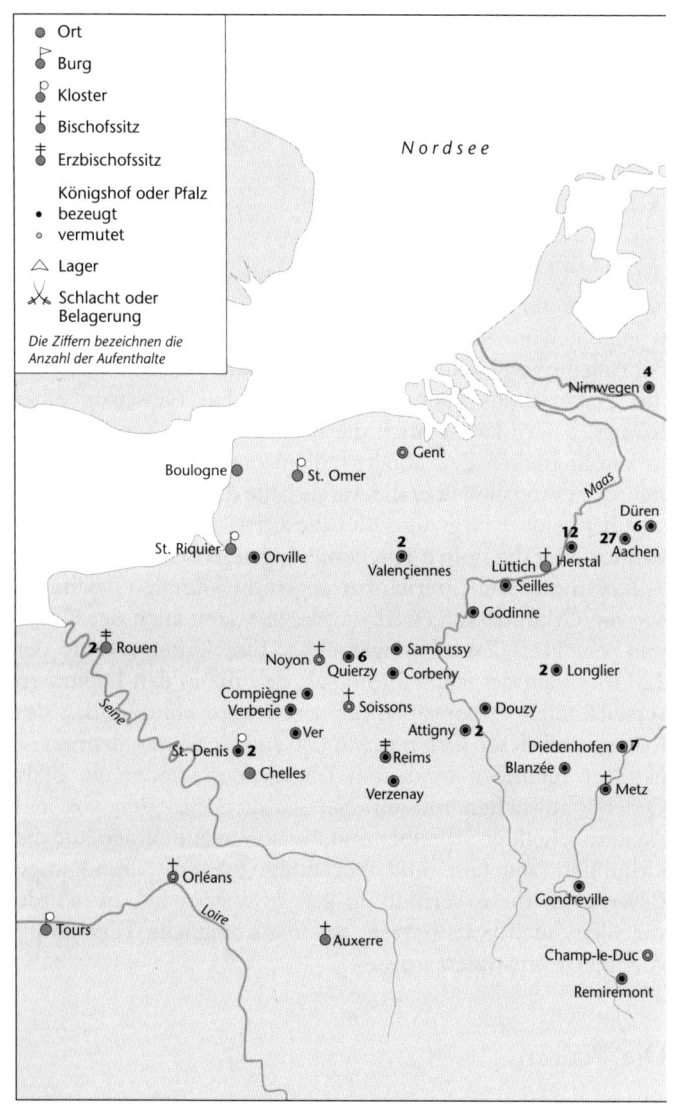

Karte 1: Aufenthaltsorte Karls des Großen (ohne Italien und Aquitanien)

Die Pfalzen 117

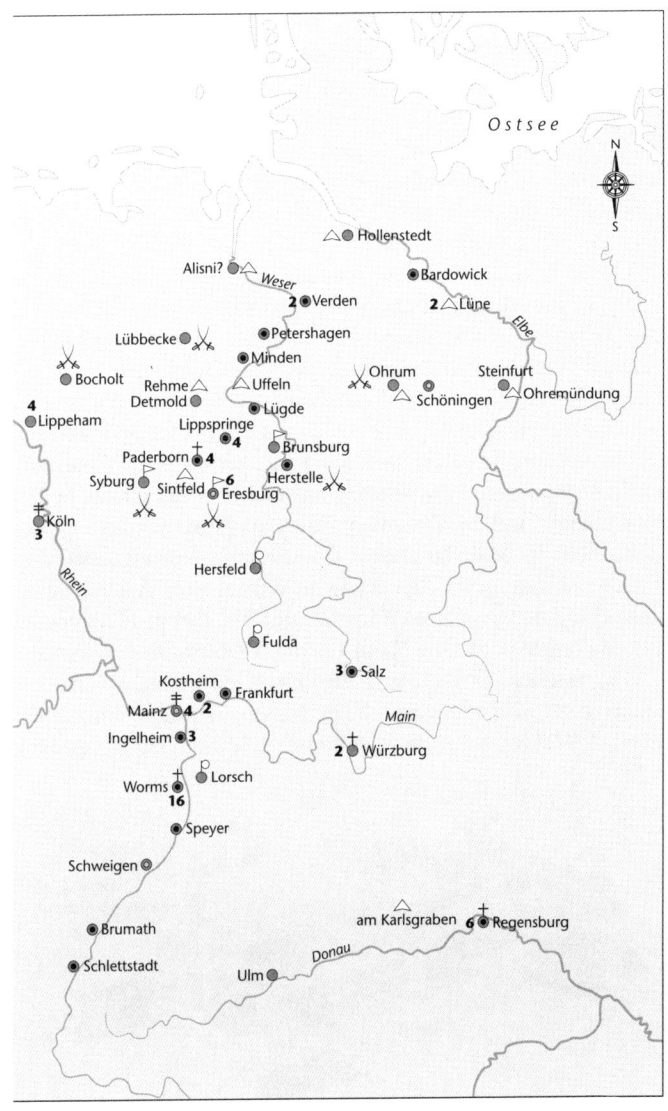

verbrachten. Dazu gehörten Orte, die auch noch von den karolingischen Herrschern besucht wurden, wie Compiègne und Quierzy nördlich von Paris, Attigny bei Reims und Herstal bei Lüttich. Noch für Karls Vater Pippin sind die meisten Aufenthalte in diesen Pfalzen bezeugt. Daneben residierten die fränkischen Könige aber auch am Hof eines Bischofs in dessen Bischofsstadt oder in einem Kloster, wo es eigene Gebäude für Gäste mit größerem Gefolge gab.

Unter Karl dem Großen kamen neue Orte hinzu, die bis dahin kaum oder gar nicht besucht worden waren. Sie zeigen, dass sich der Schwerpunkt des Reiches weiter nach Osten verlagert hatte. Karl hielt sich gern in Ingelheim, Worms, Diedenhofen oder Herstal auf, schließlich wurde Aachen zu seiner Dauerresidenz[12]. Aber auch die alten Pfalzorte wurden noch von ihm besucht, wie seine gut bezeugten Winteraufenthalte erweisen: Fünf Winter verbrachte er in Herstal, je drei in Quierzy und in Worms, je zwei in Attigny und in Diedenhofen; 19 Mal war aber Aachen Karls »Winterpalast«. Seit 795 ist er nur noch drei Mal im Winter von Aachen ferngeblieben; er war nämlich im Winter 797/98 in Herstelle an der Weser, 800/801 in Rom und 805/06 in Diedenhofen[13].

Für Aachen als Residenz dürften in den Augen Karls vor allem zwei Gründe gesprochen haben, nämlich einmal die großen Wälder im Westen, in denen er seinem Jagdvergnügen

Abb. 6: Modell der Aachener Pfalz (Hugot)

nachgehen konnte, und zum andern die heißen Quellen, in deren Wasser er schwimmen konnte. Seine Begeisterung für das Schwimmen wird auch bei Einhard erwähnt (c. 22):

> »Karl liebte die Dämpfe heißer Naturquellen und schwamm sehr viel und so gut, dass es niemand mit ihm aufnehmen konnte. Darum baute er einen Palast in Aachen und verbrachte seine letzten Lebensjahre ununterbrochen bis zu seinem Tode dort. Er lud nicht nur seine Söhne, sondern auch Adelige und Freunde, manchmal sogar sein Gefolge und seine Leibwache zum Baden ein. Oft badeten mehr als hundert Leute mit ihm«.

Rosamond McKitterick hat kürzlich behauptet, dass die Bedeutung Aachens für die Regierung Karls des Großen überschätzt werde[14]. Erst in der Zeit Ludwigs des Frommen sei Aachen nämlich zur eigentlichen Residenz geworden und die Reichsannalen und auch Einhard hätten diesen Zustand in die Zeit Karls zurückprojiziert. Diese Behauptung wird durch die vielen Aufenthalte Karls in Aachen seit dem Winter 794/95 eindeutig widerlegt.

Noch bevor Aachen als dauernder Aufenthaltsort des Kaisers und seines Hofs feststand, wurde an diesem Ort eine ganze Reihe von Neubauten errichtet, von denen einige bis heute noch stehen[15].

Die Pfalzkapelle mit ihrem achteckigen Grundriss hat mehrere mögliche Vorbilder: einmal die Kirche San Vitale in Ravenna, dann einen Kirchenbau in Pavia, der Hauptstadt des Langobardenreichs, und schließlich die Palastkapelle im kaiserlichen Palast in Konstantinopel. Für das Vorbild von San Vitale spricht, dass Karl auch in anderer Beziehung in Ravenna, der Hauptstadt des Ostgotenreichs, ein Vorbild für seine neue Hauptstadt sah. Denn schon 786/87 hatte Karl Säulen, Kapitelle und Marmorinkrustationen aus dem Theoderich-Palast in Ravenna nach Aachen transportieren lassen[16]. 801 ließ er dann die Reiterstatue des Ostgotenkönigs Theoderich († 526) von Ravenna nach Aachen bringen[17]. Verena Epp sieht in der Tatsache, dass Karl eine Statue des Ostgotenkönigs Theoderich und nicht eine solche von Kaiser Konstantin vor seinem Palast hat aufstellen lassen, ein politisches Zeichen an das östliche Kaisertum, nämlich »eine Art Bekenntnis der Selbstbeschränkung auf den westlichen Reichsteil«[18].

Über das weitere Schicksal der Theoderich-Statue wissen wir nichts Genaues. In den 820er Jahren verfasste allerdings Walahfrid Strabo ein bedeutendes Gedicht, *De imagine Tetrici* (Das Denkmal Dietrichs), in dem er die negative Tradition über den arianischen Ostgotenkönig aufgreift und mit harschen Worten zur Entfernung der Statue aufruft. Es ist Kaiser Ludwig dem Frommen zuzutrauen, dass er den Ketzer und Feind der rechtgläubigen Christen, den Mörder an Boethius, von seinem Sockel entfernen und die Statue einschmelzen ließ.

Ein weiteres Indiz dafür, dass sich Karl der Große für die Goten interessierte, ist die begründete Annahme der Forschung, dass sich der *Codex Argenteus*, die aus der Zeit um 500 stammende Handschrift der Übersetzung der Bibel ins Gotische, die in der Mitte des 4. Jahrhunderts der Westgote Wulfila geschaffen hatte, vielleicht in der Hofbibliothek Karls des Großen befand, von wo sie in die Bibliothek des Klosters Werden gelangt ist[19]. Seit dem Dreißigjährigen Krieg befindet sich der *Codex Argenteus* in Uppsala.

Politische und soziale Struktur des Reiches

Erst aus dem ausgehenden 9. Jahrhundert, aus einer Schrift, die Erzbischof Hinkmar von Reims (845–882) in seinem letzten Lebensjahr für den westfränkischen König Karlmann (879–884) verfasste, haben wir genauere Nachrichten über den Aufbau des Hofes und auch über die Reichsversammlungen[20]. Da aber Hinkmars Werk zum großen Teil auf einer älteren, verloren gegangenen Schrift aus den 820er Jahren fußt, die Abt Adalhard von Corbie († 826) verfasst hat, können wir annehmen, dass die bei Hinkmar beschriebenen Verhältnisse auch bereits für die Zeit nach 800 gelten[21].

Nach Hinkmar sollten in jedem Jahr zwei Reichsversammlungen zusammentreten, eine allgemeine im Frühjahr und eine kleinere im Herbst, auf der der König nur mit den Grafen seine Vorhaben für das kommende Jahr zu besprechen pflegte. Unter Karl dem Großen scheint aber die allgemeine Versammlung häufig erst in den Sommermonaten Juni bis August abgehalten worden zu sein; jedenfalls wird in den annalistischen Quellen praktisch für jedes Jahr eine solche Versammlung erwähnt, d. h. an einer regelmäßigen Abhaltung dieser Treffen kann kein Zweifel bestehen. Auch eine Versammlung im Herbst ist zuweilen bezeugt.

Am Anfang der Regierung Karls traten diese Versammlungen oft in Worms oder in Ingelheim zusammen; später tagten sie meist in Aachen. Die Vielfalt der auf einer Reichsversammlung behandelten Themen zeigt sehr schön das Kapitular von Frankfurt 794, das vielleicht die Reihenfolge der Tagesordnung bewahrt hat[22]:

Am Beginn standen zwei religionspolitische Probleme, nämlich die Häresie der spanischen Bischöfe Felix von Urgel und Elipandus von Toledo über die Christologie (»Adoptianismus«) und die Frage der Bilderverehrung anlässlich der zweiten Synode von Nicaea 787. Dann folgte ein wichtiger politischer Akt, nämlich der endgültige Verzicht Tassilos auf seine Herrschaft über Baiern. Darauf wurde über Höchstpreise für Korn und eine Münzreform verhandelt.

Außerdem wurde eine Entscheidung über die Streitigkeiten zwischen den Bischöfen von Vienne und Arles gefällt und es wurden Anklagen gegen einen Bischof erhoben, der sich dadurch von dem Vorwurf befreite, dass er einen seiner Leute einem Gottesurteil unterwarf. Dazu gab es Beschlüsse über Klöster und Mönche und über weltliche Verschwörungen.

Wie 794 in Frankfurt wurden auch auf anderen Reichsversammlungen die Erlasse des Herrschers verlesen und verabschiedet, die wir als Kapitularien bezeichnen. Die ältere Forschung hat sich immer wieder die Frage gestellt, wodurch diese Erlasse ihre Geltung erlangt haben: eher durch die mündliche Verkündigung des Königs, durch die Zustimmung des Volkes (*consensus populi* oder *consensus fidelium*) oder durch die schriftliche Fixierung. Hubert Mordek hat sich dafür ausgesprochen, dass man von einer Kombination mündlicher und schriftlicher Akte zur Durchsetzung des Willens des Gesetzgebers ausgehen müsse[23].

Was den Inhalt der Kapitularien angeht, so soll hier noch einiges zur »Sozialpolitik« Karls des Großen gesagt werden. Berühmt ist das Dictum Karls des Großen: *non est amplius nisi liber et servus* (»es gibt nichts anderes als den Freien und den Knecht«)[24], was besagen sollte, dass die *nobiles*, die Adligen, keinen eigenen Stand bildeten, sondern zu den Freien gehörten. Dahinter stand die Absicht des Königs, den Adel, aus dessen Reihen seine Familie einst hervorgegangen war, als weit unter sich stehend erscheinen zu lassen.

Die Bedeutung des Adels ist in der Forschung der letzten Jahrzehnte stark hervorgehoben worden; viele Arbeiten beschäftigten sich mit der Geschichte einzelner Adelsfamilien der Karolingerzeit[25]. Die adelige Führungsschicht des Karolingerreiches, die als Grafen, hohe kirchliche Würdenträger und königliche Beauftragte die eigentlichen Träger der Herrschaft im weit ausgedehnten Frankenreich waren, besaßen in den verschiedenen Regionen des Reiches Besitztümer, die sie durch Heirat, Erbgang oder königliche Schenkung erhalten hatten. Gerd Tellenbach hat diesen hohen Adel als »Reichsadel« bezeichnet, weil er in der Nähe des Königs und von ihm mit wichtigen Ämtern versehen aufgestiegen sei und seine Macht hatte steigern können. Dagegen hat Karl Ferdinand Werner hervorgehoben, dass der Adel nicht vom König gemacht worden sei, sondern dass die Karolinger die bereits vorhandene, mächtige Adelsschicht ins Reich einbezogen und integriert hätten.

Die Freien stellten im Reich Karls des Großen eine recht umfangreiche Gruppe der Bevölkerung dar, zu ihnen gehörten nicht nur Bauern auf ihrem Eigengut, sondern auch vom König angesiedelte Militärkolonisten ursprünglich unfreier Herkunft, aber auch gehobene Dienstmannen und landlose Arme. Das heißt, es gab im 9. Jahrhundert Freie, die selbst kein Land besaßen und auf einer Bauernstelle wohnten, die einem Grundherrn gehörte. Solche Freie gab es besonders in kirchlichen Grundherrschaften; dabei konnte es sich einmal um Freigelassene handeln, aber auch um Freie, die sich in den Schutz der Kirche geflüchtet hatten, um dem auf ihnen lastenden Druck der Heer- und Gerichtsfolge zu entkommen. Freie konnten aber auch in die Unfreiheit absinken, weil sie in Schuldknechtschaft geraten waren. Diese konnte vielerlei Ursachen haben: wenn ein Freier die Heerbannbuße nicht bezahlen konnte, wenn er eine Bußzahlung für ein von ihm begangenes schweres Delikt nicht aufbringen konnte oder wenn er durch allzu häufiges Aufgebot zum Kriegsdienst seine Felder nicht bestellen konnte und daher seinen Besitz einem Mächtigen übergeben musste.

Der Schutz der Freien war ein wesentliches Anliegen mehrerer Kapitularien aus der Zeit nach 802. Der Schutz der Armen und weniger Starken, der *pauperes* und *minus potentes*, gehörte zu den zentralen Aufgaben eines guten Königs[26].

Einige Kapitularien haben diese Forderung ganz klar formuliert, so heißt es etwa im Kapitular von Diedenhofen 805 in c. 16:

> »Über die Unterdrückung der armen Freien, dass sie nicht von den Mächtigen wegen einer Untat gegen das Recht unterdrückt werden sollen, so dass sie gezwungen sind, ihren Besitz zu verkaufen oder (den Mächtigen) zu übergeben«[27].

Und 811 kritisierte ein Kapitular die Begehrlichkeit der Kirche, deren Diener viele Freie auf dem Totenbett dazu verleiten, ihren Besitz zu verschenken. Dabei wird interessanterweise ein Zusammenhang zwischen den Erben, die ohne Besitz zurückbleiben, und der Zunahme von Raub und Diebstahl hergestellt:

> »Zu fragen ist auch, ob derjenige die Welt verlassen hat, der jeden Tag seine Besitzungen zu vermehren bestrebt ist, indem er ... durch das Versprechen himmlischer Seligkeit und die Drohung mit der ewigen Verdammnis in der Hölle im Namen Gottes oder eines Heiligen versucht, Reiche und Arme dazu zu bringen, sich ihrer Güter zu berauben und ihre rechtmäßigen

Erben dadurch zu enterben, so dass die meisten von diesen aus Not zu Räubern und Dieben werden ...«[28].

Dass es im Reich zu einem Überhandnehmen des Räuberwesens gekommen war, bezeugen ebenfalls mehrere Kapitularien[29].

Ein anderes Problem waren anscheinend die zahlreichen Bettler und Vaganten, die besser kontrolliert werden sollten. Schon 789 wurde verlangt, dass Büßer nicht herumvagieren und die Leute betrügen, sondern an einem Ort ihre Bußauflagen erfüllen sollten[30]. Auch die Armen sollten nicht auf öffentlichen Plätzen herumlungern oder umherziehen und betteln, sondern arbeiten, andernfalls sollte ihnen niemand ein Almosen geben[31]. Dieses Problem konnte offenbar während der gesamten Regierung Karls nicht bewältigt werden, denn noch 813 heißt es in den Beschlüssen der Synode von Chalon (c. 45), dass viele Arme sich als Pilger ausgeben, um besser betteln zu können. Sie wollten sich nur herumtreiben und nicht wirklich zu den heiligen Stätten wallfahren[32].

Diese Räuber, Armen und Arbeitslosen rekrutierten sich allerdings nicht allein aus verarmten, heruntergekommenen Freien, sondern wahrscheinlich noch mehr aus der Masse der Unfreien.

Die Unfreien, in den karolingischen Quellen als *servi* (Sklaven) bezeichnet, erfuhren in der Zeit Karls des Großen eine gewisse Aufwertung ihres Status[33]. Diese Aufwertung zeigt sich vor allem im Eherecht, so bestimmte die Synode von Chalon 813, dass Sklavenehen nicht aufgelöst werden dürfen, auch dann nicht, wenn Mann und Frau verschiedenen Eigentümern gehörten[34]. Auf anderen Reformsynoden des Jahres 813 wurden die grundbesitzenden Laien ermahnt, ihre Sklaven nicht zu bedrücken.

Aber nicht nur rechtliche Verbesserungen sind zu verzeichnen, sondern es fand auch ein tatsächlicher sozialer Aufstieg der Unfreien statt, weil sie im 8. und 9. Jahrhundert verstärkt auf Hofstellen angesiedelt wurden; damit konnten sie eine gewisse ökonomische Selbstständigkeit erlangen. Mit diesen Bemerkungen soll aber nicht der Eindruck erweckt werden, als habe es im karolingischen Frankenreich eine Art von Sklavenbefreiung gegeben. Ganz im Gegenteil: die Zahl der Sklaven ist wahrscheinlich stark angestiegen, vor allem dadurch, dass sehr viele Kriegsgefangene gemacht und verkauft wurden. Sklaven durften zwar von christlichen Händlern nur verkauft werden, wenn sie keine getauften Christen waren, aber wer konnte das im Einzelnen überprüfen? Auch zur Flucht von Sklaven scheint es gekommen zu sein; wenigstens klagt Alkuin in einem Gedicht darüber, dass ihm alle seine Sklaven entlaufen seien[35].

Wenn es eine gewisse Verbesserung der Situation der Sklaven im Karolingerreich gegeben hat, dann geschah das auch aus Eigeninteresse der Mächtigen: die Arbeitskraft der Sklaven war in der arbeitsaufwendigen Landwirtschaft unverzichtbar und an Menschen herrschte ein großer Mangel. Vielleicht aus diesem Grund hat Karl der Große bereits im Kapitular von Herstal 779 verordnet (c. 19), dass keine Sklaven über die Grenzen des Reiches hinaus verkauft werden durften[36].

Die Juden und andere Fremde, die meist als Kaufleute im Frankenreich umherreisten, standen unter dem besonderen Schutz des Herrschers. Privilegien für jüdische Fernhändler haben sich aber aus der Zeit Karls des Großen nicht erhalten, sondern erst von seinem Nachfolger[37]. Auch genauere Zeugnisse darüber, dass Juden am Hof des Herrschers waren, haben wir erst aus der Zeit Ludwigs des Frommen. Die wenigen Kapitularien Karls, die sich mit den Juden befassen, gelten Fragen des Prozessrechts, dem Judeneid oder der Anzahl von Zeugen, die Juden und Christen bei einer Auseinandersetzung vor Gericht mitbringen mussten[38].

Wir müssen nun noch fragen, auf welche Weise die in den Kapitularien niedergelegten Absichten und Erwartungen des Herrschers in seinem großen Reich verbreitet wurden und wer sie in der Praxis umgesetzt hat. Im Kapitular für das Heerwesen aus dem Jahr 808 heißt es:

»Wir ordnen an, dass vier Exemplare dieses Capitulare geschrieben werden; eins sollen unsere *missi* erhalten, das zweite der

Graf, in dessen Amtsbereich solches geschehen ist, ... Das dritte sollen diejenigen unserer *missi* erhalten, die über unser Heer eingesetzt werden sollen. Das vierte behalte unser Kanzler«[39].

Etwas anders sehen die Anweisungen in der Zeit Ludwigs des Frommen aus:

»Wir wollen, dass die Erzbischöfe und die Grafen die Kapitel, die von uns ... festgelegt wurden, von unserem Kanzler erhalten und dass sie jeder für die übrigen Bischöfe, Äbte, Grafen und übrigen Getreuen abschreiben lässt und dass sie in allen Grafschaften vor allen Untertanen vorgelesen werden, damit allen unsere Verordnung und unser Wille bekannt wird«[40].

Beide Texte lassen erkennen, dass für die Verbreitung der Kapitularien gesorgt wurde.

Die wichtigsten Amtsträger, die im Auftrag des Königs das Reich verwalteten, waren schon in merowingischer Zeit die Grafen[41]. Sie befehligten das Heeresaufgebot aus ihrem Amtsbezirk und führten den Vorsitz vor Gericht; in beiden Aufgabenbereichen steckten bedeutende finanzielle und wirtschaftliche Möglichkeiten: Bußzahlungen spielten bei Gerichtsurteilen eine große Rolle und im Heerwesen konnte der Graf zu seinen Gunsten die Heerfolgepflicht der freien Bauern ausnützen, indem er einen Bauern in den wirtschaftlichen Ruin trieb, wenn er ihn mehrere Jahre in Folge in den Krieg schickte, der in den Sommermonaten geführt wurde, in denen der Bauer eigentlich auf seinem Hof gebraucht wurde.

Wir dürfen zwar nicht davon ausgehen, dass das Frankenreich von einem lückenlosen Netz von Grafschaften überzogen war, aber die neu eroberten Gebiete in Italien und in Sachsen wurden noch unter Karl dem Großen in Grafschaften aufgeteilt. Die Grafen im Bereich der Grenzen (»Markgrafen«) wurden mit besonderen Vollmachten ausgestattet. Da es schwierig sein konnte, sich bei einem feindlichen Überfall rasch mit dem König zu verständigen, durften sie selbstständig den Heerbann aufbieten und ohne königlichen Befehl militärische Aktionen beginnen.

Karl der Große hat wohl erst nach 800 zur Überwachung der gräflichen Amtstätigkeit ein Kontrollorgan geschaffen, nämlich die *missi*, die Königsboten. Das ganze Reich wurde in Missatsbezirke aufgeteilt, wobei in jedem Sprengel zwei Königsboten, ein geistlicher und ein weltlicher, meist ein Graf und ein Bischof oder Abt, tätig werden sollten. Diese *missi* bereisten einmal jährlich ihren Amtsbereich und hielten Gerichtsversammlungen ab. Sie überwachten, ob die Grafen die königlichen Befehle ausführten, und überbrachten neue Verfügungen und Erlasse (Kapitularien). Meist waren sie auch befugt, königliche Abgaben, wie etwa Zölle, einzutreiben. Sie hatten dem König über ihre Tätigkeit Bericht zu erstatten[42].

Zur Festigung der Königsherrschaft trug auch bei, dass vor allem angelsächsische Gelehrte am Hof Karls des Großen Schriften verfassten, in denen die Aufgaben der Könige und ihre Rolle in einer christlichen Gesellschaft genau beschrieben wurden (sog. Fürstenspiegel)[43]. An der Spitze dieser Texte steht ein Brief, den im Jahr 775 eine Angelsachse oder Ire namens Cathwulf an Karl den Großen richtete und in dem Karl mit Herrschergestalten aus dem Alten Testament wie Josua, David, Ezechias und Judas Makkabäus verglichen wird. David und Salomo werden als ideale Könige vorgestellt und der Kampf gegen das Böse als zentrale Aufgabe des Herrschers bezeichnet. Alkuin, der wichtigste Berater Karls, verfasste eine ganze Reihe von Mahnschreiben an angelsächsische Könige, vielleicht nach dem Vorbild der alttestamentarischen Propheten, die Mahnreden an die Könige des alten Israel gehalten hatten. Dabei stellte er als zentrale Herrschertugenden die *iustitia* (Gerechtigkeit) und die *misericordia* (Barmherzigkeit) heraus und betonte die Pflicht des Königs zur *correctio* (Besserung) der Untertanen. Ehe der König aber sein Volk bessern kann, muss er sich selbst bessern. Diese Zusammenhänge wurden zuerst in der Schrift *De XII abusivis saeculi* (»Von den 12 Missbräuchen der Welt«) dargestellt, einem Werk, das dem Bischof Cyprian von Karthago († 251) zugeschrieben wurde, in Wahrheit aber erst um 700 in Irland verfasst worden ist. Seit dem 9. Jahrhundert erlebte dieses Werk eine ungeheure Verbreitung[44], über 200 Handschriften haben sich erhalten. Im 9. Kapitel dieser Schrift wird der *rex iniquus* (der ungerechte König) behandelt; als Aufgabe eines gerechten Herrschers wird dabei vor allem der Schutz der Armen und der Pilger herausgestellt.

Es ist wohl bezeichnend, dass es keine Mahnschreiben Alkuins an Karl den Großen gibt; für den Angelsachsen war Karls Herrschaftsführung anscheinend vorbildlich, und dass seine Regierung von Gott gebilligt wurde, zeigte sich an seinen Erfolgen. Dennoch hat Alkuin wichtige Begriffe der Herrschaftsideologie Karls entscheidend geprägt. Dies gilt für das Begriffspaar *pax et concordia*, Friede und Eintracht, das schon in der *Admonitio generalis* von 789 eine zentrale Rolle spielt, in deren Vorrede der König Josias als Vorbild für Karl herausgestellt wird.

Ein anderer Berater Karls, Paulinus von Aquileia, hat auf den Frankenkönig die Bezeichnung *rex et propheta*, die im Alten Testament auf David gemünzt war, übertragen und damit zum Ausdruck bringen wollen, dass Karl nicht nur im weltlichen, sondern auch im kirchlichen Bereich Entscheidungen fällen durfte[45].

Die Herrschaft Karls des Großen im Innern war nicht so gefestigt, dass es keinerlei Opposition gegeben hätte[46]. Wir wissen natürlich nur von solchen Bewegungen, die in den vom Hof kontrollierten oder inspirierten Quellen berichtet werden, und das sind vor allem zwei, die sog. Hardrad-Verschwörung[47] von 786 und der Aufstandsversuch Pippins des Buckligen von 792[48].

Die Hardrat-Verschwörung war ein Aufstand der Thüringer gegen die straffe und hauptsächlich auf Amtsträger fränkischer Herkunft gestützte Herrschaft Karls des Großen. Es ist interessant, dass die Reichsannalen diese Verschwörung überhaupt nicht erwähnen, während die übrigen Annalenwerke sie durchaus notieren, wobei die *Annales Nazariani* sogar eine genauere Schilderung bieten[49]. Karl Brunner hat daraus geschlossen, dass die Rebellion nicht nur ein Akt des Widerstands sich übergangen fühlender Adeliger aus Thüringen, also einem Land an der Peripherie des Reiches, war, sondern dass auch wichtige Familien beteiligt waren, deren Einfluss bis ins Zentrum der fränkischen Königsmacht reichte[50]. Nach dem Sieg Karls über die Verschwörer wurden sie geblendet oder ins Exil geschickt.

Der König hatte seine Vorstellung von der Reichsorganisation und von der Struktur des fränkischen Adels durchgesetzt. Dazu gehörte auch der Treueid, den Karl 789 verlangte. Damit erneuerte er eine bereits in merowingischer Zeit übliche Form der Verpflichtung des Volkes auf den Herrscher, um sich die Loyalität eines jeden Einzelnen zu sichern. Jeder männliche Bewohner des Frankenreichs, der das zwölfte Lebensjahr erreicht hatte, sollte einen solchen Eid schwören, nicht nur die Angehörigen des Adels und die Freien, sondern auch alle Unfreien. Der Eid sollte nach einem vorgegebenen Formular vor einem königlichen Missus geleistet werden, der darüber Listen führen musste[51]. Wer den Eid verweigerte, sollte ins Gefängnis gesteckt oder dem König gemeldet werden, wenn er sich durch Flucht dem Eid entzogen hatte.

Nach der Kaiserkrönung Karls wurde der Eid an die neue Würde des Herrschers angepasst und noch schärfer gefasst: Es kam die Bestimmung hinzu, dass die Treue gegen den Kaiser dieselbe sei, die ein Vasall seinem Herr gelobt, wenn auch nicht alle Untertanen Vasallen des Kaisers waren. Nachdem 806 die *Divisio regnorum*, die Ordnung für die Teilung des Reichs nach dem Tod Karls des Großen, erlassen wurde, wurden die Reichsangehörigen abermals neu vereidigt. Und auch 812, nachdem die beiden älteren Söhne verstorben waren und nur noch Ludwig (der Fromme) als Erbe übrig geblieben war, wurde der allgemeine Treueid wiederholt.

Karl und das Recht

Wie noch zu zeigen sein wird[52], wurde Karl der Große im späteren Mittelalter und in der frühen Neuzeit vor allem als Gesetzgeber sehr hoch geschätzt. Dennoch wurde dieser Aspekt in der Forschung des 19. und 20. Jahrhunderts nur wenig beachtet[53]; so fehlt etwa im vierbändigen »Karlswerk« aus dem Jahr 1965 ein Kapitel über »Karl den Großen und das Recht« und auch in dem ausführlichen Karlsartikel im Lexikon des Mittelalters ist dieses Thema nicht eigens behandelt[54].

Die Zurückhaltung der modernen Forschung dürfte auf das Urteil Einhards zurückgehen, der in seiner Karlsvita diese Seite der Leistungen seines Helden folgendermaßen beschreibt (c. 29):

> »Nachdem Karl den Kaisertitel angenommen hatte, widmete er seine Aufmerksamkeit den Gesetzen seines Volkes, die in vielem mangelhaft waren. Die Franken haben nämlich zweierlei Rechte, die in manchen Einzelheiten stark voneinander abweichen. Karl beabsichtigte, Fehlendes zu ergänzen, Widersprechendes auszugleichen und alles Falsche und Verkehrte zu verbessern. Doch kam er nicht weit damit und fügte den bestehenden Gesetzen nur wenige und unvollständige Ergänzungen hinzu. Er ließ aber alle ungeschriebenen Gesetze der von ihm beherrschten Stämme sammeln und schriftlich aufzeichnen.«

Wie noch zu erörtern sein wird, trifft Einhards Einschätzung, dass die Bemühungen Karls, zu einer Vereinheitlichung des weltlichen Rechts zu gelangen, weitgehend gescheitert seien, durchaus zu; auch ist es richtig, dass Karl die Gesetze der bis dahin in Schriftlosigkeit lebenden Völker seines Reiches hat aufzeichnen lassen. Aber es erstaunt doch, dass der sonst so wohlwollende Biograph über die Leistungen Karls als Gesetzgeber nur andeutungsweise berichtet und seine bedeutendsten rechtsetzenden Leistungen mit Stillschweigen übergeht: den Erlass einer Vielzahl von Kapitularien und den Anstoß zu einer ungeheuer ausgebreiteten kirchlichen Gesetzgebung, die sich in Form von Konzilsbeschlüssen, Bischofskapiteln und in der Herstellung und Verbreitung von neuen Sammlungen des Kirchenrechts manifestierte, verschweigt Einhard nämlich vollkommen.

Eine Ursache für dieses Schweigen könnte die kritische Haltung Einhards gegenüber dem Nachfolger Karls des Großen, Ludwig dem Frommen, sein, denn dieser hat zweifellos gerade auf dem Gebiet der Kapitulariengesetzgebung und der

Gesetze zur Reform der Kirche so viel geleistet, dass er – wenigstens in den ersten 15 Jahren seiner Regierung – seinem Vater mindestens ebenbürtig war, ja ihn vielleicht sogar übertroffen hat[55]. Außerdem müssen wir damit rechnen, dass Einhard andere Vorstellungen von Inhalt und Gestalt einer kaiserlichen Gesetzgebung besaß, als sie von Karl dem Großen verwirklicht worden war. Zu dem Eindruck, Karl habe auf diesem Felde vielleicht nicht gerade versagt, aber doch nicht das Beste geschaffen, mochte in den Augen Einhards auch beigetragen haben, dass er die Turbulenzen miterlebte, in die das Frankenreich nach dem Tode Karls geriet, zuerst 817/18 mit dem Aufstand Bernhards von Italien und dann vor allem 829 – 833 mit dem Abfall der Söhne Ludwigs des Frommen; und aus diesem Erleben heraus hat er ja seine Karlsvita verfasst[56].

Auch die übrigen Geschichtsschreiber aus der Zeit Karls des Großen kümmern sich kaum um seine Tätigkeit als Gesetzgeber. Dies muss deshalb erstaunen, weil Karl selbst daran mitgewirkt hat, wie und in welcher Auswahl die Geschichte seines Hauses und seine eigenen Leistungen der Mit- und Nachwelt bekannt gemacht wurden. Nur die Lorscher Annalen und ihnen folgend das *Chronicon von Moissac* berichten ausführlich über Karls Initiative, unmittelbar nach seiner Kaiserkrönung, nämlich im Jahre 802, die Rechtspflege in seinem Reich zu verbessern[57]. In den Lorscher Annalen befasst sich der Bericht zum Jahre 802 sogar ausschließlich mit diesem Thema. Er lautet:

»In diesem Jahr weilte der Herr Kaiser Karl in der Pfalz von Aachen ruhig mit den Franken ohne einen Kriegszug zu unternehmen; aber in seiner Barmherzigkeit dachte er an die Armen, die in seinem Reich lebten und die sich seiner Gerechtigkeit nicht erfreuen konnten. Er wollte keine Männer mehr aussenden, die zu den niederen Bediensteten seiner Pfalz gehören, um die Gerechtigkeit zu wahren, denn diese waren anfällig für Bestechung; daher wählte er Erzbischöfe, Bischöfe und Äbte aus seinem Reich zusammen mit Herzögen und Grafen, die es nicht nötig hatten, zum Nachteil der Unschuldigen Geschenke anzunehmen, und er sandte diese in sein ganzes Reich, damit sie den Kirchen, den Witwen und den

Waisen, den Armen und dem ganzen Volk Gerechtigkeit verschaffen sollten«[58].

Nach diesen in der Forschung vielfach diskutierten Ausführungen – hier tauchen nämlich zum ersten Mal die Königsboten (*missi dominici*) auf, die als Kontrolleure über eine geordnete Reichsverwaltung wachen sollen[59] – wendet sich der Annalist der eigentlich legislativen Tätigkeit Karls in diesem Jahr 802 zu, wenn er fortfährt:

> »Und im Monat Oktober versammelte der Kaiser eine allgemeine Synode am genannten Ort (Aachen) und ließ dort die Bischöfe mit den Priestern und Diakonen alle Kanones lesen, die die heilige Synode annahm, sowie die Dekrete der Päpste, und er befahl, dass sie ihnen vollständig übersetzt wurden vor allen Bischöfen, Priestern und Diakonen. In ähnlicher Weise versammelte er auf der Synode alle Äbte und Mönche, die anwesend waren, und sie traten zusammen und lasen die Regel des heiligen Vaters Benedikt und übersetzten sie vor allen Äbten und Mönchen. (...) Und der Kaiser selbst versammelte während dieser Synode die Herzöge, Grafen und das übrige christliche Volk mit den Rechtskundigen und ließ alle Gesetze in seinem Reich verlesen und übersetzen, einem jeden Mann sein Gesetz, und er ließ (die Gesetze) verbessern, wo immer es notwendig war, und das verbesserte Gesetz aufzeichnen, damit die Richter aufgrund des geschriebenen Rechts urteilen sollten und keine Geschenke annehmen, damit alle Menschen, Arme und Reiche, in seinem Reich Gerechtigkeit hätten«[60].

In dem eben zitierten Text ist an mehreren Stellen davon die Rede, dass die Gesetze verlesen und übersetzt worden seien – und zwar nicht nur den Laien, sondern auch den Geistlichen. Dieser Bericht macht uns klar, dass der Kaiser daran interessiert war, dass die von seiner Gesetzgebung betroffenen Personen die Gesetze auch kennen. Die Texte waren in lateinischer Sprache aufgezeichnet und der Herrscher konnte anscheinend nicht mit Sicherheit damit rechnen, dass sie auch von allen verstanden wurden. Daher mussten sie in die jeweilige Volkssprache – im Westen des Reiches ins Altfranzösische, im Osten ins »Althochdeutsche« – übertragen werden[61].

Die am Hof des Kaisers entstandenen Reichsannalen berichten eigenartigerweise mit keinem Wort über diese Vorgänge; sie erzählen zum Jahr 802 vielmehr davon, dass der Kalif Harun ar-Raschid (786–809) Karl dem Großen einen Elefanten mit Namen Abul Abaz geschenkt habe[62].

Mit dem Bericht der Lorscher Annalen passt gut zusammen, was im 1. Kapitel eines Kapitulars steht, das in der Ausgabe von Boretius als *Capitulare missorum generale* überschrieben und an den Anfang des Jahres 802 gestellt wurde[63]. Obwohl wir uns im Fall dieses »Kapitulars« stärker noch als bei anderen Texten dieses Genre fragen müssen, ob der überlieferte Text überhaupt vom Hof als Einheit konzipiert wurde oder ob erst ein späterer Sammler einzelne Kapitel zu einem einheitlichen und durchnummerierten Text zusammengestellt hat[64], wird man die Aussage des 1. Kapitels durchaus ernst nehmen dürfen: Es heißt dort, dass der Kaiser die klügsten und weisesten Männer seines Reiches ausgewählt habe, Erzbischöfe, Bischöfe, Äbte und auch gläubige Laien, die im Reich umherreisen sollten, um dafür zu sorgen, dass jeder nach seinem Recht leben könne[65]. Das bedeutet, der Kaiser hielt an der Personalität des Rechts fest: Jeder Bewohner des großen Frankenreichs, das von der Küste der Nordsee bis Mittelitalien, von den Pyrenäen bis zur Elbe reichte, sollte je nach seiner Zugehörigkeit zu einem Volk als Franke, Alemanne, Baier, Sachse, Langobarde, Friese oder Romane gemäß den Rechtsordnungen dieser Völker beurteilt werden.

Das Kapitular fährt fort, dass die Gesetze daraufhin überprüft werden sollen, ob sie etwas anderes als Richtiges und Gerechtes enthalten. Wenn solche Stellen gefunden würden, sollten sie dem Kaiser mitgeteilt werden, der sie mit Gottes Hilfe verbessern wolle[66]. Der Kaiser zeigte sich also entschlossen, das herkömmliche Recht zu verändern und zu verbessern. Vielleicht dürfen wir sogar sagen: es an die veränderten Verhältnisse anzupassen.

Auch die Bindung der Richter an das geschriebene Recht, an die *lex scripta*, ist ausdrücklich ausgesprochen: »Die Richter sollen nach dem geschriebenen Recht gerecht richten, nicht nach ihrem Gutdünken«[67]. Das heisst doch, dass – anders als es ein Teil der modernen Forschung meint – die schriftlich aufgezeichneten Rechte durchaus für die Verwendung bei der gerichtlichen Praxis bestimmt waren und nicht nur einen symbolischen Wert als Zeugnis für das Prestige und die Macht eines Herrschers besitzen sollten[68].

Auch wenn die Kapitelfolge, die Boretius als »Kapitular« verstanden und ediert hat, nur in einer einzigen Handschrift erhalten ist[69], lässt die oben zitierte Nachricht der Lorscher Annalen erkennen, dass man die Beschlüsse von 802 in diesem Kloster anscheinend kannte. Die geringe Verbreitung des Kapitulars von 802 und das Schweigen der Reichsannalen bleiben dennoch erklärungsbedürftig: Vielleicht müssen wir damit rechnen, dass Karl selbst schon kurz nach der Aachener Versammlung den Plan einer durchgreifenden Rechtsreform wieder fallen ließ.

Karl hat nun nicht erst nach seiner Kaiserkrönung im Jahre 802, sondern schon früher damit begonnen, in Kapitel gegliederte Anordnungen, eben Kapitularien, zu erlassen. Der Begriff *capitulare* wird zum ersten Mal in der Vorrede des Kapitulars von 779 ganz offiziell benutzt. Die vergleichbaren Erlasse der merowingischen Frankenkönige – von denen übrigens zahlenmäßig sehr wenige, nämlich nicht mehr als acht, erhalten sind[70] – nennen sich *praeceptio*, *edictum*, *decretum* oder *pactum*; die beiden Kapitularien des Hausmeiers Karlmann und die sechs Stücke von Karls Vater Pippin heißen meist *decretum* oder *capitula*. Die Erfindung eines neuen Begriffs könnte doch bereits eine von Anfang seiner Regierung an bestehende Absicht Karls zum Ausdruck bringen, dass solche Verordnungen von jetzt an mit einiger Regelmäßigkeit erlassen werden sollten.

In der Königszeit Karls bleiben die Zahlen solcher Erlasse allerdings noch bescheiden: wir besitzen 14 Stücke aus der Zeit von 779 bis zur Kaiserkrönung am Weihnachtstag 800, aus den Kaiserjahren Karls, von 802–813, sind es dann aber 55[71]. Ludwig der Fromme hat mit diesem Tempo nicht mehr ganz Schritt gehalten: von ihm sind nur noch insgesamt 35 Stücke aus der Zeit von 814–832 vorhanden.

Wenn auch die Kapitularien aus Karls Königszeit zahlenmäßig hinter denen nach 800 zurückstehen, so gehören zweifellos einige besonders wichtige, geradezu »programmatisch« zu nennende Texte in die Frühzeit. In ihnen wurden grundlegende Bestimmungen formuliert, die für die gesamte Regierung Karls des Großen Bedeutung haben sollten[72].

Das älteste Kapitular Karls gehört noch in die Zeit der gemeinsamen Herrschaft mit seinem Bruder Karlmann; gewöhnlich wird es ins Jahr 769 datiert, wenn es überhaupt als echt angesehen wird[73]. Die Überlieferung dieses Textes ist sehr schlecht, aber der Inhalt der Kapitel zeigt durchaus schon eine ähnliche Thematik, wie sie auch in späteren Kapitularien Karls geregelt wurde.

Dagegen sind von dem in der Pfalz Herstal erlassenen Kapitular aus dem Jahre 779 heute noch 31 Überlieferungen vorhanden; 16 davon, also mehr als die Hälfte, wurden im 9. Jahrhundert geschrieben[74]. Daraus lässt sich auf eine beachtliche Verbreitung schon während der Regierung Karls des Großen schließen. Der Inhalt dieses Kapitulars weist bereits die typischen Kennzeichen seiner Gattung auf, nämlich dass kirchliche und weltliche Angelegenheiten vermischt sind, neben Fragen der Kirchenreform und des Gerichtswesens werden auch wirtschaftliche Angelegenheiten geregelt.

Das nächste Kapitular Karls in zeitlicher Abfolge ist die *Admonitio generalis*, die »allgemeine Ermahnung«, die im Jahr 789 in Aachen erlassen und vom damals wichtigsten Ratgeber des Frankenkönigs, vom Angelsachsen Alkuin, formuliert wurde[75]. Dieses umfangreiche Stück ist heute noch in 28 Manuskripten enthalten (davon stammen vielleicht drei noch aus dem 8. und mindestens 14 aus dem 9. Jahrhundert)[76]. Die Herkunft dieser Codices lässt erkennen, dass der Text dieses wichtigen Gesetzes in alle Regionen des Reiches verschickt und dort auch aufbewahrt wurde. Der Einfluss der *Admonitio generalis* war groß; das Frankfurter Kapitular von 794[77] stellt in weiten Teilen nichts anderes dar als eine Wiederholung des Inhalts der *Admonitio* von 789.

In der Vorrede beruft sich Karl auf den alttestamentarischen König Josias von Israel, der sein Reich persönlich bereist habe, um seine Bewohner durch Zurechtweisung und Ermahnung wieder zur Verehrung des wahren Gottes zurückzuführen (vgl. 2. Könige 22 und 23). Es ist also das Volk Israel und sein König, dessen Vorbild der Gesetzgeber und Richter Karl nacheifern wollte[78].

Wichtiger noch als das Alte Testament war für die *Admonitio* aber eine andere Rechtsquelle, nämlich das Kirchenrecht. Die ersten 59 Kapitel der *Admonitio* sind nichts anderes als Kurzformen oder Auszüge aus Konzilsbeschlüssen und Papstdekretalen, die sich zum größten Teil in der *Collectio Dionysio-Hadriana* finden, also in jener kirchlichen Rechtssammlung, die Papst Hadrian I. im Jahre 774 dem fränkischen König bei seinem ersten Aufenthalt in Rom übergeben hatte.

Im zweiten Teil der *Admonitio*, in den Kapiteln 61–81, tauchen dann einige wörtliche Zitate aus dem Alten und dem Neuen Testament auf, wobei die Vorschriften des Pentateuch ebenso wie die der Zehn Gebote als *lex* oder *lex domini* eingeführt werden.

Der Versuch Karls – oder seines Ratgebers Alkuin –, die Gesetzgebung des Frankenreichs vollständig auf die Basis der Bibel und des Kirchenrechts zu stellen, ist im Frühmittelalter ohne Vorbild. Man könnte höchstens auf die biblischen Begründungen für eine Reihe von Vorschriften des bairischen Rechtsbuchs der *Lex Baiuvariorum* als Parallele verweisen[79].

Wichtige Anregungen für die theologische Begründung der Gesetzgebung Karls des Großen kamen zweifellos aus dem angelsächsischen Bereich. Als ältestes Zeugnis dafür besitzen wir das schon erwähnte Schreiben eines Cathwulf vom Jahr 775, das den Frankenkönig kurz nach seinem ersten großen außenpolitischen Erfolg, dem Sieg über das Langobardenreich – und noch vor der Ankunft Alkuins im Frankenreich –, erreichte. In diesem Brief fordert der irische oder angelsächsische Priester Cathwulf den König auf, die Gesetze zu erneuern und die Ungerechtigkeit zu zerstören[80]. Er ermahnt ihn zum Kampf gegen die Überreste des Heidentums, dann gegen Kapitalverbrecher, endlich gegen die, die gegen kirchliche Gesetze verstoßen, die den Zehnten verweigern, die

Kirchen berauben, die Witwen, Waisen und Fremden unterdrücken, den Witwen, den Jungfrauen und den Nonnen Gewalt antun. Diese Gewalttaten soll der König zurechtbiegen und nach dem rächenden Gesetz richten, »weil er ein Diener Gottes ist und ein Rächer«.

Auch nach seiner Kaiserkrönung blieb das Vorbild der göttlichen Gesetzgebung für Karl von Bedeutung, wie etwa das *Capitulare missorum generale* von 802 zeigt, das in seinem ersten Kapitel verlangt, dass alle Untertanen des fränkischen Reiches »nach dem Gebot Gottes in rechter Weise leben sollen«[81].

Und auch ein Aachener Kapitular aus dem Jahr 810 formuliert:

> »alle sollen ermahnt werden gemäß der *auctoritas* des Evangeliums, dass eure Werke vor den Menschen derart leuchten, dass euer Vater im Himmel dadurch gepriesen wird.«[82]

Am deutlichsten kommt der enge Zusammenhang zwischen biblischem Vorbild und karolingischer Rechtsordnung aber in einer Ansprache zum Ausdruck, die ein italienischer *missus* im Namen des Kaisers Karl zu verlesen hatte:

> »um eures Seelenheils willen wurden wir gesandt, um euch zu ermahnen, dass ihr nach dem Gebot Gottes gerecht und gut lebt, und nach dem weltlichen Gesetz Gerechtigkeit und Barmherzigkeit üben sollt. Wir ermahnen euch zuerst, dass ihr an den einen allmächtigen Gott, den Vater, den Sohn und den Heiligen Geist, glaubt«[83].

Auf ein ausführliches Glaubensbekenntnis folgt eine Mahnung zu guten Werken, ohne die der Glaube tot ist:

> »Zuerst also sollt ihr Gott den Allmächtigen lieben aus ganzem Herzen und mit eurer ganzen Kraft ... Dann sollt ihr eure Nächsten lieben wie euch selbst, so dass ihr Almosen gebt den Armen nach eurem Vermögen«.

Dann folgt eine kleine Sammlung von Anweisungen aus dem Neuen Testament: Man soll Fremde aufnehmen, Kranke besuchen, Gefangene barmherzig behandeln usw.

Aus den Worten des Evangeliums werden also allgemeine Rechtsregeln gewonnen: Nicht nur die Täter sind schuldig, sondern auch die Mitwisser. Es folgt die Forderung, den Unterdrückten zu helfen, Witwen und Waisen zu schützen, Trunksucht und Fressgelage zu meiden. Die Hörer werden dann dazu aufgerufen, sich nach einem Rechtsbruch rasch wieder zu versöhnen. Ein zweiter Teil der Ansprache enthält eine Art Ständeparänese, in der Frauen, Männer und Kinder, Weltkleriker und Mönche sowie schließlich auch weltliche Große zu rechtem Verhalten aufgefordert werden.

Noch einmal sei betont: Hier ist das Zentrum von Karls Gesetzgebung zu suchen, also in der Absicht, die göttlichen Gebote unmittelbar zu gültigem Recht in seinem Reich zu machen. Das sittliche Verhalten eines jeden Bewohners des Frankenreichs sollte an der Richtschnur der Bibel ausgerichtet werden.

Während die *Admonitio generalis* zweifellos in der uns heute vorliegenden Form zur Verbreitung bestimmt war und auch verbreitet wurde, machen ein großer Teil der uns überlieferten und von der Forschung als »Kapitularien« verstandenen Texte einen unfertigen Eindruck; oft bestehen sie überhaupt nur aus Stichworten, die wie eine unausgefüllte Tagesordnung aussehen.

Als Beispiel der unterschiedlichen Form und des vielfältigen Inhalts eines Kapitulars können die beiden Texte dienen, die nach der Aussage einiger handschriftlicher Überlieferungen im Dezember 805 in der Pfalz Diedenhofen »erlassen« wurden[84]. Der eine Text besteht aus 16 Artikeln, die mit *infra ecclesiam* (»innerhalb der Kirche«) überschrieben sind, und von denen die ersten sieben lediglich Überschriften nennen. Der zweite Text besteht aus 22 zum Teil recht ausführlichen Kapiteln, die die Überschrift *ad omnes generaliter* (»für alle allgemein«) tragen.

Die kirchlichen Artikel gelten folgenden Themen:

Liturgische Lesungen, Kirchengesang, dass die Schreiber fehlerlos schreiben, Notare, die Berechnung der kirchlichen Feste, die ärztliche Kunst, Kirchen, in denen kein Gottesdienst gefeiert und keine Lichter angezündet werden; von denen, die die Zehnten einnehmen und sich nicht um die Kirchen kümmern; von den Altären usw.

Die 22 allgemeinen Artikel behandeln folgende Fragen:

Die Aufrechterhaltung des öffentlichen Friedens, den Schutz der Kirche und der sozial Schwachen, die Rechte des Kaisers, die im Fall einer Hungersnot zu treffenden Maßnahmen, die Bewaffnung der Wehrpflichtigen, den Handel mit den von Slawen und Awaren bewohnten Gegenden. Außerdem die Rechtsprechung, den Eid, Verschwörungen, den Meineid, Vögte und Grafen, Zölle, Flüchtlinge, den Eintritt von Freien in den Klerus, die Unterdrückung der Armen durch die Mächtigen, die ohne Genehmigung errichteten Kirchen und die Verehrung von ohne Genehmigung den Gläubigen empfohlenen Heiligen – eigentlich ein kirchliches Thema, die Falschmünzerei, Verfügung einer Buße für alle, die ihrer Wehrpflicht nicht nachkommen, den königlichen Zins, das Räuberunwesen und schließlich Ehen zwischen Freien und Unfreien des Königs.

Wenn wir auch manche dieser Themen anders einordnen würden, ist doch im Großen und Ganzen die grobe Einteilung in Kirchensachen und Königssachen gelungen.

Unter den zahlreichen Kapitularien aus der Zeit nach 801 finden sich viele, die nur Konzepte für die Beratungen gewesen sein können oder die Stichworte aufzeichnen, die dann von den auf den Reichsversammlungen vertretenen Königsboten in der mündlichen Verkündigung mit Inhalt gefüllt werden sollten. Mit Recht hat Steffen Patzold darauf hingewiesen, dass die Kapitularien keine Normen schriftlich fixieren wollten, »deren Wortlaut dann als Basis dafür hätte dienen sollen, Konflikte zu entscheiden. In erster Linie sollte Ordnung dadurch hergestellt und bewahrt werden, dass man die Menschen moralisch belehrte und besserte und zu Frieden und Eintracht aufrief – so dass Streit gar nicht erst entstand«[85].

Während Einhard diesen Versuch Karls des Großen, die Grundlage des Rechts im Frankenreich völlig umzustellen, gänzlich ignorierte, hat er Karls Sorge für eine Vereinheitlichung und Verbesserung der weltlichen Gesetze durchaus wahrgenommen. Und für das Jahr 802 sind Karls Anstrengungen auf diesem Gebiet auch in den zeitgenössischen Annalen bezeugt. Man wird diese Nachrichten keinesfalls als Übertreibungen abtun dürfen, denn wir besitzen eindeutige Belege für eine intensive Förderung der Verbreitung des schriftlich niedergelegten Rechts. Es dürfte genügen, auf das Beispiel der Überlieferung der *Lex Salica* – also des wichtigsten Rechtsbuchs der Franken – zu verweisen: Während wir aus der Zeit vor Karl nur eine einzige Handschrift dieser *Lex* besitzen, war das 9. Jahrhundert der absolute Höhepunkt in der Verbreitung dieses Rechtsbuchs[86]. Hier sind eindrucksvolle Zahlen zu nennen. Die unter Karl dem Großen erstellte verbesserte Fassung der *Lex Salica* ist heute noch in 65 Handschriften erhalten; 47 davon entstanden im 9. Jahrhundert. Wenn auch die Mehrzahl von ihnen erst in der Zeit nach dem Tode Karls des Großen hergestellt wurde, so dürfte doch nicht bestreitbar sein, dass Karl es war, dessen Befehl diese gewaltige Anstrengung ausgelöst hat.

Im Hinblick auf andere *Leges* ist jedoch Karls Initiative versandet. Dies gilt namentlich für die kurz nach 802 schriftlich aufgezeichneten Rechte der Friesen, Sachsen und Thüringer, die praktisch keine Verbreitung erlangten. In der Zeit nach Karl hat man also nicht unterschiedslos einfach seine Absicht weiter verfolgt, sondern nur dort das Schriftrecht zu verbreiten gesucht, wo es mit Erfolg geschehen konnte, weil die Schriftlichkeit wenigstens rudimentär entwickelt war, also im Stammesgebiet der Franken, Alemannen und Baiern (denn für die *Leges* dieser zuletzt genannten Stämme gilt Ähnliches wie für die *Lex Salica*)[87].

So kann darauf verwiesen werden, dass von den 48 erhaltenen Handschriften der *Lex Alamannorum* 30 im 9. Jahrhundert geschrieben wurden, zehn von diesen sogar noch in der Zeit Karls des Großen oder kurz danach[88].

Bei diesem Befund kann man sich fragen, ob Karl der Große tatsächlich – wie das Einhard nahe legt – beabsichtigte, eine für alle Bewohner seines Reiches gültige Rechtskodifikation zu erlassen und durchzusetzen. Einen solchen Versuch hatten die westgotischen Könige des 7. und die langobardischen des 7. und 8. Jahrhunderts unternommen. Für die Könige der Westgoten und der Langobarden spielte die Nachahmung des Vorbilds der römischen Kaisergesetzgebung eine entscheidende Rolle; sie erstrebten und verwirklichten die Kodifizierung eines territorial geltenden Rechts in ihren Reichen. Vielleicht war Einhard von diesem Vorbild ebenfalls beeindruckt und wünschte eine vergleichbare Anstrengung des fränkischen Kaisers, während Karl selbst an der Personalität des Rechts festhielt in der richtigen Einschätzung dessen, was den Bewohnern seines Reichs zuzumuten war und was nicht.

Zur Überlieferung der Kapitularien sei an dieser Stelle noch folgendes bemerkt: Einige von ihnen, so die schon genannten von Herstal 779 oder die *Admonitio generalis* 789, wurden offenbar weit verbreitet, während andere, etwa die Texte von 802, in der heute vorliegenden Form nicht publik gemacht wurden. Es muss auch betont werden, dass wir heute praktisch keine Einzelexemplare der Kapitularien mehr besitzen, sondern fast ausschließlich solche Texte, die in Sammlungen aufgenommen wurden. Das Verschwinden von Einzelexemplaren kann leicht erklärt werden: einzelne Blätter aus Pergament oder Papyrus hätten nur dann eine Chance zum Überleben gehabt, wenn entweder am fränkischen Kaiserhof oder bei den Empfängern der Gesetze, also bei den Grafen und Bischöfen des Reiches, Archive bestanden hätten, die sich über lange Zeit erhalten haben. Wenn es gelegentlich heißt, dass ein Kapitular im Pfalzarchiv aufbewahrt werden solle, dann könnte das durchaus ein Hinweis auf ein »Pfalzarchiv«, vielleicht in Form eines Schranks oder einer Truhe, sein[89]. Als aber in den späten 820er Jahren der Abt Ansegis von Fontenelle eine Sammlung von Kapitularien Karls des Großen und Ludwigs des Frommen zusammenstellte, konnte er nicht auf ein solches Archiv zurückgreifen[90]. Daher ist es auch verständlich, dass eine große Anzahl von Kapitularien keinerlei Spuren hinterlassen hat.

Die Bemühungen Karls und seiner Helfer, auch die Kenntnis des Kirchenrechts durch Vervielfältigung der wichtigsten Sammlungen zu vermehren, ergeben ein ähnliches Bild: Karl war zwar offensichtlich bestrebt, die Sammlung des Kirchenrechts, die er 774 vom Papst erhalten hatte, also die *Collectio Dionysio-Hadriana*, in seinem Reich zu verbreiten, wie aus den zahlreichen Handschriften dieses umfangreichen Werks aus dem beginnenden 9. Jahrhundert hervorgeht (ca. 40 von über 120 Handschriften der *Dionysio-Hadriana* wurden vom Ende des 8. bis zur Mitte des 9. Jahrhunderts geschrieben)[91]. Es war aber nicht beabsichtigt, alle älteren Kirchenrechtssammlungen zugunsten der *Dionysio-Hadriana* auszuschalten; eine solche radikale Veränderung hätte intensive und kontinuierliche Kontrollen vorausgesetzt, mit denen wir im Karolingerreich nicht rechnen können.

Nur bei der Ausbreitung der Benediktregel wurde das angestrebte Ziel der Vereinheitlichung in der Zeit Ludwigs des Frommen erreicht. Im monastischen Bereich gelang es also, alle konkurrierenden Mönchsregeln zu unterdrücken und das Monopol der *Regula Benedicti* durchzusetzen.

Was die systematischen Kirchenrechtssammlungen angeht, so wurde die am Beginn des 9. Jh. zusammengestellte *Collectio Dacheriana* so erfolgreich, dass sie anscheinend in allen Teilen des Frankenreichs greifbar war, wie die noch heute aus dem 9. Jahrhundert erhaltenen 30 Handschriften (von insgesamt 50) bezeugen[92]. Daneben wurden aber auch noch ältere systematische Rechtssammlungen weiterhin abgeschrieben und verbreitet.

An dieser Stelle soll noch ein anderer Aspekt des Themas angesprochen werden, nämlich: Was wissen wir eigentlich über die Reaktionen der Bevölkerung auf die gesetzgeberischen Initiativen Karls? Direkte Aussagen besitzen wir nicht, und es erscheint auch zweifelhaft, ob aus der Tatsache, dass viele Ge- und Verbote immer wieder erneut erlassen wurden, ganz generell geschlossen werden darf, dass es um die Einhaltung der Vorschriften schlecht bestellt war. Auch heute werden staatliche Gesetze und Verordnungen keinesfalls allgemein geachtet und eingehalten. Wenn wir es heute aber nicht für nötig halten, diesen Tatbestand dadurch auszugleichen, dass ein

Gesetz erneut beschlossen wird, so deshalb, weil wir davon überzeugt sind, dass eine Vorschrift auch dann weiterhin gilt, wenn sie nicht eingehalten wird. Im Frühmittelalter wurden dagegen solche Normen, deren Einhaltung man für wichtig hielt, immer wieder erneuert, weil der Rechtssatz seine Geltung nicht aus der Tatsache der schriftlichen Aufzeichnung zog, sondern aus der Entschlossenheit des Herrschers, ein bestimmtes Verhalten zu verbieten oder zu erzwingen[93].

Allerdings gibt es ein eindeutiges Zeugnis dafür, dass Karl der Große sehr darüber beunruhigt war, wie wenig seine legislatorischen Anstrengungen bewirkt hatten. Daher forderte er in seinem wahrscheinlich letzten Kapitular – das erst 1987 erstmals ediert wurde – von seinen *missi* Auskunft darüber, was mit denen geschehe, die seit vielen Jahren *dei praecepta et decretum nostrum* (»die Gebote Gottes und unser Dekret«) missachten[94].

Übrigens: Die Gleichstellung der Gebote Gottes mit denen des Kaisers ist hier wohl nicht als Ausdruck herrscherlicher Hybris zu werten, sondern gibt abermals einen Hinweis darauf, dass Karl selbst als Kern seiner Gesetzgebung die Einschärfung der in der Bibel enthaltenen Gesetze ansah.

Aus dem zitierten Kapitel können wir auch schließen, dass der Kaiser sehr wohl die entscheidende Schwäche seiner Kapitulariengesetzgebung erkannt hatte: Da er nicht überall in eigener Person nach dem Rechten sehen konnte, war er auf die Loyalität seiner Helfer angewiesen, und die wichtigsten dieser Helfer waren die Königsboten. Sie waren es auch, die bei ihren Reisen durch ihren Amtsbezirk die neuen Gesetze des Herrschers bekannt machen und überprüfen sollten, ob die bereits früher erlassenen Kapitularien befolgt würden. In der zitierten Äußerung Karls schimmert sein Verdacht durch, dass die Vorschriften deshalb nicht eingehalten wurden, weil die Gesetzesverächter für ihre Übertretungen durch die Grafen oder *missi* nicht bestraft wurden.

Die Enttäuschung Karls über die mangelnde Bereitschaft seiner Untertanen, die in den Kapitularien gegebenen Mahnungen zu beherzigen, entsprang demnach nicht nur der

Abb. 7: Sogenannter Thron Karls des Großen (Aachener Dom)

misanthropischen Gesinnung eines alt gewordenen Herrschers, sondern könnte ein doppeltes Scheitern der gesetzgeberischen Tätigkeit Karls des Großen bezeichnen: Nach dem Versuch, das Gesetz der heiligen Schrift zur rechtlichen Richtschnur der

Franken zu machen, war auch der Versuch gescheitert, mit Einzelanweisungen, die von den *missi* persönlich den Franken erläutert wurden, die Kirche und das Reich zu reformieren.

Es blieb eine dritte Möglichkeit, nämlich dass der Kaiser überhaupt darauf verzichtete, selbst legislatorisch tätig zu sein, und das Feld solchen Amtsträgern überließ, die über ein hohes Charisma und vielfältige Möglichkeiten der Einwirkung auf die Bevölkerung verfügten, nämlich den Bischöfen. Die bereits zitierte Stelle aus den Lorscher Annalen über die *missi* zeigt die Bischöfe als Richter, und im Jahr 813 wurden die Bischöfe ausdrücklich beauftragt, auch in der Rechtsetzung tätig zu werden[95]. Als Beleg dafür, dass sie diese Aufgabe annahmen, kann auf die Bischofskapitularien hingewiesen werden, die teilweise schon in der Zeit Karls des Großen abgefasst wurden. Sie wurden gerade von solchen Bischöfen erlassen, die wir auch sonst als Helfer des Kaisers kennen, nämlich von Theodulf von Orléans, Ghaerbald von Lüttich und Haito von Basel[96].

Die Rolle als Richter war den Bischöfen nicht unvorbereitet zugefallen. So hatte ein Aachener Kapitular von 802 oder 803 den Bischöfen auferlegt, sie sollten ihre Diözesen durchreisen und dort nachforschen, ob es vorgekommen sei, dass Inzest, Vatermord, Brudermord, Ehebruch, hochmütiges Gerede und andere gegen Gott gerichtete Übel, die nach der Heiligen Schrift von den Christen vermieden werden müssten, begangen worden waren[97]. Den Grund dafür, warum solche Vergehen, die meist gar nicht an die Öffentlichkeit gelangten und daher vom weltlichen Richter nicht bestraft werden konnten, nach dem Willen des Kaisers aufgespürt und geahndet werden sollten, nennt das Kapitulare von 802: wenn solche Vergehen nicht gebüßt würden, drohe das ganze Volk befleckt zu werden[98].

Das Vorbild Karls des Großen bei seiner Gesetzgebung waren nicht die römischen Kaiser, sondern viel stärker war das Beispiel des Alten und des Neuen Testaments[99]. Da der Kaiser ein Volk von wahren Christen schaffen wollte, war es nur konsequent, wenn am Ende seines Lebens die Bischöfe die Aufgabe der Gesetzgebung übernahmen. Mit Billigung und im

Auftrag des alten Kaisers traten die Bischöfe seines Reiches im Jahre 813 zusammen, um die Reform von Kirche und Reich zustande zu bringen, an der der mächtige Herrscher auch seiner eigenen Einschätzung nach gescheitert war.

Es soll jetzt noch von den Anstrengungen Karls gesprochen werden, die Rechtspflege in der Praxis zu verbessern, um das angestrebte Ziel einer Verwirklichung der Gerechtigkeit zu erreichen. Neben der unten noch zu behandelnden Einführung der Schöffen in die Gerichtsverfassung (siehe unten S. 149 f.) gehört hierher der Hinweis auf Karls Initiative zugunsten einer Christianisierung der Gottesurteile. Auch hier ist das Prinzip erkennbar, dass Karl eingewurzelte Gewohnheiten nicht gewaltsam zu ändern suchte, sondern dass er bestrebt war, diese Gewohnheiten mit seiner Vorstellung von einem christlichen Reich in Einklang zu bringen. Daher stellte er – gegen Zweifel an den Gottesurteilen, wie sie einige seiner intellektuell gebildeten Berater vielleicht geäußert hatten – im Jahre 809 apodiktisch fest: »Alle sollen rückhaltlos an das Gottesurteil glauben«[100]. Karl veranlasste dann aber auch, dass das Ritual der Gottesurteile christianisiert wurde, indem Anweisungen für die liturgische Gestaltung der Ordalien gegeben wurden. Nach den am Beginn des 9. Jahrhunderts festgelegten liturgischen Formularen wurden dann bis ins 13. Jahrhundert – als die Gottesurteile weitgehend aus dem Rechtsleben verschwanden – diese Ordalien durchgeführt.

Ein weiterer Aspekt soll noch erwähnt werden, nämlich, dass Karl um eine gewisse »Humanisierung« der Gerichtsbarkeit besorgt war. Als Beleg kann man darauf verweisen, dass Karl das Gottesurteil der Kreuzprobe[101], also eine unblutige Form des Gottesurteils, möglichst häufig angewandt sehen wollte. Diese Kreuzprobe erscheint zum ersten Mal in zwei Kapitularien von Karls Vater Pippin (Verberie 756 und Compiègne 757), und sie sollte angewandt werden, wenn eine Ehefrau ihren Mann der Impotenz beschuldigt hatte. Das Ordal wird so durchgeführt, dass die beiden Kontrahenten Rücken an Rücken aneinander stehen und dabei die Arme ausbreiten. Wer zuerst seine Arme sinken lässt, ist unterlegen.

In der Zeit Karls des Großen wird auf einer Synode Erzbischof Arns von Salzburg die Kreuzprobe erwähnt, um die Behauptung eines Ehemannes oder einer Ehefrau nachzuprüfen, dass ihre Ehe nicht vollzogen worden sei[102].

Bereits früher aber hatte Karl im Kapitular von Herstal 779 bestimmt, dass ein Eid des Gerichtsgegners mit einer Kreuzprobe überprüft werden könne, wenn es sich nicht um ein Kapitalverbrechen handele. Mit diesem Mittel wollte Karl die Schwierigkeiten überwinden, die entstehen, wenn beide Gerichtsgegner bereit waren, ihren Standpunkt durch einen Eid zu bekräftigen; denn dabei bestand die Gefahr, dass eine der Parteien einen Meineid leistete.

Wie eine Kreuzprobe in der Praxis vor sich ging, können wir aus einer im Original erhaltenen Urkunde Karls des Großen, die am 28. Juli 775 in der Pfalz Düren ausgestellt wurde, entnehmen[103]. Dort ist von einer Kreuzprobe die Rede, die einen Streit zwischen dem Abt von St. Denis und dem Bischof von Paris um Besitzrechte am Kloster Plaisir regeln sollte. Beide Parteien brachten Urkunden herbei, die den jeweiligen Anspruch zu bestätigen schienen. Da aber nicht beide Parteien recht haben konnten, wurde ein Gottesurteil der Kreuzprobe vollzogen: ein Mann namens Adelram vertrat den Abt von St. Denis und ein anderer namens Corellus den Bischof von Paris. Nachdem Corellus zuerst zu zittern begann und damit als unterlegen erschien, trat der Bischof von Paris vor den König und bestätigte das Ergebnis des Gottesurteils, indem er zugab, weder er noch seine Kirche hätten jemals ein Recht an dem umstrittenen Kloster besessen. Das Gottesurteil führte also zum Eingeständnis des Unterlegenen, dass er zuvor die Unwahrheit gesagt hatte.

Ludwig der Fromme hat dann in seinem großen Kapitular von der Jahreswende 818/19 die Durchführung der Kreuzprobe strikt untersagt mit der Begründung, dass das Kreuz, das durch das Leiden Christi verherrlicht worden sei, durch diese Probe herabgesetzt werde[104].

Hubert Mordek und Michael Glatthaar haben vor einigen Jahren noch auf einen anderen Beleg für »christlich-humanes

Gedankengut« in der Gesetzgebung Karls des Großen hingewiesen, nämlich auf die erstaunlich milde Bestrafung für Magier und Hexen. Karl bestimmte nämlich, dass auch geständige Magier nicht ihr Leben verlieren sollen, sondern durch Kerkerhaft dazu gebracht werden, zu versprechen, ihre Sünden büßen zu wollen[105]. Unter Ludwig dem Frommen und seinen Nachfolgern lassen sich allerdings Fälle nachweisen, die deutlich machen, dass die Praxis diesen milden Gesetzen aus der Zeit Karls nicht (mehr?) entsprach[106].

Nach diesen Ausführungen über die Normen der Gesetzgebung und der Rechtsprechung sollen noch einige Bemerkungen über die Tätigkeit Karls als Richter gemacht werden. Heinrich Fichtenau hat bereits 1947 formuliert: »Karl, der stets als Richter dachte und handelte, hat seine Aufgabe der ›Rechtsfindung‹ ... sehr ernst genommen«[107]. Und diese Aussage kann sich auf c. 24 von Einhards Karlsvita stützen, wo es heißt, dass der Kaiser schlaflose Stunden in der Nacht dazu benutzte, um Gericht zu halten:

> »Und wenn ihm der Pfalzgraf von einer Streitigkeit berichtete, die seine Entscheidung verlangte, ließ er die streitenden Parteien sofort (also auch mitten in der Nacht) hereinführen, hörte sich den Fall an und verkündete sein Urteil, genauso als säße er auf dem Richterstuhl«.

Indirekt wird hier auch etwas von der Organisation der kaiserlichen Gerichtsbarkeit deutlich: normalerweise amtierte am Kaiserhof der Pfalzgraf als Richter, so wie auf dem Land die Grafen in ihren Amtsbezirken im Namen des Kaisers den Vorsitz in der Gerichtsgemeinde führten. Nur in Ausnahmefällen trat der Herrscher persönlich als Richter in Aktion. Einen solchen Ausnahmefall stellte wegen der Bedeutung der streitenden Parteien die eben erwähnte Auseinandersetzung zwischen dem Abt von St. Denis und dem Bischof von Paris dar, die auf einer Reichsversammlung unter dem Vorsitz Karls entschieden wurde.

Mit zwei Auftritten von Karl als Richter haben sich Forschung und interessierte Öffentlichkeit immer wieder beschäftigt: mit dem Blutgericht über die Sachsen bei Verden an der Aller (782)[108] und mit dem Prozess gegen den Baiernfürsten Tassilo III. (788)[109]. Und in beiden Fällen ist die überwiegende Meinung der modernen Beurteiler negativ. Die Bestrafung der aufständischen Sachsen wird meist als brutaler Gewaltexzess betrachtet, und der Prozess gegen Tassilo gilt gerade der neueren Forschung als Paradebeispiel für einen Schauprozess, der von der offiziösen Historiographie mit tendenziösem Schleier verhüllt wurde[110]. Vielleicht muss ein Urteil über Karls Richtersprüche über die Sachsen und den bairischen Herzog aber bedenken, dass sie vor der *Admonitio generalis* von 789 ergangen sind.

Es ist auch noch auf einige Maßnahmen Karls des Großen einzugehen, durch die die fränkische Gerichtsverfassung verändert wurde und deren Nachwirkung bis in die Gegenwart reicht. Dabei ist vor allem die Einführung des Amts der Schöffen zu nennen[111]. Die ältere Praxis bei den Franken sah so aus, dass der Graf im Namen des Königs *placita* (Gerichtsversammlungen) einberief, auf denen alle freien Männer der Grafschaft erscheinen mussten. Der Graf fungierte bei diesen *placita* nicht eigentlich als Richter, der das Urteil formulierte und sprach, sondern er überwachte lediglich die Rechtmäßigkeit der Verhandlung und des Urteils, das von sog. Rachinbürgen »gefunden« wurde. Diese waren angesehene Mitglieder der Gerichtsgemeinde, d. h. sie gehörten wohl zu den mächtigsten Familien der Grafschaft. Die Anwesenheit aller Freien gab dem Verfahren die größtmögliche Öffentlichkeit.

Wahrscheinlich hatte es schon vor Karl dem Großen Missbräuche der gräflichen Macht gegeben, aber erst von ihm wissen wir, dass er versuchte, diese Missbräuche abzustellen. Die Grafen hatten nämlich im Laufe eines Jahres eine steigende Zahl von *placita* anberaumt, zu denen die Freien erscheinen mussten. Wenn sie nicht kamen, mussten sie Strafe zahlen, wenn sie aber immer erschienen, bestand die Gefahr, dass die Arbeit auf ihren Bauernhöfen vernachlässigt wurde, denn die *placita* fanden an einem bestimmten Ort in der Grafschaft statt, zu dem die Gerichtspflichtigen erst hinreisen mussten, was je nach Wohnort mehrere Tage dauern konnte.

Es waren wohl vor allem diese für die Existenz der Freien bedrohlichen Forderungen der Grafen, die Karl dazu veranlassten, 803 und noch einmal 809 zu bestimmen, dass keiner zum Erscheinen auf dem *placitum* genötigt werden dürfe, es sei denn, er habe selbst eine Sache vorzubringen oder er müsse wegen einer gegen ihn gerichteten Klage erscheinen. Lediglich die sieben Schöffen müssten bei allen *placita* anwesend sein. In der Zeit Ludwigs des Frommen wurde die Zahl der Schöffen auf zwölf erhöht.

Aus einem anderen Kapitular wissen wir, dass die Wahl dieser Schöffen durch die Königsboten vorgenommen wurde. Damit war der Einfluss der Grafen auf die Auswahl der Urteiler bei den Gerichtsversammlungen weitgehend zurückgedrängt. Es hatte also eine gewisse Zentralisierung stattgefunden, was in der Tendenz ja auch anderen Maßnahmen Karls im Bereich des Rechtswesens entspricht.

Um die gerichtliche Praxis ging es auch in anderen Bestimmungen von Karls Kapitularien. Wie sehr er sich auch um ganz äußerliche Dinge kümmerte, zeigt die Vorschrift, dass

»an den Stellen, an denen öffentliche Gerichtsversammlungen abgehalten werden, ein Dach errichtet werden soll, das im Winter und im Sommer genutzt werden kann«[112].

Die *placita* sollten unbeeinflusst vom Wetter tagen und gründlich die einzelnen Klagen untersuchen können, ohne von widrigen Witterungsumständen beeinflusst zu sein.

In anderen Kapitularien wird eingeschärft, dass Zeugen, Kläger und Grafen nüchtern sein müssen[113]. Zeugen dürfen, nachdem sie etwas gegessen haben, kein Zeugnis mehr ablegen und keinen Eid mehr schwören. Ankläger dürfen nicht betrunken ihre Sache vortragen. Ob diese Vorschriften dazu dienen sollten, das zu wahren, was wir heute als »Ansehen des Gerichts« bezeichnen?

Am Ende dieses Abschnitts möchte ich noch fragen, ob Karl der Große eigentlich ein bedeutender Gesetzgeber war? François Louis Ganshof hat diese Frage mit einem klaren »Nein« beantwortet[114].

Zweifellos hat Karl keine umfassende Rechtskodifikation zustande gebracht, wie dies die spätantiken Kaiser Theodosius II. und Justinian I. 438 bzw. 535, eine ganze Reihe von westgotischen Königen von Alarich II. um 500 bis Egica am Ende des 7. Jahrhunderts oder die langobardischen Könige Rothari oder Liutprand 643 bzw. in der ersten Hälfte des 8. Jahrhunderts geschafft hatten. Erst im Spätmittelalter wurde Karl die Verfasserschaft an großen Rechtsbüchern wie dem Schwabenspiegel zugeschrieben, um diesen Mangel auszugleichen[115].

Aber ohne Zweifel erließ Karl eine bedeutende Anzahl von Kapitularien, und eine ganze Reihe von diesen wurde in seinem großen Reich weit verbreitet und bekannt gemacht. Wenn auch vielleicht die Kapitularien aus der Zeit seines Sohnes Ludwigs des Frommen sprachlich besser ausgefeilt und juristisch sogar innovativer waren; ins Gedächtnis der Nachwelt ist eben Karl als großer Gesetzgeber eingegangen und nicht sein Sohn.

Die Tatsache, dass im weiteren Verlauf des 9. Jahrhunderts so viele Handschriften der Leges hergestellt und dass auch so viele Kapitularien zu Sammlungen zusammengestellt wurden, beweist, dass auch schon im 9. und bis ins 11. Jahrhundert Karl der Große als vorbildlicher Gesetzgeber eine zentrale Rolle spielte: seine Memoria war es in der Hauptsache, der diese Manuskripte ihr Dasein verdanken – denn dass die Kapitularien und die Kapitulariensammlungen nach dem Ende des 9. Jahrhunderts eine praktische Bedeutung besessen hätten, ist nicht nachweisbar.

9   Wirtschaftsleben

Michael Mitterauer hat nachdrücklich darauf hingewiesen, dass es auf dem Gebiet der Landwirtschaft eine Reihe von technischen Veränderungen gab, deren erste Bezeugung ins Zeitalter Karls des Großen gehört[1]. Das gilt einmal für die Wassermühle, deren Verwendung für das Mahlen von Getreide und zum Sägen von Holz bald eine zentrale Bedeutung in der Grundherrschaft des Mittelalters erlangte. Nicht nur der Bau der Mühle selbst war aufwendig, sondern vor allem Vorbereitung und Bau des Mühlkanals sowie die Beschaffung der Mühlsteine erforderten einen erheblichen finanziellen und logistischen Einsatz, der nur von einem mächtigen Grundherrn organisiert werden konnte[2].

Die Landwirtschaft war in der Zeit Karls des Großen noch nicht dazu imstande, die Bevölkerung problemlos zu ernähren. Für die häufigen Hungersnöte im Mittelalter gibt es vor allem zwei Gründe: Zum einen waren die Erträge so gering (sie betrugen nur etwa das Zwei- bis Dreifache der Aussaat), dass bereits nur wenig vom Normalen abweichende Witterungsumstände, die zu geringeren Erträgen führten, schwere Probleme hervorrufen konnten; zum anderen waren lokal bedingte Versorgungsschwierigkeiten kaum zu bewältigen, da die vorhandenen Verkehrsverhältnisse und Verkehrsmittel es nicht zuließen, Getreide über größere Entfernungen in ausreichenden Mengen zu transportieren. In Jahren mit schwierigen klimatischen Verhältnissen kam es daher immer wieder zu Hungersnöten, von denen auch die Annalen berichten. Solche Jahre waren während der Regierung Karls des Großen besonders 779, dann 790, 792 und 793, und wieder 805, 806, 807 und 809[3].

Karl war sich seiner Verpflichtung bewusst, die Bevölkerung seines Reiches vor Hungersnöten zu schützen, wenn auch die von ihm ergriffenen Maßnahmen uns wenig zweckdienlich erscheinen mögen. Wahrscheinlich veranlasst durch die große Hungersnot des Jahres 779 erließ Karl ein Kapitular, in dem er folgendes verordnete:

> »Jeder Bischof soll drei Messen und drei Psalter singen, einen für den Herrn König, eine für das fränkische Heer und einen wegen der augenblicklichen (Hungers-)Not, jeder Priester soll drei Messen singen und alle Mönche, Nonnen und Kanoniker sollen drei Psalter beten. Und alle, Bischöfe, Mönche, Nonnen und Kanoniker sowie ihre Hintersassen und auch die Mächtigen, sollen zwei Tage fasten. ... Die Bischöfe, Äbte und Äbtissinnen sollen jeder vier arme Hungernde mit Nahrung versorgen bis zur nächsten Ernte ... Auch die Grafen und die mächtigen Adeligen sollen ... zusammen mit ihren Hintersassen zwei Tagen fasten ... und sie sollen wie oben beschrieben vier Arme verpflegen«[4].

Es sollte also nicht nur zur Überwindung der Hungersnot gebetet und gefastet werden, sondern es wurden auch Vorkehrungen getroffen, die Armen und Hungernden aus den Vorratskammern der geistlichen und weltlichen Großen zu verpflegen.

Eine noch viel schwerere Hungersnot, die in den Jahren 792, 793 und 794 viele Regionen des Reiches erfasste, führte zu einigen Beschlüssen auf der Synode von Frankfurt 794. In c. 4 wurde ein striktes Höchstpreisgebot erlassen, in dem der Preis für Getreide und für Brot genau festgelegt wurde. Wie wichtig für den König dieses Thema war, zeigt sich darin, dass es ganz am Anfang des Kapitulars, unmittelbar nach den beiden Kapiteln über den Adoptianismus und den Bilderstreit und nach c. 3, das sich mit dem Schicksal Tassilos von Baiern beschäftigte, behandelt wurde.

In c. 25 von Frankfurt 794 wurde das Zehntgebot erneut eingeschärft und damit begründet, dass die gewaltige Hungersnot des Jahres 793 deshalb ausgebrochen war, weil Dämonen die Ernte verschlungen hätten: eine Aufforderung an das

Volk war also erforderlich, die Gebote der Kirche einzuhalten und besondere Fasten durchzuführen. Auch wenn uns das Rezept »Fasten gegen Hungersnot« fast zynisch erscheinen mag, so mochte es innerhalb der mittelalterlichen Weltanschauung ganz angemessen sein, auf diese Weise Gott als den Herrn der Welt wieder mit den Franken zu versöhnen.

Der Wald war im Mittelalter keineswegs eine menschenfeindliche, wenig betretene Region, sondern er wurde für vielerlei Tätigkeiten genutzt. Der Holzbedarf zum Bauen, zur Herstellung von Geräten und zum Kochen und Heizen war sehr groß und musste befriedigt werden. Außerdem diente der Wald der Schweinemast und als Weide für Rinder, Schafe und Ziegen. Holznutzung und vor allem Jagdrecht spielen daher in einigen Urkunden Karls des Großen eine Rolle[5]. Auch in einigen Kapitularien befasste sich Karl mit der Waldnutzung und mit der Sicherung der Forsten durch Forstaufseher[6]. Dabei ging es vor allem um die Hegung des Wildes und die Verhinderung von Wilderei.

Was die Viehzucht angeht, so spielten Rinder in der Zeit Karls des Großen eine bedeutende Rolle, vor allem als Zugtiere, aber auch als Fleischproduzenten. Ihre Zucht wurde am Herrenhof vorgenommen; das *Capitulare de Villis* geht allerdings vor allem auf die Pferdezucht ein, die in drei Kapiteln (cc. 13–15) behandelt ist. Die Aufzucht und Pflege von Kühen, Schweinen, Schafen und Ziegen wird nur eher nebenbei in c. 23 erwähnt. Wie wichtig die Viehzucht für das Frankenreich war, zeigt sich darin, dass in den Annalen über große Viehsterben berichtet wird, etwa zum Jahr 810[7].

Auch über Handwerk und Gewerbe[8] bieten Karls Kapitularien einige Nachrichten: Unter den Handwerksbetrieben der königlichen Höfe nennt das *Capitulare de Villis* an erster Stelle die Schmiede, die ihren wichtigsten Rohstoff, das Eisen, nicht selbst herstellten, sondern meist von außen beziehen mussten. In einigen Alpenregionen wurde bereits in der Karolingerzeit Eisen geschürft und verhüttet, so etwa in Churrätien und in den oberitalienischen Alpentälern[9]. Allerdings war die Zahl der aus Eisen hergestellten Geräte in der Landwirtschaft sehr gering; nur Sensen, Sicheln und Spaten werden in der Beschreibung des Fiskalhofes von Annapes genannt, die übrigen Geräte waren aus Holz. In größerem Umfang wurde Eisen jedoch für das Kriegswesen benötigt, vor allem für Schwerter, Helme und Panzer.

Andere Gewerbe auf den Königshöfen beschäftigten sich mit der Herstellung und Konservierung von Lebensmitteln, also mit der Herstellung von Brot, Bier oder Pökelfleisch.

Obwohl wir aus archäologischen Funden wissen, dass in der Karolingerzeit auch Glas und Keramik hergestellt wurden, haben wir darüber überhaupt keine schriftlichen Quellen.

Etwas besser steht es mit dem Salz, das für die Konservierung von verderblichen Nahrungsmitteln im Mittelalter von zentraler Bedeutung war. Aus den *Brevium exempla* wissen wir, dass in den Königshöfen (und wohl auch auf den anderen Höfen) größere Mengen von Salz vorhanden waren[10]. In einem Kapitular, das wahrscheinlich aus den ersten Jahren der Regierung Ludwigs des Frommen stammt, ist davon die Rede, dass Salz aus Meerwasser gewonnen wird[11], aber es ist sicher, dass etwa in Reichenhall auch schon im 8. und 9. Jahrhundert Salz bergmännisch abgebaut und hergestellt wurde.

Einhard berichtet in seiner Vita (c. 17) davon, dass Karl der Große in seinem ganzen Reich Kirchen habe erbauen lassen. Auch wenn nur noch wenige aufrecht stehende Bauten aus der Zeit Karls des Großen die Zeiten überdauert haben, ist es sicher, dass damals zahlreiche Pfalzen sowie viele Kirchen und Klöster erbaut wurden. Der König selbst hat nicht nur die großen Pfalzbauten in Aachen, Ingelheim, Paderborn und Frankfurt errichten lassen, sondern sie wurden auch kunstreich ausgemalt[12].

Die Bischöfe und Äbte, die reichlich an der riesigen Awarenbeute partizipierten, erhielten dadurch die nötigen Mittel, um neue Bauwerke errichten zu lassen. Aus dem Erbe Karls, das nach seinem Willen zu einem beträchtlichen Teil den Bischofskirchen zufallen sollte[13], konnten weitere Kirchen erbaut werden. Durch ihre Größe besonders eindrucksvoll waren die Abteikirchen von Lorsch und von St.

Riquier. Hier wirkte Angilbert, der Freund und »Schwiegerfreund« Karls des Großen und schuf in einer Bauzeit von nur zehn Jahren eine riesige Anlage[14].

Der St. Galler Klosterplan ist zwar wahrscheinlich erst nach dem Tod Karls des Großen angefertigt worden und stellt wohl auch nicht das Vorbild für einen wirklich errichteten Bau dar, er bezeugt aber doch, wie rational und planvoll die Menschen der Zeit kurz nach 800 vorgehen wollten[15].

Die Straßenverhältnisse waren nicht gut; vor allem im Gebiet östlich des Rheins, wo die Franken nicht auf das römische Straßennetz zurückgreifen konnten, waren die primitiven Wege kaum für den Transport größerer Gütermengen geeignet. Daher war es erforderlich, viele Transporte auf dem Wasser durchzuführen oder aber Träger oder Lasttiere einzusetzen.

Brücken über die großen Flüsse gab es kaum; Einhard berichtet an zwei Stellen seiner Vita (c. 17 und c. 32) vom Bau einer hölzernen Rheinbrücke bei Mainz, sie war 500 Schritt lang und ist im Jahr vor Karls Tod niedergebrannt. Nach Einhard hatte Karl beabsichtigt, die hölzerne durch eine steinerne Brücke zu ersetzen; dazu ist es nicht mehr gekommen. Daher gab es im gesamten Mittelalter und bis ins 19. Jahrhundert zwischen Basel und der Rheinmündung keine einzige Brücke; eine Steinbrücke bei Mainz wurde erst im Jahr 1862 erbaut.

Zu den wichtigen Sachquellen aus der Zeit Karls des Großen gehören noch die Münzen, von denen es aus seiner Regierungszeit im Wesentlichen drei Formen gegeben hat[16]:

Vor der Reform von 793/94 wurden sehr kleine Münzen geschlagen, sie wogen nur 1,3 g, hatten aber meist einen Silbergehalt von 90 %. Wir kennen auch eine Reihe von Münzstätten, an denen diese Münzen geprägt wurden; die wichtigsten waren Dorestad, der bedeutendste Handelsplatz an der Nordsee, und Melle im Poitou[17].

Seit 793/94 wurden Münzen mit Monogramm geschlagen; sie waren schwerer (1,7 g) und auch größer als die früheren. Funde von Münzhorten machen deutlich, dass Karls Gesetz-

Abb. 8: Die Torhalle in Lorsch wurde vielleicht unter Karl dem Großen erbaut.

gebung von 793/94 erfolgreich war[18]. Entscheidend ist, dass die Münzen im gesamten Reich ein einheitliches Aussehen erhielten: Auf der einen Seite befand sich Karls Monogramm sowie als umlaufende Inschrift + CARLUS REX FR(AN-CORUM), auf der anderen Seite stand ein Kreuz und umlaufend war der Name der Münzstätte zu lesen.

Wahrscheinlich erst in den letzten Jahren Karls, vielleicht sogar erst seit 812, wurden neue Münzen geprägt, die neben einer Büste des Kaisers auch eine veränderte Umschrift tragen:

KAROLUS IMP AUG. Auf der Rückseite ist eine Tempelfassade zu sehen mit der umlaufenden Inschrift: XPICTIANA RELIGIO (siehe Abb. 2 auf S. 71). Von diesen Münzen der Kaiserzeit haben sich nur relativ wenige erhalten; insgesamt sind nur ungefähr 40 Stücke bekannt[19].

Überhaupt ist die Anzahl der Münzen, die im Gebiet des ehemaligen Frankenreichs aus der Zeit Karls des Großen aufgefunden wurden, recht gering; das führt uns noch einmal vor Augen, dass die Geldwirtschaft noch keine bedeutende Rolle spielte.

10   Karl und die Kirche

Ein zentraler Text für die Auffassung Karls des Großen von der Leitung der Kirche ist ein Brief, den Alkuin im Jahr 796 wohl im Auftrag Karls an den neuen Papst Leo III. schrieb, nachdem dieser seine Wahl angezeigt hatte. Darin heißt es:

> »Unsere Aufgabe ist es, mit Hilfe des göttlichen Erbarmens die heilige Kirche Christi überall vor dem Eindringen der Heiden und der Verwüstung durch die Ungläubigen nach außen mit den Waffen zu verteidigen und nach innen mit der Erkenntnis des katholischen Glaubens zu festigen. Eure Aufgabe ist es, heiligster Vater, mit zu Gott erhobenen Händen wie Moses unser Waffenwerk zu unterstützen, damit durch Eure Vermittlung dank Gottes Führung und Gabe das christliche Volk über die Feinde seines Namens allezeit und allenthalben den Sieg habe und der Name unseres Herrn Jesus Christus in der ganzen Welt gepriesen werde«[1].

Demnach war Karl nicht nur der *defensor ecclesiae* (»Verteidiger der Kirche«) nach außen, ein Titel, den er seit 754 trug und der 774 erneuert worden war, sondern er war auch zuständig für die innere Missionierung und Christianisierung seines Reiches sowie für die Sicherung des rechten Glaubens. Dem Papst blieb nur die Aufgabe, diese Aktivitäten durch sein Gebet zu unterstützen.

Über die persönliche Frömmigkeit Karls äußert sich Einhard in der Karlsvita in zwei langen Kapiteln (c. 26 und 27), die hier nicht in ihrer ganzen Länge zitiert werden können. Aber einige Kernsätze müssen doch angeführt werden. Kapitel 26 beginnt folgendermaßen:

> »Die christliche Religion, mit der er seit seiner Kindheit vertraut war, hielt er gewissenhaft und fromm in höchsten Ehren.

Deshalb erbaute er die wunderschöne Kirche in Aachen ... Er besuchte die Kirche regelmäßig morgens und abends, nahm an den nächtlichen Horen und an den Messen teil, solange es seine Gesundheit erlaubte. Er bestand darauf, dass alle dort abgehaltenen Gottesdienste mit möglichst großer Feierlichkeit zelebriert wurden«.

Und Kapitel 27 fährt fort:

»Ganz besonders lag Karl die Unterstützung der Armen am Herzen ... Während seiner ganzen Regierungszeit lag ihm nichts so sehr am Herzen als der Wunsch, die Stadt Rom ... wieder zu ihrem alten Ansehen zu bringen, die Kirche des heiligen Petrus zu verteidigen und zu beschützen, ... damit sie unter allen Kirchen hervorragte«.

Auch wenn Einhard zu diesen Bemerkungen über die Religiosität Karls durch die Kaiserviten Suetons angeregt worden sein dürfte, beruhte ihr Inhalt zweifellos auf Erfahrungen, die er in den Jahren seiner unmittelbaren Nähe zu Karl angesammelt hatte. Daher dürfen diese Sätze weder als bloße Panegyrik betrachtet noch als unglaubwürdige Übernahme seiner Vorlage abgetan werden.

Ob die religiösen Anspielungen in den Arengen der Urkunden Ansatzpunkte für Aussagen über die Religiosität Karls liefern können, erscheint dagegen eher unwahrscheinlich. Und auch der predigende Stil der Kapitularien dürfte eher auf die Berater Karls als auf den Herrscher selbst zurückgehen[2].

Innere Christianisierung und äußere Mission

Die Sorge für das Seelenheil aller Bewohner des Frankenreichs stand im Zentrum der Kirchenpolitik Karls des Großen, wie sie aus seinen Kapitularien erkennbar wird. Schon in seinem Kapitular von Herstal 779 werden daher Bestimmungen über die Zehntzahlung und gegen die Inzestehen erlassen[3].

Details zu einer Reform der Kirche und über die christliche Normierung des täglichen Lebens enthält dann das umfangreiche Kapitular von 789, die *Admonitio generalis*. Sie besteht zum großen Teil aus Bestimmungen über die Amtspflichten der Bischöfe und der Priester, die aus den alten Kanones übernommen wurden. Am Ende des Kapitulars finden sich aber noch einige Sätze, die sich mit dem einfachen Kirchenvolk befassen. Dabei werden vor allem die Zehn Gebote auf die fränkische Gesellschaft gewendet: so wird z. B. die Privatrache verboten und betont, dass nur der vom König eingesetzte Richter ordentliche Todesurteile verhängen dürfe. Ausführlich wird dann auch die Sonntagsheiligung behandelt: Am Sonntag dürfen keine *opera servilia* (Knechtsarbeiten) durchgeführt werden, niemand darf Reben beschneiden, pflügen, mähen oder Zäune setzen, Häuser bauen und im Garten arbeiten. Auch Hausarbeiten wie Weben, Nähen, Spinnen und Waschen in der Öffentlichkeit werden verboten. Nur drei Arten von Transporten sind gestattet: Lebensmittel dürfen transportiert, Leichen gefahren und Kriegswagen bewegt werden. Alle Christen werden verpflichtet, am Sonntag die Messe zu besuchen[4].

Nach der Kaiserkrönung gab es eine erneute Anstrengung, um alle Bewohner des Frankenreichs dazu zu veranlassen, eine christliche Lebensführung zu praktizieren. Ein dritter Schub der Reformgesetzgebung erfolgte 813, nachdem Karl der Große kurz vor seinem Tod den Eindruck gewonnen hatte, sein ganzes Wirken sei vergeblich gewesen.

Vielleicht hat schon Karl der Große in einem Kapitular die Fehde an Sonn- und Feiertagen verboten[5]; jedenfalls findet sich ein Verbot von Gerichtsverhandlungen und von Streitigkeiten am Sonntag in dem auf die Praxis bezogenen Bischofskapitular von Karls Mitstreiter Theodulf von Orléans (c. 24)[6].

Es ist schwierig, die Frage zu beantworten, ob die Bemühungen Karls um eine Verchristlichung der Gesellschaft erfolgreich waren. Zwar können wir feststellen, dass politische Gegner, vor allem wenn sie aus der königlichen Familie kamen, im Vergleich zur Merowingerzeit milder behandelt wurden: Nebenbuhler wurden nicht mehr ermordet, sondern ins Kloster eingewiesen, schlimmstenfalls geblendet. Aber wir können keine Aussage darüber machen, ob die Gewalt im privaten Bereich abgenommen hat, und wir wissen auch nicht, ob etwa das Gebot der Sonntagsheiligung befolgt wurde.

Was die äußere Mission angeht, so ist es anscheinend im Lauf der Zeit zu einer Veränderung der Grundsätze, nach denen man vorging, gekommen. Bei der Christianisierung der Sachsen hatte man noch darauf verzichtet, die künftigen Christen vor der Taufe im christlichen Glauben zu unterrichten und ihnen das Glaubensbekenntnis zu lehren. Aus Sachsen ist nur ein knapper Katalog von Fragen und Antworten überliefert, der zeigt, wie rudimentär die Vorbereitung auf die Taufe war. Die Täuflinge wurden gefragt:

> »Sagst Du dem Teufel ab?« Und sie sollten antworten: »Ich sage dem Teufel ab.« »Und allen Genossen des Teufels? – Ich sage allen Genossen des Teufels ab. Und allem Teufelswerk? – Ich sage ab allen Werken und Worten des Teufels, Donar und Wotan und Saxnot und all diesen Unholden, die ihre Genossen sind. Glaubst Du an Gott den allmächtigen Vater? – Ich glaube an Gott, den allmächtigen Vater. Glaubst Du an Christus, Gottes Sohn? – Ich glaube an Christus, Gottes Sohn. Glaubst Du an den Heiligen Geist? – Ich glaube an den Heiligen Geist«[7].

Die neuen Christen, die auf diese Weise nur sehr oberflächlich mit ihrem Glauben bekannt gemacht worden waren, wurden durch harte Gesetze dazu angehalten, besonders die Symbole und die Amtsträger der neuen Religion zu achten oder diese wenigstens nicht tätlich anzugreifen. Vor allem wurden sie auch verpflichtet, den Zehnten zu entrichten[8].

Schon in den Jahren vor und um 780 wurde dieses »imperialmissionarische« Missionskonzept[9] kritisiert, weil die vom Kirchenrecht geforderte Reihenfolge, dass zuerst eine Unterweisung im Glauben erfolgen solle, ehe jemand getauft wird, umgedreht worden war. Der wichtigste Vertreter dieser Kritik war der Angelsachse Alkuin, der verlangte, dass das Christentum nicht durch militärische Aktionen, sondern »allein durch Überzeugungsarbeit und ... Predigt, und nicht durch Zwangsmaßnahmen verbreitet« werden sollte[10]. Nach 785 setzte dann bei den Sachsen eine verstärkte Mission ein[11]; dabei wurden aus den Bischofskirchen von Mainz, Würzburg, Köln und Lüttich, aber auch aus Klöstern wie Fulda, Hersfeld, Amorbach, Echternach und Corbie Kleriker nach Sachsen gesandt, um dort das Christentum zu verbreiten und zu festigen.

Die Kontroverse über die Form der Mission nach dem heftigen Widerstand der Sachsen führte dazu, dass sich Alkuin für ein anderes Vorgehen bei der Christianisierung der Awaren einsetzte[12]. Nach dem Sieg über dieses Volk im Jahr 796 schrieb Alkuin mehrere Briefe an Karl, aber auch an Paulinus von Aquileia und Arn von Salzburg als den für die Awarenmission zuständigen Metropoliten, in denen er ausdrücklich die falsche Reihenfolge bei der Taufe und die unbarmherzige Eintreibung der Zehnten als Kardinalfehler bezeichnete, deretwegen die Christianisierung der Sachsen so lange nicht vorangekommen sei. Diese Fehler müssten bei der Mission der Awaren unbedingt vermieden werden. Nach Alkuins Auffassung ist nämlich der Glaube an Freiwilligkeit gebunden; er kann nicht durch Zwang verordnet werden[13].

Bischöfe und Kirchenorganisation

Vor allem in den Gebieten östlich des Rheins war es schwierig, das Volk auf dem platten Land mit einer ausreichenden Anzahl von Kirchen zu versorgen. Hier war es nötig, dass die Grund besitzenden Laien Kirchen erbauten und Land zur Versorgung der Landpriester stifteten, damit möglichst überall Zentren für eine christliche Gemeinde entstehen konnten. Die von Grundherren gestifteten und ausgestatteten Kirchen werden seit Ulrich Stutz (zuerst 1895) als »Eigenkirchen« bezeichnet[14].

In das Kapitular von Frankfurt 794 wurde ein Rechtssatz aufgenommen (c. 54), der sich mit solchen Eigenkirchen befasst; dabei geht es um die freie Verfügung des Eigentümers über bereits bestehende Kirchen, die der Kirchenherr unbehindert verschenken oder verkaufen durfte. Im Kapitular von Salz 803 wurde die Neugründung einer Kirche auf dem Grund eines Laien in der Weise geregelt, dass er dies nur mit Erlaubnis des zuständigen Diözesanbischofs tun dürfe. Außerdem sei darauf zu achten, dass bereits bestehende Kirchen ihre Rechte und Zehnteinnahmen nicht verlieren. Es sollten daher nicht zu viele neue Kirchen errichtet werden, damit diese nicht mit den bereits vorhandenen um die Gläubigen und ihre Abgaben konkurrierten[15].

Die Reformsynoden von 813 versuchten dann, die inzwischen entstandenen Missstände des Eigenkirchenwesens zu bekämpfen: Die Eigenkirchenherren sollten die Priester an ihren Kirchen nicht ohne Zustimmung des zuständigen Bischofs einsetzen oder entlassen dürfen und sie sollten auch keine Geschenke als Bezahlung für eine Anstellung an einer Kirche verlangen dürfen[16].

Dass Karl auch selbst den Bau von neuen Kirchen gefördert hat, wissen wir für einige Klosterkirchen: Im September 774 war er bei der Weihe der neuen Klosterkirche in Lorsch anwesend, am 25. Februar 775 wurde der Neubau der Abteikirche in St. Denis vollendet und im Jahr 777 wurde eine neue Kirche in der *Urbs Karoli*, dem späteren Paderborn, geweiht, verbunden mit einer Massentaufe von Sachsen[17].

Die wichtigsten Helfer des Königs bei der Verchristlichung der Gesellschaft waren die Bischöfe. Da sie auch als königliche *missi* und als Helfer bei der Verwaltung des Reiches tätig waren, war es auch von zentraler Bedeutung, ob der Herrscher einen Einfluss auf ihre Auswahl haben würde oder nicht. Es ist Karl dem Großen gelungen, wenigstens bei solchen Bistümern, die ihm wichtig genug erschienen, einen von ihm gewünschten Kandidaten durchzusetzen[18]. Allerdings gibt es in den Quellen nur relativ wenig eindeutig belegte Einzelfälle von Bischofserhebungen, nämlich insgesamt zehn, bei denen Karls ausschlaggebende Rolle explizit erwähnt ist[19]. Außerdem wird man bei solchen Bischöfen, die vor ihrer Erhebung an ihrer neuen Wirkungsstätte überhaupt nicht bekannt gewesen sein dürften, die also aus weiter Ferne gekommen waren, annehmen können, dass sie ihr Amt aufgrund des Einflusses des Herrschers erhalten hatten[20].

Solche Männer zeichneten sich häufig dadurch aus, dass sie vor ihrer Erhebung zum Bischof in der Nähe des Herrschers gelebt und gewirkt hatten. Das gilt etwa für den Grammatiker Paulinus, der 787 zum Patriarchen von Aquileia avancierte, für Riculf, seit 787 Bischof von Mainz, oder für Theodulf, der vor 798 zum Bischof von Orléans erhoben wurde[21]. Oftmals waren künftige Bischöfe an der königlichen Hofkapelle tätig gewesen, wo sie den König bei der Verwaltung und bei der Abfassung der Urkunden unterstützt hatten.

Die meisten Bischöfe kamen aber auch in der Zeit Karls des Großen aus den regionalen Adelsfamilien, so wie das schon in der Merowingerzeit gewesen war. Und wir können nicht sicher sagen, ob Karl nicht auch in diesen Fällen Einfluss ausgeübt hat; die Quellenlage ist für eine solche Aussage einfach nicht ausreichend. Anders als das in Notkers Karlsvita erscheint, dürfte es Karl klar gewesen sein, dass er durch solche Amtsübertragungen den Adel in den einzelnen Regionen seines Reiches auf Loyalität gegenüber seinem Königtum verpflichten konnte.

Die Zahl der Bischöfe, die aus unfreiem Stand bis zum hohen Amt eines Bischofs aufgestiegen waren, war minimal. Aus der Zeit Karls kennen wir keinen einzigen; erst unter Ludwig dem Frommen war es Ludwigs »Milchbruder« Ebo, der trotz seiner unfreien Herkunft zum Erzbischof von Reims erhoben wurde, was von Ludwigs Biographen Thegan massiv kritisiert wurde[22].

Es gab aber auch schon während der Regierungszeit Karls des Großen Kritik an der Ernennung von Bischöfen durch den König. So hat Alkuin nachdrücklich die Ansicht vertreten, dass die Bischöfe durch freie Wahl und nicht durch königliche Ernennung bestimmt werden dürften. Die Ernennung sei eine frevelhafte Vergewaltigung der Kirche und eine Verletzung des Kirchenrechts. Diese Ansicht vertrat Alkuin allerdings nur in Briefen in seine angelsächsische Heimat; in keinem seiner zahlreichen Briefe an Karl hat er dieses Thema angesprochen[23].

Ein weiteres Anliegen Karls war die Wiedererrichtung einer Kirchenorganisation[24], wie sie den Normen des kirchlichen Rechts entsprach. Unter seinem Vater Pippin hatte die fränkische Kirche nur einen Erzbischof besessen (754–766 war das

Chrodegang von Metz, dann hatte Wulchar/Wilhar von Sens das Amt eines *archiepiscopus provintiae Galliarum* inne); die anderen Metropolitansitze Galliens waren damals einfache Bistümer, obwohl bereits die Synoden des Bonifatius in den 740er Jahren die Wiedereinrichtung von Kirchenprovinzen gefordert hatten[25].

Nachdem dann im Kapitular von Herstal 779 (in c. 1) die Metropoliten erwähnt wurden, erhielt im selben Jahr der Bischof Tilpin von Reims von Papst Hadrian I. das Pallium, das Zeichen der erzbischöflichen Würde, erteilt, was sicher nicht ohne Zustimmung Karls geschehen ist. 782 erscheint auch Lull von Mainz mit der erzbischöflichen Würde ausgestattet und wenig später Erimbert von Bourges. Wenn 794 auf dem Konzil von Frankfurt die Metropoliten eine große Rolle spielten und aus einigen Kapiteln seiner Beschlüsse (cc. 6, 8 und 9) hervorgeht, dass man sich über die Abgrenzung von Kirchenprovinzen verständigte, dürfte das ein Beleg dafür sein, dass die Metropolitanverfassung im Frankenreich wieder weitgehend durchgesetzt war[26]. 798 wurde eine neue Kirchenprovinz für Baiern geschaffen; die Metropole war Salzburg und der neue Erzbischof hieß Arn, den Alkuin bereits 796 als *superspeculator* (»Oberaufseher«), das ist die lateinische Übersetzung für das aus dem Griechischen stammende Wort *archiepiscopus*, bezeichnet hatte[27].

Im Testament Karls aus dem Jahr 811 begegnen dann fast alle Metropolen nördlich und westlich der Alpen, dazu Salzburg, Mainz und Köln. Allein Narbonne und Aix fehlen noch, die erst 813 bzw. 829 als Erzbistümer belegt sind[28]. Heinrich Büttner resümiert diese Entwicklung mit den Worten: »Mehr als drei Jahrzehnte hatte es gedauert, bis die Metropolitanverfassung im Frankenreich ... wieder entstanden war«[29].

Dass Karl der Große sich als rechtliche Spitze der fränkischen Kirche verstand, können wir auch daraus erkennen, dass er das Recht beanspruchte, Synoden einzuberufen und zu leiten. Die Bischöfe, auch die Erzbischöfe, amtierten lediglich als königliche *missi* auf den Synoden, wie das für das Teilkonzil von Mainz im Jahr 813 deutlich hervorgeht[30].

Mönche

Neben den Bischöfen sind als wichtige Helfer des Königs bei der Verchristlichung der Gesellschaft die Mönche zu nennen. Karl der Große hat jedoch im Unterschied zu manchen merowingischen Königen und auch zum Fürsten Tassilo von Baiern die Vermehrung der Klöster eher gebremst und er hat ihnen auch keine großen Landschenkungen zukommen lassen. Neugründungen von Klöstern gab es unter Karl kaum, auch nicht in den neu missionierten Gebieten wie in Sachsen. Den Eintritt von freien Franken ins Kloster machte er von seiner Erlaubnis abhängig, und er versuchte auch zu verhindern, dass eine allzu große Anzahl von Hörigen in die Klosterherrschaft aufgenommen wurde. Immerhin geht die dann unter Ludwig dem Frommen endgültig durchgesetzte Vereinheitlichung der Regel, nach der die Mönche zu leben hatten, auf Karl den Großen zurück, der 811 verordnete, dass alle Klöster im Frankenreich nach der *Regula Benedicti* leben sollten[31].

Die Leitungsfunktion in der Kirche, die Karl beanspruchte, zeigt sich auch im Klosterwesen. So ist es kein Zufall, dass Karl seit den 770er Jahren immer wieder Klöster in seinen Schutz nahm. Das bedeutete, dass sie ihm unterstellt waren und dass sie das wurden, was die Forschung als »Reichsklöster« bezeichnet. Das bedeutete vor allem, dass der König den Abt ernennen konnte und dass die Klöster für das Aufgebot im Krieg herangezogen wurden. In einem nicht genau bekannten Jahr wurde das 764 gegründete Kloster Lorsch in den Schutz des Frankenkönigs übergeben[32], 775 übertrug Bischof Lull von Mainz das Kloster Hersfeld an Karl und 782 auch das Kloster Fritzlar[33].

Verhältnis zum Papst

Über die Beziehungen der fränkischen Hausmeier und Könige von Karl Martell bis zu Karl dem Großen zu den Päpsten sind wir recht gut unterrichtet, weil uns in der Handschrift Wien,

ÖNB 449 eine Sammlung von Papstbriefen erhalten ist, die im Jahre 791 zusammengestellt wurde, der *Codex Carolinus*[34]. Die 99 Briefe dieser Sammlung stammen fast ausschließlich von Päpsten und sie wurden 739 bis 791 geschrieben. Eine zweite Quelle berichtet ebenfalls aus päpstlicher Sicht über die Beziehungen zu den fränkischen Herrschern, nämlich der Liber Pontificalis, dessen Papstviten gerade für die zweite Hälfte des 9. Jahrhunderts ausführliche Nachrichten enthalten[35]. Endlich berichten auch die Reichsannalen ausgiebig über die Beziehungen der Franken zum Papsttum.

Die Beziehungen zwischen Papst und Frankenkönig wurden intensiviert durch die Reise Papst Stephans II. ins Frankenreich (753/54), während der es wahrscheinlich bereits zu einem »Schenkungsversprechen« Pippins gekommen ist[36]. In den ersten Jahren der selbstständigen Herrschaft Karls des Großen (768–771) waren die Beziehungen zum Papsttum durch seine Ehe mit der Tochter des Langobardenkönigs belastet. Als er sich aber nach dem Tod seines Bruders Karlmann vom Bündnis mit den Langobarden abwandte und seine langobardische Gemahlin verstieß, war eine enge Verbindung mit dem Papsttum wieder möglich. Im März 773 waren Gesandte des neuen Papstes Hadrian I. (772–795) bei Karl erschienen und hatten um Hilfe gegen die Langobarden gebeten. Schon im Sommer 773 begann Karl einen Feldzug gegen König Desiderius, in dessen Verlauf es zu einer ersten persönlichen Begegnung zwischen Karl dem Großen und Hadrian I. kam.

An Ostern 774 reiste der Frankenkönig nach Rom; da er schon 754 den Titel eines *patricius Romanorum* erhalten hatte, wurde er am Ostersamstag (2. April) wie ein hoher kaiserlicher Beamter am ersten Meilenstein vor der Stadt von einer großen Delegation des Papstes empfangen, nachdem ihm einige Amtsträger sogar bis zum 30. Meilenstein entgegen gekommen waren. Der Empfang vor der Kirche von St. Peter wird im *Liber Pontificalis* eingehend geschildert:

»Als Karl angekommen war, küsste er die einzelnen Stufen und kam so zum Papst, der oben in der Vorhalle neben den Pforten der Kirche stand. Sie umarmten sich, dann ergriff Karl die rechte Hand des Papstes. So traten sie ... in die Peterskirche ein ...«[37].

Am Grab des Apostelfürsten Petrus wurde die Schwurfreundschaft zwischen Papst und Frankenkönig erneuert, die 754 in Quierzy begründet worden war.

Am vierten Tag von Karls Rombesuch, am Mittwoch nach Ostern (6. April), erinnerte Hadrian I. Karl dann an das Schenkungsversprechen seines Vaters, das dieser in Quierzy geleistet hatte und daraufhin ließ Karl ein ebensolches Versprechen schriftlich niederlegen, mit dem er den größten Teil Mittel- und Oberitaliens dem heiligen Petrus schenkte. Das Gebiet wird durch die Linie von Luni nach Monselice (bei Mantua) nach Norden begrenzt, außerdem werden das Exarchat von Ravenna, Venetien und Istrien sowie die Herzogtümer Spoleto und Benevent als künftiger Besitz des Papstes genannt[38].

Erhalten ist diese Urkunde ebenso wenig wie die von 754; ihren Inhalt kennen wir nur aus dem *Liber Pontificalis* sowie aus dem Wortlaut der Schenkungsurkunde Ludwigs des Frommen, die allerdings auch erst in Kanonessammlungen seit dem ausgehenden 11. Jahrhundert überliefert wird[39].

Ob das Bestreben des Papstes, von Karl eine Bestätigung der großen Landschenkungen zu erhalten, mit der Fälschung der Konstantinischen Schenkung etwas zu tun hat, wie das noch Florian Hartmann ausführte[40], ist inzwischen unsicher geworden. Nach der sorgfältigen Untersuchung der Vorlagen des *Constitutum Constantini* durch Johannes Fried dürfte die gefälschte Urkunde erst in den 830er Jahren im Frankenreich entstanden sein[41] und nicht bereits in den 770er Jahren in Rom. Vielleicht wurde schon in der Zeit Hadrians I. behauptet, dass es eine Schenkung Konstantins gegeben habe, während der Text der Urkunde erst ca. 60 Jahre später im Frankenreich hergestellt worden sein könnte.

Im Laufe des langen Pontifikats Papst Hadrians I. kam Karl noch zwei Mal nach Rom, nämlich 781 und 787. Allerdings sind wir über diese späteren Besuche Karls sehr viel schlechter unterrichtet als über die erste Romreise 774, denn die Vita Hadrians im *Liber Pontificalis* bricht mit 774 ihren chronologisch geordneten und sehr detaillierten Bericht über die Ereignisse in diesem Pontifikat bereits ab[42]; wir sind daher allein auf die Aussagen der fränkischen Quellen angewiesen und diese bringen nicht sehr viele Einzelheiten.

781 wurden die Beziehungen zwischen Papst und Frankenkönig weiter intensiviert, indem der Papst am Osterfest die Patenschaft über die beiden Söhne Karlmann, der damals den Namen Pippin erhielt, und Ludwig übernahm. Hadrian I. bezeichnete von da an Karl und seine Gemahlin Hildegard als *spiritalis compater* (»Gevatter«) bzw. *commater*. Auf diese Romreise hatte Karl nur seine beiden jüngeren Söhne Karlmann und Ludwig mitgenommen[43]; die älteren Pippin und Karl waren im Norden geblieben.

Anfang 787 hielt sich Karl abermals für einige Wochen in Rom auf; ob es dabei zu wichtigen Gesprächen mit dem Papst oder gar zu Abmachungen mit ihm kam, wissen wir nicht. Aber noch in diesem Jahr brachen schwere Spannungen zwischen den beiden mächtigsten Männern in der westlichen Christenheit aus, weil der Papst Legaten nach Konstantinopel abordnete, um den Kaiser bei der Wiederherstellung der Bilderverehrung im Oströmischen Reich zu unterstützen.

In den folgenden Jahren kam es wegen dieser Angelegenheit zu einem Briefwechsel zwischen römischem Papst und fränkischem König, im Jahr 794 wurde dann die Bilderfrage auf dem Konzil von Frankfurt behandelt, wobei Karls Theologen die Definitionen des Konzils von Nicaea 787 verwarfen[44].

Schon seit 781 hatte Hadrian I. Versuche unternommen, sich von der Oberherrschaft des byzantinischen Kaisers zu emanzipieren und selbst eine quasi-imperiale Stellung zu beanspruchen, indem er Münzen mit seinem Bild prägen ließ, auf die Datierung seiner Urkunden nach den Regierungsjahren der oströmischen Kaiser verzichtete und den Lateran zum päpstlichen Palast ausbaute[45]. Die Beziehungen zu Karl dem Großen wurden dadurch aber anscheinend nicht tief greifend gestört.

Nach dem Tod Hadrians I. am 25. Dezember 795 beweinte Karl nach dem Bericht Einhards den toten Papst wie einen Bruder oder Sohn (c. 19). Er veranlasste die beiden bedeutendsten Gelehrten an seinem Hof, Alkuin und Theodulf von Orléans, Nachrufe in dichterischer Form zu verfassen. Das von Alkuin verfasste Epitaph wurde nach Rom geschickt und dort in goldenen Lettern in schwarzen Marmor gehauen[46]; die Inschrift ist heute noch in der Vorhalle der Peterskirche zu sehen.

Bereits am Tag nach Hadrians Tod wurde in Rom ein Nachfolger erhoben und am 27. Dezember geweiht. Der neue Papst, Leo III., zeigte Karl seine Wahl schriftlich an und versprach ihm *oboedientia* und *fidelitas* (Gehorsam und Treue). Außerdem übersandte er dem fränkischen König die Schlüssel zum Grab des heiligen Petrus und das Banner der Stadt Rom. Einen Schlüssel zum Petrusgrab hatte bereits Papst Gregor III. im Jahre 739 an Karl Martell übersandt.

Karl der Große ließ durch Alkuin ein Antwortschreiben an Leo III. aufsetzen, in dem er sich über die Grundsätze seiner Kirchenpolitik äußerte[47].

Karl als Herr der Kirche

Der Verurteilung des Adoptianismus in Rom war eine Synode in Aachen im Juni 799 vorausgegangen, auf der unter Führung des Frankenkönigs diese Häresie verdammt worden war[48]. Mit der Ketzerei des im fränkischen Spanien lebenden Bischofs Felix von Urgel hatten sich schon die Synoden von Regensburg 792 und von Frankfurt 794 mit einigen Gutachten befasst[49]. Aus all diesen Aktivitäten wird deutlich, dass Karl für sich beanspruchte, auch auf dem Gebiet dogmatischer Entscheidungen das letzte Wort sprechen zu dürfen.

Das gilt besonders für den Streit um das *Filioque*, also die Frage, ob das in der ganzen Christenheit hoch angesehene Glaubensbekenntnis von Nicaea (325) und Konstantinopel (381) durch einen Zusatz verändert werden dürfe, nach dem der Heilige Geist aus Gott Vater »und Gott Sohn« (*filioque*) ausgegangen sei. Schon unter Karls Vater Pippin hatte sich die Synode von Gentilly (767) mit dieser Frage beschäftigt und 796/97 hatte Paulinus von Aquileia auf der Synode von Cividale versucht, die Aufnahme des *Filioque* ins nicenokonstantinopolitanische Credo zu rechtfertigen[50].

Die Reichsannalen berichten dann zum Jahr 809, dass

> »der Kaiser, von der Jagd in den Ardennen zurückgekehrt, im November ein Konzil veranstaltete über den Ausgang des Heiligen Geistes, eine Frage, die zuerst ein gewisser Mönch Johannes in Jerusalem aufgebracht hatte; um hierüber eine dogmatische Entscheidung zu fällen, wurden Bischof Bernarius von Worms und Abt Adalhard von Corbie nach Rom zu Papst Leo geschickt«[51].

In Jerusalem war es anscheinend zwischen fränkischen und griechischen Mönchen zu einem Streit gekommen, als die Franken das Credo anders beteten als es nach dem herkömmlichen Glaubensbekenntnis üblich war[52]. Den Beschluss der Synode von Aachen 809 über das *Filioque* konnte Harald Willjung erstmals 1998 edieren; seine Edition umfasst außerdem fünf befürwortende Gutachten, die Arn von Salzburg, Theodulf von Orléans, Haito von Basel, Adalwin von Regensburg und der Abt Smaragd von St. Mihiel verfasst hatten[53]. Darüber hinaus ist das Protokoll einer Unterredung der fränkischen Gesandten mit Papst Leo III. erhalten, aus dem hervorgeht, dass der Papst zwar inhaltlich den Franken beistimmte, es aber ablehnte, einen Zusatz zum Text des Credo zu akzeptieren, im Bewusstsein, dass damit die Einheit zwischen der östlichen und der westlichen Kirche beseitigt werde[54]. Die Franken wurden vielmehr getadelt, dass sie eigenmächtig das *Filioque* ins Credo eingefügt hatten. Dass sich Leo III. in dieser Frage den Franken nicht unterworfen hat, zeigt sich auch darin, dass er an den Eingängen zu den Gräbern der Apostel Petrus und Paulus auf Silbertafeln in griechischer und in lateinischer Sprache das alte Glaubensbekenntnis, also ohne *Filioque*, anbringen ließ[55]. Im Frankenreich fuhr man jedoch fort, das Credo mit dem *Filioque* zu singen.

Eine weitere interessante Initiative Karls des Großen betraf die Taufe, über deren Termin und Liturgie er 811 durch ein Rundschreiben an alle Metropoliten seines Reiches Sicherheit gewinnen wollte[56]. Der Zweck dieser Umfrage war es, im gesamten Reich nach einheitlichem Ritus dieses für die Aufnahme in die Christenheit zentrale Ritual zu gestalten[57]. Von den direkten Antworten der Metropoliten sind zehn auf uns gekommen, also genau die Hälfte der möglichen Reaktionen auf Karls Anfrage. Mit dem Namen ihres Verfassers sind die Antworten Odilberts von Mailand, Maxentius' von Aquileia, Amalars von Trier, Magnus' von Sens und Leidrads von Lyon überliefert[58]; ein anonym überliefertes Schreiben wird Arn von Salzburg zugewiesen, während die übrigen Antworten nicht zugeordnet werden können[59]. Im Auftrag seines Metropoliten Magnus von Sens hat Theodulf von Orléans eine besonders ausführliche Antwort verfasst, die recht breit überliefert ist und auch eine gewisse Nachwirkung besaß[60].

Susan Keefe hat insgesamt 61 Texte zur Taufe aus der hochkarolingischen Zeit untersucht und ediert[61], wobei sie vor allem beachtet hat, in welchem textlichen Zusammenhang diese kurzen und längeren Traktate überliefert sind. Sie hat dabei vier Arten von Tauftraktaten unterschieden, nämlich Instruktionen für Priester, Handbücher für den Bischof, Referenzwerke für Bischöfe und Lehrbücher für die Schulen[62].

Kirchliche Gesetzgebung

Eine Gesetzgebung des fränkischen Königs über kirchliche Belange gab es bereits unter Karls Vater Pippin, der zahlreiche Bestimmungen über die Ehe[63], aber auch über die Leistung des Zehnten[64] erlassen hat. Aus der Zeit Karls des Großen gibt es dann zahlreiche Kapitularien, in denen vielerlei kirchliche Fragen geregelt wurden. Wie weit diese Regelungen in innerkirchliche Belange eingriffen, kann man etwa an Äußerungen zum Heiligenkult und zur Reliquienverehrung sehen. Diese werden grundsätzlich natürlich anerkannt, aber es wurden Regeln erlassen, die dem Wildwuchs steuern sollten. So hatte schon die *Admonitio generalis* von 789 (c. 42) verboten, falsche Märtyrer und die Gedenkstätten unsicherer Heiliger zu verehren[65]. Und nach c. 42 von Frankfurt 794 sollten keine »neuen«, also von der Kirche nicht sanktionierten Heiligen verehrt oder angerufen werden[66]. Und im Kapitular von Diedenhofen (c. 17) wurden 805 solche Heiligenkulte verboten, die »erst neuerdings erfunden« worden waren[67]. Wenn in c. 78 der *Admonitio* dann die Himmelsbriefe, also angeblich vom Himmel gefallene Briefe, als »sehr schlecht und ganz falsch« bezeichnet wurden, denen man keinen Glauben schenken und die man verbrennen solle[68], dann kann das als Versuch angesehen werden, irrationale Äußerungen der Volksreligiosität möglichst zurückzudrängen.

In manchen Texten Alkuins und Theodulfs kommt eine kritische Haltung zur Reliquienverehrung zum Ausdruck, obwohl Alkuin kein Gegner der Reliquien war und selbst Reliquien gesammelt hat[69]. Dennoch hat Alkuin auch geschrieben, es sei besser, im Herzen dem Vorbild der Heiligen zu folgen, als ihre Gebeine bei sich zu tragen[70]. Auch der Wirksamkeit von Wallfahrten stand Alkuin skeptisch gegenüber[71].

Eine ähnliche Haltung zeigt das von Theodulf formulierte c. 45 der Synode von Chalon 813:

»Denn auch die, die nach Rom, nach Tours und an andere Orte pilgern, um dort zu beten, irren sehr. Da gibt es Priester, Diakone und andere Kleriker, die ein nachlässiges Leben führen und glauben, sich von ihren Sünden zu reinigen und ihr Amt recht auszuüben, wenn sie diese Orte aufsuchen. Es gibt auch Laien, die glauben ungestraft zu sündigen, weil sie oft an diesen Orten gebetet haben. Es gibt Mächtige, die eine Abgabe verlangen, um eine Reise nach Rom oder nach Tours zu unternehmen, wodurch die Armen unterdrückt werden; das tun sie allein aus Gier, was sie angeblich tun, um zu beten und die heiligen Orte zu besuchen. Es gibt auch Arme, die das machen, um einen besseren Grund zum Betteln zu haben. ... Sie alle glauben, allein durch das Ansehen der heiligen Orte von den Sünden befreit zu werden, und achten nicht auf das

Wort des heiligen Hieronymus: Nicht Jerusalem gesehen zu haben, sondern in Jerusalem gottgefällig gelebt zu haben ist lobenswert«[72].

Mit diesem Zitat haben wir die Reformsynoden von 813 erreicht, in denen die Bischöfe unter Karl dem Großen nochmals einen neuen Anlauf zur Reform von Kirche und Reich unternehmen wollten. Auf der Reichsversammlung im Frühjahr 813 wurde beschlossen, im gesamten Reich mehrere Synoden zu veranstalten, auf denen die Bischöfe über die »Verbesserung des Zustands der Kirche« beraten sollten; auch die fünf Konzilsorte werden hier genannt[73]. Da bis dahin noch nie in der Kirchengeschichte eine Reichssynode aufgeteilt in verschiedene Orte getagt hatte, muss diese Form erklärt werden: Wahrscheinlich sollte auf diese Weise ein möglichst enger Kontakt zu den besonderen Problemen in den einzelnen Regionen und damit eine adäquate Beschlussfassung erreicht werden. Man könnte sogar vermuten, dass Karl der Große und seine Berater das Kommunikationsproblem angesichts der großen Ausdehnung des Reiches erkannt hatten und zu bewältigen versuchten.

Die fünf Teilsynoden fanden im Mai und Juni 813 in Arles, Reims, Chalon, Tours und Mainz statt; im September wurde eine große Reichsversammlung nach Aachen einberufen, auf der die von den Teilsynoden ausgearbeiteten Texte zu einem einheitlichen Gesetzeswerk zusammengefasst werden sollten. Ein solches alle wichtigen Beschlüsse zusammenfassendes Kapitular ist allerdings nicht erhalten, vielleicht war Karl in den letzten Monaten seines Lebens zu einer solchen Anstrengung nicht mehr in der Lage.

Wahrscheinlich hat den Synoden ein Fragenkatalog vorgelegen, der allerdings in den einzelnen Orten unterschiedlich intensiv abgearbeitet wurde[74]. Eine Sonderstellung nehmen die Beschlüsse von Chalon ein, bei deren Formulierung mit Theodulf von Orléans ein besonders origineller Kopf beteiligt war[75]; sie stehen auch zahlenmäßig an der Spitze (67 Kanones). Wegen der großen Zahl und des reichen Spektrums von

Themen können die Kanones von 813 hier nicht im Einzelnen vorgestellt werden. Nur so viel sei gesagt, dass Bestimmungen zur Liturgie und zur religiösen Praxis ebenso erlassen wurden wie Kanones zur Reform des Klerus und der Mönche, zum Schutz der Kirchen und des Kirchenguts und Vorschriften über das Leben der Laien[76]. Dabei ging es vor allem um Ehe und Inzest und um kriminelle Vergehen von Laien.

Die Beschlüsse der Teilsynoden kennen wir vollständig nur aus zwei Handschriften, Clm 27246 (nach der Mitte des 10. Jahrhunderts in Straßburg geschrieben)[77] und Novara LXXI (zweite Hälfte des 10. Jahrhunderts); es könnte also zweifelhaft sein, ob die weitreichenden Beschlüsse auch verbreitet wurden. Allerdings hatten sie eine gewisse Nachwirkung, denn die Synode von Mainz 847 nahm eine Reihe der Kanones von 813 unter ihre Beschlüsse auf[78].

11 Bildung und Wissenschaft

Karl und die Schulen

Ehe die Leistungen Karls des Großen für die Ausbreitung der Bildung in seinem Reich dargestellt werden, soll etwas zu seiner eigenen Bildung und zu seinem Interesse an den Wissenschaften gesagt werden. Konkrete Aussagen über Karls Kenntnisse haben wir wieder einmal nur aus Einhards Karlsvita, die dazu einige interessante Nachrichten bietet.

Berühmt ist Einhards Aussage über den Kaiser, der sich bei Nacht im Schreiben übte:

> »Auch versuchte er sich im Schreiben und hatte unter seinem Kopfkissen im Bett immer Tafeln und Blätter bereit, um in schlaflosen Stunden seine Hand im Schreiben zu üben. Da er aber erst verhältnismäßig spät damit begonnen hatte, brachte er es auf diesem Gebiet nicht sehr weit.«

Daraus ergibt sich die immer wieder erörterte Frage, ob Karl tatsächlich in seiner Jugend nur wenig kulturelle Fertigkeiten erlernt hatte oder ob nur das Schreiben nicht dazu gehörte[1]. Gut 65 Jahre nach Karls Tod formulierte eine westfränkische Synode, die 881 in Fismes bei Reims zusammentrat, ein anderes Verständnis von Karls nächtlichen Schreibübungen:

> »Am Kopf seines Bettes hatte er immer ein Täfelchen mit einem Stift, und was er bei Tag und bei Nacht über den Nutzen der heiligen Kirche oder den Vorteil und Fortbestand des Reiches bedachte, schrieb er auf diesem Täfelchen auf und besprach es mit seinen Ratgebern«.

Zwei Generationen nach Karls Tod war es anscheinend nicht mehr vorstellbar, dass ein Herrscher der Franken das Schreiben nicht beherrschte.

Wenn wir davon ausgehen, dass Einhards Nachricht zutrifft, dann würde dies bedeuten, dass die Ausbildung, die Karl in seiner Jugend erhalten hatte, nicht sehr gründlich gewesen war – oder hatte er das meiste schon verlernt oder vergessen?[2]. Karl hat jedenfalls als Vater darauf geachtet, dass sowohl seine Söhne als auch seine Töchter eine gründliche literarische Ausbildung erhielten. Einhard schreibt über diesen Punkt folgendes (c. 19):

> »Für die Erziehung seiner Kinder fasste er (Karl) folgenden Plan: sowohl die Knaben als auch die Mädchen sollten zunächst in den Wissenschaften unterrichtet werden, an denen er selbst interessiert war«.

Wenn wir nach den Interessen Karls fragen, so erhalten wir auch darauf eine Antwort aus Einhards Biographie (c. 25):

> »Karl beherrschte nicht nur seine Muttersprache, sondern erlernte auch fleißig Fremdsprachen. Latein verstand und sprach er wie seine eigene Sprache. Griechisch konnte er allerdings besser verstehen als sprechen. ... Der König verwendete viel Zeit und Mühe auf das Studium der Rhetorik, Dialektik und besonders der Astronomie. Er lernte Rechnen und verfolgte mit großem Wissensdurst und aufmerksamem Interesse die Bewegungen der Himmelskörper«.

Für Karls wissenschaftliche Interessen haben wir neben Einhards Aussage noch weitere Belege. So gibt es kleine dialogische Schriften Alkuins zur Grammatik, in denen der angelsächsische Gelehrte sich mit dem Frankenkönig über einige grammatische Fragen unterhält. Und wir besitzen mehrere Briefe Karls an den irischen Gelehrten Dicuil, in denen astronomische Probleme erörtert werden[3].

Auch an einer anderen Stelle (in c. 24) spricht Einhard noch einmal von Karls wissenschaftlichen Interessen:

> »Während des Essens hörte Karl sich entweder Musik oder einen Vorleser an. Dabei wurden geschichtliche Werke und die Taten der Alten vorgetragen. Er hörte auch gerne die Werke

des heiligen Augustinus, besonders seine Schrift *De civitate Dei*, den »Gottesstaat«.«

Man darf allerdings aus dieser Nachricht nicht ohne weiteres den Schluss ziehen, dass Karl sich vorlesen ließ, weil er selbst nicht lesen konnte, denn auch im Kloster war es üblich, dass während der Mahlzeiten den Mönchen vorgelesen wurde, ohne dass dadurch etwas über vorhandene oder fehlende Literalität der Mönche ausgesagt ist.

Am Ende von c. 26 betont Einhard dann noch:

»Größte Aufmerksamkeit widmete Karl der Verbesserung des liturgischen Lesens und des Psalmengesangs: er war in beidem wohl bewandert, wenngleich er in der Öffentlichkeit nie vorlas und nur leise im Chor mitsang«.

Paul Dutton hat diese Äußerung Einhards und einige indirekte Aussagen von Quellen, in denen es heißt, dass der König nicht selbst las, sondern sich vorlesen ließ, als Belege für Karls fehlende Lesefähigkeit verstehen wollen[4]; dies erscheint mir nicht überzeugend. Eher leuchtet mir ein, wie Dutton Einhards Nachricht von den Schreibversuchen Karls erklären will: Karl habe nicht sicher schreiben können, weil er schon recht alt war, als er versuchte, die neuen Buchstabenformen der karolingischen Minuskel zu erlernen, dass er allein und isoliert versucht habe, seine mangelnde Schreibfähigkeit zu überwinden, weil er zu stolz gewesen sei, sein Unvermögen einzugestehen[5].

Es ist auch nicht sicher, ob Karls Vater Pippin lesen und schreiben konnte, obwohl wir wissen, dass Karl Martell seinen Sohn Pippin im Kloster St. Denis erziehen ließ[6]. Dagegen war für die merowingischen Könige die Fähigkeit zum Lesen und Schreiben im ganzen 7. und in der ersten Hälfte des 8. Jahrhunderts selbstverständlich[7]. Für das 9. Jahrhundert wissen wir sicher, dass Ludwig der Fromme und seine Söhne literarisch gebildet waren, während von den ostfränkisch-deutschen Königen des 10. Jahrhunderts erst Otto III. ohne jeden Zweifel lese- und schreibkundig war. Im 11. Jahrhundert sieht es dann besser aus: Heinrich II., Heinrich III. und Heinrich IV.

waren literarisch gebildet, anders als der erste Herrscher aus dem Salierhaus, Konrad II. Und auch bei den Staufern im 12. Jahrhundert hatte Friedrich I. Barbarossa wohl noch Schwierigkeiten mit dem Lesen und Schreiben, während seine Söhne Heinrich VI. und Philipp von Schwaben eine gründliche Schulbildung erhielten[8].

Den Ruhm Karls des Großen als eines bildungsfreundlichen Herrschers haben vor allem die *Gesta Karoli* des St. Galler Mönchs Notker verbreitet. Dieses Werk enthält zwei berühmte Geschichten über Karls Interesse an der Bildung und an der Schule. Die eine steht ganz am Anfang des Werkes (I, 1) und es heißt dort, dass am Beginn von Karls Herrschaft zwei Iren an die Küste Galliens gekommen seien, um dort wie Kaufleute die Ware Weisheit feilzubieten. Die Küstenbewohner hätten dieses Angebot nicht angenommen, aber König Karl habe die Iren zu sich eingeladen und sie nach dem Preis ihres Angebots gefragt. Sie hätten geantwortet, sie bräuchten nur geeignete Räumlichkeiten, empfängliche Schüler sowie für sich selbst Nahrung und Kleidung. Karl habe ihnen geeignete Orte zum Leben und zum Lehren angewiesen und ihnen eine große Zahl von männlichen Schülern übergeben.

In der anderen Episode (I, 3) ist davon die Rede, dass Karl nach seinem siegreichen Zug gegen die Langobarden in diese Schule gekommen sei und sich die Briefe und die Gedichte der Schüler habe vorlegen lassen. Es seien die Schüler einfacher Herkunft gewesen, die zur vollen Zufriedenheit des Herrschers gearbeitet hätten; ihnen habe der König deshalb Klöster und Bistümer versprochen. Die adeligen Schüler dagegen, die sich dem Spiel, dem Müßiggang und dem Wohlleben hingegeben hatten, habe der Herrscher bedroht: er mache sich nichts aus ihrem Adel, und wenn sie nicht mehr Strebsamkeit zeigten, so könnten sie keine guten Positionen in Reich und Kirche für sich erwarten.

Diese Kapitel über die Aufnahme der irischen Wanderlehrer im Frankenreich und über Karls Schulbesuch haben über das Mittelalter hinaus das Bild von Karl als einem Freund der Schulen und der Bildung geprägt. Wenn wir danach fragen, ob

diese legendenhaften Erzählungen der Wirklichkeit in Karls eigener Zeit entsprechen, dann können wir dafür eine Reihe von Zeugnissen anführen:
- Das Aufblühen der Wissenschaften im Frankenreich unter Karl dem Großen beruhte vor allem auf der Wirksamkeit ausländischer Lehrer. Wenn Notker dabei in erster Linie die Iren nennt, so dürfte das damit zusammenhängen, dass sein Heimatkloster St. Gallen von irischen Gelehrten geprägt worden ist. Es ist nämlich so, dass die wichtigsten gelehrten Berater Karls des Großen in Wahrheit nicht aus Irland, sondern aus Italien, aus England und aus Spanien kamen; die Iren spielten keine so große Rolle.
- Karls Initiative für die Bildung begann tatsächlich nach seinem zweiten Italienzug des Jahres 781. In Italien hatte er nämlich bedeutende langobardische Gelehrte für sich gewinnen können, und dort fand auch die Begegnung mit dem Angelsachsen Alkuin statt, der für ca. 15 Jahre der wichtigste Helfer des Frankenkönigs bei seinen Bemühungen wurde, das Niveau der Bildung von Geistlichen und Laien im Frankenreich zu heben.
- Auch dass die Schulen durch den Herrscher persönlich visitiert wurden, wird von einer zeitgenössischen Quelle bestätigt: Ein Schüler der Hofschule bekennt in einem in mangelhaftem Latein abgefassten Gedicht, dass er wegen seiner grammatischen Schnitzer von Karl selbst in handgreiflicher Form gerügt worden sei[9].

Alkuins Anwesenheit in der Umgebung Karls hatte eine Reihe von Erlassen zur Folge, unter denen ein Rundschreiben an die Bischöfe und Äbte seines Reiches aus dem Jahr 787, die *Epistola de litteris colendis*, und die *Admonitio generalis* von 789 hervorzuheben sind. In einem Rundschreiben an die Kleriker des Reiches, das vielleicht auch Alkuin formuliert hat, heißt es:

> »Mit regem Eifer suchen wir, weil uns die Verbesserung der kirchlichen Angelegenheiten sehr am Herzen liegt, die Pflege der Wissenschaften, die durch die Nachlässigkeit unserer Vor-

fahren fast in Vergessenheit geraten ist, wiederum zu fördern und laden durch unser eigenes Beispiel zum eifrigen Studium der freien Künste ein«[10].

Dieser Text muss etwas erläutert werden:
- Sicherlich, zu jeder Reform gehört, dass die Zeit davor möglichst schwarz gezeichnet wird, um die Helligkeit des Fortschritts umso stärker erscheinen zu lassen, aber in diesem Fall dürfte doch etwas dran sein. Am deutlichsten kann man die mangelnde Pflege der Wissenschaften in der Zeit vor Karl daran erkennen, dass es nötig war, ausländische Gelehrte an den Hof zu holen, weil es keine fränkischen von entsprechendem Niveau gab.
- Weiter: Die moderne Forschung hat in den letzten Jahrzehnten immer wieder betont, dass Karls Bemühungen um die Pflege der Wissenschaften nicht um ihrer selbst willen unternommen worden seien, sondern dass sie in erster Linie der Verbesserung der Klerikerausbildung dienen sollten. Dies ist in dem Rundschreiben auch ganz klar ausgesprochen.
- Das Vorbild Karls: Dass der König selbst voller Wissensdurst war, durch den er andere anspornte, kann nicht oft genug gesagt werden. Als Beleg kann man beispielsweise anführen, dass Karl 781 den damals berühmtesten Lehrer der Grammatik, Petrus von Pisa, aus Italien mitbrachte und bei ihm seine Kenntnis der lateinischen Sprache verbesserte. Oder es könnte an die Fragen erinnert werden, die der wissensdurstige Herrscher im Jahr 811 an den irischen Gelehrten Dungal richtete, nachdem 810 zweimal eine Sonnenfinsternis eingetreten war. Karl wollte wissen, ob diese Ereignisse auf natürliche Weise zu erklären seien, wie die heidnischen Philosophen und auch die Gelehrten in Byzanz meinten. Dungal antwortete mit einem ausführlichen Schreiben unter Berufung auf Plinius und Macrobius, also zwei Gelehrte aus der römischen Antike, dass zwei Sonnenfinsternisse im Abstand von sechs Monaten durchaus den Naturgesetzen entsprächen[11].

- Endlich die freien Künste: Damit waren die sieben Teilgebiete der höheren Bildung gemeint, wie sie bereits von den Gelehrten der Antike unterschieden und gelehrt worden waren; es handelt sich um die drei »redenden« Künste der Grammatik, Rhetorik und Dialektik, die als Trivium (»Dreiweg«) bezeichnet werden, obwohl sie alles andere als »triviale« Lehrinhalte boten, und es handelt sich um die »rechnenden« Künste des Quadrivium: Arithmetik, Geometrie, Musik und Astronomie. Schon im klassischen Altertum wurden diese Künste als *artes liberales*, als »freie Künste« bezeichnet, und das sollte heißen, es handele sich um Beschäftigungen, die eines freien Mannes würdig sind, im Unterschied zu den *artes mechanicae*, den Fertigkeiten der Handwerker.

Dass die Schulen vor allem für künftige Priester und Bischöfe gedacht waren, wird in der *Epistola de litteris colendis* von 787 ausgesprochen:

> »Wir hielten es für nützlich, dass in den uns durch Christi Gunst anvertrauten Klöstern außer der Ordnung regelmäßigen Lebens und dem Wandel in heiliger Religion bei denjenigen, die durch Gottes Gabe lernen können, je nach Fähigkeit der Lerneifer auch für das Studium der Literatur aufgebracht wird. Wie die Norm der Regel die Ehrbarkeit der Sitten verordnet und schmückt, so soll auch die Beharrlichkeit des Lehrens und Lernens Ordnung und Schmuck in die Wortfolge bringen, dass die, die Gott durch rechtes Leben gefallen wollen, nicht vernachlässigen, ihm durch richtiges Reden zu gefallen«[12].

Dies war nicht nur so dahingesagt. Die sprachliche Unkenntnis und Verwilderung war gerade auch bei den Klerikern weit verbreitet. Sie zeigt sich etwa im Fall eines bairischen Priesters, der nach dem Zeugnis des Bonifatius um 750 die Taufformel aus Unkenntnis so verstümmelte, dass er *in nomine patria et filia et spiritus sancti*, also »im Namen Vaterland und Tochter und des heiligen Geistes« taufte[13]. Oder sie ist daran zu erkennen, dass das Latein phonetisch geschrieben wurde und man lesen konnte: *Bibo* (statt: *vivo*) *ego, dicit Dominus*. Also: »Ich trinke (statt: ich lebe), spricht der Herr«[14].

Karl gab in dem Rundschreiben auch der Befürchtung Ausdruck, dass Gebete, die grammatisch nicht korrekt formuliert seien, auch nicht erhört werden könnten. Außerdem sei es nötig, zum Verständnis der heiligen Schrift mit den rhetorischen Figuren und den Geheimnissen der Logik vertraut zu sein.

Vor allem die letzte Passage enthielt etwas Neues: Nachdem die Kirche lange Zeit gepredigt hatte, Jesu Jünger seine keine Redner, sondern Fischer gewesen, daher sei nicht die *eloquentia oratorum* (rhetorische Eloquenz), sondern der *sermo piscatorum* (die Sprache der Fischer) maßgebend für den Sprachstil der Christen, werden jetzt sprachliche Schnitzer als Sünden aufgefasst[15]. Der Kirchenvater Hieronymus († 427) hatte betont, dass er ein Christ und kein Ciceronianer sei; jetzt sollte dagegen der von Cicero gesetzte Standard auch für das Schreiben der Kleriker maßgeblich sein.

In einem anderen Sendschreiben verkündete Karl:

> »Wir haben es nicht geduldet, dass in unseren Tagen bei den heiligen Lesungen während der Gottesdienste ungehörige Sprachschnitzer zu hören sind«[16].

Die Sorge für ein grammatisch korrektes und stilistisch gepflegtes Latein kommt von den Inseln, aus Irland und England, von dort, wo weder die heidnisch geprägte antike Kultur bekämpft werden musste – weil es sie vor der Christianisierung nicht gab –, noch auch die entstehenden romanischen Sprachen das geschriebene Latein mit orthographischen und grammatikalischen Neuerungen verändert hatten. Wo man Latein als »Fremdsprache« erlernen musste, hatte man einen Sinn für korrekte Grammatik.

Was die Gründe für diese Haltung sind, ist in der Forschung umstritten. Während einige auf die »archaische« Religiosität verweisen, für die es wichtig gewesen sei für die Wirkung eines Gebets oder einer gottesdienstlichen Handlung, dass das Gebet oder der liturgische Text im richtigen Wortlaut gesprochen wird[17], betonen andere, dass ohne Kenntnisse, ohne sprachliche und grammatikalische Korrektheit der wahre Sinn, die wahre Bedeutung des biblischen Wortes oder der liturgischen Aussage nicht erfasst werden kann und verweisen darauf, dass sich schon der im Mittelalter hoch geschätzte Isidor von Sevilla († 635) in diesem Sinn geäußert habe[18].

Einen Höhepunkt erreichte der Kampf für ein korrektes Latein in der *Admonitio generalis*, wenn es heißt:

»Und dass Leseschulen für Knaben entstehen mögen. Psalmen, Kurzschrift, Gesänge, Computus, Grammatik und die katholischen Bücher sollt ihr sorgfältig verbessern in den einzelnen Klöstern und Bischofssitzen. Denn oft, wenn manche Gott auch gut bitten wollen, bitten sie schlecht aus unverbesserten Büchern. Und eure Knaben, lasst die nicht beim Lesen und Schreiben den Text verderben, vielmehr, wenn es nötig ist, ein Evangelium, Psalterium und Messbuch zu schreiben, sollen dies Erwachsene mit aller Sorgfalt tun«[19].

Walter Berschin kommentiert diese Anstrengungen folgendermaßen:

»Nie in der abendländischen Geschichte ist dem Lesen und Schreiben, der Grammatik, kurzum der Schule, ein so hoher Rang eingeräumt worden wie damals. ... Seine Hochschätzung der Dinge, die die Grammatiker trieben, sein grenzenloses Vertrauen in den Sinn ihrer Arbeit, und die Energie, mit der er die Ideen seiner Hofgelehrten in seinem Reich durchzusetzen begann, sind ein historisches Phänomen. ... Es ist nur scheinbar ein Widerspruch, dass ein *Rex illiteratus*, fast ein Analphabet, die größte und folgenreichste lateinische Sprachbewegung des Mittelalters ins Werk gesetzt hat. Gerade die Dialektik zwischen persönlichem Unvermögen und Herrscherwillen zur Wiederherstellung eines grammatischen Lateins hat der Bewegung Antrieb verliehen«[20].

Bald schon verlangte der Herrscher, dass die Kleriker geprüft wurden, ob sie auch die vorgeschriebenen Studien mit Eifer und Erfolg unternommen hatten:

»Wer unterrichtet ist, soll belohnt und zu weiterem Studium ermuntert, wer nachlässig und träge ist, soll mit Buße belegt werden«[21].

Worin die geforderten Kenntnisse bestanden, wissen wir genau, weil eine Liste mit Examensfragen erhalten ist. Demnach mussten künftige Priester

1. das Glaubensbekenntnis beherrschen und erklären können, 2. das Vaterunser mit seiner Auslegung kennen, 3. das Messbuch vollständig auswendig beherrschen, 4. die Exorzismen kennen, die über die Täuflinge und über die Besessenen gesprochen werden, 5. ebenso die Formel für die Aussegnung der Toten, 6. das Bußbuch, 7. den *Computus*, d. h. die Berechnung der kirchlichen Feste, 8. die römische Liturgie, 9. das Evangelium und die Sammlung der Perikopen, 10. die Homilien, also die Musterpredigten Papst Gregors des Großen für die Predigt an Sonn- und Feiertagen, 11. die Vorschriften für das Leben der Kanoniker bzw. der Mönche, 12. das Pastoralbuch Gregors des Großen und das Buch von den kirchlichen Pflichten des Isidor von Sevilla, 13. den Pastoralbrief des Papstes Gelasius, und schließlich 14. die Fähigkeit, Urkunden und Briefe zu schreiben[22].

Dass neben den sachlichen Notwendigkeiten auch die menschlichen Voraussetzungen stimmen müssen, wenn eine Bildungsreform Aussicht auf Verwirklichung haben soll, auch dies wußten Karl und sein Berater Alkuin:

»Für das Studium der Wissenschaften wähle man Männer aus, die Lust und Fähigkeit zu lernen haben und auch das Verlangen tragen, andere zu unterrichten«[23].

Wir besitzen auch Belege dafür, dass mindestens einige der mit dem Rundschreiben von 787 angeschriebenen Bischöfe und Äbte sich bemüht haben, die Forderungen des Königs in die Praxis umzusetzen. Bereits kurz nach der Aachener Versammlung von 789 ließ Abt Sintpert von Murbach im Elsaß in seinem Kloster eine Schule einrichten, in der die Ordensregel und die Liturgie, die heilige Schrift und auch die freien Künste studiert werden sollten. Alle Schüler mussten sich auch im täglichen Umgang auf Latein unterhalten, weil dadurch – wie es heißt –

»mehr als durch Lektüre für das Verständnis der heiligen Schrift gewonnen werde und auch der Ausdruck im Schriftlichen sich verbessere«[24].

Was die Größe dieser Klosterschulen angeht, so wissen wir aus einer Klosterordnung für St. Riquier aus dem Anfang des 9. Jahrhunderts, dass die dortige Schule mindestens 100 Schüler haben sollte[25].

Auf Alkuins Anregung geht es wohl zurück, wenn die Schüler in Klassen von Leseschülern, Singschülern und Schreibschülern aufgeteilt wurden, wobei jede Klasse einen eigenen Lehrer haben sollte.

Um die geforderten Gegenstände zu lehren, mussten die Schulen auch mit Büchern ausgestattet werden. Als Autor von Schulbüchern ist vor allem Alkuin selbst hervorgetreten. In Form von Dialogen schrieb er Einführungen in die Grammatik, die Orthographie, die Rhetorik und die Dialektik, also für die drei Fächer des Trivium, die für das Studium der heiligen Schrift und die Ausbildung der Kleriker besonders wichtig waren.

Erst in den letzten Jahren hat die Forschung erkannt, dass nicht nur die Fächer des Trivium ihre mittelalterliche Grundlegung in der Zeit Karls des Großen erhalten haben, sondern auch die Fächer des Quadrivium. Eine vielleicht schon 793 in Verona entstandene Enzyklopädie der »Naturwissenschaften« wurde seit 809 auf Befehl Kaiser Karls neu redigiert und sie erfuhr 818 eine dritte Redaktion[26]. Dieses Werk griff auf die heidnischen Autoritäten des Aratus, des Plinius, des Macrobius und des Martianus Capella zurück und stützte sich unter den christlichen Autoren auf die Angelsachsen Beda Venerabilis († 735) und Alkuin. Arno Borst hat vor einigen Jahren entdeckt, dass die karolingischen Gelehrten die Naturgeschichte des Plinius kannten und für ihre naturwissenschaftlichen Studien benutzten[27]. Es ist also nicht richtig, wenn gesagt wird, dass der lateinische Westen seine Kenntnisse auf dem Feld der Naturwissenschaft allein Byzanz und den Arabern verdanke; es gibt vielmehr auch eine lateinische Traditionslinie wie Borst schreibt:

> »Die Erforschung der Natur begann im lateinischen Europa nicht um 1120 an den Hochschulen Frankreichs, sondern um 780 am fränkischen Königshof; ihr erster Anstoß kam nicht vom Staunen über die Vernunft im Kosmos, sondern vom Zwang zur Regelung der Feiertage und Arbeitszeiten; ihre

frühesten Lehrmeister heißen nicht Platon und Aristoteles, sondern Plinius und Beda«[28].

Am Rande eines Konzils in Aachen rief der Kaiser im Jahre 809 die Fachleute der Zeitrechnung (*compotistae*) zusammen; diese »erste Gelehrtenversammlung des Mittelalters« (Borst)[29] sollte die wichtigsten Fragen des Kalenders klären, also die Frage nach dem Termin der Tagundnachtgleiche im Frühjahr, von dem bekanntlich der Ostertermin abhängt, oder die nach dem Termin des Schalttages und so weiter, um im gesamten Reich zu einheitlichen Regelungen zu gelangen. Im Anschluss an diesen Komputistenkongress wurde der damalige Leiter der Hofschule, Einhard, beauftragt, ein Handbuch über die Zeitenordnung zu verfassen. In unserem Zusammenhang ist interessant, dass dieses Handbuch als Teamwork von mehreren Wissenschaftlern zustande kam, dass also nicht ein einzelner Bearbeiter, sondern ein Autorenkollektiv auftrat, das die erste Fachenzyklopädie des Mittelalters zusammenstellte[30].

Aber auch die Laienbildung lag Karl am Herzen. Sie sollte dazu dienen, in allen Kirchen Sänger und Messdiener heranzubilden, und auch dazu, dass das Volk die wichtigsten Dokumente des christlichen Glaubens, nämlich das Glaubensbekenntnis und das Vaterunser, sprechen und verstehen konnte. Vor allem die Taufpaten sollten von ihrem jeweiligen Gemeindepfarrer darauf geprüft werden, ob sie Glaubensbekenntnis und Vaterunser hersagen können, ehe sie einen Täufling aus der Taufe heben durften[31].

Bischof Theodulf von Orléans – ein anderer Helfer Karls – hat diesen Wunsch seines Kaisers in einer Anordnung an die Priester seiner Diözese so formuliert:

> »Die Pfarrer sollen in den Dörfern und auf den Gutshöfen Schule halten, und wenn einer der Gläubigen ihnen seine Kinder anvertraut, damit sie in den Wissenschaften unterrichtet werden, dann sollen sie diese nicht zurückweisen, sondern sie mit größter Liebe unterrichten. Sie sollen für diesen Unterricht aber keine Entschädigung verlangen, es sei denn, dass die Eltern ihnen aus Dankbarkeit freiwillig etwas geben«[32].

Ganz ohne praktische Auswirkung scheinen diese recht idealistisch anmutenden Vorschriften nicht geblieben zu sein, denn noch in der zweiten Hälfte des 9. Jahrhunderts gibt es – wenigstens im Westen des Frankenreichs – einige wenige Zeugnisse für eine Schulausbildung von Laien. Aber nicht nur im westfränkischen Gebiet, also im heutigen Frankreich, gab es Schulen, sondern auch im Osten. So ermahnte ein bairischer Bischof anlässlich einer Kirchenvisitation die Eltern, ihre Kinder in die Schule zu schicken[33].

Dass nicht nur der Unwille der Landpfarrer, ihre Pfarrkinder zu unterrichten, einer reichsweiten Umsetzung dieser Pläne für eine allgemeine Schulbildung der Laien im Wege stand, sondern dass es auch bildungsunwillige Laien gab, belegt jene Verordnung:

> »Wer durchaus nicht lernen will, soll mit Schlägen und mit Fasten bei Wasser und Brot gezüchtigt werden, bis er alles vollständig gelernt hat. Wer sich dagegen wehrt, soll vor den König gebracht werden, Frauen sollen aber mit Peitschenhieben und Fasten in ihrem Widerstand gebrochen werden«[34].

Aus dem letzten Satz können wir ersehen, dass die Bildung auch für Frauen gedacht war, aber auch, dass die angedrohten Sanktionen eine Art von Gutsherrenmentalität erkennen lassen. Außerdem erscheint es uns merkwürdig, dass in einem Reich, in dem an den meisten Orten aus organisatorischen oder personellen Gründen gar keine Schule bestand, bereits der Schulzwang angeordnet wurde. Dieser Widerspruch ist bezeichnend für das ganze Bildungswesen der Karolingerzeit und wir dürfen ihn sicher nicht aus dem Auge verlieren und allzu ideale Verhältnisse konstruieren.

Nun ist einiges von den Schulen gesagt worden, aber gibt es auch Anhaltspunkte dafür, dass höhere Lehranstalten, also Ausbildungsstätten für künftige Lehrer und Gelehrte, existierten? Immer wieder ist in der Literatur von der »Akademie« Karls des Großen die Rede, und Alkuin spricht ja tatsächlich in einem Brief von »Akademikern«[35]; aber es ist zweifelhaft, ob damit mehr gemeint ist als eine Anspielung auf die Akademie im antiken Athen. Haben wir dennoch in Karls »Akademie« einen Vorläufer der Universitäten des hohen Mittelalters oder gar der neuzeitlichen Akademien vor uns?

Dies nun zweifellos nicht, denn die »Akademie« Karls des Großen war nichts weiter als der Kreis jener Gelehrten, die in der Umgebung des Herrschers lebten und in deren von klassischen Vorbildern geprägtem Umgang auch der Herrscher selbst eingeschlossen war. In diesem Kreis herrschte ein lockerer Ton, wie zahlreiche Gedichte bezeugen, die – wie immer, wenn Gelehrte unter sich sind – vor allem auch vom Spott über die Kollegen leben. Man redete sich mit aus der Antike oder aus der Bibel genommenen Decknamen an[36], pries den allgegenwärtigen Karl und machte sich über die Eigenschaften und Eigenheiten der Freunde lustig.

Als Beispiel seien einige Verse aus einem Gedicht Theodulfs von Orléans zitiert, wo es über Alkuin heißt:

> »Zugegen sei auch *Flaccus* (Deckname von Alkuin), die Zierde unserer Dichter, der es versteht, im lyrischen Versmaß vielerlei laut zu besingen. Er ist auch ein hervorragender Gelehrter, er ist auch ein klangreicher Dichter, und wie er ein Meister im Denken, so ist er auch ein Meister der Tat«[37].

Über Einhard schreibt Theodulf:

> »*Nardulus* (das ist Einhard) flitze hin und her in ununterbrochenem Laufe, wie die Ameise kommt und geht emsig dein Schritt. Sein kleines Haus wird von einem großen Wirte bewohnt, und ein großes Talent schlummert in den Tiefen der schmalen Brust. Und jener möge bald Bücher, bald mühevolle Probleme wälzen, Pfeilspitzen auch bald schussfertig machen, bestimmt zur Tötung des Schotten«[38].

Am Schluss hat Theodulf noch einige Schimpfwörter über die von ihm gar nicht geliebten Iren angebracht:

> »Während sich dies abspielt, während meine Gesänge vorgelesen werden, möge auch das Schottenbürschchen dort sein, das ungeniert tobende Dingsda, das Gespenst, der Gottseibeiuns, das blöde Scheusal, die Pestbeule, das Zankluder, die Vogelscheuche, das Erzlaster, der Wildfang, das Schandmal, der

Faulpelz, der Gräuel, den Frommen verhasst, den Guten zuwider«[39].

Aber nur auf solche lockeren Impressionen und Sprüche beschränkte sich das Leben an dieser »Hofakademie« Karls des Großen dann doch nicht. Aus ihren Reihen stammten jene Theologen, die nach der Wiedereinführung der Bilderverehrung in Byzanz durch das zweite Konzil von Nicaea 787 ein Werk voll von heftigster Kritik an den Beschlüssen dieses Konzils zusammenstellten, das sich als ökumenisch, also für die gesamte Christenheit gültig, verstand. Anscheinend wurde dieses Werk in Anwesenheit des Königs verlesen und diskutiert. Am Rand der erhaltenen Reinschrift (heute: Cod. Vat. lat. 7207) wurden in tironischen Noten, einer Art Kurzschrift, knappe Kommentare notiert, die gut zu einem aufmerksamen Zuhörer passen, wie es Karl der Große gewesen sein könnte: *bene, optime, recte, verissime, catholice* (»gut«, »hervorragend«, »richtig«, »sehr wahr« oder »rechtgläubig«) oder noch differenzierter: *syllogistice, eleganter, sapienter, acute, scholastice* (»sehr fein argumentiert«, »sehr klug«, »sehr scharfsinnig« oder »sehr gelehrt«)[40].

Die Gelehrten am Hofe Karls des Großen verkehrten nicht nur mit dem Herrscher und seiner Familie, sondern sie wirkten auch als Lehrer an der Schule, die am jeweiligen Aufenthaltsort Karls – seit 794 auf Dauer in Aachen – bestand. In dieser Hof- oder Palastschule wurde eine Anzahl von *pueri, pueri palatini* unterrichtet. Es handelte sich um ca. 30 Eliteschüler, die aus dem gesamten Reich zusammengeholt worden waren. Sie brachten bereits elementare Kenntnisse – vor allem im Lateinischen – mit. Neben der Lektüre der lateinischen Autoren aus der Antike scheint die Ausbildung im Kirchengesang und die Erlernung des Schönschreibens ein wichtiger Auftrag dieser Hofschule gewesen zu sein. Die Abschrift von Werken aus der heidnischen und mehr noch aus der christlichen Antike, in erster Linie also der Schriften der sogenannten Kirchenväter wie Augustin, Hieronymus, Ambrosius und Gregor der Große, aber auch Isidor von Sevilla und Beda Venerabilis, gehörte überhaupt zu den bedeutendsten Leistungen der karolingischen Bildungsreform.

Damit diese Werke ohne Schwierigkeiten im ganzen Reich gelesen werden konnten, wurde eine leicht lesbare Schrift entwickelt, die Karolingische Minuskel, die zum Vorbild für unsere heutige Buch- und Schreibmaschinenschrift geworden ist. Wir wissen zwar bis heute nicht, wo und auch nicht genau, wann diese neue Schrift entwickelt wurde[41], aber es wirkten bei ihrer Entstehung irische, angelsächsische und italienische Einflüsse zusammen, d. h. die Vorbilder der wichtigsten Kulturregionen jener Zeit, die auf das Frankenreich Einfluss ausübten, lassen sich auch hier nachweisen. Im Vergleich zu den älteren Schriftformen, die in ihrem Gebrauch regional begrenzt waren, war die neue Schrift besser lesbar und sie wurde anscheinend in mehreren Schreibschulen des Frankenreichs nahezu gleichzeitig eingeführt.

Die Bedeutung der Herstellung von Handschriften in karolingischer Zeit wird deutlich, wenn wir sehen, dass aus der Zeit von 800 bis um 900 heute noch über 7000 Codices, also handgeschriebene Bücher, erhalten sind[42]. Dagegen sind aus der Merowingerzeit, also der Epoche zwischen 500 und 750, lediglich 300 Codices oder Fragmente auf uns gekommen. Die Gesamtzahl der Handschriften, die sich im christlichen Westen von Christi Geburt bis zum Jahr 800 erhalten haben, beläuft sich auf ca. 1500 Codices.

Nach dem Ausweis der heute noch erhaltenen Handschriften sind im 9. Jahrhundert folgende Orte als Zentren der Buchproduktion von Bedeutung: St. Martin in Tours, Reims, St. Denis, Corbie und Fleury im Westen, und St. Gallen, Lorsch, Fulda, Freising und Salzburg im Osten; in Oberitalien ist vor allem das Kloster Bobbio zu nennen.

Die ebenfalls große Produktion von Handschriften auf der Insel Reichenau ist bis auf geringe Reste verloren. Da sich aber ein Bibliothekskatalog der Reichenau aus dem Jahr 822 erhalten hat, wissen wir, dass es in diesem Kloster damals 450 Codices gab, in der Hauptsache Werke von kirchlichen Schriftstellern, liturgische Bücher und Heiligenviten, aber auch einige Grammatiker, Rechtssammlungen und Geschichtswerke sowie Codices mit Gedichten sowie Schriften über Naturwissenschaft und Technik.

Der Anteil von Handschriften mit Werken heidnischer Dichter und Philosophen war extrem gering – und das gilt nicht nur für die Reichenau, sondern etwa auch für das benachbarte St. Gallen, in dessen Katalog von ca. 850 zwar 400 Handschriften verzeichnet sind, von diesen aber nicht einmal 20 Texte von heidnischen Autoren enthielten. Für andere Klosterbibliotheken wie Lorsch oder Corbie, Fulda oder Fleury und vor allem für die Hofbibliothek des Kaisers werden aber höhere Anteile von heidnischen Autoren angenommen[43].

Die genannten Orte waren auch Zentren der Gelehrsamkeit. Unter diesen soll nur noch das Martinskloster in Tours erwähnt werden, weil sich dorthin Karls wichtigster Berater, Alkuin, im Jahr 796 zurückzog, um dort bis zu seinem Tod (804) eine große Anzahl von Schülern zu unterrichten, die aus dem ganzen Frankenreich zu ihm kamen. Unter anderem beschäftigten sich diese Schüler mit der Korrektur des Bibeltextes und der Herstellung von großformatigen Bibeln. Bis ca. 850 wurden in Tours solche Vollbibeln hergestellt; noch 45 von ihnen sind erhalten. An der Herstellung dieser monumentalen Bücher arbeiteten mehrere Schreiber viele Monate lang[44].

Später entwickelte sich ein solches überregionales Schulzentrum auch ganz im Osten des Frankenreichs, in Fulda. Dorthin, zu dem bedeutenden Lehrer Hrabanus Maurus, der seit ca. 804 die Schule von Fulda leitete, kamen Schüler auch aus dem Westen des Reichs, wie der Fall des Westfranken Lupus von Ferrières († nach 862) zeigt[45]. Dieser Gelehrte bezeugt auch, dass es in der Regierungszeit von Karls Sohn und Nachfolger Ludwig dem Frommen mit der Förderung der Wissenschaften nicht allzu gut stand. Er schreibt nämlich um 830:

>»Seit meiner frühen Kindheit ist mir die Liebe zur Wissenschaft eingeboren; und ich habe ihre Pflege nicht, wie so viele es heute tun, als Müßiggang verachtet. Hätte nicht Mangel an

Lehrern geherrscht, hätte die Missachtung der Bildung nicht beinahe dazu geführt, das Studium der Alten zu unterlassen, so hätte ich meinen Hunger tatsächlich stillen können. Freilich, der erlauchte Kaiser Karl erneuerte es, wofür ihm Ehre und ewiger Ruhm gebühren. Ein wenig erhob die Wissenschaft wieder ihr Haupt«.

»Ein wenig« also nur, aber heute, so fährt Lupus fort, »fällt zur Last, wer etwas lernen will«. Und »Fortschreiten zu können von der Grammatik zur Rhetorik und der Reihe nach weiter zu den anderen freien Künsten, das ist gegenwärtig nur ein Märchen« [46].

Möglicherweise spielt Lupus dabei auf die Veränderungen in der Bildungspolitik an, die sich unter Ludwig dem Frommen schon am Anfang seiner Regierung abzeichnen. Das Konzil von Aachen rückte schon 817 die asketischen Ideale des monastischen Lebens stärker in den Vordergrund und forderte daher die Abschaffung der »äußeren« Schulen in den Klöstern und an den Kathedralen: künftig sollten dort nur noch zukünftige Kleriker oder Mönche ausgebildet werden. Angehörigen der weltlichen Führungsschicht des Reiches und erst recht einfachen Laien war es damit stark erschwert, eine literarische Bildung zu erhalten.

Lupus hatte auch Interesse am Erlernen der Volkssprache des östlichen Frankenreichs, des Althochdeutschen. Aus der Zeit Karls des Großen haben sich nur wenige Zeugnisse in der Volkssprache erhalten. Es war aber von zentraler Bedeutung für ein christliches Frankenreich, dass die Grundtexte des Glaubens, das Vaterunser und das Credo, in der Volkssprache greifbar und erlernbar waren[47]. Beide Texte zusammen sind in althochdeutscher Fassung in einer Handschrift aus St. Gallen aus dem ausgehenden 8. Jahrhundert enthalten (Cod. 911)[48], das Vaterunser allein in zwei Münchner Handschriften des beginnenden 9. Jahrhunderts, die aus Freising (Clm 6330) bzw. aus Regensburg (Clm 14510) stammen. Es handelt sich dabei um das Freisinger Paternoster, das nicht nur eine Übersetzung in die Volkssprache, sondern auch eine ebenfalls volkssprachige Erklärung bietet[49].

Aber nicht nur solche kurzen Texte aus dem kirchlichen Bereich, sondern auch volkssprachige Wörter aus anderen Gebieten haben sich aus der Zeit Karls des Großen erhalten. Einhard überliefert in der Karlsvita (c. 29) die althochdeutschen Monatsnamen und zwölf Namen für Winde, und er schreibt davon, dass Karl »die uralten heidnischen Lieder, in denen die Taten und Kriege der alten Könige besungen wurden, aufschreiben ließ, um sie für die Nachwelt zu erhalten«. Davon ausgehend hat die ältere Forschung von einem »Heldenliederbuch« gesprochen, was später zum Teil vehement abgelehnt wurde; Wolfgang Haubrichs hat eine vermittelnde Position bezogen und meint, dass es wohl doch Lieder auf die Vorgänger und Vorfahren Karls gegeben hat, von denen auch der Poeta Saxo im ausgehenden 9. Jahrhundert spricht[50]. Dass Ludwig der Fromme später diese volkssprachigen Dichtungen unterdrückte und vielleicht vernichten ließ, wird durch eine Stelle in der Ludwigbiographie Thegans bestätigt, wo es heißt:

> »Die heidnischen Lieder, die er in seiner Jugend gelernt hatte, verachtete er und wollte sie weder lesen, noch hören, noch lehren«[51].

Auch eine Grammatik der Volkssprache soll Karl nach Einhard in Auftrag gegeben haben; ein weiteres Zeugnis dafür gibt es allerdings nicht und wir wissen auch nicht, wie eine solche Grammatik eigentlich ausgesehen haben könnte[52].

Wissenschaftliche Berater

Die wichtigsten wissenschaftlichen Berater Karls des Großen kamen aus vier Gebieten außerhalb des Frankenreichs, nämlich aus Italien, aus dem angelsächsischen England, aus Spanien und aus Irland.

Von den Gelehrten aus Italien ist zuerst Petrus von Pisa zu nennen, der in Pavia, dem Sitz der langobardischen Könige, Grammatik gelehrt hatte. Der Angelsachse Alkuin, von dem noch die Rede sein wird, hatte ihn 767 auf einer Italienreise in einer Disputation mit einem jüdischen Gelehrten erlebt. Als Karl der Große 773/774 das Langobardenreich eroberte, nahm er den damals schon recht betagten Petrus von Pisa als seinen Lateinlehrer ins Frankenreich mit. 773/774 verfasste Petrus ein Preisgedicht auf Karls Langobardensieg und die Taufe der Sachsen[53]; das zeigt, dass er voll und ganz auf die Seite des fränkischen Siegers über Langobarden und Sachsen getreten war. Dass er dennoch bald wieder nach Italien zurückkehrte, wo er 799 verstarb, dürfte damit zusammenhängen, dass er sich mit Alkuin so gar nicht verstand.

Als nächster »Italiener« ist Paulinus von Aquileia zu nennen, auch er ein Grammatiker, der sich seit 776/77 im Frankenreich aufhielt. 787 wurde er zum Patriarchen von Aquileia erhoben, er starb am 11. Januar 802. Auch Paulinus hat sich schon früh zu Karl als dem neuen Herrn Italiens bekannt: An Ostern 776 präsentierte er nämlich bei einem Gottesdienst in Treviso unmittelbar nach der Niederwerfung eines langobardischen Aufstands im östlichen Oberitalien einen Gesang auf Christus, an dessen Ende Karl als König dargestellt wird, der mit großer Milde herrscht und ein kluger Lenker des Reiches sei. Zwei Monate später schenkte der Frankenkönig dem Dichter den Grundbesitz eines beim Aufstand getöteten langobardischen Rebellen[54].

Im Jahr 777 war Paulinus anscheinend in Sachsen und im darauf folgenden Winter trug er sein großes Gedicht über die Bekehrung der Sachsen am Hof des Königs vor[55]. Karl der Große hatte mit Paulinus dann vor allem beim Konzil von Frankfurt 794 näheren Kontakt, für das der Gelehrte theologische Gutachten über die dort verhandelte Häresie des Adoptianismus anfertigte.

Der vielleicht bedeutendste italienische Gelehrte war Paulus Diaconus, der zwischen 720 und 730 im Friaul als Sohn eines langobardischen Adligen geboren wurde. Er war der Lehrer einer Tochter des letzten Langobardenkönigs Desiderius, die er nach Benevent begleitete, als sie den Herzog Arichis von Benevent heiratete. Nach dem Ende des Langobardenreichs trat Paulus in das Kloster Montecassino ein, wohl aus Verzweiflung über das Ende der Unabhängigkeit seines Volkes.

Ein Bruder des Paulus war in den Aufstand verwickelt, der 776 im Friaul gegen die Franken ausbrach. Nach dessen Niederwerfung wurde dieser ins Frankenreich deportiert, wohin ihm Paulus 782 folgte, um seinen Bruder wieder frei zu bekommen. In einem ergreifenden Gedicht hat Paulus das Schicksal seines gefangenen Bruders und dessen in Italien mit ihren Kindern allein zurückgebliebenen Frau für den Frankenkönig beschrieben[56]. Wahrscheinlich 787 kehrte er nach Montecassino zurück, wo er um 797 verstarb.

In unserem Zusammenhang ist Paulus Diaconus weniger als Verfasser der Geschichte der Langobarden zu erwähnen, sondern als Autor einer Geschichte des Bistums Metz, die er auf Veranlassung von Bischof Angilram von Metz verfasste. Darin wird vor allem die Gestalt des Metzer Bischofs Arnulf († 640) hervorgehoben, der ja der »Spitzenahn« der Karolinger war[57]. Dessen Sohn Ansegisel erscheint bei Paulus mit dem Namen Anchis; damit hat er den gleichen Namen wie Anchises, der Vater des Aeneas, den man auch im frühen Mittelalter aus dem großen Epos des lateinischen Dichters Vergil kannte. Die Karolinger sind also mit dem aus Troja geflohenen Aeneas und damit mit den Römern verwandt. Wenn Paulus Diaconus als Angehöriger des von Karl besiegten Langobardenvolkes dazu bereit war, ein Geschichtswerk zu verfassen, das der Verherrlichung der karolingischen Dynastie diente, wird man das als Zeugnis dafür nehmen dürfen, dass es Karl gelungen war, auch diesen früheren Feind für sich zu gewinnen.

Die für Karl wichtigste Gestalt unter seinen Ratgebern war der Angelsachse Alkuin[58], der 782 im Frankenreich eintraf, nachdem ihn Karl 781 in Pavia kennen gelernt hatte, wo er auf einer Bildungsreise in Italien gerade Station machte[59]. Um 735 war Alkuin in Northumbrien geboren, er hatte die Kathedralschule in York besucht und war dort seit 767 als Bibliothekar und Lehrer tätig. Nachdem er von 790–793 nochmals in seine Heimat zurückgekehrt war, hielt er sich bis 796 in der

Umgebung Karls des Großen auf, um sich dann in die Abtei St. Martin in Tours zu begeben, die ihm Karl übertragen hatte. Unter Alkuins Leitung blühte das geistige Leben in dieser reichen und früher auch wissenschaftlich bedeutenden Abtei wieder auf. In Tours starb Alkuin im Jahre 804, nachdem er sich in seinen letzten Jahren mit Theodulf von Orléans zerstritten und auch vom Kaiser etwas entfremdet hatte.

Alkuin war der große Pädagoge im Frankenreich, der zahlreiche didaktische Schriften verfasste, die meist in Dialogform geschrieben und für die Praxis gedacht waren. Die Dialogform von Alkuins Lehrschriften kann als Entwurf für eine ideale Schulstunde verstanden werden. So wird in seiner »Grammatik« ein 14-jähriger Franke von einem 15-jährigen Angelsachsen abgefragt; wenn es schwierig wurde, musste der Magister eingreifen.

Die theologischen Werke Alkuins sind meist Bibelkommentare, also Erklärungen von einzelnen biblischen Büchern, wie der Genesis, der Psalmen und des Hohen Liedes, die Alkuin aus den Kommentaren der Kirchenväter zusammenstellte. Diese Kompilationen, also Aneinanderreihungen von Exzerpten aus älteren Werken, waren aber keine geistlos abgeschriebenen Aussagen der Kirchenväter, vielmehr wollte Alkuin deutlich machen, dass die Kirchenväter über viele Fragen unterschiedliche Meinungen geäußert hatten. Sprechen durch Zitate bedeutet nicht Verzicht auf eine eigene Meinung[60].

Alkuins dogmatische Schriften entstanden einmal im Adoptianismusstreit, zu dem auch Paulinus von Aquileia Stellung genommen hatte, außerdem schrieb Alkuin drei Bücher *De fide sanctae et individuae trinitatis* (»Über den Glauben an die heilige und unteilbare Dreieinigkeit«), die er Karl dem Großen widmete und die das erste große Werk des Mittelalters zur christlichen Dogmatik darstellen. Daneben verfasste Alkuin mehrere Heiligenviten und zahlreiche Gedichte sowie viele Briefe.

In seinem Umkreis wirkten mehrere Schüler[61], die er aus England mitgebracht hatte, von denen hier nur Candidus/

Witto genannt sei, der 798–801 in Salzburg als Lehrer tätig war und der vielleicht den ältesten Gottesbeweis des Mittelalters ausgearbeitet hat.

Der »Spanier« oder Westgote Theodulf von Orléans kam bald nach 780 an den Hof Karls, der ihm noch vor 798 das Bistum Orléans übertrug. Dort verfasste er für die Priester seiner Diözese eine Anweisung in 45 Kapiteln, ein Bischofskapitular, das großen Einfluss ausüben sollte[62]. Als theologischer Gutachter wurde er schon vor der Synode von Frankfurt 794 in der Bilderfrage tätig; damals schrieb er für den König eine Schrift gegen die Griechen[63]. Nach 800 entstanden weitere derartige Werke im Auftrag des Kaisers, so verfasste Theodulf im *Filioque*-Streit die Schrift *De processione sancti spiritus*[64] und zu Karls Taufumfrage die Schrift *De baptismo*[65].

Außerdem sind von Theodulf über 60 Gedichte erhalten, die sich durch Unmittelbarkeit und scharfe Beobachtung von Menschen und Umwelt auszeichnen und die ihn zum bedeutendsten Literaten seiner Zeit machen[66]. Auch sein kirchenpolitisches Wirken hat Theodulf dichterisch beschrieben, wenn er von einer Visitationsreise in seiner Diözese erzählt, während der er zahlreichen Bestechungsversuchen widerstehen musste. In seiner Kritik an den Zuständen im Reich scheute er sich auch nicht, den Herrscher selbst zu kritisieren. Anders als die meisten anderen Literaten seiner Zeit hat er kein übertriebenes Herrscherlob gesungen – schon unter Karl dem Großen nicht, noch weniger aber unter Ludwig dem Frommen. Dazu passt das traurige Ende Theodulfs, der 821 im Exil starb, weil er in die Verschwörung Bernhards von Italien gegen Ludwig den Frommen verwickelt gewesen sein soll.

Weitere bedeutende »Spanier« waren Agobard, der spätere Erzbischof von Lyon (um 769–840)[67], der seit 792 im Frankenreich weilte, und Claudius von Turin († um 827). Beide zeichnen sich durch sehr eigenwillige Stellungnahmen in verschiedenen Kontroversen ihrer Zeit aus, gehören aber in ihrer Wirksamkeit in die Zeit Ludwigs des Frommen.

Weniger bekannt als die Italiener, Angelsachsen und Spanier sind die irischen Gelehrten an Karls Hof[68]. Von diesen sei einmal

Clemens Scottus genannt, der unter anderem eine lateinische Grammatik verfasste[69], weiterhin der Dichter Hibernicus Exul[70], von dem nichts als sein Name bekannt ist, und endlich Dungal von St. Denis, an den sich Karl wandte, wenn er Belehrung in naturwissenschaftlichen, vor allem astronomischen Fragen benötigte[71]. Auch ein anderer Ire namens Dicuil († nach 825) schrieb naturwissenschaftliche Traktate.

Wesentlich jünger als diese aus dem Ausland ins Frankenreich gekommenen Gelehrten sind die Franken, als deren früheste Repräsentaten Angilbert, Modoin, Einhard und Hraban wenigstens genannt seien.

Angilbert, aus adliger Familie stammend, hatte Petrus von Pisa, Paulinus von Aquileia und Alkuin als Lehrer. 790 wurde er mit der Abtei St. Riquier an der Somme belehnt. Er war aber kein Geistlicher, sondern Laie und wurde wegen seiner Liebesbeziehung mit Karls Tochter Berta bereits erwähnt[72]. Sein Amt als Abt hat er aber sehr ernst genommen; er hat die Disziplin in seinem Kloster gehoben und sich besonders um einen Neubau der Kirche, um die Bibliothek und um die Reliquienschätze seines Klosters verdient gemacht. Er starb am 18. Februar 814, kurz nach Karl dem Großen.

Aus dem Süden des westlichen Frankenreiches stammte Modoin, der 815 Bischof von Autun wurde und nach 840 starb. Er widmete Theodulf von Orléans nach seiner Verbannung (818) ein Gedicht, in dem er den Verbannten mit dem Beispiel bedeutender Männer aus der römischen (Ovid, Vergil, Seneca) oder christlichen (Apostel Johannes und Bischof Hilarius von Poitiers, Boethius) Antike zu trösten versuchte[73]. Dieses Gedicht ist ein Zeugnis für eine geradezu renaissancehafte Verbindung mit der Antike.

Auch zwei bedeutende Ostfranken sind zu nennen, nämlich Einhard, der um 770 im Maingau geboren wurde, und Hrabanus Maurus, um 780 in Mainz geboren. Beide wurden zuerst in Fulda ausgebildet und waren dann zeitweilig Schüler Alkuins. Einhard wurde nicht Geistlicher, sondern blieb Laie; er war ein Kenner der Schriften des Vitruv und leitete seit ca. 800 die Arbeiten an der Aachener Kaiserpfalz; daher wurde er im Hofkreis mit dem Namen des Meisters der alttestamentarischen Stiftshütte, Beseleel, belegt.

Ein künstlerisches Werk Einhards, nämlich der Einhard-Bogen, ist zwar nicht mehr erhalten, aber recht gut durch frühneuzeitliche Zeichnungen bezeugt; Einhard hat es wahrscheinlich in der Zeit Ludwigs des Frommen geschaffen[74]. Im Lauf der Zeit wurden ihm neben der Karlsvita[75], die sicher von ihm stammt, auch wenn ihre Entstehungszeit immer noch nicht endgültig geklärt ist[76], weitere Werke zugeschrieben, wie die Überarbeitung der Reichsannalen und die Verfasserschaft am »Aachener Kaiserepos«[77]. Während er in den letzten Jahren Karls des Großen in der nächsten Umgebung des Kaisers weilte, zog er sich in der Zeit Ludwigs des Frommen vom Hof zurück, endgültig nach 833; er starb am 14. März 840 in dem von ihm nach eigenen Plänen erbauten Kloster Seligenstadt am Main.

Hraban wurde 801 zu Alkuin ins Martinskloster in Tours geschickt, von wo er nach dem Tod seines angelsächsischen Lehrers wieder nach Fulda zurückkehrte, um dort Leiter der Klosterschule zu werden; für kurze Zeit ist er wahrscheinlich auch am Hof Karls des Großen gewesen[78]. 822 stieg er in Fulda zum Abt auf; von 847 bis zu seinem Tod 856 hatte er als Erzbischof von Mainz den wichtigsten Bischofssitz im Ostfrankenreich inne. Seine zahlreichen Werke, Gedichte, Briefe, theologische Schriften, zahlreiche Bibelkommentare, eine Grammatik, eine Enzyklopädie in 22 Büchern, mehrere Bußbücher und ein Martyrologium hat er zum größten Teil erst nach 814 verfasst[79].

Abschließend sei noch darauf hingewiesen, dass man sich diese Gelehrten nicht als eine dauernd in der Nähe des Herrschers lebende und arbeitende »Hofakademie« vorstellen darf. Als sich Karl um 795 auf Dauer in Aachen niederließ, waren viele der Berater gar nicht mehr in seiner Nähe[80]: Petrus von Pisa war vor 790 nach Italien zurückgekehrt, Paulinus wurde 787 Patriarch von Aquileia, Paulus Diaconus hatte sich ins Kloster Montecassino zurückgezogen; Alkuin, der von 790 bis 793 nochmals in England war, übernahm 796 die Leitung der Abtei St. Martin in Tours und Theodulf war seit spätestens 798 Bischof von Orléans. Wenn Karl sich mit seinen wissenschaftlichen Freunden austauschen wollte, musste das schriftlich geschehen. Für uns ist das erfreulich, weil wir viele Briefe besitzen, die uns über den Inhalt des Austauschs informieren. In der Umgebung Karls in Aachen waren jetzt vor allem die fränkischen Gelehrten aus der zweiten Generation, Angilbert seit 792, Einhard seit etwa 794, Modoin und Hraban seit der Zeit nach 800[81].

Karolingische »Renaissance«?

Am Ende dieses Kapitels über die Bildungsreform Karls des Großen soll noch gefragt werden, wie es eigentlich mit dem Begriff der »Karolingischen Renaissance« steht: dürfen die Anstrengungen zur Hebung des Bildungsstandes im Frankenreich während der Regierung Karls des Großen als »Renaissance« bezeichnet werden[82]?

Dazu ist in Kürze folgendes zu sagen:
- Es gehörte durchaus zum Selbstverständnis der Zeit um 800, dass man an einer Wiedergeburt der Antike arbeitete. Aachen, die Hauptstadt des Frankenreichs, sollte als neues Rom – oder auch als neues Athen – zum geistigen Zentrum der christlichen Welt werden.
- Der Ruf *ad fontes*, »zurück zu den Quellen«, wie er in der Renaissance des 15. Jahrhunderts ertönte, war auch in der hier behandelten Zeit zu hören. Und dass dies nicht nur eine leere Formel war, zeigt sich in den großen Anstrengungen, die gemacht wurden, um an philologisch verlässliche und orthographisch richtige Texte der wichtigen Autoren zu kommen und sie dann wieder abzuschreiben. Ohne diese Anstrengungen hätten die Humanisten des 15. Jahrhunderts auf diese Texte gar nicht zurückgreifen können. Die besten und vielfach auch die ältesten Überlieferungen der Werke der antiken Dichter und Schriftsteller sind bis heute meist Kopien der Mönche aus den

Klöstern der Karolingerzeit. Mit dem Abschreiben dieser Texte, von denen nur einige wenige in den gallischen Klöstern seit der Spätantike erhalten geblieben waren, begann man um 780.
- Auf jeden Fall kann man von einer Renaissance der Dichtung sprechen, denn zum ersten Mal seit Jahrhunderten gab es eine größere Anzahl von Dichtern, die – gefördert durch einen interessierten Herrscher – eine beträchtliche Anzahl von Gedichten produzierte. Vier umfangreiche Quartbände in der Editionsreihe der Monumenta Germaniae Historica mit insgesamt fast dreieinhalbtausend Seiten belegen die heute noch vorhandene gewaltige dichterische Produktion: viele lateinische Verse, von denen unser heutiges ästhetisches Empfinden allerdings nur in seltenen Fällen angesprochen wird. Sie bezeugen aber in jedem Fall die intensiven Anstrengungen zahlreicher Autoren jener Epoche, den antiken Poeten nachzustreben, ja sie in Metrum, Form und auch in vielen aus der antiken Dichtung entnommenen Halb- oder Ganzversen nach allen Regeln der Kunst nachzuahmen.
- Auch die Kommunikation unter den Dichtern und Gelehrten entspricht durchaus dem Muster, das wir aus der Zeit der Humanisten des 14. bis 16. Jahrhunderts kennen. Nicht nur nimmt die Hofakademie Karls des Großen die Symbiose zwischen Fürsten und Dichtern und Gelehrten an spätmittelalterlichen und frühneuzeitlichen Höfen geradezu vorweg, sondern auch die in großer Zahl erhaltenen Briefe bezeugen eine durch die Briefwerke der Antike beeinflusste Form wissenschaftlichen und menschlichen Austausches, wie ihn die späteren Jahrhunderte des Mittelalters – eben bis in die Zeit des Humanismus – in diesem Umfang nicht gekannt haben. Freundschaft war die Basis für den gelehrten Austausch, und sie wurde gepflegt und gefeiert, wie wir dies auch aus den Briefen Ciceros oder der Humanisten kennen.
- Sogar die Jagd nach bestimmten Büchern mit selten vorhandenen Werken, wie sie viele Gelehrtenbriefe des

15. Jahrhunderts belegen, lässt sich bereits in der Karolingerzeit nachweisen, vor allem im Briefwechsel des schon erwähnten Lupus von Ferrières, dem anscheinend in erster Linie an Werken von lateinischen Autoren der klassischen Antike gelegen war[83].
- Der Kreis der Poeten und Künstler um Karl den Großen gab sich antike Beinamen, so hieß Angilbert Homer, Alkuin Flaccus (= Horaz), Modoin Naso (= Ovid). Der König wird aber nicht als Caesar oder Augustus, sondern fast immer als »David« bezeichnet, nur das fragmentarisch erhaltene »Aachener Kaiserepos« nennt ihn Caesar.

Dennoch ist aber den Kritikern des Begriffs der karolingischen Renaissance insoweit zuzustimmen, dass es Karl dem Großen und seinen Mitstreitern nicht so sehr um eine Wiederbelebung der klassischen, also heidnischen, Antike, sondern um einen Rückgriff auf die Quellen des Christentums ging, mit dem Ziel, Vorschriften und Vorbilder für ein rechtes, d.h. christliches Leben und für einen rechten Gottesdienst zu gewinnen: es ging um *recte vivere* und *recte loqui*, wie Alkuin es formuliert hat. Man sollte daher doch eher von karolingischer Bildungsreform anstatt von karolingischer »Renaissance« sprechen[84], denn mit dem Ausdruck »Reform« kann auch der planmäßige, von oben ausgehende Zug zur Förderung der Bildung betont werden. Und nichts beweist ja deutlicher, dass die Person Karls des Großen ganz entscheidend für diese Bildungsreform war, als die Tatsache, dass nach seinem Tod der Elan stark abgebremst wurde, obwohl noch mindestens das ganze 9. Jahrhundert von den durch Karl gegebenen Anstößen zehrte.

Mit dem Stichwort »Karolingischer Rationalismus«[85] soll schließlich eine weitere Eigenart des geistigen Lebens in der Karolingerzeit angesprochen werden, nämlich ihre Tendenz zur Rationalisierung und zur Vereinheitlichung. Diese wird besonders deutlich im Bereich der Verwaltung, aber auch in der Kirche. So wurden nicht nur die kirchlichen und auch die königlichen Besitzungen und die in ihnen zu leistenden Abgaben und Dienste in Polyptichen und Breven genau verzeichnet, sondern es wurde auch für eine möglichst rationale Verwaltung der Güter gesorgt, wie das *Capitulare de Villis* oder die Statuten Adalhards von Corbie bezeugen[86].

Hierher gehören auch die Eingriffe Karls in den drohenden Wildwuchs bei der Heiligen- und Reliquienverehrung[87], und vor allem die Versuche, das kirchliche und das weltliche Recht zu vereinheitlichen und die für zentrale Texte des christlichen Glaubens und Lebens, wie für die Bibel und die Benediktregel, aber auch für die Liturgie, einen einheitlichen und im ganzen Reich gültigen Text festzulegen.

12 Kaisertum

Seit der Absetzung des Romulus Augustulus durch den Skiren Odoakar im Jahr 476 hatte es im Westen des römischen Reiches keinen Kaiser mehr gegeben. Die Päpste hatten wie seit Jahrhunderten, so auch in der ersten Hälfte des 8. Jahrhunderts im oströmischen Kaiser ihren Oberherrn gesehen, der in Italien auch noch in dieser Zeit direkt über das Gebiet von Ravenna und über Unteritalien gebot. Als die Langobarden 751 das Exarchat von Ravenna eroberten, ging dem Kaiser eine wichtige Bastion seiner Herrschaft im Westen verloren. Die Verbindung zu den Päpsten war in jenen Jahrzehnten abgerissen, weil die bilderfeindliche Politik der Kaiser (seit ca. 726) im Westen nicht akzeptiert wurde. Als dann 754 auf einem Konzil in Hiereia und Konstantinopel die bilderfeindliche Haltung von der Kirche des oströmischen Reiches zur offiziellen Lehre erhoben wurde[1], war die Trennung zwischen Ost- und Westkirche vollzogen. Seit dem Pontifikat Hadrians I. (772–795) verschwand der Name des *Basileus*, des Kaisers, aus den päpstlichen Urkunden und von den Münzen.

Durch das Konzil, das 787 zum zweiten Mal in Nicaea tagte, wurde zwar die Bilderverehrung im Osten wieder zugelassen und auch der Papst stimmte den Beschlüssen dieses Konzils zu, aber die fränkische Kirche unter Führung Karls des Großen lehnte dieses Konzil als gesamtkirchliche Versammlung ab, da keine Vertreter aus dem Frankenreich teilgenommen hätten. Karl ließ von seinen Theologen unter führender Beteiligung Theodulfs von Orléans eine Schrift gegen die bilderfreundlichen Kanones von Nicaea 787 ausarbeiten[2], in der deutliche Abgrenzungen gegenüber dem östlichen Kaiserreich erkennbar sind: So werden die Herrscher des Oströmischen Reiches mit dem Titel *rex* (König) angesprochen und die Einwohner dieses Reichs werden als grausam und als Götzendiener geschmäht. Karl selbst stellt sich als Herrscher über »Gallien, Germanien, Italien und die benachbarten Provinzen«[3] dar, d. h. als Nachfolger der weströmischen Kaiser. Als der Papst deutlich machte, dass er die Beschlüsse von Nicaea billige, zog Karl seine Kampfschrift zurück[4]. Auf dem Konzil von Frankfurt 794 wurde eine eher distanzierte Stellungnahme zu den Beschlüssen von Nicaea 787 formuliert, wenn sie auch nicht ausdrücklich als häretisch bezeichnet wurden[5].

Die führende Rolle innerhalb der Kirche, die Karl auf der Synode in Frankfurt beanspruchte und auch verwirklichte, fand ihren Ausdruck auch in den Bezeichnungen von Karls Herrschaft als *imperium Francorum* (»Kaiserreich der Franken«)[6] und als *imperium Christianum*, den Alkuin seit 798 in seinen Briefen öfter gebrauchte[7]. Seit Weihnachten 795 amtierte in Rom als Nachfolger Hadrians I. ein neuer Papst, Leo III., gegen den sich anscheinend eine Verschwörung von Verwandten und Freunden des alten Papstes gebildet hatte. Diese gipfelte am 25. April 799 in einem Attentatsversuch, bei dem Papst Leo verletzt wurde. Der usprüngliche Plan der Attentäter, den Papst amtsunfähig zu machen, indem sie ihn blendeten und ihm die Zunge abschnitten, ist nicht gelungen[8]. Leo III. konnte sich unter den Schutz von fränkischen Amtsträgern stellen und mit Hilfe von Herzog Winigis von Spoleto ins Frankenreich reisen, wo er von Karl in Paderborn empfangen wurde[9]. Ob mit der Wahl dieses Ortes Leo III. seine »Zweitrangigkeit demonstriert« werden sollte[10], oder ob Karl nicht eher dem Papst zeigen wollte, dass er die heidnischen Sachsen unterworfen und christianisiert hatte, muss wohl offen bleiben.

Wie der wichtigste Berater Karls, der Angelsachse Alkuin, die damaligen Verhältnisse in der christlichen Welt betrachtete, können wir aus einem Brief entnehmen, der ins Jahr 799 datiert[11]. Dort heißt es:

»Denn drei Personen waren bisher in der Welt die höchsten: nämlich die apostolische Erhabenheit, die den Sitz des heiligen

Petrus, des Apostelfürsten, als Vikar zu beherrschen pflegte; was aber mit ihr geschehen ist, welcher Art der derzeitige Inhaber des genannten Sitzes ist, hat mir Eure verehrungswürdige Güte wissen lassen[12]. Die zweite ist die kaiserliche Würde und die weltliche Macht des zweiten Rom; wie ungerecht der Lenker dieses Reiches abgesetzt wurde, nicht von fremden, sondern von den eigenen Mitbürgern, das erzählt überall die Fama[13]. Die dritte ist die königliche Würde, in die die Verfügung unseres Herrn Jesus Christus Euch als Anführer des christlichen Volkes eingesetzt hat. Sie übertrifft an Macht die vorher genannten Würden, sie ist leuchtender an Weisheit, und ragt durch das Ansehen ihres Reiches hervor. Siehe, auf Dir allein ruht das gesamte Heil der Kirchen Christi. Du bist der Rächer der Vergehen, Du bist der Führer der Irrenden, Du bist der Tröster der Trauernden, Du bist die Erhöhung der Guten!«

Karl ließ Leo III. in Begleitung von kirchlichen Würdenträgern, aber auch von Bewaffneten, von Paderborn nach Rom zurückführen, wo der Papst im November 799 eintraf. Warum Karl selbst erst im August 800 nach Rom aufgebrochen ist, können wir nur vermuten[14]. Sicher ist, dass er von Paderborn aus zuerst nach Aachen zog, wo er den Winter 799/800 verbrachte, um dann im März an die Kanalküste zu reisen, von wo er sich nach Tours ans Grab des heiligen Martin begab. Dort traf sich Karl mit seinen drei Söhnen, bestattete seine Gemahlin oder Konkubine Liutgard und traf sich zu mehreren Unterredungen mit Alkuin. Anfang August hielt er in Mainz noch eine Reichsversammlung ab und brach dann erst nach Italien auf. Er wurde von seinen Söhnen Karl und Pippin begleitet, auch seine Töchter reisten mit nach Rom. Unterwegs hielt sich Karl noch eine Woche in der alten Kaiserstadt Ravenna auf.

Inzwischen hatte Leo III. auf einem Mosaik in der Apsis des Lateranpalastes seine Sicht vom Verhältnis zwischen Papst und Frankenkönig darstellen lassen: Auf der (vom Betrachter aus gesehen) linken Seite überreicht der thronende Christus dem heiligen Petrus das *Pallium* und an Kaiser Konstantin das *Labarum* (die Kaiserfahne). Auf der anderen Seite übergibt der heilige Petrus an Papst Leo ein *Pallium* und an König Karl

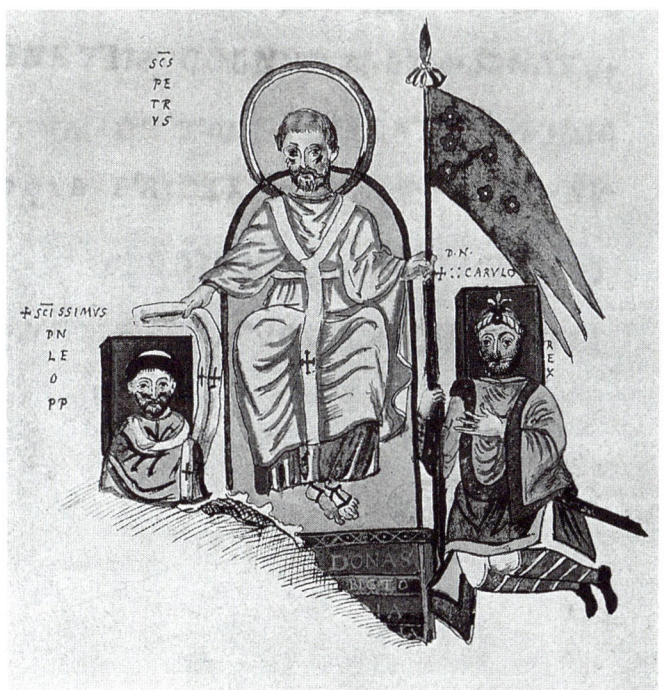

Abb. 9: Der hl. Petrus übergibt Leo III. das Pallium und Karl dem Großen eine Fahnenlanze als Zeichen ihrer Würde

das *Vexillum* (die römische Stadtfahne)[15]. Auf diese Weise sollte zum Ausdruck gebracht werden, dass Leo der Nachfolger des Apostels Petrus und Karl der Nachfolger des ersten christlichen Kaisers Konstantin sei.

Als Karl am 23. November 800 vor Rom eintraf, wurde er mit kaiserlichen Ehren empfangen[16]. Leo III. kam Karl bis Nomentum, 12 Meilen vor der Stadt, entgegen und empfing ihn »mit großer Demut und mit allen Ehren«. Am folgenden Tag zog Karl feierlich in die Stadt ein. Der Papst erwartete den König auf der Plattform der Treppe, die zum Atrium der Peterskirche aufstieg, und geleitete ihn dann in das Innere der Kirche.

Eine Woche danach, am 1. Dezember, rief König Karl in St. Peter eine große Synode zusammen, auf der die Anklagen gegen den Papst verhandelt werden sollten. Wegen der Einwände fränkischer Bischöfe, namentlich Theodulfs von Orléans, wurde aber kein Gerichtsverfahren gegen Leo III. eröffnet, sondern es wurde ihm gestattet, sich von den gegen ihn erhobenen Vorwürfen durch einen Eid zu reinigen. Dabei wurde auf den alten Rechtsgrundsatz verwiesen, dass ein Papst nicht vor Gericht gezogen werden dürfe: *papa a nemine iudicatur*[17].

In Gegenwart des Königs und der Synode bestieg Leo III. am 23. Dezember 800 die Kanzel und leistete dort, gegenüber dem Grab der Apostel Petrus und Paulus, einen Eid auf das Evangelienbuch, der uns im Wortlaut erhalten ist und dessen zentrale Passage in der Fassung des *Liber Pontificalis* folgendermaßen lautet:

> »weil ich von diesen angeblichen Verbrechen, die mir die Römer angelastet haben, die mich ungerecht verfolgt haben, nichts weiß und sicher bin, dass ich nichts dergleichen getan habe«[18].

Eine andere Überlieferung dieses Eides ist noch deutlicher:

> »Darum reinige ich, Leo, Bischof der heiligen römischen Kirche, von niemand abgeurteilt oder gezwungen, sondern völlig freiwillig, mich vor eurem Angesicht und schwöre vor Gott, der mein Gewissen kennt, ... dass ich die verbrecherischen Dinge, die mir jene vorwerfen, weder selbst vollbrachte noch durch andere vollbringen ließ« [19].

Am Weihnachtsfest, am 25. Dezember 800, zwei Tage nachdem Leo III. wieder in den vollen Besitz seiner Amtsgewalt gelangt war, setzte er während der Messe dem fränkischen König eine goldene Krone aufs Haupt, wobei die anwesenden Römer ihn als Kaiser der Römer feierten, indem sie riefen:

> *Carolo Augusto, a Deo coronato magno et pacifico imperatore Romanorum, vita et victoria!* »Dem erhabenen Karl, dem von Gott gekrönten großen und friedebringenden Kaiser der Römer, Leben und Sieg!«

Die traditionellen Kaiserlaudes, Gesänge auf den neu erhobenen Kaiser, wurden darauf vom Klerus angestimmt und im *Liber Pontificalis* heißt es dazu, dass Karl auf diese Weise »von allen zum Kaiser der Römer eingesetzt worden« sei[20].

Nach dem Bericht der Reichsannalen soll der Papst dem neuen Kaiser noch den Fußfall, die Proskynese, erwiesen haben. Wenn man davon absieht, dass der Liber Pontificalis von einer Proskynese des Papstes nichts weiß, weichen diese beiden Quellen, die jeweils die offiziöse Sicht des päpstlichen bzw. des fränkischen Hofes wiedergeben, nur unwesentlich voneinander ab. Es gibt jedoch über die Vorgänge und die Hintergründe bei diesem weltgeschichtlichen Ereignis bereits unter den zeitgenössischen und wenig jüngeren Quellen, erst recht aber in der Forschung bis zum heutigen Tag erhebliche Divergenzen.

Unklar ist einmal, welche Rechtshandlung für die Erhebung zum Kaiser entscheidend war, weiterhin würden wir gern wissen, welches die Motive des Papstes für sein Vorgehen waren und wie die Reaktion des fränkischen Königs und Kaisers auf den Krönungsakt Leos III. aussah. War die Kaiserkrönung vielleicht zwischen den beiden Hauptakteuren schon länger abgesprochen – eventuell während des Papstbesuchs in Paderborn? Hatten Leo III. und Karl die mögliche Reaktion in Konstantinopel auf einen solchen Akt, mit dem ein zweiter christlicher Kaiser ins Amt gehoben wurde, in ihre Überlegungen einbezogen? Hatten sie vielleicht sogar aufgrund der Tatsache gehandelt, dass im östlichen Kaiserreich in Person der Kaiserin Irene eine Frau regierte?

Dass für den Zeitpunkt der Kaiserkrönung die Verhältnisse im östlichen Kaiserreich wichtig waren, bestätigen die Annalen von Lorsch, wenn sie – zeitgleich mit den Ereignissen – berichten, dass »damals das Kaisertum bei den Griechen nicht mehr bestand und sie eine weibliche Herrschaft hatten«. Papst Leo und die Synode hätten daher beschlossen, Karl den Titel eines Kaisers (*nomen imperatoris*) zu übertragen,

»denn er hielt Rom in Besitz, wo immer Kaiser zu herrschen pflegten, und er hatte auch die übrigen Städte in Italien, Gallien und Germanien inne ...«.

Damit war gemeint, dass die vier Hauptstädte des spätantiken römischen Reichs im Westen, nämlich Arles, Mailand, Trier und Ravenna, zu seinem Reich gehörten[21].

Dass die Verhältnisse im Osten zur Zeit der Kaiserkrönung von Bedeutung waren, geht aus einer etwas kryptischen Notiz hervor, die erst vor kurzem wieder in die Forschungsdiskussion um die Kaiserkrönung eingeführt wurde. In einer in Köln erhaltenen Handschrift, die aus der Zeit Karls des Großen stammt[22], findet sich in einem Werk zur Berechnung des Ostertermins eine Notiz, die einen Zusammenhang zwischen den Vorgängen in Konstantinopel und der Kaiserkrönung herstellt.

Es heißt dort, dass im 31. Regierungsjahr Karls des Großen, das dem Jahr 5998 seit der Schöpfung der Welt entspreche, Sendboten aus Griechenland gekommen seien, um Karl das Kaisertum zu übertragen: *missi venerunt de Grecia, ut traderent ei imperium*[23].

Da der Codex für Erzbischof Hildebold von Köln, den Vorsteher der Hofkapelle, angelegt wurde, kommt der Nachricht eine hohe Authentizität zu. Aber wie ist sie zu verstehen? Waren es Gegner der Kaiserin Irene, die dem fränkischen König die Kaiserkrone anboten[24], oder waren es Beauftragte der Kaiserin, die versuchen wollten, im Westen wieder einen Kaiser zu installieren[25], so wie es im 4. und 5. Jahrhundert mehrfach östliche Kaiser gemacht hatten? Allerdings weiß keine westliche Quelle etwas davon, dass das karolingische Kaisertum vom Osten angeregt worden sei und dass die Kaiserin eine dahingehende Initiative ergriffen hatte.

In Byzanz selbst hat das Ereignis vom 25. Dezember 800 kaum Spuren in der Historiographie hinterlassen. Nur die Chronik des Theophanes Confessor erwähnt, dass der König der Franken von Leo III. zum Kaiser gekrönt worden sei, wobei er ihn von Kopf bis Fuß gesalbt[26] und anschließend mit den Kaisergewändern bekleidet und gekrönt habe. Karl habe zuerst geplant, mit einer Flotte Sizilien zu überfallen, dann aber darauf verzichtet zugunsten des Vorhabens, die Kaiserin Irene zu heiraten[27]. Im Osten konnte man sich anscheinend keine andere Absicht hinter einer Kaiserkrönung vorstellen als die, möglichst bald seinen Sitz in Konstantinopel einzunehmen – sei es durch Waffengewalt, wie es zahlreiche Usurpatoren im Oströmischen Reich vorgemacht hatten oder auf friedliche Weise, durch Heirat mit der Kaiserin. Von einem solchen Heiratsplan wissen jedoch die westlichen Quellen nichts, auch wenn Karl in den späten 780er Jahren den Plan verfolgt hatte, eine seiner Töchter mit dem Erben des oströmischen Kaiserreichs zu verehelichen.

Das Wissen um die Probleme, die ein zweites Kaisertum vielleicht mit sich brachte, könnte auch hinter der Nachricht Einhards stecken, der berichtet, Karl habe gesagt, wenn er etwas von der Absicht des Papstes, ihn zum Kaiser zu krönen, geahnt hätte, wäre er trotz des hohen Festtages nicht in die Kirche gegangen (c. 28). In der Forschung ist diese Nachricht, die wahrscheinlich auf einer Bemerkung des alten Kaisers in einem »Tischgespräch« beruhte, meist nicht recht ernst genommen worden; Peter Classen wollte in dieser Bemerkung lediglich einen Bescheidenheitstopos sehen[28].

Eine Distanzierung vom römischen Kaisertum Karls kann man auch bei Alkuin entdecken, denn in den Briefen nach 800/801 nennt er den Kaiser nie mit seinem neuen Titel, denn seinen Vorstellungen von einem *imperium Christianum* dürfte dieses Kaisertum nicht entsprochen haben[29].

So recht glaubwürdig ist allerdings eine Überraschung des schon mehrere Wochen in Rom weilenden Karl nicht, da seine fränkischen Begleiter sicher die Aktivitäten der Römer genau beobachteten und dabei auch die Vorbereitungen für die Akklamation und die Laudes, die in Rom zuletzt beim Besuch des Kaisers Konstans II. im Jahr 663 angestimmt worden sein dürften, bemerkt haben müssen. Und wenn die Annalen von Lorsch berichten, dass bereits die Synode, die sich vor Weihnachten mit den Vorwürfen gegen Leo III. befasst hatte, Karl gebeten habe, das *nomen imperatoris* anzunehmen[30], dann zeigt auch das, dass die Handlung während des Weihnachtsgottesdienstes nicht so unerwartet eingetreten sein konnte.

In den Vorwürfen gegen den Papst liegt wahrscheinlich ein wesentlicher Grund für die Kaiserkrönung: Die Gegner Leos mussten abgeurteilt werden, dazu war vielleicht ein Kaiser nötig[31]. Der Prozess gegen diese Männer begann tatsächlich wenige Tage nach der Kaiserkrönung und endete mit dem Todesurteil gegen die Verschwörer, das auf Intervention des Papstes in Verbannung umgewandelt wurde[32].

Ob Karl noch andere kaiserliche Maßnahmen in Rom traf, wissen wir nicht; die Reichsannalen machen nur ganz allgemeine Angaben und der *Liber Pontificalis* berichtet nach 799 nur noch über Baumaßnahmen und Stiftungen Leos III., andere Ereignisse werden nicht mehr erwähnt. Am Papsthof wurden aber durchaus Konsequenzen daraus gezogen, dass es wieder einen anerkannten Kaiser gab: die Urkunden wurden nach Karls Kaiserjahren datiert und auf den päpstlichen Münzen erschien der Name des Kaisers.

Karl blieb zwar noch vier Monate in Rom, aber er wollte weder auf Dauer dort residieren noch Kaiser »der Römer« sein; Reichsvölker blieben auch in der später üblichen Kaisertitulatur die Franken und die Langobarden, die päpstliche Mitwirkung an der Kaiserwerdung wurde verschwiegen. Nie hat sich Karl als *imperator Romanorum* bezeichnet, sondern sein Titel war: *Serenissimus augustus a Deo coronatus, magnus, pacificus imperator, Romanum gubernans imperium, qui et per misericordiam Dei rex Francorum et Langobardorum*. Dieser Titel erscheint zuerst in einer Urkunde vom 29. Mai 801[33] und blieb derselbe bis zu Karls letztem Diplom vom 9. Mai 813. Hinter dieser etwas umständlichen Titulatur dürfte aber weder Rücksicht auf die Empfindlichkeiten der Oströmer stecken noch Karls Unwille, die Römer als Träger seines Reiches erscheinen zu lassen, sondern das Vorbild der kaiserlichen Kanzlei in Ravenna[34].

Während seiner restlichen Regierungsjahre bis zu seinem Tod 814 hat Karl Rom nicht mehr aufgesucht. Als sein Sohn Ludwig der Fromme im September 813 zum Kaiser erhoben wurde, nahm Ludwig auf Geheiß seines Vaters eigenhändig die Krone vom Altar des Aachener Münsters und setzte sie sich aufs Haupt. Nicht nur der Papst fehlte, sondern auch kein anderer Bischof vollzog die Krönung: das war doch wohl die Form, wie das Kaisertum nach der Ansicht Karls weitergegeben werden sollte. Wenn damit das byzantinische Vorbild bei der Krönung eines Mitkaisers übernommen wurde, so passt das durchaus in das Bestreben Karls, nach dem Ausgleich mit Byzanz im selben Jahr 813 die Gleichstellung mit dem östlichen Kaisertum zu demonstrieren[35]. Es ist auch zu betonen, dass vor Weihnachten 800 noch nie ein Papst bei der Kaisererhebung eine Rolle gespielt hatte.

Wenn es auch keinen Besuch des Kaisers Karl in Rom mehr gab, so reiste doch Papst Leo III. 804/05 noch einmal ins Frankenreich; vielleicht hatte er wieder Probleme mit römischen Widersachern. Karl tat ihm diesmal mehr Ehre an als 799; er schickte ihm seinen ältesten Sohn Karl bis an den Fuß der Alpen nach St. Maurice d'Agaune entgegen und empfing den Papst im Kloster St. Remi in Reims. Weihnachten feierten die beiden Häupter der westlichen Christenheit in Quierzy; am 6. Januar 805 fanden Verhandlungen in Aachen statt, über deren Inhalt wir aber leider nichts wissen.

An seiner Kirchenpolitik änderte Karl nach der Kaiserkrönung nichts: In der gleichen Art und Weise, wie 794 vor dem Frankfurter Konzil die Bilderfrage und die Häresie des Adoptianismus behandelt wurden, ließ Karl 809 durch fränkische Theologen den Streit um das *Filioque* erörtern, der in Jerusalem ausgebrochen war[36]. Durchsetzen konnte Karl der Große die fränkische Auffassung in Rom jedoch nicht.

Nicht nur im Osten, sondern auch in den außerfränkischen Reichen des lateinischen Westens hat das Kaisertum Karls wenig Resonanz in den Quellen[37]. Die englischen Quellen sagen überhaupt nichts zu diesem Thema und bezeichnen Karl weiterhin als König. Auch in Spanien ignorierte man das karolingische Kaisertum und nicht einmal die Quellen aus den langobardischen Fürstentümern, die unabhängig von den Franken geblieben waren, lassen erkennen, dass ihnen die Tatsache der Kaiserkrönung bekannt war[38].

Unter diesen Umständen wird man die Frage stellen müssen, was eigentlich das Kaisertum Karls des Großen bedeutete. Wenn wir uns an der weiteren Entwicklung des Kaisertums orientieren, wie es mit der Kaiserkrönung Ottos I. im Jahr 962 installiert wurde, dann steht zweifellos die *defensio ecclesiae*, die Verteidigung der Kirche, an erster Stelle. Aber *defensor ecclesiae* war Karl schon als *Patricius*, und diesen Titel trug er bereits seit 754. Und Alkuin hatte in mehreren Briefen lange vor Weihnachten 800 hervorgehoben, dass Karl das Christentum nach innen und nach außen schütze und verteidige[39].

Auf seinen Siegeln ließ der neue Kaiser die Devise *renovatio Romani imperii* anbringen und er imitierte damit die Kaiserbullen Konstantins. Aber praktische Wirkungen hatte dies nicht; in keiner Weise versuchte Karl, nach 800 das Römische Reich wieder aufzurichten und die Grenzen seines Reiches denen des Römerreichs anzupassen; dazu hätte er ja vor allem die Iberische Halbinsel erobern müssen. Einen universalen Herrschaftsanspruch hat Karl jedenfalls nach seiner Kaiserkrönung nicht erhoben. Mit Recht formuliert daher Eckhard Müller-Mertens:

> »In der Karolinger- und Ottonenzeit bezeichnete *Romanum imperium* die Kaiserherrschaft über Rom und das römische Italien. Das waren die Gebiete Mittelitaliens, ... der Dukat von Rom und das Exarchat von Ravenna mit der Pentapolis«[40].

Das bedeutet, dass das Kaisertum im Zeitalter Karls des Großen nicht eine Herrschaft über das gesamte Gebiet des ehemaligen Weströmischen Reiches beanspruchte, sondern nur die Herrschaft über Italien.

Ein letzter Aspekt zur Kaiserkrönung an Weihnachten des Jahres 800 sei noch angesprochen, dem vor allem Johannes Fried einige Bedeutung zubilligt: der Zusammenhang von Endzeiterwartung und Kaisertum[41]. Fried kann einige Zeugnisse dafür anführen, dass die Zeitgenossen um 800 daran glaubten, mit diesem Jahr sei der Abschluss des sechsten Weltalters[42], das Ende der Welt erreicht und es beginne die Endzeit und Karl sei als »endzeitlicher Retterkaiser« verstanden worden[43]. Während die Äußerungen Alkuins zu diesem Thema recht vage sind und nicht über die im Christentum allgemein verbreitete Vorstellung hinausgehen, dass man jederzeit mit dem Ende der Welt rechnen müsse, kann man für die eschatologische Erwartung in den Jahren vor 800 den Apokalypsenkommentar des Spaniers Beatus von Liébana aus dem Jahr 786 anführen. Dort wird nämlich ausdrücklich gesagt, dass nur noch 14 Jahre bis zum Ende des sechsten Jahrtausends verbleiben. Beatus hat öffentlich vom nahen Weltende gesprochen. Und das Werk des Beatus, der Briefe mit Alkuin wechselte, war vielleicht im Frankenreich bekannt[44].

Als weiterer Beleg für diese Endzeitvorstellungen wurde auch der Bericht der Reichsannalen herangezogen, in dem davon die Rede ist, dass kurz vor Weihnachten 800 Abgesandte des Patriarchen von Jerusalem bei Karl in Rom erschienen seien, die

> »als Zeichen des Segens die Schlüssel zum Grab des Herrn und zur Schädelstätte, auch die Schlüssel der Stadt Jerusalem und zum Berg Zion mit einer Fahne«

überbrachten[45]. Hier könnte nämlich ein Zusammenhang mit der Prophezeiung des Ps.-Methodios, die im 8. Jahrhundert auch in einer lateinischen Fassung greifbar war, bestehen, in der es heißt, dass der rettende Herrscher ein *rex Romanorum* sein werde, der alle Feinde der Christen bezwingen und sich schließlich in Jerusalem niederlassen werde[46]. In den fränkischen Quellen wird aber nirgends ein solcher Zusammenhang zwischen der Kaiserkrönung und einem kritischen Moment in der Heilsgeschichte hergestellt, auch nicht in den Reichsannalen, als sie von der Gesandtschaft aus Jerusalem berichten[47].

Karte 2: Das Reich Karls des Großen um 800 n. Chr.

13 Das Frankenreich und seine Nachbarn

Nach der Eroberung des Langobardenreichs durch Karl den Großen gab es im Westen Europas außerhalb des Frankenreichs nur noch in England, in Irland und in Spanien Königreiche, in denen christliche Könige regierten. Dazu kamen das langobardische Fürstentum Benevent[1] und die Bretagne[2]. Während Karl immer wieder Versuche machte, diese beiden unabhängigen Fürstentümer seinem Reich einzugliedern, waren weder die Reiche der Angelsachsen noch das christliche Königreich in Nordspanien, Asturien, oder Irland das Ziel von Expansionsabsichten des fränkischen Herrschers.

Obwohl nicht wenige irische Gelehrte im Frankenreich lebten und einige auch enge Beziehungen zu Karl dem Großen besaßen[3], gibt es keine Zeugnisse dafür, dass Karl versucht hätte, politische oder kirchliche Kontakte zu der fernen Insel zu knüpfen. Das ist sicher zum einen die Folge der Sonderstellung der irischen Kirche, zum anderen aber auch eine Folge eines fehlenden Ansprechpartners auf staatlicher oder politischer Ebene, denn in Irland gab es viele Dutzend Kleinkönige[4].

Etwas anders sieht die Situation in Nordspanien aus: Die Reichsannalen berichten davon, dass 797 und 798 Alfons II. von Asturien (791–842) zwei Gesandtschaften zum Frankenkönig abgeordnet hatte, die verschiedene Geschenke mitbrachten[5]. Man kann sich fragen, ob es bei diesen beiden Kontakten geblieben ist; quellenmäßige Aussagen über weitere Kontakte gibt es aber nicht.

Es gab auch kirchliche und kulturelle Beziehungen zwischen Asturien und dem Frankenreich, von denen etwa ein Brief zeugt, den Alkuin an den asturischen Abt Beatus von Liébana geschrieben hat[6].

Wichtig für die Asturier war es auch, dass die karolingische Kirche in Frankfurt 794 den auf der Iberischen Halbinsel verbreiteten Adoptianismus verurteilte, der auch in Asturien, besonders durch Beatus von Liébana, bekämpft wurde.

Beatus war es auch, der als einer der ersten die Vorstellung in Umlauf brachte, dass der Apostel Jakobus das Christentum nach Spanien gebracht habe. Als wenig später das Jakobusgrab im äußersten Westen des asturischen Reiches, im späteren Santiago de Compostela, »entdeckt« wurde, hatte das Reich im Norden Spaniens einen wichtigen Schritt zu einer eigenständigen christlichen Traditionsbildung getan und es damit geschafft, eine allzu große Einflussnahme der fränkischen und der römischen Kirchenordnung abzuwehren[7].

England

Im 8. Jahrhundert gab es in England mehrere angelsächsische Kleinreiche, die sich zum Teil bekämpften. In der ersten Hälfte des 8. Jahrhunderts erlangte Mercien eine Art Oberherrschaft, die von zwei lang regierenden Königen, Aethelbald (716–757) und Offa (757–796), ausgebaut wurde. Daneben gab es vor 800 nur noch die Königreiche Northumbrien und Wessex, die übrigen Kleinkönigreiche waren mediatisiert worden.

Offas Macht und seine organisatorischen Fähigkeiten können auch daran demonstriert werden, dass er zwischen 784 und 796 im Westen seines Reiches einen großen Wall anlegen ließ (»Offa's Dyke«), der auf einer Länge von 170 km seinen Machtbereich vom keltischen Wales abgrenzte. Offa, der sich in seinen Urkunden *rex Anglorum* oder *rex totius Anglorum patriae* nannte, unterhielt diplomatische Beziehungen zum Papst und auch zum Frankenkönig. 789 wurde Offa von Karl als Schwiegervater seines ältesten Sohnes ausersehen. Als der König von Mercien aber im Gegenzug verlangte, dass sein Sohn Ecfrith die Hand von Karls Tochter Berta erhalten sollte, kam es zum Bruch. Karl ließ die fränkischen

Häfen für englische Schiffe sperren und es kam auch zu Repressalien gegen englische Rompilger, die das Frankenreich durchqueren mussten. Ein Ausgleich wurde erst 796 durch Alkuin und Abt Gervold von St. Wandrille erreicht, als ein Handelsvertrag geschlossen wurde, in dem jeder der beiden Könige den Kaufleuten des Vertragspartners Rechtsschutz und Gerichtsstand vor dem König zusicherte.

Die vorausgehenden Verhandlungen werden durch Briefe Karls des Großen an Offa, die wahrscheinlich Alkuin formuliert hatte, bezeugt, in denen Karl 795 oder 796 betont, dass er selbstverständlich englische Rompilger in seinem Reich schützen wolle, dass er aber nicht dulden könne, wenn englische Händler sich als Pilger verkleiden, um Zoll zu sparen. Für ein entspannteres Verhältnis zwischen dem Frankenreich und England seit 796 spricht auch, dass Karl einige Beutestücke aus dem Awarenkrieg nach England verschenkte.

Die engen Beziehungen zwischen dem Frankenreich und England reichten viel weiter zurück als nur in die Zeit Karls des Großen. Schon im ausgehenden 7. und beginnenden 8. Jahrhundert waren Missionare, namentlich Willibrord († 739) und Bonifatius († 754), aus England auf den Kontinent gekommen[8]. Und auch noch während Karls Sachsenkriegen wirkten angelsächsische Missionare in Sachsen, die ihre Verbindungen zu ihren Verwandten und Freunden auf der Insel nicht abbrechen lassen wollten. Dies bezeugen nicht wenige Briefe und auch die Viten dieser frommen Männer, in denen über geistliche und kulturelle Beziehungen, besonders über den Austausch von Büchern berichtet wird[9]. Es gab aber auch Handelsbeziehungen und den Austausch von Geschenken zwischen dem Frankenreich und verschiedenen angelsächsischen Königen und Bischöfen.

Besonders auf kirchlichem Gebiet können wir eine ganze Reihe von Belegen für angelsächsische Einflüsse auf das Frankenreich anführen. Das gilt für die engen Beziehungen zum Papsttum ebenso wie für das Bußwesen, die Königssalbung oder die besondere Form der Reichsversammlungen, auf denen weltliche und geistliche Große auftraten.

Die Beziehungen waren lange eher einseitig, d. h. die Einflüsse kamen von der Insel und wurden auf dem Kontinent aufgegriffen. Das gilt auch noch für die zweite Hälfte des 8. Jahrhunderts, als Offas Münzreform, der eine neue Silbermünze hatte prägen lassen, zum Vorbild für die Münzreformen Pippins und Karls des Großen geworden ist[10].

Einen anderen Charakter nahmen die fränkisch-angelsächsischen Beziehungen an, seit Karl der Große auf dem Kontinent als überragender Herrscher hervortrat. Als König Egbert von Wessex 789 von einem Rivalen aus seinem Reich verdrängt worden war, ging er auf den Kontinent und lebte bis 792 in der Umgebung Karls des Großen. Vielleicht hat er hier Erfahrungen gesammelt für seine spätere Wirksamkeit als Einiger Englands während der Zeit seiner selbstständigen Herrschaft (802–839).

Im Jahre 808 kam noch ein weiterer englischer König in die Emigration auf den Kontinent: Eardulf von Northumbrien. Nach den Angaben einer englischen Quelle soll er mit einer Tochter Karls des Großen verheiratet gewesen sein; da aber eine solche Heirat aus kontinentalen Quellen nicht bekannt ist und Karl der Große keine seiner Töchter verheiratet hat, dürfte es sich vielleicht um eine Prinzessin handeln, die aus dem weiteren Umkreis der karolingischen Familie stammte. Jedenfalls wurde der vertriebene König von Northumbrien nicht nur am fränkischen Hof aufgenommen, sondern Karl gelang es auch – im Zusammenwirken mit Papst Leo III. –, Eardulf wieder in sein Königtum zu restituieren[11].

Diese Angelegenheit ist auch deshalb interessant, weil sie ein Licht auf das Verständnis des Papstes von Karls Kaisertum wirft: Leo III. schrieb nämlich an Karl, er solle sich für den vertriebenen König einsetzen, weil es zu seiner *defensio imperialis* (»kaiserlichen Schutzgewalt«) gehöre, sich für die Rechte eines gesalbten Königs einzusetzen[12]. In England wurde allerdings eine kaiserliche Vormachtstellung Karls keinesfalls anerkannt; wir wissen aber auch nicht, ob Karl als Kaiser oder eher als Verwandter und Freund oder als solidarischer König gegen einen vertriebenen »Amtskollegen« handelte.

Norden

Die Dänen kamen wahrscheinlich erstmals ins Gesichtsfeld Karls des Großen, als der Sachsenführer Widukind im Jahr 777 nach *Nordmannia* floh[13]. Zum Jahr 782 erwähnen die Reichsannalen den Dänenkönig Sigifrid, dessen Gesandter Halfdan auf dem Reichstag in Lippspringe erschienen ist[14]. Nach einer längeren Pause berichten die Annalen erst wieder zum Jahr 798 von den Dänen; damals wurde eine Gesandtschaft Karls zu den Dänen abgeordnet, von deren Absichten wir jedoch nichts erfahren. Die fränkischen Gesandten gerieten auf dem Rückweg in sächsische Gefangenschaft, wo einige von ihnen erschlagen wurden[15].

804 wurden einige Gaue nördlich der Elbe den slawischen Abodriten zugewiesen, die den Grenzraum gegen die Dänen sichern sollten. Erst von da an wird immer wieder von feindlichen Absichten der Dänen berichtet: der Dänenkönig Gotfrid, über den Einhard in c. 14 der Karlsvita schreibt, tauchte 804 mit einer Flotte an der Mündung der Schlei auf[16]. Im Jahr 808 griffen die Dänen den Handelsplatz der Abodriten an (Reric, bei Wismar); dass sie damals aber keine Eroberungsabsichten hatten, zeigt sich daran, dass die Dänen einen 14 km langen Wall an der Eider errichteten (»Danewerk«), um fränkische Angriffe abwehren zu können[17].

809 scheinen die Franken die Sicherung der Grenze nach Norden wieder selbst übernommen zu haben; für dieses Jahr ist ein Graf Egbert belegt[18]. Im folgenden Jahr wurde die Burg Itzehoe nördlich der Stör erbaut, um einen erwarteten Angriff Gotfrids abzuwehren. Als dieser 810 ermordet wurde, setzte sich eine frankenfreundliche Partei bei den Dänen durch. Daher konnten 811 und 813 Friedensverträge geschlossen werden, nach denen die Grenze zwischen dem Frankenreich und den Dänen an der Eider verlaufen sollte.

Nach dem Tod Karls des Großen traten neue Gefahren auf, weshalb Ludwig der Fromme noch 814 einen Vorstoß über die Eider nach Norden unternahm. 817 verschärften sich die

Spannungen abermals; durch die ungeschickte Haltung der Franken kam es zum Bündnis der Abodriten mit den Dänen und die Grenzfestung Esesfleth wurde angegriffen.

Neben den Kriegszügen im Norden des Frankenreichs dürfen aber auch die Handelsbeziehungen und die Missionsbemühungen nicht vergessen werden. Münzfunde in Skandinavien belegen, dass die Handelsbeziehungen zwischen dem Norden und dem Frankenreich nicht unbeträchtlich waren[19]. Die christliche Mission in Skandinavien hatte allerdings erst in der Zeit Ludwigs des Frommen erste Erfolge zu verzeichnen, und auch die waren nicht von Dauer.

Slawen

Die Slawen im Osten des Frankenreichs bildeten keine politische Einheit, sondern zerfielen in zahlreiche Kleinstämme. Neben den Abodriten, den Wilzen und den Sorben, die sich als Großstämme in zahlreiche Teilstämme aufgliederten, sind vor allem die Heveller, Lusizer, Milzener und Daleminzier zu nennen, deren Namen wir aus der Völkertafel des Bayerischen Geographen kennen. Dieser Text stammt vielleicht schon aus der Zeit Karls des Großen, er könnte aber auch erst kurz nach 844 für Karls Enkel Ludwig den Deutschen verfasst worden sein[20].

In diesem Schriftstück ist auch davon die Rede, dass es bei den Abodriten, Wilzen und Sorben jeweils mehrere Dutzend *civitates* gegeben habe, worunter kleinteilige Herrschaftsbezirke zu verstehen sind, in denen um eine Burganlage herum zwischen fünf und 20 bäuerliche Siedlungen lagen. Aus dem Gebiet zwischen Elbe und Oder wurden in den letzten Jahrzehnten über 100 Burganlagen ergraben, die zeigen, dass es dort sehr viel mehr Burgen gab als in Sachsen oder Thüringen.

Zum Jahr 780 berichten fränkische Quellen erstmals von Massentaufen bei den Slawen[21]; für 782 erwähnen die überarbeiteten Reichsannalen einen Einfall von Slawen in Thüringen und fränkische Gegenmaßnahmen[22].

Die Abodriten[23] waren wichtige Verbündete der Franken gegen die Sachsen; 789 ist ein Fürst der Abodriten als Teilnehmer am Sachsenkrieg Karls genannt; er wurde 795 von den Sachsen erschlagen. Auch nach 800 sehen wir wieder Abodriten als fränkische Verbündete, mit deren Unterstützung sie sich von dänischer Oberhoheit frei halten konnten. Trotz dieser engen Verbindung mit den Abodriten gab es keine Versuche, sie zum Christentum zu bekehren.

Nachdem der Sachsenkrieg seinen Höhepunkt überschritten hatte, nach Karls Romzug von 787 und der Unterwerfung Tassilos von Baiern 788, hören wir 789 von einem Feldzug Karls gegen die Wilzen, deren Sitze wahrscheinlich im Gebiet der späteren Stadt Brandenburg und nicht an der Peene zu suchen sind[24]. Sachsen, Friesen, Abodriten und Sorben wurden von den Franken gegen die Wilzen aufgeboten; der Feldzug endete mit der Unterwerfung des Oberkönigs Dragowit und anderer Fürsten, die Geiseln stellen mussten. Ob eine Christianisierung der Wilzen versucht wurde, ist unsicher. Im Jahr 812 ist erneut von der Unterwerfung der Wilzen die Rede, was zeigt, dass die fränkische Oberherrschaft nicht von Dauer gewesen war.

Nach der endgültigen Unterwerfung der Sachsen führte Karl der Jüngere militärische Aktionen gegen die Sorben durch, die 806 unterworfen werden konnten. Auch dieses Volk konnte aber nicht fest ins Frankenreich eingegliedert werden, wie mehrere Aufstände in der Zeit Ludwigs des Frommen zeigen. Immerhin erschienen dann 822 auf der Reichsversammlung in Frankfurt sorbische Abgesandte, was als Zeichen ihrer Zugehörigkeit zum Reich angesehen werden kann.

Erst nach dem Ende des Awarenreichs und der Sachsenkriege wird Karl der Jüngere 805/06 gegen die Böhmen geschickt. Wie groß die Erfolge dieser Kämpfe waren, ist nicht ganz klar; eine Eingliederung Böhmens ins Frankenreich ist damals jedenfalls noch nicht erfolgt, denn erst nach Karls Tod ist die Anwesenheit böhmischer Großer auf fränkischen Reichsversammlungen bezeugt.

Dennoch beurteilt Manfred Hellmann die Slawenpolitik Karls des Großen im Ganzen positiv: Er habe – wohl nach römischem und byzantinischem Vorbild – »durch eine Anzahl von unterworfenen oder aber locker angegliederten Völkern und Stämmen die Ruhe an der Grenze gewährleisten« wollen[25].

Byzanz

Engere Beziehungen zwischen dem Frankenreich und dem Oströmischen Reich[26] gab es schon unter Pippin, als 757 eine Gesandtschaft Kaiser Konstantins V. erschien, die u. a. eine Orgel als Gastgeschenk mitbrachte[27]. Vielleicht war diese Gesandtschaft nur einer aus einer ganzen Reihe von gegenseitigen Kontakten. Als wenige Jahre nach 757 Kaiser Konstantin V. eine Heirat zwischen seinem Sohn Leon und Pippins Tochter Gisela vorschlug, lehnte Pippin jedoch ab.

767 kam es nochmals zu einem Kontakt, als auf der Synode von Gentilly (südlich von Paris), die sich mit der Bilderfrage beschäftigte, auch byzantinische Gesandte anwesend waren[28]. Anscheinend hatten die Byzantiner beabsichtigt, die Franken für ihre bilderfeindliche Haltung zu gewinnen.

Als Karl der Große nach dem Tod seines Bruders Karlmann das Langobardenreich zerstörte (773/74), floh der Sohn des letzten Königs der Langobarden, Adelchis, nach Byzanz. Die dadurch entstandenen Spannungen führten zu einem regelrechten Krieg, als der Frankenkönig 778 das byzantinische Istrien eroberte und Ravenna angriff, das als Sitz des byzantinischen Exarchen eine zentrale Rolle für die italienischen Besitzungen des oströmischen Kaisers spielte.

Doch kurz danach (781) wurden wieder Heiratspläne geschmiedet, diesmal zwischen Konstantin VI. und Karls Tochter Rotrud. Zur Vorbereitung einer Heirat wurde Rotrud durch den langobardischen Gelehrten Paulus Diaconus im Griechischen unterrichtet. Sechs Jahre später, 786 und 787, wurden wieder Boten zwischen Irene und dem Frankenkönig ausgetauscht, um die Verlobung zwischen Karls Tochter und dem Kaiser endgültig abzuschließen. Karl lehnte es aber ab, seine Tochter nach Byzanz reisen zu lassen, vielleicht war er verärgert, dass zum geplanten Konzil über die Bilderfrage zwar Papst Hadrian, nicht aber Vertreter der fränkischen Kirche eingeladen worden waren.

Nach dem zweiten Konzil von Nicaea (787) geriet das Oströmische Reich in schwere innere und äußere Bedrängnis. Konstantin VI., der seit 790 als selbstständiger Herrscher amtierte, erhob 792 seine Mutter Irene zur Mitkaiserin. Die Lorscher Annalen berichten davon, dass 797 eine Legation aus Byzanz zu Karl gekommen sei; vielleicht ging es um Benevent, den langobardischen Pufferstaat zwischen dem Frankenreich und den kaiserlichen Besitzungen in Unteritalien. Noch 797 kam es in Konstantinopel zu einem Umsturz, in dessen Verlauf Kaiserin Irene ihren Sohn blenden ließ, nachdem dieser einen Sohn erhalten hatte, der bald zum neuen Mitkaiser hätte erhoben werden können. An den Folgen der Blendung starb der Kaiser.

Angeregt durch die Kölner Notiz aus dem Jahr 798[29] könnte man spekulieren, ob Irene ein Doppelkaisertum mit Karl dem Großen plante, um ihre schwierige innenpolitische Situation zu verbessern. Während der Zweck der byzantinischen Gesandtschaft aus dem Jahr 798 nicht zu eruieren ist und auch ein Heiratsplan zwischen Karl und Irene nur beim griechischen Geschichtsschreiber Theophanes berichtet wird[30], wissen wir, dass es nach der Kaiserkrönung, im Herbst 801, noch zu Friedensverhandlungen zwischen der Kaiserin und den Franken kam, ehe Irene am 31. Oktober 802 von ihrem Finanzminister Nikephoros abgesetzt wurde.

Der neue Kaiser Nikephoros I. (802–811) setzte anfangs die Verständigungspolitik mit den Franken fort; 803 wurden deshalb wieder Gesandte ausgetauscht, ohne dass ein Ausgleich gefunden worden wäre. Anfang 806 gliederte Kaiser Karl die byzantinischen Besitzungen in Venetien und Dalmatien in sein Reich ein, was zu einem vierjährigen Krieg mit dem Ostkaiser führte. Weil Konstantinopel durch die Bulgaren schwer bedrängt wurde, versuchte Nikephoros durch eine neue

Legation die Streitigkeiten mit den Franken beizulegen. Ehe ein Abschluss dieser Verhandlungen erfolgte, erlitt der Ostkaiser im Kampf gegen die Bulgaren eine katastrophale Niederlage; sein Heer wurde vernichtet und auch er selbst wurde getötet (26. Juli 811). Noch Anfang 811 hatte Karl an Kaiser Nikephoros einen Brief geschrieben[31]; da aber die Adresse nicht erhalten ist, kann nichts darüber gesagt werden, ob Karl damals sein Kaisertum gegenüber dem östlichen Kaiser betont hat.

Anders sieht das in dem Brief aus, den Karl der Große an Nikophoros' Nachfolger Michael I. (811–813) Anfang 813 geschrieben hat: Karl bezeichnet sich da in der Adresse als *imperator et augustus* und nennt Michael seinen *honorabilis frater* (»ehrwürdigen Bruder«)[32]. Michael anerkannte das Kaisertum Karls des Großen und auch der Streit um Venetien wurde beigelegt. Zur Sicherung des Friedens ist noch einmal von einem Heiratsprojekt die Rede: Kaiser Michael I. wollte seinen Sohn mit einer Tochter Karls des Großen verheiraten.

Endgültig abgeschlossen wurden die Auseinandersetzungen zwischen Byzanz und dem Frankenreich erst unter Ludwig dem Frommen, da die Gesandtschaft des neuen Kaisers Leon V. (813–820) erst nach dem Tod Karls des Großen in Aachen eintraf[33].

Orient

Trotz der weiten Entfernung gab es auch Beziehungen zwischen dem Kalifat von Bagdad und dem fränkischen Reich. Schon Pippin, der Vater Karls des Großen, ließ in den letzten Jahren seiner Regierung und seines Lebens, 765–768, eine Gesandtschaft nach Osten reisen, wobei wir aber weder Namen noch Anzahl der Gesandten noch ihren Auftrag kennen. Wir wissen nur, dass die Gesandten 765 von Marseille aus übers Mittelmeer nach Osten fuhren und drei Jahre später, im Februar 768, wieder in Marseille eintrafen. Der Adressat dieser Mission war der zweite Abbassidenkalif mit Namen al-Mansur (754–775), der Vater Harun ar-Raschids. Mit den fränkischen Gesandten kam bei ihrer Rückkehr auch eine Gesandtschaft des Kalifen ins Frankenreich, die einen Monat in Metz zubrachte und von Pippin in der Pfalz Selz empfangen wurde[34].

Erst viele Jahre später, 797, kam es wieder zu einem Gesandtenaustausch zwischen dem Frankenreich und dem Kalifat von Bagdad[35]. Diesmal kennen wir zwar die Namen der drei Gesandten, die 797 zu einer fünf Jahre dauernden Reise nach Bagdad aufbrachen, viel mehr wissen wir aber nicht. Bei den drei Abgesandten handelte es sich um zwei Franken, Landfrid und Sigismund, und um den Juden Isaak. Dieser dürfte ein jüdischer Fernhändler gewesen sein, der wohl wegen seiner Sprachkenntnisse und seiner Verbindungen zu den Juden im Vorderen Orient mitgereist ist. Er kehrte als Einziger von der Reise zurück und brachte als Geschenk des Kalifen einen weißen Elefanten mit, der 801/802 in Vercelli überwinterte und dann nach Aachen gebracht wurde. Die Reichsannalen nennen sogar seinen Namen – Abul Abbas – und wir wissen wieder aus dieser Quelle, dass er erst nach ca. 10 Jahren »plötzlich« gestorben ist[36]. Vielleicht hatte Karl beabsichtigt, den Elefanten auf seinen Kriegszug gegen die Dänen mitzunehmen, um diesem Volk seine Macht und seine Bedeutung zu demonstrieren. Jedenfalls hat der Elefant im Frankenreich einen großen Eindruck hinterlassen: Noch 825 berichtet der Ire Dicuil davon, dass zahlreiche Menschen aus dem ganzen Frankenreich den Elefanten gesehen hätten[37].

Über den Zweck der Gesandtschaft von 797/801 können wir wieder nur Vermutungen anstellen; vielleicht hatte Karl von der Bedrängnis der christlichen Klöster in Jerusalem erfahren, wo im März 797 das Sabaskloster durch muslimische Räuber überfallen worden war[38]. Das würde bedeuten, dass Karl sich schon vor seiner Kaiserkrönung als Schutzherr der Christen im Orient verstand. Dafür sprechen auch die beiden Gesandtschaften aus Jerusalem, die 799 und Ende 800 vom Patriarchen zu Karl abgeordnet wurden[39]. In der Forschung ist es offen geblieben, ob aus der in den Reichsannalen berichteten Tatsache, dass Karl Schlüssel zum Grab Christi, zur Stadt Jerusalem und zur Burg Zion sowie eine Fahne überbracht worden seien[40], geschlossen werden darf, dass dies eine Bitte um Schutz, ein Zeichen für Unterwerfung oder ein bloßes Ehrengeschenk gewesen ist.

Um 802 reiste eine neue Gesandtschaft ins Zweistromland, die wieder erst nach vier Jahren, im Herbst 806, zurückkehrte[41]. Der Grund für diese zweite Reise war ohne Zweifel die Lage in Jerusalem. Nach dem Bericht Einhards (c. 16) soll der Kalif die Verfügungsgewalt über das Grab Christi an Karl übergeben haben, wodurch Karls Prestige gewaltig gesteigert worden sei. Nicht der oströmische Kaiser, der schon seit dem Beginn der Ausbreitung des Islam dagegen Widerstand geleistet hatte, sondern der Kaiser des Westens sollte der Schutzherr der Christen in Jerusalem und der Pilger sowie der Mönche im Heiligen Land sein. Ob diese Nachricht zutrifft und wie sie zu verstehen ist, ist in der Forschung umstritten.

Einen Hinweis auf engere Verbindungen zwischen dem Frankenreich und Jerusalem könnte der Bericht eines Pilgers aus der Zeit vor 869 enthalten, nach dem Karl in Jerusalem für die Pilger ein Hospiz, eine Kirche und eine Bibliothek errichtet haben soll[42]. Sicher bezeugt ist immerhin, dass nicht wenige fränkische Mönche für einige Jahre in einem Kloster am Ölberg lebten, wo sie wegen liturgischer Unterschiede mit den östlichen Mönchen immer wieder in Streit gerieten. Und Notkers *Gesta Karoli* wissen zu berichten, dass die fränkischen Gesandten 802 Tuche aus Friesland und Jagdhunde als Gastgeschenke in den Orient gebracht haben sollen[43].

807 traf auch eine Gegengesandtschaft aus dem Orient am Hofe Karls des Großen ein, bestehend aus einem Beauftragten des Kalifen und zwei Mönchen aus Jerusalem[44]. Die Geschenke, die der Abgesandte Harun ar-Raschids mitbrachte, wurden in den Reichsannalen genau verzeichnet[45]. Es handelte sich um ein großes Zelt, kostbare Gewänder aus Seide, Duftstoffe und Salben sowie eine Wasseruhr, deren Aussehen und Funktion so genau beschrieben wird, dass sie vor kurzem nachgebaut werden konnte[46]. Diese Wasseruhr sollte den Frankenkönig

wahrscheinlich von den Fähigkeiten islamischer Wissenschaft überzeugen[47].

Nach dem Tode des großen Kalifen im Jahr 809 kam es zu heftigen Unruhen im Kalifat, unter denen auch die Christen in Jerusalem zu leiden hatten. Kirchen und Pilgerherbergen wurden von muslimischen Banden geplündert.

Wenn wir abschließend noch fragen, ob es Gründe dafür gab, dass der Kalif im fernen Bagdad an Kontakten zum fränkischen Herrscher interessiert war, dann kann einmal die gemeinsame Gegnerschaft zum Oströmischen Reich angeführt werden – 806 bis 810 herrschte ja sogar Krieg zwischen Franken und Byzanz und auch Harun ar-Raschid führte immer wieder, vor allem aber 805/06, Krieg gegen den Ostkaiser. Und auch der Feind der Franken im Westen, der Emir von Cordoba, war mit dem Kalifen im Zwist, weil er sein Kalifat nicht anerkannte. Warum die arabischen Quellen, die sehr wohl von Gesandtschaftsbeziehungen zum Oströmischen Reich berichten, die Legationen, die zwischen Karl dem Großen und Harun ar-Raschid hin- und herreisten, ganz verschweigen, kann nicht geklärt werden. Es ist aber sicher falsch, wenn vermutet wird, dass diese Kontakte von den westlichen Quellen erfunden worden seien[48].

Wenn auch die Quellen wieder nicht sehr aussagekräftig sind, besteht kein Zweifel daran, dass es rege Handelsbeziehungen zum Orient gab[49]. Es konnten zwar nur wenige orientalische Münzen aus der Zeit Karls des Großen im Gebiet des ehemaligen Frankenreichs ergraben werden, aber Michael McCormick weist darauf hin, dass aus dieser Tatsache nicht geschlossen werden dürfe, dass der Handel nur einen sehr geringen Umfang gehabt habe. Im Frankenreich gab es nämlich – anders als im Norden, aus dem riesige Mengen von orientalischen Münzen ans Licht gekommen sind[50] – eigene Münzstätten, in denen immer Mangel an Silber bestand, und in denen man daher wahrscheinlich viele ausländische Münzen in einheimische umgeschmolzen haben dürfte.

Als Handelsgüter aus dem Westen, die im Orient willkommen waren, können neben Pelzen und Holz – vielleicht auch den bei Notker erwähnten Tuchen und Jagdhunden – vor allem Sklaven genannt werden, die wahrscheinlich in großer Zahl aus dem Frankenreich in den arabischen Machtbereich verkauft wurden[51].

14 Die Söhne Karls und die Regelung seiner Nachfolge

Karl der Große hatte – soweit wir wissen – insgesamt acht Söhne, einen aus seiner Beziehung mit Himiltrud, vier von Hildegard, von denen einer bald nach der Geburt verstarb, und drei von Konkubinen[1].

Der älteste Sohn Karls des Großen trug den Namen seines Großvaters Pippin und entstammte der Verbindung Karls mit Himiltrud. Über sein Schicksal kennen wir einige Fakten aus den zeitgenössischen Quellen, obwohl er zu einem unbekannten Zeitpunkt aus der Reihe der erbberechtigten Söhne ausgeschieden wurde. Dies geschah aber nicht sofort nach Karls Heirat mit Hildegard, denn 774 war der damals vielleicht fünfjährige Pippin dabei, als Karl der Große zusammen mit Hildegard und deren Erstgeborenem Karl bei der Weihe der neuen Klosterkirche in Lorsch zugegen war[2].

Einen tiefen Einschnitt in sein Leben brachte zweifellos das Jahr 781, als Karl mit seinen beiden jüngeren Söhnen von Hildegard, Karlmann und Ludwig, Rom besuchte. Der Papst nahm die neue Taufe Karlmanns vor, der dabei den Namen Pippin erhielt. Vielleicht war damals schon die Entscheidung gegen die Teilhabe des ältesten Sohns an der Herrschaft und an der Nachfolge gefallen. Möglicherweise hatte sich nämlich in diesem Alter von ca. zwölf Jahren jene Verunstaltung gezeigt, die Pippin den Beinamen »der Bucklige« (*gibbosus*, wie Einhard in c. 20 der Karlsvita schreibt) einbrachte, eine Missbildung der Knochen, die sich erst nach Abschluss des Längenwachstums deutlich zeigt[3].

Pippin der Bucklige wurde – vielleicht wegen dieses körperlichen Fehlers – in den folgenden Jahren anscheinend nie auf Kriegszüge mitgenommen. Aber er erscheint noch in den zwischen 783 und 792 entstandenen *Laudes* (= liturgisches Lobgedicht) neben Karl dem Jüngeren als »edelster Sohn«. In dieser Litanei wird auch ein zweiter Pippin, der Unterkönig von Italien, in einer eigenen Strophe gefeiert[4]. Im Salzburger Verbrüderungsbuch ist Pippin der Bucklige zusammen mit seinen Eltern Karl und Fastrada sowie seinen Brüdern Karl, Ludwig und Pippin eingetragen[5]; auch dieser Eintrag muss vor 792 erfolgt sein.

Als im Jahr 789 seinem Halbbruder Karl dem Jüngeren eine selbstständige Herrschaft übergeben wurde, ging Pippin leer aus. Es ist kaum ein Zufall, wenn Paulus Diaconus in seiner kurz vor 790 entstandenen Geschichte der Metzer Bischöfe Himiltrud als *concubina* bezeichnet, die zwar eine adelige Dame gewesen sei, aber mit Karl nicht in einer legalen Ehe verbunden war: Auf einer englischen Synode war 786 in York beschlossen worden, dass nur derjenige König werden könne, der von legitimer Geburt sei[6]. Dies alles zusammengenommen führt dazu, dass in der Zeit um 790 Pippin der Bucklige endgültig aus dem Kreis der legitimen Nachkommen des Königs ausgeschieden wurde[7].

Wohl aus diesem Grund versuchte der älteste Sohn Karls des Großen im Jahr 792 gegen seinen Ausschluss von der Herrschaft zu rebellieren. Ob es ihm dabei nur darum ging, wie seine Brüder ein Unterkönigtum oder ein eigenes Herrschaftsgebiet zu erhalten oder ob er überhaupt die Herrschaft seines Vaters beseitigen wollte, kann nicht geklärt werden[8]. Nach der Aufdeckung der Verschwörung wurden die Schuldigen als Hochverräter zum Verlust ihrer Güter und zum Tode verurteilt. Einige der Helfer Pippins wurden enthauptet oder erhängt, andere geblendet, ausgepeitscht oder in die Verbannung geschickt. Pippin selbst wurde zwar nicht hingerichtet, er wurde aber jetzt offiziell enterbt und verschwand im Kloster Prüm in der Eifel, wo er 811 verstarb.

Notker, der in seinen *Gesta Karoli* (Buch 2, c. 12) eine hübsche Geschichte über Pippin bietet, berichtet allerdings, dass der aufständische Pippin zuerst nach St. Gallen gebracht worden sei. Nachdem er dort seinem Vater einen wichtigen Rat gegeben hatte, habe er sich einen Aufenthaltsort für seine Verbannung wählen dürfen und da habe er sich für Prüm entschieden. Aus dieser Geschichte könnte man den Schluss ziehen, dass Karl gegenüber seinem ältesten Sohn durchaus freundliche Empfindungen besaß.

Der älteste Sohn Karls des Großen aus der Ehe mit der Alemannin Hildegard, Karl der Jüngere, wurde 772 oder 773 geboren. Schon recht früh, 784, also wohl mit zwölf Jahren, wird er als Anführer eines Heeres im Sachsenkrieg erwähnt[9]. Ein besonders wichtiger Moment für Karl war gekommen, als ihm sein Vater 789 den »Dukat« oder wie es in einer Quelle sogar heißt, das *regnum*, das »Königreich«, von Maine zur selbstständigen Herrschaft übertrug[10]. Brigitte Kasten glaubt daher, dass Karl der Jüngere 788/790 zum König von Neustrien erhoben worden sei[11]. Dieses Gebiet zwischen Seine und Loire besaß wegen seiner zentralen Lage eine große Bedeutung im Frankenreich; 747 hatte Grifo, von 763–768 Karl der Große selbst dieses Gebiet regiert.

In den Jahren 794, 796 und 799 führte Karl der Jüngere – manchmal ganz selbstständig – Feldzüge in Sachsen durch. 805, 806 und 808 ist er als Feldherr gegen die Böhmen, Sorben, Dänen und Wenden bezeugt. Das bedeutet, dass Karl der Jüngere das fränkische Kernland, vor allem nachdem sein Vater älter geworden war, verteidigen und schützen sollte. Zum König gekrönt wurde dieser Sohn jedoch erst am Weihnachtstag 800 in Rom.

Bemerkenswert an diesem Sohn ist noch, dass er bis zu seinem Tod (4. Dezember 811) unverheiratet geblieben ist. Karl der Große wollte, wie oben bemerkt, es vermeiden, seine Töchter mit Angehörigen fränkischer Adelsgeschlechter zu verehelichen. Es wäre eine mögliche Erklärung des unverheirateten Standes von Karl dem Jüngeren, dass der Vater gerade bei seinem erstgeborenen Sohn zögerte, einer bestimmten Adelsfamilie einen Vorrang vor den anderen dadurch einzuräumen, dass er eine Angehörige einer solchen Familie als Gemahlin für seinen ältesten Sohn auswählte.

Es bleibt aber die Merkwürdigkeit bestehen, dass gerade der älteste und als Nachfolger ins Auge gefasste Sohn keine eigene Familie gegründet hat.

Aus bisher unbekannten Versen Theodulfs von Orléans und anderen Indizien hat Franz Fuchs geschlossen, dass es in der Umgebung des jüngeren Karl homosexuelle Praktiken gab; vielleicht war Karl selbst homosexuell[12]. Das würde erklären, warum er zeit seines Lebens – soweit wir wissen – keine unehelichen Kinder gezeugt hat. Für die Liberalität Karls des Großen spräche dann, dass er dennoch daran festhielt, seinem militärisch tüchtigen Sohn den wichtigsten Teil seines Reiches zu vererben.

Die beiden jüngeren Söhne Karls von Hildegard, Ludwig (geb. 778) und Karlmann (geb. 777), der 781 den Namen Pippin erhielt, wurden 781 durch Papst Hadrian I. zu Königen gesalbt, Pippin für Italien und Ludwig für Aquitanien. Ludwig hatte ursprünglich noch einen Zwillingsbruder, der den Namen Lothar erhalten hatte, aber schon bald nach seiner Geburt verstarb. Ludwig und Lothar waren keine karolingischen Namen, sondern mit ihnen griff Karl der Große auf die Namen der bedeutendsten Merowingerkönige, den des Reichsgründers Chlodwig († 511) und Chlothar († 561), zurück[13]. In der Generation der Kinder und Enkel Ludwigs des Frommen wurden diese Namen sehr häufig vergeben, und der Name Ludwig wurde dann – vor allem in der Neuzeit – der »Leitname« der französischen Könige bis zu Ludwig XVIII. (1814 – 1824).

Die beiden noch sehr jungen Könige Karlmann-Pippin und Ludwig wurden immer wieder für einige Zeit an den Hof des Vaters geholt; bei Ludwig wissen wir das besonders gut, weil es zwei ausführliche Biographien über diesen Karolinger gibt[14]. Demnach verbrachte Ludwig die Jahre von 781 – 785 in Aquitanien, 785/86 war er zusammen mit Pippin am Hof des Vaters, im Sommer 789 waren beide Söhne bei der Versammlung in Worms anwesend, und Ludwig verbrachte auch den Winter 789/90 bei seinem Vater.

791 wurde Ludwig waffenfähig gemacht und nahm am Awarenfeldzug teil. Im Jahr 794 heiratete er die vornehme

Adelige Irmingard, eine Großnichte des Bischofs Chrodegang von Metz[15]. Er hatte bis dahin schon eine Verbindung mit einer Konkubine gehabt und mit ihr zwei Kinder, ein Mädchen Alpais und einen Jungen Arnulf, gezeugt[16]. Zwar hatte Ludwig immer wieder auch militärische Kommandos inne, aber die Quellen lassen nicht erkennen, dass er auf diesem Gebiet eine herausragende Begabung entwickelt hätte.

Ludwig war sicherlich nicht der von seinem Vater als Erbe ersehnte Sohn, was sich auch an seiner recht distanzierten Haltung gegenüber diesem zeigt, nachdem er im Herbst 813 als einzig überlebender legitimer Sohn zum Mitkaiser gekrönt worden war. Denn nicht nur hat der alte Kaiser seinen Nachfolger sofort nach der Krönung in sein Unterkönigtum Aquitanien zurückgeschickt, er holte ihn auch nicht an den Hof, als er seinen Tod nahen sah. An seinem Totenbett wollte Karl seinen Nachfolger anscheinend nicht sehen.

Anders war das mit Pippin, der sich in den Awarenkriegen als tüchtiger Heerführer hervorgetan hatte und dessen kriegerische Fähigkeiten nach dem Awarensieg von 796 auch in der Dichtung hymnisch gefeiert wurden[17]. Und auch im Aachener Karlsepos, in dem von Karls ehelichen Söhnen nur Karl der Jüngere und Pippin erwähnt sind, während Ludwig (der Fromme) überhaupt nicht auftaucht, erhält Pippin deutlich mehr Raum als sein älterer Bruder Karl. Während es von diesem nur heißt, dass er »in Haltung und Gestalt dem Vater ähnlich« sei (V. 197), wird von Pippin gerühmt, dass er »die Ruhmestaten seines Vaters erneuert« habe, »ein mächtiger Krieger« und »furchtloser Held« sei, der sich »als mächtiger Führer an die Spitze seiner Mannschaft« setzte (V. 202–204). »Von gewaltiger Heerschar gefolgt, erscheint er stattlich hoch zur Ross, herrlich anzusehen und von edlem Wuchs« (V. 205–206). Ob damit eine besonders enge persönliche Beziehung des Vaters zu seinem Sohn Pippin zum Ausdruck gebracht werden soll, können wir aber nicht sagen.

Pippin ging wahrscheinlich keine legitime Ehe ein, sondern hatte von einer Konkubine mindestens einen Sohn Bernhard und fünf Töchter, Adalhaid, Atula, Gundrada, Berhthaid und Theodrada, deren Namen wir aus Einhard c. 19 kennen. Aus der Namenswahl für diese Kinder hat Johannes Fried vor einigen Jahren ableiten wollen, dass Pippins Frau eine Enkelin Karl Martells mit Namen Theodrada gewesen sei[18].

806 erließ Karl der Große auf einer Reichsversammlung in Diedenhofen ein Gesetz, die *Divisio regnorum*, sein politisches Testament. Für den Fall seines Todes sah dieses Gesetz die Aufteilung des Reiches unter seine drei erbberechtigten Söhne vor[19]:
- Ludwig sollte zu seinem aquitanischen Unterkönigtum auch noch den größten Teil von Burgund, die Provence und Septimanien erhalten
- Pippin sollte außer in Italien auch in Baiern und im südlichen Teil von Alemannien (bis zur Donau) herrschen
- Für Karl den Jüngeren war der gesamte Rest des Reiches vorgesehen, also Neustrien, Austrien, Sachsen, Thüringen, Friesland, der bairische Nordgau und die nördlichen Teile von Burgund und von Alemannien

Damit wären drei annähernd gleich große und militärisch, wirtschaftlich und politisch gleich gewichtige Teilreiche geschaffen worden. Allerdings sollte das gesamte Hausgut der Karolinger und das merowingische Königsgut als Ganzes an den Ältesten fallen. Alle wichtigen Städte, Pfalzen und Klöster des fränkischen Kernlandes, Paris und Worms, Tours und Metz, Compiègne und Aachen, St. Denis und Prüm, Corbie und Lorsch, wären an Karl den Jüngeren gelangt. Diese Bevorzugung des Ältesten durch das Teilungsgesetz von 806 ist erstaunlich angesichts der Tatsache, dass Karl der Jüngere keine Familie hatte[20].

Für den Fall des Todes eines Bruders sollte dessen Teilreich gleichmäßig aufgeteilt werden, die Grenzlinien wurden schon jetzt festgelegt. Diese Grenzen nahmen keine Rücksicht auf geographische und historische Zusammenhänge; in Italien und in Aquitanien, also in den beiden historisch gewachsenen Regna, ging die Teilungslinie mitten hindurch. Peter Classen hat diese Linien als Ausdruck eines »eigenartigen Rationalismus« bezeichnet[21].

Merkwürdig ist auch, dass Karl der Große sich anscheinend bewusst war, dass es zu blutigen Kämpfen um sein Erbe kommen könnte, daher wurde im Kapitel 18 der *Divisio regnorum* festgelegt, dass keiner der erbenden Söhne einen Angehörigen der kommenden Generation, einen Sohn oder Neffen, ohne gerechtes Gericht töten, verstümmeln, blenden oder zwangsweise ins Kloster einweisen lassen dürfe[22].

Nach dem Tod Pippins von Italien (am 8. Juli 810) und Karls des Jüngeren (am 4. Dezember 811) wurde im Jahr 812 Bernhard[23], der einzige Sohn Pippins, von Karl dem Großen zum König der Langobarden erhoben. Er trat also weder ganz an die Stelle seines Vaters – dann hätte er das halbe Reich erhalten müssen – noch wurde er beiseite geschoben; der Grund für dieses nur teilweise Erbe dürfte darin liegen, dass Bernhard nicht aus einer legitimen Ehe seines Vaters hervorgegangen ist. In dieser Entscheidung Karls des Großen liegt die Wurzel zum Aufstand Bernhards im Jahre 818.

Neben diesen Söhnen aus legitimen Eheverbindungen, vor allem aus der Ehe mit Hildegard, besaß Karl der Große aber auch noch mindestens drei Söhne, die ihm Konkubinen geboren hatten, wahrscheinlich erst in der Zeit nach 800. Zwei dieser Söhne stammten aus der Verbindung mit Regina, sie erhielten die Namen Drogo und Hugo und sind zwischen 801 und 806 geboren. Vielleicht noch später (807?) geboren wurde ein Theoderich.

Alle drei Söhne waren jedenfalls noch sehr jung, als ihr Vater im Januar 814 verstarb. Karl übergab diese Kinder seinem Nachfolger Ludwig mit der Bitte, sie am Privaterbe zu beteiligen. Sie wurden wahrscheinlich 818 im Zusammenhang mit dem Aufstand Bernhards von Italien von Kaiser Ludwig gezwungen, in den geistlichen Stand einzutreten[24]. Dort lebten sie aber nicht anonym als kleine Klosterbrüder, sondern zwei von ihnen machten richtig Karriere. Dies trifft vor allem auf Drogo zu, der 823 zum Bischof von Metz erhoben und später sogar mit der persönlichen Erzbischofswürde versehen wurde.

Abb. 10: Karl der Große und sein Sohn Pippin (oben), ein Schreiber (unten) (Ende 10. Jh.)

Seine Beziehung zu Kaiser Ludwig war recht eng; er war der einzige Verwandte, der anwesend war, als Ludwig der Fromme am 20. Juni 840 auf einer Rheininsel bei Ingelheim starb. Drogos Lebensende passt nicht so ganz zu seiner hohen geistlichen Würde: er stürzte am 8. Dezember 855 beim Angeln in das Flüsschen Oignon und ertrank[25].

Sein Bruder Hugo wurde Abt des bedeutenden nordfranzösischen Klosters St. Quentin; er starb 844. Von Karls jüngstem Sohn Theoderich hören wir nach 818 nichts mehr; vielleicht war er in den Aufstand Bernhards von Italien verwickelt.

15 Die Lage im Frankenreich nach Karls Tod

Zweifellos war bereits in den letzten Jahren der Regierung Karls deutlich, dass die Expansion des Frankenreichs an ihr Ende gelangt war und dass die Verwaltung des riesigen Reichs vor fast unüberwindlichen Schwierigkeiten stand.

Nach der endgültigen Niederwerfung der Sachsen konnten gegen die Dänen nur noch zwei Feldzüge (808 und 810) durchgeführt werden, die dazu dienen sollten, die erreichten Grenzen des Reiches zu sichern. Auch gegen die Slawen östlich von Elbe und Saale und gegen die Böhmen konnten keine dauernden Gebietsgewinne erzielt werden. Die Expansion jenseits der Pyrenäen und an der Donau gegen die Awaren war zwar zu einem siegreichen Ende gelangt, aber weder Benevent in Unteritalien noch die Bretagne am äußersten Nordwesten des Reiches konnten auf Dauer unterworfen werden. Und die neuen Feinde, die Normannen im Norden und die Sarazenen im Süden, zeigten bereits ihre Gefährlichkeit.

In den Jahren 816 bis 829 musste Ludwig der Fromme an allen Fronten des Reichs kämpfen: in der spanischen Mark im Südwesten, in der Bretagne im Nordwesten, an der Nordgrenze gegen die Dänen und im Osten gegen die Slawen. Immer mehr geriet das Frankenreich dabei in die Defensive: Die Dänen beschränkten sich nicht mehr auf vereinzelte Angriffe auf die nördliche Grenze, und die Normannen attackierten seit ca. 820 auf ihren Schiffen nicht nur die Küste (Flandern 820), sondern fuhren auch die großen Flüsse wie Seine, Loire und Elbe aufwärts, um Kirchen und Klöster zu verbrennen oder auszuplündern.

Auch die Sarazenen gingen zum Angriff über, sie belagerten 827 Barcelona und setzten sich im selben Jahr in Sizilien fest, so dass nicht nur die Küste Unteritaliens, sondern auch Mittelitalien, Sardinien und Korsika in der Reichweite der sarazenischen Schiffe lagen.

Neben diesen äußeren Gefahren, die zwar groß waren, aber nicht die Existenz des Frankenreichs bedrohten, zeigten sich auch im Innern des Reiches Schwierigkeiten. Ob diese bereits in den letzten Jahren Karls des Großen erkennbar waren, ist umstritten; François Louis Ganshof hat jedoch 1947 und 1948 von »échec«, Scheitern, und »décomposition«, Verfall, gesprochen, als er die Verhältnisse in den letzten Jahren Karls des Großen bewertete[1]. Dieses Urteil bezog sich vor allem auf das unzureichende Funktionieren der Verwaltung und das Chaos bei der Gesetzgebung. Beides habe es nötig gemacht, dass der Herrscher häufig persönlich eingreifen musste; ohne die dauernde Aktivität des Herrschers seien die Normierungen des politischen Lebens durch die Kapitularien leere Worte geblieben.

Überhaupt ließ sich wegen der Größe des Reichs die Kommunikation nicht unbegrenzt steigern: Die damaligen Möglichkeiten der Nachrichtenübermittlung machten eine rasche Reaktion auf Gefahren schwierig und ließen auch eine Überwachung der Verwaltung und der Rechtsprechung häufig scheitern.

Auch auf sozialem Gebiet kam es schon in der Regierungszeit Karls des Großen zu wichtigen Veränderungen: Die Forschung des 19. Jahrhunderts hatte vom Ende der (Gemein-)Freien in diesen Jahren gesprochen[2]; und auch in der neueren Forschung ist man der Auffassung, dass die Zahl der freien Franken in jener Zeit stark rückläufig war[3].

Was den Adel angeht, so zeichnen sich vielleicht auch hier schon in den letzten Jahren Karls des Großen entscheidende Wandlungen ab: In gewisser Weise war der Adel saturiert, er hatte während der expansiven Phase des Frankenreichs genug neues Land erhalten und zusätzliche Ländereien konnte der Herrscher auch nicht mehr verteilen[4], damit war ein wichtiges Mittel zum Erkauf der Loyalität nicht mehr gegeben. Es musste dem Adel daher darum gehen, seine Macht durch den Ausbau der Herrschaft auf seinen eigenen Besitzungen zu steigern und dies konnte nur gelingen, wenn die Einflussnahme des Königs zurückgedrängt wurde.

In den ersten Jahren der Regierung Ludwigs des Frommen schien aber alles noch optimal zu laufen, wenn auch die Nachfolgeordnung von 817 schon ein Krisensymptom gewesen sein könnte, weil in diesem Jahr vielleicht ein Attentat auf den Kaiser verübt worden ist[5]. Der nächste Schritt in die Krise war 818 die Niederschlagung der Rebellion Bernhards von Italien, in die auch hofnahe Machtträger wie Bischof Theodulf von Orléans verwickelt waren. Die Blendung Bernhards wurde (vielleicht absichtlich) so durchgeführt, dass der Neffe des Kaisers bei dieser Bestrafung verblutete[6]. Das hatte zur Folge, dass Ludwig der Fromme heftig kritisiert wurde, so dass er wenige Jahre später (822) in Attigny einen Bußgang unternehmen musste[7].

In dieser Zeit hatte sich auch der engere Beraterstab Ludwigs des Frommen vollkommen verändert: Die bedeutendsten Berater, die er 814 aus Aquitanien mitgebracht hatte, waren entweder wie Ebo und Agobard seit 816 als Erzbischöfe von Reims und von Lyon weit vom Hof entfernt oder sie waren wie Benedikt von Aniane, der engste geistliche Helfer, 821 verstorben. Der wichtigste Laie unter den Vertrauten Ludwigs, Bego, starb schon 816; er war mit Ludwigs vorehelicher Tochter Alpais verheiratet. 818 verstarb Erzbischof Hildebold von Köln, der einzige hohe Amtsträger am Hof, der seine Bedeutung auch nach dem Tod Karls des Großen behalten hatte, und der unter Karl, aber auch anfänglich noch unter Ludwig, einflussreiche Bischof Theodulf von Orléans wurde 818 in Klosterhaft genommen.

Als neue Berater in der Umgebung Ludwigs des Frommen wirkten jetzt die Karolinger Adalhard und sein Bruder Wala sowie Ludwigs Halbbruder Drogo, der 823 das wichtige Bistum Metz erhielt. Noch einflussreicher waren aber für einige Jahre die Grafen Matfrid von Orléans und Hugo von Tours, die allerdings 828 vom Hof verbannt wurden. Für kurze Zeit nahm darauf Bernhard von Septimanien eine zentrale

Stellung am Hof Ludwigs ein, bis er wegen seiner angeblichen Beziehung zur Kaiserin Judith zu Fall gebracht wurde[8].

Ludwigs erste Ehefrau Irmingard, die Mutter seiner drei Söhne Lothar, Pippin und Ludwig, war 818 verstorben. Anfang 819 heiratete der Kaiser wieder und zwar die Welfin Judith, die ihm am 13. Juli 823 einen weiteren Sohn gebar, der den Namen Karl erhielt. Mit diesem Namen war er offenbar als Miterbe am Reich vorgesehen, auch wenn Ludwig in seiner *Ordinatio imperii* von 817 die Kaiserwürde und die Oberherrschaft im Reich seinem ältesten Sohn Lothar übertragen hatte, während die jüngeren, Pippin und Ludwig, in Italien bzw. Baiern nur als Unterkönige amtieren sollten.

829–833 kam es zu mehreren Aufständen der älteren Söhne gegen die zweite Frau des Kaisers und gegen den Kaiser selbst, um die Nachfolgeordnung von 817 aufrecht zu erhalten. 833 musste der alte Kaiser ein Schuldbekenntnis ablegen und die Herrschaft niederlegen; am 1. März 834 wurde er aber wieder feierlich restituiert.

829 ist überhaupt ein Epochenjahr in der Geschichte des karolingischen Frankenreichs, denn mit diesem Jahr endet die intensive Kapitulariengesetzgebung, die im Jahr 802 begonnen hatte und sich über den Tod Karls des Großen hinaus fast nahtlos in der ersten Hälfte der Regierung Ludwigs des Frommen fortgesetzt hatte[9]. Mit den Wirren der Jahre 829 bis 833 setzte der Zerfall des Frankenreichs ein. Und man wird fragen müssen, ob es zutrifft, dass das Frankenreich unter Ludwig auf kulturell-geistigem Gebiet eine »staunenswerte Höhe« erreicht hat[10]. Waren nicht die bedeutendsten Träger dieser kulturellen Blüte, wie Agobard von Lyon und Ebo von Reims, seit jenen Krisenjahren gerade die heftigsten Gegner des Kaisers? Und hatte nicht Lupus von Ferrières auf die jede kulturelle Tätigkeit abtötende Wirkung der Herrschaft Ludwigs des Frommen hingewiesen[11]?

Berühmt geworden ist die Charakteristik Ludwigs des Frommen durch Albert Hauck als »des großen Vaters kleiner Sohn«[12]. Obwohl bereits 1957 Ganshof und Theodor Schieffer sich gegen diese Abwertung Ludwigs ausgesprochen haben und seine Regierung stark aufzuwerten versuchten[13] und der 1990 erschienene Sammelband über »Charlemagne's Heir« diese Linie vertiefte, bleiben Zweifel, ob man Ludwig so positiv beurteilen soll wie ein Teil der modernen Forschung es tut, vor allem, wenn man ihn mit seinem Vater vergleicht.

16 Nachleben

Karl der Große als Vorfahr

Im Laufe des Mittelalters beanspruchten zahlreiche Adels- und Fürstenfamilien aus ganz Europa, von Karl dem Großen abzustammen. Schon seit dem 10. Jahrhundert wurde dieser Anspruch in genealogischen Aufzeichnungen erhoben, um das Fortleben der Karolinger in einer bestimmten Fürstenfamilie zu dokumentieren[1]. Diese Behauptung erfolgte nicht zu Unrecht, denn während die Karolinger im Mannesstamm ausgestorben sind (im Ostfrankenreich schon 911 mit dem Tode Ludwigs des Kindes, im Westfrankenreich bald nach 1000, nachdem Hugo Capet 987 die letzten noch lebenden Karolinger aus dem Königtum verdrängt hatte), können zahlreiche Fürstenfamilien ihre Abkunft auf die Töchter Ludwigs des Frommen und späterer Karolinger zurückführen. Dies wird besonders deutlich, wenn man die genealogischen Untersuchungen Erich Brandenburgs betrachtet, der in seinem Werk 13 Generationen von Nachkommen Karls untersucht hat. In der letzten von ihm untersuchten Generation, deren Mitglieder zwischen der ersten Hälfte des 12. und der zweiten Hälfte des 13. Jahrhunderts verstorben sind, umfasst seine Abstammungstafel allein 984 Personen, die »fast den gesamten europäischen Hochadel« bilden[2]. Die meisten dieser Personen stammen nicht nur einmal, sondern sogar mehrfach von Karl dem Großen ab, da sich die Angehörigen des Hochadels immer wieder untereinander verbunden haben.

»Im Laufe des 13. Jahrhunderts setzte sich in Frankreich ... die Auffassung durch, die Karolinger seien durch die Ehen kapetingischer Könige mit Prinzessinnen karolingischen Geblüts wieder auf Frankreichs Thron zurückgekehrt«[3].

Für die Wirksamkeit dieser Anschauung wurde es wichtig, dass der Gelehrte Vinzenz von Beauvais († 1264) in seinem wohl 1244 verfassten *Speculum historiale* (Buch 31, Kapitel 126) diese Auffassung vorgetragen und begründet hat: Ludwig VIII. (1223–1226), der Sohn Philipps II. Augustus (1180–1223), stamme durch seine Mutter Elisabeth, die Tochter Balduins von Hennegau, vom Geschlecht Pippins und Karls des Großen ab[4]. Aber schon Philipp II. selbst hatte eine Mutter aus karolingischem Geblüt und er war sich dessen auch bewusst[5].

Im ostfränkisch-deutschen Reich des hohen und späten Mittelalters begann man seit der Regierung Heinrichs II. (1002–1024) auf die Abstammung von Karl dem Großen Wert zu legen. Dass diese Deszendenz unter den Ottonen im 10. Jahrhundert noch keine Rolle gespielt hatte, dürfte sich damit erklären, dass in jener Zeit im Westfrankenreich noch Karolinger regierten.

Unter der neuen Königsfamilie der Salier war es dann Heinrich III. (1039–1056), für den über seine Mutter Gisela eine Abstammung von Karl dem Großen herausgestellt wurde[6].

Bei den Staufern spielte zwar eine direkte Abstammung von Karl keine Rolle, aber Friedrich Barbarossa (1152–1190) wurde immer wieder mit Karl dem Großen identifiziert, am eindeutigsten in der Kaiserhymne des Archipoeta ›*Salve mundi domine*‹[7].

Der Luxemburger Karl IV. (1346–1378), der schon aufgrund seines Namens eine Verbindung zu Karl dem Großen besaß, auch wenn er diesen Namen erst im Alter von sieben Jahren von seinem Paten, dem französischen König Karl IV. (1322–1328), erhalten hatte, rühmte sich dann auch der Abkunft vom großen Karolinger[8]. Er gründete 1354 in Ingelheim, das damals als Geburtsort Karls des Großen galt, ein Augustiner-Chorherrenstift[9].

Die Habsburger führten sich über die Colonna auf Julius Caesar zurück, hatten damit also eine noch vornehmere

Abkunft als die Abkömmlinge des Karolingers aufzuweisen. Ein Bezug auf Karl den Großen wurde im 14. Jahrhundert wohl auch deshalb vermieden, weil der luxemburgische Konkurrent Karl IV. seine Verehrung für Karl den Großen so deutlich äußerte[10]. Im 15. Jahrhundert wurde dann aber die Abkunft der Habsburger vom großen Karl zwar nicht von Friedrich III. (1445–1493), aber von seinem Sohn Maximilian I. (1493–1519) sehr nachhaltig gepflegt[11].

Einige wichtige Reichsfürsten konnten sich mit noch größerem Recht auf Karl den Großen als ihren Vorfahr berufen. Das gilt vor allem für die Herzöge von Brabant, deren karolingische Abkunft in einer Reihe von Brabanter Chroniken des 13. und 14. Jahrhunderts hervorgehoben wurde[12].

Interessant und gut aufgearbeitet ist der Fall der bayerischen Wittelsbacher[13]. Schon in der ersten Hälfte des 13. Jahrhunderts leitete eine Reihe von Chroniken aus dem wittelsbachischen Hauskloster Scheyern die Grafen von Scheyern-Wittelsbach in direkter Linie von Kaiser Arnulf (887–899) und damit von Karl dem Großen her[14]. Und um 1400 wurde in der sog. Fürstentafel von Scheyern behauptet, »das Jahr 1180, als Otto von Wittelsbach Herzog von Bayern wurde, bedeute nicht den Anfang einer neuen Dynastie, sondern die Rückkehr des Herzogtums zum legitimen Geschlecht Karls des Großen«[15]. Im 15. Jahrhundert ging dann der Historiograph Andreas von Regensburg noch einen Schritt weiter und zählte Karl den Großen zu den bayerischen Herzögen, die Kaiser geworden seien[16].

Der Wunsch, von Karl dem Großen abzustammen, reichte sogar über die Grenzen des ehemaligen Karolingerreichs hinaus, wenn auch die polnischen Piasten im Spätmittelalter auf ihre karolingische Abkunft hinwiesen[17].

An dieser Stelle soll noch etwas zum Geburtsort Karls des Großen gesagt werden[18], denn auch das gehört zur gewaltigen Nachwirkung dieses Kaisers, dass zahlreiche Orte, vor allem in Deutschland, aber auch in Frankreich und in Belgien sich um die Ehre streiten, der Geburtsort Karls des Großen zu sein. Die früheste Äußerung zu diesem Thema stammt von Gottfried von Viterbo († vor 1200), der in seinem Pantheon (XXIII, 3) der Stadt Ingelheim diese Ehre zubilligte[19].

Aventin schreibt in seiner Bayerischen Chronik, Karl sei »zu Karlsperg auf dem Schloss am Würmsee«, also nördlich vom Starnberger See, geboren und in Ingelheim bei Mainz erzogen worden[20]. Und Orte in Bayern bewerben sich auch sonst um die Ehre, der Geburtsort Karls zu sein, so die Reismühle bei Gauting oder die Karlsburg bei Oberzeismering, aber auch Karlstadt am Main. Bis heute wird auch die Bertradaburg von Mürlenbach bei Prüm in der Eifel als Karls Geburtsort genannt.

Karl der Große als Kreuzfahrer

Wenn Karl der Große im Hochmittelalter, also seit dem 12. Jahrhundert, als der Kreuzzug ein wesentliches Kennzeichen der europäischen Welt geworden war, als erster Kreuzfahrer galt, dann hat diese Vorstellung in der Realgeschichte des fränkischen Herrschers durchaus ihre Anhaltspunkte. Der eine ist sein Feldzug gegen die Sarazenen in Nordspanien, den Karl – wenn auch mit wenig Erfolg – 777/78 durchführte. Ein anderer Anhaltspunkt ist dadurch gegeben, dass Karl Beziehungen zum Patriarchen von Jerusalem und auch zum Kalifat von Bagdad pflegte, was schon bald zu der Legende führte, dass Karl der Große persönlich nach Jerusalem gepilgert sei oder einen Kreuzzug unternommen habe.

Lange vor dem Beginn der Kreuzzüge am Ende des 11. Jahrhunderts berichtete das am Ende des 10. Jahrhunderts entstandene *Chronicon* des Mönchs Benedikt vom Kloster am Berg Soracte nördlich von Rom davon, dass Karl der Große einen Zug nach Jerusalem unternommen und von dort wertvolle Reliquien mitgebracht habe[21].

Auch noch vor dem ersten Kreuzzug, nämlich 1053/54, wurde in St. Denis die Legende von Karls Pilgerfahrt ins Heilige Land niedergeschrieben, in der seine Reise in den Orient, nach Konstantinopel und nach Jerusalem, dargestellt wurde[22]. Auch in diesem Text wird vom Erwerb kostbarer Reliquien berichtet, so davon, dass Karl in Konstantinopel die Dornenkrone Christi erhalten habe, die sein Enkel Karl der Kahle nach St. Denis habe überführen lassen[23].

Die Deutung des Spanienfeldzugs als Kreuzzug wurde vor allem in einer Dichtung vorgetragen, die kurz vor 1100 in Frankreich entstanden ist, im altfranzösischen Rolandslied (*Chanson de Roland*)[24]; Karl ist hier der Krieger und Kämpfer für Christus (*miles et athleta Christi*). Außerdem geht es in diesem Epos um die Beziehungen zwischen dem Lehnsherrn und seinen Vasallen. Beide Themen, Kreuzzug und Vasallität, waren in der Entstehungszeit des Epos von allergrößter Bedeutung.

Das mittelhochdeutsche Rolandslied des Pfaffen Konrad[25], eine Dichtung von über 9090 Versen, ist um 1170 am Hof Heinrichs des Löwen, wahrscheinlich in Braunschweig, entstanden. In diesem Epos kommt der Zusammenhang mit den zeitgenössischen Kreuzfahrten ins Heilige Land noch stärker zum Ausdruck als in seinem französischen Vorbild. Der Auftraggeber Konrads, Heinrich der Löwe, war nicht nur 1165 bei der Kanonisation Karls zugegen, sondern er hat 1172 auch eine Wallfahrt ins Heilige Land unternommen. Die Verbreitung des Werks war jedoch nicht groß; nur zwei vollständige Handschriften und fünf Fragmente haben sich erhalten.

In der ersten Hälfte des 13. Jahrhunderts (1230/1250) wird Konrads Rolandslied durch eine neue Dichtung des Stricker über Karl ersetzt, die eine weite Verbreitung erlangte, wie die noch vorhandenen 24 Handschriften und 23 Fragmente zeigen.

In der Mitte des 14. Jahrhunderts (um 1340/50) entstand in Aachen eine Kompilation von verschiedenen Karlssagen, die mit 36000 Versen sehr umfangreich war, die *Karlmeinet*. Den vollständigen Text bietet aber nur eine einzige Handschrift; daneben gibt es einige Teilüberlieferungen[26].

Neben Aachen war vor allem Zürich ein Ort des Karlskults; er bestand hier seit 1233, und Karl wurde als der Stifter des Großmünsters verehrt. Die sich verstärkende Verehrung des heiligen Kaisers kommt auch im Züricher Buch vom heiligen Karl[27] (um 1450) zum Ausdruck, von dem allerdings nur eine einzige Handschrift auf uns gekommen ist.

Eine *Historia Rotholandi et Karoli Magni in Hispania* soll angeblich der Bischof Turpin (eigentlich: Tilpin von Reims, † 794) verfasst haben (Ps.-Turpin, entstanden um 1140)[28]. Dieses legendarische Werk enthält Passagen, die Karl als Kreuzfahrer nach Spanien und Verehrer des heiligen Apostels Jakobus beschreiben[29]. Als Heidenbekämpfer und Kirchenstifter hat Karl einen Platz im Himmel an der Seite der Märtyrer erlangt. Die Absicht des Werkes bestand wohl darin, Kämpfer für den heiligen Krieg in Spanien zu werben[30]. Die Verbreitung dieses Werkes in lateinischer Sprache und in volkssprachigen Übersetzungen war ungeheuer groß.

Die literarische Nachwirkung Karls des Großen war zweifellos in Frankreich, wo bis 1450 über zwanzig Bearbeitungen des Karlsstoffs entstanden, viel größer als in Deutschland mit seiner sehr viel geringeren Anzahl von Dichtungen über Karl. In Frankreich kam es auch zu einer starken Verschränkung zwischen legendenhaften und historischen Elementen, so dass etwa in der maßgeblichen Darstellung der französischen Geschichte aus dem hohen Mittelalter, in den *Grandes chroniques de France*[31], das Bild Karls des Großen sehr viel mehr durch Pseudo-Turpin als durch Einhard oder Notker geprägt wurde.

Karl der Große als Idealherrscher

An dieser Stelle soll zuerst etwas über den Beinamen Karls, *magnus*, »der Große«, gesagt werden: Schon zu seinen Lebzeiten wurde Karl als *magnus rex*, »großer König«, angesprochen, so in mehreren Briefen der Päpste Hadrian I. und Leo III.[32] Und auch private Urkunden, etwa Urkunden der Bischöfe von Freising, nennen Karl schon vor seiner Kaiserkrönung *magnus rex* (im Jahr 798) und später *magnus imperator*, »großer Kaiser« (802)[33]. In offiziellen Aktenstücken der kaiserlichen Kanzlei kommt der Beiname *magnus* neben anderen (*pacificus, excellentissimus*) vor; damit ist allerdings nicht mehr ausgesagt als dass sich Karl in die Tradition der antiken Kaiser stellte.

Einhard hat dagegen Karl nie den Beinamen »der Große« gegeben; Karls Sohn und Nachfolger Ludwig der Fromme spricht von seinem Vater als *iure cognominatus magnus*[34] und Karls Enkel Nithard schreibt am Beginn seines Geschichtswerks:

> *Karolus ... merito magnus imperator ab universis nationibus vocatus*: »Karl wird, wie er es verdient, von allen Völkern als großer Kaiser bezeichnet«[35].

Die Wirkung Karls als eines idealen und großen Kaisers war mit dem Ende des karolingischen Königtums im Ostfrankenreich (911) und im Westfrankenreich (987) nicht beendet. Es war der jung verstorbene Kaiser Otto III. (983–1002), der am Pfingstfest des Jahres 1000 das Grab Karls in der Aachener Marienkirche öffnen ließ[36]. Nach der Chronik des eineinhalb Jahrzehnte später schreibenden Bischofs Thietmar von Merseburg soll Otto III. mit dieser Handlung die antiken Kaiser nachgeahmt haben, und tatsächlich haben ja Caesar und Augustus nach dem Bericht Suetons das Grab Alexanders des Großen besucht[37].

Ob Otto III. beabsichtigte, in Aachen einen Kult des heiligen Kaisers zu begründen, ist umstritten. Knut Görich meint, die Heiligsprechung Karls sei kurz nach 1000 nur deshalb unterblieben, weil Otto III. so früh verstorben ist (am 24. Januar 1002)[38].

So war es erst Friedrich I. Barbarossa (1152–1190), auf dessen Veranlassung hin Karl der Große am 29. Dezember 1165 heilig gesprochen wurde[39]. Als Begründung für diese Kanonisation wird in der nur indirekt erhaltenen Urkunde Barbarossas angegeben, dass Karl zahlreiche Bischofssitze, Abteien und Kirchen errichtet und Heiden bekehrt habe und als »starker Kämpfer und wahrer Apostel« den christlichen Glauben bei Sachsen, Friesen, Westfalen, Vandalen und Spaniern ausgebreitet habe. Wegen seiner gezeigten Bereitschaft, bei der Bekehrung der Ungläubigen zu sterben, sei er als Märtyrer anzusehen. Durch diese Verdienste werde Karl »in der

Schar der Bekenner zum Heiligen und wahren Bekenner im Himmelreich gekrönt«[40].

Kurze Zeit nach 1165, wohl zwischen 1170 und 1180, wurde im Auftrag Barbarossas eine Vita Karls des Großen verfasst, die aus Einhards Karlsvita und anderen Quellen des 9. Jahrhunderts, vor allem aber aus der *Descriptio* und aus Pseudo-Turpin ihre Informationen entnommen hat. Die Schilderung des Kreuzzugs Karls des Großen gehört zum Kern dieser Biographie[41].

Friedrich I. Barbarossa hat damals auch ein Armreliquiar gestiftet, das mit interessanten Silberreliefs geschmückt ist, die Ereignisse darstellen, die in der von Pseudo-Turpin überlieferten Legende beschrieben sind[42]. Am Anfang des 13. Jahrhunderts wurde dann der Karlsschrein geschaffen, der von Otto IV. oder von Friedrich II. in Auftrag gegeben wurde[43].

Trotz seiner Kanonisation stieg jedoch Karl der Große in Deutschland nicht zum nationalen Heros auf, sondern seit dem 16. Jahrhundert war dann Friedrich I. Barbarossa der Kaiser, der im Kyffhäuser schläft und auf dessen Wiederkunft das Reich wartet[44].

Die Wirkung Karls als vorbildlicher König reichte aber über die Grenzen seines ehemaligen Reiches weit hinaus; dafür zeugt z. B., dass der Name des Königs in den westslawischen Sprachen vom Namen Karl abgeleitet ist, wenn die Polen von Krol, und die Tschechen von Kral sprechen.

Der große Einfluss, den die überragende Gestalt Karls des Großen auch noch in der Neuzeit auszuüben vermochte, zeigt sich an der berühmten Äußerung Napoleons, der an seinen Onkel, den französischen Gesandten in Rom, schrieb: »Pour le Pape, je suis Charlemagne«. Er begründete diese Behauptung damit, dass er wie Karl der Große neben der Krone Frankreichs die der Lombardei besitze und dass sich sein Reich bis in den Orient erstrecke[45]. Napoleon besuchte am 2. September 1804 Aachen und wenige Tage später, am 7. September, betrat er auch die Karlsgruft.

Als sich Napoleon dann am 2. Dezember 1804 in Notre-Dame in Paris selbst eine Kaiserkrone aufsetzte, war der Papst

Pius VII. (1800–1823) zwar gegenwärtig, aber er übte bei dieser Krönung keinerlei Funktionen aus[46].

Karl war aber nicht nur ein Idealherrscher im positiven Sinne, sondern er war auch das Vorbild eines sündigen Herrschers, wie sich an der Kritik an seinem Sexualleben zeigt, die schon kurz nach seinem Tod begann. Bereits einige Jahre nach dem Tod des großen Kaisers wurde Kritik an Karls zahlreichen Beziehungen zu Frauen laut, zuerst bei Haito von Reichenau in der von ihm aufgezeichneten Vision des Mönchs Wetti. In der Versifizierung der *Visio Wettini* durch Walahfrid Strabo lautet die Kritik dann so:

> »Nun sah Wetti auf jenen Gefilden einen, der einstmals/König Italiens war, des erhabenen römischen Volkes,/An seinem Platze stehn – er wich keinen Schritt von der Stelle –;/Ihm gegenüber ein Tier, das die Teile der Scham ihm zerfleischte;/Sonst aber war sein strahlender Leib verschont von der Seuche.«

Der Führer, der den schwerkranken Mönch ins Jenseits geführt hat, erklärt diese Strafe so:

> »Diese Qual muss er leiden,/Weil er durch schändliche Wollust die guten Taten besudelt/Und geglaubt hat, es tilge die Menge des Guten die Lüste,/deshalb gedachte er so in gewohnter Sünde zu leben/Bis an sein Ende; doch wird er das selige Leben erlangen;/Freudig wird er empfangen die Ehre, die Gott ihm bestimmt hat«[47].

In derselben Zeit, nämlich in den 820er Jahren, schreibt der Verfasser der *Vita Adalhardi*, es sei von den Zeitgenossen behauptet worden, dass nur eine von den unverheirateten Damen am Karlshof den dort vorhandenen Versuchungen nicht erlegen sei[48]. Und auch die die wahren Zustände etwas verschleiernden Bemerkungen Einhards zu diesem Thema dürften auf die Kritik an Karls Sexualleben in der Zeit der Abfassung der Karlsvita zurückgehen.

Im hohen und späten Mittelalter wuchs der posthume Ruhm Karls des Großen immer weiter an. In Frankreich und in Deutschland wurde er zum Helden in einer großen Zahl von Dichtungen. Dort wird aber nicht nur Karl als

Kreuzfahrer und Heidenbekämpfer, als Gesetzgeber und Missionar gerühmt, sondern es gibt auch noch eine andere Seite des großen Helden:

Von einer sehr schweren Sünde Karls ist nämlich bereits in der deutschsprachigen Kaiserchronik, die um 1150 in Regensburg verfasst wurde, die Rede. Dort heißt es (V. 15015–15018):

> »Karl hatte eine Sünde getan./Er sprach, keinem weltlichen Mann/Wollt er sie nimmer sagen auf Erden,/lieber wollte er darin sterben«[49].

Er beichtet dann aber doch dem heiligen Aegidius, der ihm trotz allem die ewige Seligkeit verspricht. Welcher Art diese Sünde ist, wird in der Kaiserchronik nicht gesagt. War mit »Sünde« die Tatsache gemeint, dass Karl mehrfach verheiratet war und manchmal neben einer Ehefrau auch noch mit Konkubinen verkehrte[50]? Oder ist auf ein schwereres Vergehen angespielt, nämlich auf eine Inzestbeziehung, wie eine Version des Rolandslieds behauptet? Dort heißt es nämlich, dass der Held Roland einer inzestuösen Verbindung Karls mit seiner Schwester Gisela (oder mit einer seiner Töchter) entsprungen sei[51].

Um eine andere Form sexueller Verstrickung geht es dann in einigen spätmittelalterlichen Texten[52]. Darin wird erzählt, dass Karl eine Frau (manchmal wird sie Fastrada genannt) so sehr geliebt habe, dass er auch nicht von ihr habe lassen wollen, als die Geliebte gestorben war. Der Kaiser habe sich mit ihrem Leichnam einschließen lassen und niemand habe mehr zu ihm kommen können. Erst der Bischof von Köln habe Karl von dieser Verirrung erlösen können. Karl wird hier also als ein vom Liebeswahn befallener Mensch dargestellt, der seine Herrscherpflichten gänzlich vernachlässigt.

In diesen Geschichten geht es sicher nicht mehr darum, die historische Person Karls des Großen darzustellen, sondern Karl steht hier stellvertretend für alle Herrscher. Schon seine zeitgenössischen Freunde haben Karl im höfischen Spiel als David bezeichnet. David aber ist im Mittelalter nicht nur als

Psalmendichter und König, sondern auch als Ehebrecher dargestellt worden, der sogar so weit ging, den Mann der von ihm begehrten Frau in den Tod zu schicken (Uriasbrief). Auch als Sünder war Karl zum Urbild eines Königs geworden.

Im Laufe des Mittelalters wurden diesem idealen Herrscher eine ganze Reihe von wichtigen Errungenschaften zugeschrieben:

So galt Karl der Große als der »Erfinder« der Universitäten, wie es als einer der ersten der Kölner Kanoniker Alexander von Roes († vor 1300) verbreitet hat: Karl habe das *studium*, also die hohe Schule der Philosophie und der sieben freien Künste, von Rom nach Paris übertragen. Am Rand einer Handschrift von Alexanders Memoriale hat ein Leser notiert: *nota, hic quod Carolus Magnus studium Parisiense erexit.* »Merke! Karl der Große hat die Universität Paris gegründet!«[53]

Karl der Große gilt auch als Städtegründer: Eine ganze Reihe von Städten führen sich auf ihn als ihren Gründer zurück. Mit Recht können das etwa Paderborn und Frankfurt am Main tun, aber auch Zürich oder Florenz beanspruchen diese Ehre für sich[54].

Mindestens seit dem 12. Jahrhundert gilt Karl der Große als bedeutender Gesetzgeber. Dies wird zuerst in der kurz vor 1150 in Regensburg entstandenen Kaiserchronik unzweideutig formuliert[55], wenn es heißt, Karl habe nach seiner Kaiserkrönung in Rom Gesetze erlassen, die ihm ein Engel zuvor eingeflüstert hatte:

> *Karl sazte do die pfahte,*
> *der engel si im vor tihte,*
> *die waren rede von gote.*

Auch über den Inhalt dieser Gesetze sagt die Kaiserchronik etwas, nämlich, dass sich Karl als erster um die Lebensführung der Bischöfe und der Priester gekümmert habe und um das, was Konstantin, der als früherer Gesetzgeber genannt ist, bei seiner Gesetzgebung »vergessen« hatte, nämlich die Regelung des Zehnten und der Kirchenschenkungen. Außerdem heißt es, dass Karl den Bauern ihre Kleidung vorgeschrieben (schwarzes oder graues Gewand, Schuhe aus Rindsleder) und sie auf das Gebot der Sonntagsheiligung verpflichtet habe; außerdem habe er ihnen verboten, ein Schwert zu tragen:

> *ob er aver vientscaft trage,*
> *so wer sich mit der gabelen.*
> *az reht sazt in der chunich Karle.*

Diese letzte Aussage widerspricht nun geradezu den historischen Tatsachen – das Waffenverbot für Bauern gehört nämlich ins 12. Jahrhundert und Karl der Große hatte versucht, die Heerfolge der freien Bauern zu erhalten –, aber zweifellos ist es richtig, dass die gesetzgeberische Tätigkeit Karls nach seiner Krönung zum Kaiser einen neuen Aufschwung nahm[56].

Nach der Kölner Königschronik soll Otto IV. in seinem Krönungseid, den er 1208 ablegte, geschworen haben, »alle Rechte, die von Karl dem Großen eingesetzt worden waren, zu schützen und einzuhalten«[57].

Da bereits in der Kaiserchronik neben Karl dem Großen auch Konstantin als Gesetzgeber genannt ist, wird es nicht erstaunen, dass auch im Prolog zum Sachsenspiegel (verfasst kurz nach 1220) das Recht der Sachsen auf Konstantin und auf Karl den Großen zurückgeführt wird. Aus diesen Andeutungen entwickelte sich dann im 14. und 15. Jahrhundert bei einer Reihe von Glossatoren des Sachsenspiegels die Vorstellung, dass dieses Rechtsbuch überhaupt ein Werk Karls des Großen sei[58].

Der Schwabenspiegel, der wohl 1275/76 von einem Augsburger Minoriten verfasst wurde, wurde seit dem 14. Jahrhundert als allgemeines Gesetzbuch Karls des Großen verstanden, und dies sogar mit einem gewissen Recht, denn – anders als im Sachsenspiegel – ist in diesem Rechtsbuch an einigen Stellen die Kenntnis von Kapitularien Karls des Großen (und auch Ludwigs des Frommen) nachzuweisen.

Eine 1425 geschriebene Handschrift des Schwabenspiegels (heute: Brüssel, Bibliothèque Royale, Ms. 14689–91) formulierte: »Hic vohet sich an ... das kaiserliche recht, das do gesetzet ist von keiser Karle (...), wen got von hymel yme das oben herabgesant hat mit dem engel«[59], und knüpft dabei anscheinend an die oben zitierte Aussage der Kaiserchronik an.

Nicht nur diese beiden hochbedeutsamen Rechtsbücher des deutschen Spätmittelalters gelten als Werke des fränkischen Kaisers, sondern auch eine Reihe von wichtigen und eigenartigen Institutionen der deutschen Verfassung und Rechtsordnung des späteren Mittelalters führen ihren Ursprung auf Karl den Großen zurück. Dies gilt zum einen für die Feme, das geheime Gericht, welches in Wahrheit erst im 13. Jahrhundert hervortrat und das beanspruchte, im ganzen Reich an die Stelle der (nicht mehr vorhandenen) kaiserlichen Gerichtsbarkeit zu treten[60]; zum anderen für das Kurfürstenkolleg, das Wahlgremium für den deutschen König, das in der Mitte des 13. Jahrhunderts als bereits fertige Institution auftaucht[61]. Der legendenhafte Bezug auf Karl den Großen ist – wenigstens im Fall des Femegerichts – nicht ganz ohne Rückhalt in der Realgeschichte, denn Karl hat tatsächlich an der Gerichtsverfassung weit reichende Veränderungen vorgenommen. So stellte er Schöffen als Urteiler neben die Grafen und Richter[62], eine Maßnahme, die in großen Teilen des Frankenreichs eingeführt wurde und eine bis heute reichende Nachwirkung besitzt.

Auch die Geschichtsschreiber und Juristen der beginnenden Neuzeit, des 16. und 17. Jahrhunderts, haben in Frankreich und in Deutschland Karl den Großen als Gesetzgeber hoch geschätzt und seine Leistungen auf diesem Gebiet gegen manche negativ bewertete politische Tat aufgerechnet. Diese Einschätzung hängt vor allem mit der genaueren Kenntnis der Kapitularien zusammen, die seit der Mitte des 16. Jahrhunderts nach und nach im Druck erschienen. Eine erste vollständige Ausgabe der Kapitularien veranstaltete dann 1677 Etienne Baluze. In seiner umfangreichen Vorrede äußert sich Baluze auch zu dem Vorwurf, den ein Dreivierteljahrhundert zuvor Caesar Baronius in seinen *Annales ecclesiastici* gegenüber Karl erhoben hatte, nämlich, dass dieser nur kümmerliche Erfolge als Gesetzgeber erzielt habe. Baluze betonte dagegen, dass von keinem König der Franken so viele Gesetze erlassen worden seien wie von Karl dem Großen[63]. Anscheinend teilte die Nachwelt jene Sicht vom idealen Herrscher, die auch Karls legislatorische Tätigkeit bestimmt hatte: der ideale Kaiser muss vor allem die Gerechtigkeit in seinem Reich verwirklichen.

Dass Karl aber der Nachwelt als großer Herrscher galt, hat weniger mit seiner Leistung als Gesetzgeber zu tun, sondern viel mehr mit seinem Nachruhm als erfolgreicher Kriegsheld. Darin erwies er sich als Herrscher, dem Gott seinen Beistand lieh; seine Nachfolger dagegen hatten keine großen militärischen Erfolge mehr vorzuweisen.

Sozusagen im Umkehrschluss wurde dann Karl auch zum großen Gesetzgeber: weil er ein großer – und d.h. vor allem, ein erfolgreicher – Herrscher war, deshalb musste er auch ein bedeutender Gesetzgeber gewesen sein.

Schluss

Gibt es heute tatsächlich noch so etwas wie eine Nachwirkung Karls des Großen, die über eine Konstruktion durch gutwillige Historiker hinausreicht? Dürfen wir Karl heute noch als »Baumeister Europas« oder als »Vater Europas« bezeichnen, ohne dass wir uns den Vorwurf des Anachronismus zuziehen?

Der österreichische Historiker Michael Mitterauer hat vor wenigen Jahren auf der Suche nach den mittelalterlichen Wurzeln für das Werden der heutigen Formen von Wirtschaft, Gesellschaft, Kultur und politischer Organisation in Europa auf die große Bedeutung der Karolingerzeit hingewiesen[1], allerdings ohne dass er Karl dem Großen persönlich dabei eine entscheidende Rolle zugewiesen hat.

Es scheint mir aber nachweisbar zu sein, dass Karl auf dem Gebiet der Reichsverwaltung, der Kirchen- und der Bildungspolitik und durch sein Kaisertum Traditionen geschaffen hat, die weit ins europäische Mittelalter hineinwirkten und bis tief in die Neuzeit Europa prägten. Karls Maßnahmen hatten ihre Wirkungen nicht nur in den auf dem Boden des Karlsreichs entstandenen »Nachfolgestaaten«, sondern auch andere Regionen Europas wurden durch sie erfasst und beeinflusst: England, später auch Skandinavien, Spanien und Süditalien sowie auch der Osten und Südosten Europas, besonders Polen, Böhmen und Ungarn.

Abkürzungen

AfD	Archiv für Diplomatik
AHC	Annuarium Historiae Conciliorum
ahd.	althochdeutsch
AKG	Archiv für Kulturgeschichte
ARF	Annales regni Francorum
BNF	Bibliothèque nationale de France
Clm	Codex latinus Monacensis
DA	Deutsches Archiv für Erforschung des Mittelalters
EHR	English Historical Review
FmSt	Frühmittelalterliche Studien
GWU	Geschichte in Wissenschaft und Unterricht
Hg., hg.	Herausgeber, herausgegeben
HJb	Historisches Jahrbuch
HRG	Handwörterbuch zur deutschen Rechtsgeschichte
Hs(s).	Handschrift(en)
HZ	Historische Zeitschrift
KG	Kirchengeschichte
MGH	Monumenta Germaniae Historica
Capit.	Capitularia
Capit. episc.	Capitula episcoporum
Conc.	Concilia
DD	Diplomata
Epp.	Epistolae
Leg. nat. Germ.	Leges nationum Germanicarum
Necr.	Necrologia
SS	Scriptores
SS rer. Merov.	Scriptores rerum Merovingicarum
SS rer. Germ.	Scriptores rerum Germanicarum in usum scholarum
MIÖG	Mitteilungen des Instituts für österreichische Geschichtsforschung
NA	Neues Archiv

ÖNB	Österreichische Nationalbibliothek
QFIAB	Quellen und Forschungen aus italienischen Archiven und Bibliotheken
RGA	Realenzyklopädie des germanischen Altertums
RhVjbll.	Rheinische Vierteljahrsblätter
SB	Sitzungsberichte (der Akademie der Wissenschaften)
VSWG	Vierteljahrsschrift für Sozial- und Wirtschaftsgeschichte
ZBLG	Zeitschrift für bayerische Landesgeschichte
ZRG	Zeitschrift für Rechtsgeschichte
Kan.	Kanonistische Abteilung
Zs.	Zeitschrift

Anmerkungen

Einleitung

1 Dungal, Brief 1 (MGH Epp. 4 S. 577, 29–33).
2 Vgl. Kerner, Mythos, bes. S. 181 ff.
3 Vgl. zu diesem Problem und auch zu den folgenden Ausführungen Schieffer, Intentionen und Wirkungen.
4 Vgl. ebd. S. 9 f.
5 McKitterick, Karl der Große, S. 23 ff., bes. S. 26.
6 Tischler, Einharts Vita Karoli 1, S. 151 ff. Mit dieser Datierung setzt sich McKitterick, Karl der Große überhaupt nicht auseinander.
7 Zu den Hss. der Karlsvita vgl. Tischler, Einharts Vita Karoli 1, S. 17 ff.
8 Ebd. S. 56 ff.
9 Berschin, Biographie und Epochenstil 3, S. 199 ff., die Zitate auf S. 217 und 220.
10 Vgl. Hellmann, Einhards literarische Stellung, S. 63 f.
11 Vgl. ebd. S. 52.
12 McKitterick, Karl der Große, S. 29–32.
13 Vgl. Ranke, Zur Kritik, S. 121–124; Kurze, Überlieferung der Reichsannalen, S. 35 sowie Halphen, Etudes critiques, bes. S. 82 ff.
14 Becher, Geburtsdatum, bes. S. 43 f. und 47 f.
15 Wolf, Einige Beispiele, S. 311–321.
16 McKitterick, History and Memory, S. 138 ff. Collins, Fredegar-Chroniken, S. 82 ff. spricht von einer Entstehungszeit »nach 774« (S. 96) und »um 787« (S. 92).
17 Hg. von Kurze, 1895. Vgl. McKitterick, History and Memory, S. 101 ff.; dies., Karl der Große, S. 38 ff.
18 Vgl. Becher, Drogo, S. 131–153, und ders., Eine verschleierte Krise, S. 95–133.
19 Vgl. Becher, Eid und Herrschaft, S. 21–77. Siehe auch unten S. 90.
20 Vgl. McKitterick, Constructing the Past, S. 115.
21 Ebd. S. 126.
22 Vgl. Wattenbach/Levison/Löwe, Geschichtsquellen 2, S. 254 ff.

23 Vgl. Collins, Another Look, S. 209 ff. mit Anm. 69, aber auch schon Wattenbach/Levison/Löwe, Geschichtsquellen 2, S. 256 und McKitterick, Constructing the Past, S. 121 ff.
24 Collins, Another Look, S. 202 ff. und auch McKitterick, Constructing the Past, S. 124.
25 Vgl. dazu Haselbach, Aufstieg, bes. S. 23 ff.
26 Vgl. Hoffmann, Annalistik, bes. S. 53 und 55 ff. Collins, Another Look, S. 196 meint dagegen, dass die Annales Mettenses priores erst 830/31 entstanden seien.
27 Vgl. Wattenbach/Levison/Löwe, Geschichtsquellen 2, S. 186 f. und Werner, Geburtsdatum, S. 147 f.
28 Vgl. dazu Schröer, Annales Sancti Amandi.
29 Vgl. Wattenbach/Levison/Löwe, Geschichtsquellen 2, S. 183 f.
30 Vgl. Fichtenau, Karl der Große und das Kaisertum, S. 305 ff.
31 Vgl. Wattenbach/Levison/Löwe, Geschichtsquellen 2, S. 265 f.
32 Siegrist, Weltsicht bei Notker Balbulus, S. 145 und S. 21. Vgl. Goetz, Strukturen, S. 114 ff.
33 Einleitung zur Edition S. XVII – XLII.
34 Übersetzung Brunhölzl, De Karolo rege. Vgl. zu den Kontroversen über die Entstehung und die Interpretation zusammenfassend Padberg, Paderborner Treffen, S. 66 ff.
35 Schaller, Das Aachener Epos.
36 Vgl. zuletzt Ratkowitsch, Karlsbild, S. 3 f. – Fried, Einhards Schweigen, S. 287 Anm. 12 ist dagegen der Meinung, dass der Verfasser eher fern vom Hof gearbeitet hat.
37 So Stella, Autore e attribuzioni, bes. 31 f.
38 Vgl. Wattenbach/Levison/Löwe, Geschichtsquellen 6, S. 862–867.
39 Vgl. Schaller, Politische Dichtung, S. 194 ff.
40 Von Alkuin sind fast 300 Briefe in den MGH Epp. 4 S. 1–481 ediert. Vgl. zur Datierung und zur Interpretation zuletzt Bullough, Alcuin.
41 In den MGH Epp. 5 S. 105–145 sind 71 Briefe Einhards ediert. Vgl. Stratmann, Einhard, S. 323–339.
42 Vgl. Esch, Überlieferungs-Chance.
43 Vgl. McKitterick, Karl der Große, S. 179 f.
44 Das Fragment einer ahd. Übersetzung der Lex Salica wurde wohl im zweiten Viertel des 9. Jahrhunderts in der Gegend von Mainz geschrieben, vgl. Sonderegger, Die althochdeutsche Lex Salica Übersetzung. Nach Haubrichs, Anfänge S. 193 ist diese Übersetzung um 800 entstanden. Vgl. auch Tiefenbach, Textzeuge des Trierer Capitulare.
45 McKitterick, Karl der Große, S. 209 mit Anm. 101. Wie die hier angegebenen Zahlen errechnet wurden, ist mir nicht klar. Eine eigene Zählung aufgrund der Edition in den MGH Capit. 1 ergibt jedenfalls andere Zahlen (22 Kapitularien bis 800 auf ca. 64 Seiten – 61 Kapitu-

larien nach 800 auf ca. 112 Seiten, dazu kommen noch mindestens die beiden langen Kapitularien, die erst Mordek, Bibliotheca, S. 981–994 ediert hat).
46 Vgl. Mordek, Fränkische Kapitularien, S. 16 und Buck, Admonitio und Praedicatio, S. 310 Anm. 381.
47 Vgl. Bühler, Capitularia relecta, Schaubild auf S. 484 und vor allem Mordek, Bibliotheca, S. 1082 (Admonito generalis) und S. 1083–1086 (Kapitularien von 803 und 806).
48 Hg. von Mordek, Bibliotheca, S. 981–994. – McKitterick, Karl der Große hat diese beiden interessanten Stücke bei ihren Berechnungen des Textumfangs anscheinend überhaupt nicht berücksichtigt.
49 So noch Buck, Admonitio und Praedicatio, S. 313 f. und 316 mit der älteren Literatur.
50 So schon Eckhardt, Kapitularien, Sp. 628.
51 Editionen: Lex Saxonum, hg. von C. von Schwerin (MGH Fontes 4); Lex Frisionum, hg. von K. A. Eckhardt und A. Eckhardt (MGH Fontes 12). Zur Lex Saxonum vgl. vor allem Schmidt-Wiegand, zur Lex Frisionum Siems.
52 Zu den Synoden der Zeit Karls vgl. Hartmann, Synoden, S. 97–151.
53 Siehe aber unten S. 192.
54 Abel/Simson, Jahrbücher Karls.
55 Collins, Charlemagne.
56 Favier, Charlemagne.
57 Hägermann, Karl der Große.
58 Hägermann, Karl der Große.
59 Becher, Karl der Große.
60 McKitterick, Karl der Große.
61 Vgl. meine Rezension in Concilium medii aevi 11 (2008).
62 Erkens (Hg.), Erbe der Kulturen.
63 Godman u. a., Am Vorabend.
64 Story (Hg.), Charlemagne.
65 Beumann/Braunfels/Bischoff/Schramm (Hg.), Karl der Große: Lebenswerk und Nachleben 1–4.
66 Karl der Große. Werk und Wirkung. Katalog der Ausstellung in Aachen 1965.
67 Stiegemann/Wemhoff: 799. Kunst und Kultur.
68 Carlo Magno a Roma.

Kapitel 1   Herkunft

1 Zur Geschichte der Familie vgl. vor allem Schieffer, Karolinger.
2 Zur Heimat der Arnulfinger vgl. Hlawitschka, Zur landschaftlichen Herkunft, S. 1–17.
3 Edition: MGH SS rer. Merov. 2 S. 432–446.
4 Zur Kirchenbuße Ludwigs des Frommen im Jahr 822 vgl. Boshof, Ludwig der Fromme, S. 148 ff.; zu seiner Buße vom Jahr 833 vgl. ebd. S. 200 ff.
5 Becher, Staatsstreich Grimoalds, versuchte eine neue Deutung dieser Episode: Childebert sei ein Merowinger gewesen und von Grimoald adoptiert worden. Diese Deutung konnte sich aber nicht durchsetzen.
6 Vgl. zuletzt Traufler, Die Gründung des Klosters.
7 Vgl. zu Alpais und ihrer Stellung Hartmann, Königin, S. 92 f.
8 Vgl. Nonn, Bild Karl Martells, bes. 15 ff.
9 Vgl. dazu Nonn, Die Schlacht bei Poitiers und Staudte-Lauber, Schlacht von Tours und Poitiers.
10 Vgl. Nonn, Bild Karl Martells, S. 41.
11 Vgl. Reuter, Kirchenreform.
12 Zum Zeitpunkt dieser Bistumsgründungen vgl. Staab, Gründung der Bistümer und Hartmann, Synoden, S. 47 ff.
13 Vgl. Jarnut, Adoption Pippins.
14 Zu den merowingischen Grablegen in St. Denis vgl. Krüger, Königsgrabkirchen, S. 178 ff.
15 Vgl. Wolf, Grifos Erbe und Becher, Verschleierte Krise, S. 95 ff.
16 Siehe unten S. 34, 35, 37, 48 und 84.
17 Vgl. Wolf, Grifos Erbe, der auf S. 5 die Einsetzung Childerichs III. an den Beginn des Jahres 742 setzt.
18 Vgl. Hartmann, Ludwig der Deutsche, S. 76 mit Hinweis auf Althoff, Spielregeln.
19 Die Heirat Pippins im Jahr 744 wird allein durch die Annales Prumienses bezeugt (MGH SS 15,2 S. 1290). Eine andere Quelle stellt die Nachricht von der Heirat Pippins zum Jahr 749, vgl. Werner, Geburtsdatum, S. 116 f. Anm. 5. Vgl. ebd. S. 155–157 über die Bedeutung der Ehe Pippins, durch die er mit einer wichtigen Familie aus dem Moselraum verbunden war.
20 Vgl. dazu Becher, Geburtsdatum, S. 45–47.
21 Siehe dazu unten S. 39 ff.
22 Bonifatius, Brief Nr. 179, S. 172.
23 Einhard c. 30. – Vgl. Sprigade, Einweisung, S. 59 f. und Becher, Drogo, bes. S. 140 und 149.
24 ARF zu 750. – Die Vorgänge bei der Königserhebung Pippins wurden in den letzten Jahren nochmals kritisch untersucht, vgl. den Sammelband zum Dynastiewechsel von 751 (hg. von M. Becher und J. Jarnut, 2004)

und die kleine Monographie von Semmler, Dynastiewechsel. McKitterick, Illusion, S. 1–20 hält die Mitwirkung von Papst Zacharias an der Königserhebung Pippins für eine Erfindung der ARF aus der Zeit nach 790, ohne einen Grund für diese Erfindung nennen zu können (ebd. S. 11ff.).
25 Nach Semmler, Dynastiewechsel, S. 32ff. hat überhaupt keine Salbung stattgefunden, weil sich der Begriff *unctio* erst in den ARF findet, sondern nur eine *consecratio*, womit vielleicht nur ein Segensgebet gemeint ist. 754 habe der Papst eine Firmung vorgenommen; eine Königssalbung habe es vielleicht erst 781 beim Besuch Karls des Großen und seiner Familie in Rom gegeben.
26 Zur Mönchung als Strafe für politische Gegner vgl. Laske, Mönchung Tassilos, und vor allem Sprigade, Einweisung, bes. S. 40ff.
27 Vgl. Engelbert, Papstreisen, S. 83ff.
28 Vgl. dazu Hack, Empfangszeremoniell, S. 409ff.
29 Wann die sog. Clausula de unctione, in der dieses Detail berichtet wird, entstanden ist, ist in der Forschung umstritten. Nach Buchner, Clausula soll sie erst 880 entstanden sein, nach Haselbach, Aufstieg, S. 193–200 gehört sie in die Zeit um 830. Vgl. auch McKitterick, History and Memory, S. 140f.
30 Zu den eherechtlichen Vorschriften Pippins vgl. Ubl, Inzestverbot, S. 257ff.
31 Vgl. Hartmann, Synoden, S. 468.
32 Siehe unten S. 156f.

Kapitel 2 Geburt, Kindheit und Jugend Karls des Großen

1 Vgl. Becher, Geburtsdatum, S. 37–60.
2 Besonders deutlich wird das bei Oelsner, Jahrbücher Pippins, S. 486. Nicht ganz so sicher war sich anscheinend Abel/Simson, Jahrbücher Karls 1, S. 10–13.
3 Werner, Geburtsdatum, bes. S. 116 mit Anm. 3 und S. 151.
4 Und zwar in der Hs. Paris, BNF lat. 4995, die im 10. Jahrhundert im nördlichen Frankreich geschrieben wurde. Vgl. zu dieser Hs. Mordek, Bibliotheca, S. 549–555.
5 Das Kalendar ist im Codex Berlin, Phil. 1869 überliefert, der nach Bischoff, Katalog 1, S. 92 im 2. Drittel des 9. Jh. in Prüm geschrieben wurde. Der Eintrag lautet: *IIII. Non. Apr. nativitas domni et gloriosissimi Karoli imperatoris et semper Augusti*. Vgl. Werner, Geburtsdatum, S. 116 Anm. 3.

6 Vgl. Borst, Der überlieferte Geburtstag, bes. S. 31 ff. Daher ist es nicht überzeugend, wenn Becher, Geburtstdatum, S. 43 f., 47 f., bes. S. 48, Einhard vorwirft, er habe mit einem falschen Lebensalter Karls gearbeitet, obwohl er sein richtiges Geburtsdatum gekannt haben müsse.
7 Vgl. Becher, Geburtstdatum, S. 45 ff.
8 Continuator Fredegarii c. 30, S. 181. Vgl. schon Hahn, Jahrbücher, S. 88 und 210 f.
9 MGH Epp. 4 S. 502. Vgl. Werner, Geburtsdatum, S. 135 f. und Becher, Geburtsdatum, 19 S. 45.
10 Vgl. Werner, Geburtsdatum, der auf S. 148 diese Einträge aus der Hs. Paris 4995 abdruckt.
11 Die Reichsannalen melden auch gleich, dass der kleine Pippin in seinem dritten Lebensjahr verstorben ist.
12 Vgl. Beck, Karl, S. 242–244. Eine etwas andere Deutung bietet Becher, Karl der Große, S. 42.
13 Continuatio Fredegarii c. 36, S. 183.
14 Oder mit einer »postbaptismalen Taufsalbung«, einer Firmsalbung versehen, wie Semmler, Dynastiewechsel, S. 50 f. meint.
15 Translatio S. Germani c. 2 (MGH SS 15,1 S. 5 f.).
16 Vgl. Krusch, in: SS rer. Merov. 7 S. 369 f.; Holder-Egger, Translatio, S. 274 ff. Zustimmend auch Werner, Geburtsdatum, S. 151 mit Anm. 133.
17 Becher, Geburtsdatum, S. 50–54.
18 Fried, Wann verlor, das Zitat auf S. 582.
19 Nelson, Charlemagne the man, S. 25–28.
20 Vita Adalhardi c. 7 (MGH SS 2 S. 525). Vgl. Kasten, Adalhard, S. 15.
21 Karlsvita c.19.
22 Vgl. Riché, Le renouveau culturel, bes. S. 69.
23 Urkunden der Arnulfinger Nr. 23, S. 114–117, das Zitat auf S. 116 unten.
24 So ebd. S. 114 mit Begründung dieser Datierung.
25 Urkunden Pippins Nr. 14, S. 19 f.
26 Ebd. S. 20, 9 f.
27 Das kann man jedenfalls aus Lex Salica 26,1 schließen. Anders die Lex Ribvaria: Dort ist nach c. 81 das 15. Lebensjahr die Grenze zur Mündigkeit. Vgl. Illmer, Emanzipationsgewohnheiten, bes. S. 150 ff. sowie Offergeld, Reges pueri, S. 16 f.
28 Vgl. Becher, Geburtsdatum, S. 58.
29 Urkunden Pippins Nr. 16, S. 22–25. Die Zustimmung Karls und Karlmanns ist verzeichnet ebd. S. 24,33 und 34.
30 Annales Petaviani zu 763 (MGH SS 1 S. 11), Annales Laureshamenses zu 763 (ebd. S. 28) und Annales Mosellani (MGH SS 16 S. 496).

31 So Becher, Geburtsdatum, S. 56 f. und Kasten, Königssöhne, S. 130 und 244 ff.
32 Vgl. Kasten, Königssöhne, S. 129 mit Hinweis auf Astronomus, Vita Hludowici c. 59 (S. 526).
33 ARF zu 751.
34 Annales S. Amandi zu 762 (MGH SS 1 S. 10 und 11).
35 Codex Carolinus Nr. 29, S. 533–535.
36 Vgl. Kasten, Königssöhne, S. 130 f.

Kapitel 3 Teilung des Reiches bis zum Tode Karlmanns

1 Vgl. Continuatio Fredegarii c. 53, S. 192 f. Nach Einhard c. 3 soll die Aufteilung durch eine fränkische Volksversammlung vorgenommen worden sein.
2 Vgl. Kasten, Königssöhne, S. 133. Classen, Thronfolge, S. 220 Anm. 69 hat die Orte zusammengestellt, die aufgrund des Itinerars und der Urkundenempfänger zu den Reichen Karls bzw. Karlmanns gehörten.
3 Edition: MGH Capit. 1 S. 127 f. Übersetzung bei Hartmann, Deutsche Geschichte in Quellen, S. 76. Vgl. Oelsner, Jahrbücher Pippins, Exkurs 17, S. 525. Vgl. Classen, Thronfolge, S. 220 Anm. 69 und Tafel 4.
4 Die Salbung ist in den Annales Petaviani zu 768 bezeugt (MGH SS 1 S. 13).
5 Vgl. Lintzel, Karl der Große und Karlmann und Jarnut, Bruderkampf.
6 Vgl. Hartmann, Synoden, S. 84 mit Anm. 8.
7 Vgl. ebd. S. 85 f.
8 Siehe dazu unten S. 51 ff.
9 Vgl. Lintzel, Karl der Große und Karlmann, bes. S. 15.
10 Vgl. Jarnut, Bruderkampf, S. 171 f.
11 An Karl und Karlmann: Codex Carolinus Nr. 44 und 45, an Karl und Bertrada: Codex Carolinus Nr. 46 und 48, an Karlmann allein: Nr. 47.
12 Vgl. Jarnut, Bruderkampf, S. 172.
13 Die Geburt eines Sohns Karlmanns mit Namen Pippin ist zum Jahr 770 berichtet in der einen Handschrift der Annales Petaviani, die auch die Geburtsjahre Karls und Karlmanns mitteilt, vgl. Werner, Geburtsdatum, S. 148.
14 Richter, Machtergreifung, S. 58 deutet eine solche Mitschuld oder Schuld Karls am Tode seines Bruders an.
15 Dies wird sowohl von Hinkmar von Reims als auch von Flodoard von Reims in seiner Kirchengeschichte berichtet, vgl. Stratmann, Königs- und Privaturkunden, S. 35 f. – Im Jahr 1264 wurde Karlmann auf Befehl

Ludwigs IX. von Frankreich von St. Remi nach St. Denis überführt, vgl. Dierkens, Autour de la tombe, S. 167.
16 Urkunden Karlmanns Nr. 53, S. 74.
17 Hägermann, Karl der Große, S. 82.
18 Urkunden Karls Nr. 87, S. 126 f.

Kapitel 4   Ehe und Familie

1 Zu den Söhnen Karls siehe unten S. 233 ff.
2 Vgl. Schieffer, Karolingische Töchter, S. 127 f.
3 Vgl. Hartmann, Königin, S. 97.
4 Zuerst in den zwischen 783 und 787 entstandenen Gesta episcoporum Mettensium des Paulus Diaconus, dann bei Einhard, Karlsvita c. 20.
5 McKitterick, Karl der Große, S. 88–90 hat ohne weitere Belege behauptet, dass diese Heirat zwar geplant gewesen, aber nicht zustande gekommen sei; vgl. dagegen Hartmann, Königin, S. 95–97.
6 Vgl. Nelson, Making a difference, S. 183 f.; Hartmann, Königin, S. 56 und S. 98.
7 Codex Carolinus Nr. 45, S. 561.
8 Über Hildegard vgl. Riché/Heitz/Héber-Suffrin, Hildegarde sowie Hartmann, Königin, bes. S. 99 ff.
9 Vgl. Kasten, Adalhard, S. 24 ff.
10 Urkunden Karls Nr. 149, S. 203.
11 So Staab, Fastrada, S. 185.
12 Vgl. Vezin, Les livres de Charlemagne, bes. S. 65 f.
13 Vgl. Staab, Fastrada, S. 188 f. und die Belege bei Abel/Simson, Jahrbücher Karls 1, S. 458.
14 Hg. von P. W. Finsterwalder, Die Canones Theodori Cantuariensis und ihre Überlieferungsformen (1929) S. 327.
15 MGH Formulae S. 323 f. und MGH Epp. 4 S. 528 f.
16 Siehe unten S. 146 f.
17 ARF zu 787.
18 MGH Epp. 4 S. 528.
19 Vgl. dazu Richter, Ehefrauen Karls, S. 22.
20 Vgl. Hartmann, Königin, S. 102.
21 Vgl. Staab, Fastrada, S. 208.
22 Vgl. über Liutgard Hartmann, Königin S. 103.
23 Alkuin, Brief 50, S. 94; vgl. Nelson, Women at the Court, S. 54.
24 Vgl. Alkuin, Briefe 96, 102 und 190, S. 140, 149 und 317); vgl. Nelson, Women at the Court, S. 54.
25 Vgl. Alkuin, Brief 149, S. 244, 13 ff.
26 Siehe dazu unten S. 238.

27 Vgl. Tangl, Kleine Mitteilungen, das Zitat auf S. 350.
28 Vgl. dazu Hartmann, Königin, S. 103 f.
29 Siehe unten S. 213.
30 Urkunden Karls Nr. 81, S. 116 f. Vgl. Hartmann, Königin, S. 173.
31 Die entsprechenden Episoden finden sich Notker I, 4; I, 13; I, 17 und II, 8 (S. 6, 17, 21 f., und 60 f.).
32 Vgl. Hartmann, Königin, S. 144 f.
33 Siehe dazu unten S. 129 ff.
34 Hg. Mordek, Kirchenrecht und Reform, S. 554 ff.
35 Hg. Wasserschleben, Irische Kanonensammlung, S. 185–195.
36 Leges Langobardorum, S. 164 f.
37 Lex Baivariorum VIII,14, S. 359.
38 Zur Inzestgesetzgebung Karls des Großen vgl. Ubl, Inzestverbot, S. 270 ff.
39 Admonitio generalis c. 43, S. 56.
40 MGH Capit. 1 S. 103.
41 Vgl. dazu Hartmann, Königin, S. 182 ff.
42 Vgl. Hartmann, Königin, S. 183.
43 Vgl. Schieffer, Karolingische Töchter, S. 125 und siehe unten S. 225 f.
44 Annales Bertiniani zu 867, S. 134.
45 McKitterick, Karl der Große, S. 246 ff. hält das für erfunden. Vgl. aber Hartmann, Königin, S. 10 und S. 190; siehe unten S. 219 f.
46 Nithard, Historiae IV, 5, S. 48.
47 Vgl. Frenzel, Eginhard und Emma.
48 Alkuin, Brief 220, S. 364.
49 Alkuin, Brief 244, S. 392; vgl. Nelson, Women at the Court, S. 56.
50 Theodulf, Gedicht Nr. 25, S. 483 ff.
51 Ebd. S. 486, Vers 97 und 99.
52 Astronomus, Vita Hludowici c. 21, S. 348 f.
53 Vgl. Nelson, Women at the Court, S. 56 f. In Dichtwerken des späteren Mittelalters werden Karl dem Großen solche Beziehungen angedichtet, siehe unten S. 255.
54 Hg. und übersetzt von Tremp S. 352 f. – Nithard I, 2, S. 2 erwähnt die Klöster einiger Töchter Karls, vgl. Hartmann, Königin, S. 191.
55 Vgl. Hartmann, Königin, S. 199 f.

Kapitel 5   Lebensführung

1 Schramm, Siegel und Bullen, S. 23 hält diese Beschreibung für »in jeder Einzelheit als verlässlich«.

2 Zu Einzelheiten eines Vergleichs zwischen den Angaben von Einhard und möglichen Vorlagen in den Kaiserviten des Sueton vgl. Berschin, Biographie und Epochenstil 3, S. 213 f.
3 Dutton, Charlemagne's Mustache, S. 24 ff.
4 Ebd. S. 30 ff.
5 Abb. bei Dutton S. 8 (Bild 1.6).
6 Vgl. Schramm/Mütherich, Denkmale, S. 137 und Tafel 58; Mütherich, Die Reiterstatuette.
7 Gaborit-Chopin, Statuette equestre, S. 36 schreibt ganz dezidiert: »le bronze du Louvre représente Charlemagne et non Charles le Chauve«. Dagegen ist Hack, Hoch zu Ross, bes. S. 359 und 375 wieder der Ansicht, dass der Herrscher auf dem Pferd Karl der Kahle sei. Er kann aber dafür kein neues Argument anführen und verweist nur nochmals auf den Reichsapfel, der im 9. Jahrhundert allein in Darstellungen Karls des Kahlen sich findet.
8 Vgl. Gaborit-Chopin, Statuette equestre, S. 35.
9 Vgl. Dutton, Charlemagne's Mustache, der auf S. 40 ein sonst nirgends zu findendes Bild der Reiterstatuette bietet, auf dem man gut erkennen kann, dass der Kopf des Reiters ganz behaart ist. Mit Recht weist Dutton die Argumentation von Nelson zurück, die den Beinamen Karls des Kahlen ironisch verstehen will (vgl. Nelson, Charles the Bald, S. 13) und deshalb annimmt, dass der Enkel Karls des Großen einen besonders starken Haarwuchs besessen habe.
10 Vgl. Gaborit-Chopin, Statuette equestre, S. 37–40.
11 Vgl. Doll, Fleischverzehr, S. 445–449.
12 Notker, Gesta Karoli II, 15, S. 79 f.
13 Notker, Gesta Karoli II,8, S. 60. Zum Fortgang dieser Geschichte und zu ihrer Deutung vgl. bes. Meier, Baumeister Europas, S. 297 f.
14 Vgl. Dutton, Charlemagne's Mustache, S. 48 f.
15 Hauck, Tiergärten, S. 45.
16 Übersetzung Brunhölzl, De Karolo rege, S. 21.
17 Ebd. S. 31.
18 Ebd. S. 31 und 33.
19 Vgl. Meier, Baumeister Europas, S. 298.
20 ARF zu 801 berichten von einem Löwen und einem numidischen Bären, vgl. auch Notker, Gesta Karoli II, 9, S. 62. Von Affen ist bei Notker, Gesta II, 8, S. 61 die Rede.
21 Vgl. Dutton, Charlemagne's Mustache, S. 50 ff.

Kapitel 6   Tod und Begräbnis

1 Vgl. Werner, Geburtsdatum, S. 129 f.

2 Urkunden Karls Nr. 55 S. 81, 32f. Es ist dies die früheste Urkunde, die von Karl dem Großen erhalten ist. Vgl. Abel/Simson, Jahrbücher Karls 1, S. 535 mit Anm. 4.
3 Vgl. Dierkens, Autour de la tombe.
4 Das glaubt Hägermann. Karl der Große, S. 624 ff.
5 Kölner Königschronik zu 1166 (MGH SS rer. Germ. S. 116). Es ist also unrichtig, wenn Hägermann S. 628 f. behauptet, dass die Gebeine Karls erst von Friedrich I. in einen Sarkophag gelegt worden seien.
6 Schmidt, Proserpina-Sarkophag, S. 758 ff. schreibt, dass Karl »mit an Sicherheit grenzender Wahrscheinlichkeit« sofort nach seinem Tod in diesen Sarkophag gelegt worden sei. Vgl. bereits Berndt, Sarg Karls des Großen; Clemen, Porträtdarstellungen Karls, S. 201 f. und Buchkremer, Grab Karls des Großen, bes. S. 125.
7 Vgl. Schramm/Mütherich, Denkmale Nr. 23 und 37 (auf S. 122 und 128).
8 Siehe unten S. 253.
9 Siehe dazu unten S. 238.
10 Vgl. dazu vor allem Innes, Charlemagne's Will und McKitterick, Karl der Große, S. 98 f.
11 Eigentlich müssten es 22 Städte sein; Narbonne ist aus unbekannten Gründen weggelassen.
12 Zu diesen Tischen vgl. McKitterick, Karl der Große, S. 322 ff.
13 Vgl. Abel/Simson, Jahrbücher Karls 2, S. 451 ff.; Stratmann, Schriftlichkeit in der Verwaltung und McKitterick, Karl der Große, S. 99.
14 Vgl. McKitterick, Karl der Große, S. 99.

Kapitel 7 Karl als Eroberer

1 Vgl. Fleckenstein, Großfränkisches Reich, bes. 281 ff.
2 Vgl. Bachrach, Charlemagne's Cavalry, bes. S. 3 f.
3 Siehe dazu unten S. 168 f.
4 Vgl. Schmid, Ablösung der Langobardenherrschaft; Jarnut, Langobarden, S. 124 und Menghin, Langobarden, S. 202 f.
5 Vgl. Schmid, Ablösung der Langobardenherrschaft, S. 13 ff.; Jarnut, Langobarden, S. 125 f.; Fried, Weg in die Geschichte, S. 250.
6 Dazu Hlawitschka, Franken, bes. S. 23 ff. und die Prosopographie auf S. 98–293.
7 Vgl. Kasten, Adalhard, S. 42–47.
8 Vgl. MGH Capit. 1 Nr. 88–103; S. 187–212.
9 Zu einigen wichtigen italienischen Kapitularien vgl. Fasoli, Carlo Magno e l'Italia 1, S. 142 ff.; Kasten, Königssöhne, S. 332 ff.
10 Vgl. Kasten, Adalhard, S. 47 ff.

11 Vgl. dazu Fleckenstein, Hofkapelle 1, S. 113 f.
12 Zu diesem vgl. Bullough, Baiuli, S. 630 f.
13 Siehe unten S. 95 f.
14 Vgl. Kasten, Adalhard, S. 68 ff.
15 Da Bernhards Mündigkeit mit 15 Jahren angenommen wird, wird sein Geburtsjahr ins Jahr 797 verlegt, vgl. Werner, Nachkommen, S. 445.
16 Kasten, Adalhard, S. 85 ff.
17 Einhardsannalen zu 778.
18 Die Quellen zu diesem Kriegszug hat Tischler, Tatmensch oder Heidenapostel, S. 21 ff. Anm. 88 zusammengestellt.
19 Das genaue Datum kennen wir aus dem Epitaph für einen der gefallenen Großen, für den Truchsess Eggihard (MGH Poetae 1 S. 109 f.), der auch bei Einhard (c. 9) erwähnt ist. Der Ort der Niederlage ist in den zeitgenössischen Quellen nicht genannt. Literatur zum spanischen Feldzug hat zuletzt Hack, Muslime in Spanien, S. 29 Anm. 2−6 zusammengestellt.
20 Vgl. Art. Roland in: Enzyklopädie des Märchens 11 (2004) Sp. 772−778. Siehe auch unten S. 251 f.
21 Vgl. Hack, Muslime in Spanien, S. 31 ff. und S. 41 ff.
22 Vgl. Bachrach, Military Organization, S. 13−24.
23 Vgl. Wolff, L'Aquitaine, S. 282 ff., bes. S. 289 und 290 (zu den Grafen in der Hispania).
24 MGH Capit. 1 S. 65 f.
25 MGH Capit. 1 S. 169. Vgl. Abel/Simson, Jahrbücher Karls 2, S. 308; Müller-Mertens, Karl der Große, S. 61 ff. und Hägermann, Karl der Große, S. 590 f.
26 Vgl. Wolff, L'Aquitaine, S. 302.
27 Die Hochzeit fand wahrscheinlich schon im Jahr 763 statt, vgl. Jahn, Ducatus, S. 391. Abzulehnen ist die Ansicht, dass Liutbirg dieselbe Desideriustochter war, die Karl der Große wieder zurückgeschickt hatte, wie das McKitterick, Karl der Große, S. 89 behauptet.
28 Vgl. Jahn, Ducatus, S. 393.
29 Ebd. S. 469 f.
30 Vgl. Hartmann, Synoden, S. 92 ff.
31 Ebd. S. 79 ff.
32 Dazu gehört vor allem das sog. Abrogans, ein lateinisch-volkssprachiges Glossar, das kurz nach 765 in einem bairischen Kloster entstanden ist, vgl. J. Splett, Abrogans deutsch, in: Verfasserlexikon ²1 Sp. 12−15.
33 Vgl. Dopsch, Virgil.
34 Vgl. vor allem Becher, Eid und Herrschaft, S. 21−77.
35 Siehe oben S. 16.
36 Vgl. Sprigade, Einweisung, S. 60 ff. und Laske, Mönchung Tassilos III.

37 Edition: MGH Capit. 1 S. 74. Übersetzung aus: 794 – Karl der Große in Frankfurt, S. 19.
38 Vgl. Brunner, Oppositionelle Gruppen, S. 59; Becher, Eid und Herrschaft, S. 64f. und Fried, Weg in die Geschichte, S. 257.
39 Zur Herkunft und zur Geschichte der Awaren vgl. Deér, Untergang, bes. S. 731 ff. und die Darstellung von Pohl, Awaren.
40 Zur »Dekomposition« der inneren Ordnung im Awarenreich vgl. Deér, Untergang, S. 758–762.
41 Einhardsannalen zu 790.
42 Edition: MGH Epp. 4 S. 528. Vgl. Deér, Untergang S. 728.
43 Vgl. Bachrach, Charlemagne's Cavalry, S. 6f. – Zum Awarenkrieg von 791 vgl. vor allem Pohl, Awarenkriege, S. 17–21.
44 ARF und Einhardsannalen zu 792.
45 Zum Karlsgraben vgl. Hoffmann, Fossa Carolina.
46 Einhardsannalen zu 793. Übersetzung nach Rau 1 S. 63. – Allerdings wird heute die Frage, ob der Wasserweg zwischen Main und Donau vollendet war, zum Teil auch anders gesehen, so schreibt der Archäologe R. Koch, Fossa Carolina, in: K. Elmshäuser (Hg), Häfen, Schiffe, Wasserwege (2002) S. 67: »...die Fossa Carolina (war) bereits zu einem funktionstüchtigen Betriebssystem ausgebaut. ... die Baumeister des frühen Mittelalters (haben) durch die Kombination der künstlichen Fahrrinne (...vermutlich in Form einer Weiherkette mit Schlepprampen dazwischen) und eines großen aufgestauten Regulierungssees ... ein ... effektives Bauensemble geschaffen.«
47 Vgl. die Berechnungen von Hoffmann, Fossa Carolina, S. 449 ff.
48 Vgl. Pohl, Awarenkriege, S. 22 f. mit Anm. 147 (zur Datierung).
49 Annales Northumbrenses (MGH SS 13 S. 155). Vgl. Pohl, Awarenkriege, S. 24 f.
50 Siehe unten S. 155 f.
51 Vgl. Deér, Untergang, S. 767.
52 Vgl. Abel/Simson, Jahrbücher Karls 2, S. 189–194, Ross, Erich of Friuli and Gerold of Bavaria sowie Pohl, Awarenkriege, S. 26f. Die Spekulationen Jarnuts, 799 und die Folgen, S. 206 ff. über ein angebliches Attentat gegen Gerold sind ohne jeden Anhalt in den Quellen.
53 Vgl. Pohl, Awarenkriege, S. 27.
54 Vgl. Deér, Untergang, S. 772.
55 Vgl. ARF zu 811. Deér, Untergang, S. 778.
56 Ordinatio imperii c. 2 (MGH Capit. 1 S. 271).
57 ARF zu 822.
58 Vgl. Springer, Sachsen, S. 131 ff., der betont, dass wir über die inneren Verhältnisse bei den Sachsen nur wenig wissen.
59 Vgl. dazu Springer, ebd. S. 135 ff.

60 ARF zu 772. Das Aussehen dieser Baumsäule und ihre Bedeutung werden in der Translatio sancti Alexandri c. 3 (MGH SS 2 S. 676) genauer beschrieben. Die Translatio ist nach 851 entstanden, vgl. Wattenbach/Levison/Löwe, Deutschlands Geschichtsquellen 6, S. 711–713.
61 Vita des Bonifatius c. 6, S. 495.
62 Anders beurteilt das Ziel dieses Zuges Fried, Weg in die Geschichte, S. 248. Aber Padberg, Missionarische Programm, S. 126 u. ö. und auch Freise, Sachsenmission, S. 60 sehen das wie oben ausgeführt.
63 Einhardsannalen zu 775.
64 Vgl. zu den Quellen und zu archäologischen Nachweisen Hengst, Ereignisse. In den Annales Petaviani heißt es zu 776: *et baptizata multa turba populi, aedificaverunt Franci in finibus Saxonorum civitatem quae vocatur Urbs Karoli* (MGH SS 1 S. 16).
65 Vgl. Hauck, Karl als Konstantin. Anders deutet diese Neugründung Anton, Beobachtungen, S. 99 f.
66 Siehe unten S. 162 f.
67 Dazu vor allem Schubert, Capitulatio, sowie Springer, Sachsen, S. 221 ff.
68 Zum Bericht der RFA vgl. Springer, Sachsen, S. 189 f. und McKitterick, Karl der Große, S. 40 f.
69 Ob diese Zahl glaubwürdig ist, ist in der Forschung umstritten: Hägermann, Karl der Große, S. 214 f. und Springer, Sachsen, S. 190 f. halten sie für »maßlos übertrieben«, während Fried, Weg in die Geschichte S. 252 an der Zahl festhalten will.
70 Schon Voltaire hatte Karl wegen seiner Brutalität gegen die Sachsen kritisiert, vgl. Borst, Karlsbild, S. 378 f. In der NS-Zeit wurde Karl als »Sachsenschlächter« verunglimpft und Widukind zum Helden stilisiert, vgl. Borst, ebd. S. 398 f.
71 Vgl. Hägermann, Karl der Große, S. 213 ff.
72 Vgl. Althoff, Widukind hat diese These entwickelt; sie wurde aber von Freise, Widukind in Attigny, bes. S. 35 ff. und Balzer, Widukind, bes. S. 17 ff. mit guten Gründen abgelehnt.
73 Vgl. dazu Honselmann, Bistumsgründungen und Johanek, Kirchenorganisation.
74 Vgl. dazu Freise, Frühmittelalter, S. 304 ff. und Patze, Geschichte Niedersachsens, S. 674 ff.
75 Das Stück ist datiert, vgl. MGH Capit. 1 S. 71, 11–14.
76 Zur Lex Saxonum vgl. Springer, Sachsen, S. 233 ff.
77 MGH Capit. 1 S. 233 f. Vgl. Springer, Sachsen, S. 211 f. und McKitterick, Karl der Große, S. 103.
78 Vgl. Springer, Sachsen, S. 213.
79 Siehe unten S. 223 f.
80 ARF zu 790.
81 Werner, Ursprünge Frankreichs, S. 400.

82 Es ist sicher ein Fehlurteil über die fränkischen Heere und die Fähigkeiten Karls als Feldherr, wenn Lot, L'art militaire 1, S. 104 f. diese sehr gering einschätzen will angesichts der langen Dauer der Sachsenkriege. Verbruggen, L'armée de Charlemagne, S. 436 ist ganz anderer Ansicht.
83 Brief Karls des Großen an Abt Fulrad von St. Denis (MGH Capit. 1 S. 168); Übersetzung bei Hartmann, Deutsche Geschichte in Quellen, S. 72 f.
84 Kapitular von 802 c. 29 (MGH Capit. 1 S. 96); vgl. Verbruggen, L'armée de Charlemagne, S. 427.
85 MGH Capit. 1 Nr. 49. Vgl. Verbruggen, L'armée de Charlemagne, S. 429.
86 Vgl. Kapitulare 805 c.15 und 16 (MGH Capit. 1 S. 125); 808 c. 3,5 und 6 (ebd. S. 137 f.) und Kapitulare von 811 c. 2–5, 7 und 8 (ebd. S. 165). Vgl. Verbruggen, L'armée de Charlemagne, S. 428.
87 Kapitular von 805 c.19 (MGH Capit. 1 S. 125); 811 c. 1 und 2 (ebd. S. 166 f.); vgl. Verbruggen, L'armée de Charlemagne, S. 427.
88 Kapitular von Herstal 779 c. 20 (MGH Capit. 1 S. 51, 15); Kapitular von 803 c. 7 (ebd. S. 115, 29); 805 c. 7 (ebd. S. 123, 18 f.) und 811 c.10 (ebd. S. 167, 26 f.).
89 Bachrach, Charlemagne's Cavalry, S. 10 f.
90 Vgl. Verbruggen, L'armée de Charlemagne, S. 433.
91 Vgl. Abel/Simson, Jahrbücher Karls 2, S. 207 f., 426 f. und 522.
92 Astronomus, Vita Hludowici c.15, S. 325.
93 Vgl. Meier, Baumeister Europas, S. 288.
94 Ebd. S. 288 ff.

Kapitel 8 Wie regierte Karl sein Reich?

1 Zum Königsgut vgl. vor allem Metz, Karolingisches Reichsgut.
2 Literatur zu den Brevium exempla: Metz, Erforschung des Reichsgutes, S. 23–28.
3 Edition: MGH Capit. 1 S. 254.
4 Vgl. Dutton, Charlemagne's Mustache, S. 51.
5 Faksimile-Ausgabe von C. Brühl mit reichen Literaturangaben. Vgl. außerdem Metz, Erforschung des Reichsgutes, S. 8–21; Tautscher, Betriebsführung und Buchhaltung und McKitterick, Karl der Große, S. 140 ff.
6 Metz, Erforschung des Reichsgutes, S. 19.
7 Siehe oben S. 96.
8 Dass der Verkauf von Sklaven auf der Seite der Franken den größten Teil der aus dem westlichen Europa exportierten »Handelsgüter« ausmachte, hat McCormick, Origins, S. 733 ff. hervorgehoben.

9 Vgl. Reuter, Plunder and Tribute, S. 84 f. und Hannig, Ars donandi, bes. 152 ff.
10 Vgl. Gauert, Itinerar, S. 307–321 mit einer Karte.
11 Vgl. McKitterick, Karl der Große, S. 173 ff., die Zitate auf S. 173 und 176.
12 Vgl. dazu auch Nelson, Aachen as a place of power.
13 In Aachen verbrachte er die Winter 768/69, 788/89, 794/95, 795/96, 796/97, 798/99, 799/800, 801/02, 802/03, 803/04, 804/05, 806/07, 807/08, 808/09, 809/10, 810/811, 811/12, 812/13 und 813/14. Vgl. Schieffer, Karl in Aachen, S. 3–21, bes. S. 5 mit Anm. 13.
14 McKitterick, Karl der Große, S. 147 ff.
15 Vgl. Kammerer, Aachener Pfalz.
16 Vgl. Effenberger, Kunstwerke S. 650, und Epp, Von Theoderich zu Karl, S. 228.
17 Löwe, Von Theoderich zu Karl und Thürlemann, Theoderich-Statue.
18 Epp, Von Theoderich zu Karl, S. 228.
19 Vgl. Bischoff, Studien 3, S. 149–169, hier S. 155.
20 Hinkmar von Reims, De ordine palatii (hg. von Thomas Gross/Rudolf Schieffer, MGH Fontes iuris 3, 1980, mit dt. Übersetzung).
21 Vgl. Kasten, Adalhard, S. 72 ff. und McKitterick, Karl der Große S. 135 ff.
22 Vgl. MGH Capit. 1 S. 73–78. Dazu Fried, Karl in Frankfurt.
23 Vgl. Mordek, Kapitularien und Schriftlichkeit, S. 310 u. ö.
24 MGH Capit. 1 S. 145, 12 f.
25 Wichtiger Ausgangspunkt war Tellenbach, Königtum und Stämme und ders., Vom karolingischen Reichsadel sowie Werner, Adelsfamilien. Vgl. Hlawitschka, Franken, und Störmer, Früher Adel sowie Le Jan, Famille et pouvoir. Einen Überblick über die Adelsforschung bietet Hechberger, Adel, bes. S. 186 ff.
26 Siehe unten S. 128.
27 MGH Capit. 1 S. 125, 10–15.
28 Ebd. S. 163, 7–14.
29 Vgl. ebd. S. 125, 36 f.; 138, 35; 156, 29 ff. und S. 180 f.
30 Admonitio generalis c. 79, S. 60 f. Vgl. zu diesem Problem auch Fichtenau, Karolingisches Imperium, S. 161 f.
31 Vgl. MGH Capit. 1 S. 64 (c. 32) und S. 132 (c. 9).
32 MGH Conc. 2,1 S. 282, 31 f.
33 Vgl. Hoffmann, Kirche und Sklaverei.
34 Ebd. S. 13.
35 MGH Poetae 1 S. 228; vgl. Fichtenau, Karolingisches Imperium, S. 161.
36 MGH Capit. 1 S. 51, 11.
37 Zur Lage der Juden in der Karolingerzeit, vgl. Liebeschütz, Synagoge und Ecclesia S. 42 ff.

38 Vgl. Capitulare von 809 c. 13 (MGH Capit. 1 S. 152) und Capitula de Iudaeis c. 5 und c. 6 (ebd. S. 259). Die ebd. S. 258 f. gedruckten weiteren vier Judenkapitel sind wahrscheinlich Fälschungen, vgl. Mordek, Bibliotheca S. 299 und 1093.
39 MGH Capit. 1 S. 138. Übersetzung bei Hartmann, Deutsche Geschichte in Quellen S. 71 f.
40 Admonitio von 823–825 c. 26 (MGH Capit. 1 S. 307, 26–31).
41 Vgl. dazu Schulze, Grafschaftsverfassung; Nonn, Pagus und Comitatus; Borgolte, Grafschaften und zusammenfassend Hechberger, Adel, S. 194 ff.
42 Zu den *missi* siehe auch unten S. 132 und 143.
43 Vgl. Anton, Fürstenspiegel, bes. S. 80–131 (über die Schriften von Cathwulf und Alkuin).
44 Vgl. Anton, Pseudo-Cyprian.
45 Siehe unten S. 159 f. und 171 ff.
46 Vgl. Brunner, Oppositionelle Gruppen, S. 40 ff.
47 Vgl. Kasten, Königssöhne, S. 146 ff.
48 Siehe dazu unten S. 234 f.
49 Vgl. Brunner, Oppositionelle Gruppen, S. 48 f.
50 Ebd. S. 49 ff.
51 Zu Einzelheiten vgl. Becher, Eid und Herrschaft, S. 78 ff. und 195 ff.
52 Siehe unten S. 257 ff.
53 Allein Hoffmann, Geschichtsschreibung hat auf S. 75–96 ein Kapitel »Kaiser Karl und das Recht«, das sich jedoch ausschließlich mit den auf Karls Namen gefälschten Urkunden beschäftigt.
54 Das gilt auch für den Artikel von Schieffer und anderen, in: RGA 16 (2000) S. 244–269. Dagegen hat H.-W. Strätz, Karl der Große, in: HRG 2 (1978) Sp. 638–651, bes. 644 f. rechtsgeschichtliche Aspekte berücksichtigt.
55 Vgl. Schmitz, Kapitulariengesetzgebung, bes. S. 514–516.
56 Zur umstrittenen Datierung der Karlsvita siehe oben S. 13.
57 Vgl. Buck, Admonitio und Praedicatio, S. 312–394 und ders., Capitularia imperatoria.
58 Annales Laureshamenses zu 802 (MGH SS 1 S. 38 f.); vgl. auch das Chronicon von Moissac, ebd. S. 306 f.
59 Vgl. Hannig, Pauperiores vassi. Siehe auch oben S. 127.
60 Ann. Laureshamenses (MGH SS 1 S. 39).
61 Zum Problem der Übersetzungen vgl. Banniard, Viva voce, S. 402 ff.; Haubrichs, Anfänge, S. 189 ff.
62 Siehe unten S. 229.
63 Zur Problematik der Darstellung dieses (und anderer) Kapitularien in der Edition der MGH Capit. 1 vgl. jetzt Patzold, Normen im Buch, bes. S. 338 ff.

64 Vgl. dazu ebd. S. 340 Anm. 46.
65 MGH Capit. 1 S. 91, 41–92, 5.
66 Ebd.
67 Capitulare missorum generale c. 26 (MGH Capit. 1 S. 96, 19f.).
68 Vgl. den Überblick über die Forschungsdiskussion zu diesem Thema bei Sellert, Aufzeichnung des Rechts, bes. S. 69ff.
69 Nämlich im Codex Paris, BNF lat. 4613; vgl. Mordek, Bibliotheca, S. 474.
70 Vgl. Woll, Untersuchungen, S. 5ff.
71 Zahlen nach Bühler, Capitularia relecta, S. 11. Zu anderen Zahlen siehe oben S. 21f.
72 Das betont auch McKitterick, Karl der Große, S. 209f.
73 Vgl. zur Datierung und zur Diskussion der Echtheit Schmitz, Die Waffe der Fälschung und ders., Echte Quellen, S. 278f. McKitterick, Karl der Große, S. 211 hat zuletzt eine Datierung auf »768–771« vorgeschlagen.
74 Vgl. Mordek, Bibliotheca, S. 1081f.
75 Vgl. zur Admonitio zuletzt Buck, Admonitio und Praedicatio, S. 67–156. Zur Verfasserfrage vgl. Scheibe, Alcuin und Hartmann, Bibel, S. 62.
76 Mordek, Bibliotheca, S. 1082.
77 Ein Faksimile der ältesten Handschrift dieses Kapitulars und eine dt. Übersetzung findet sich in dem Band 794 – Karl der Große und Frankfurt am Main (1994) auf S. 9–18 und S. 19–23.
78 Vgl. dazu Hartmann, Bibel.
79 Vgl. Köbler, Begründungen, bes. S. 72ff.
80 MGH Epp. 4 S. 501–505. Vgl. Anton, Fürstenspiegel, S. 75ff.
81 MGH Capit. 1 S. 92, 8f.
82 Ebd. S. 153, 19f.
83 MGH Capit. 1 Nr. 121, S. 239f. Vgl. zu diesem Text ausführlich Buck, Admonitio und Praedicatio, S. 157–238, der ebd. S. 238 an der Datierung ins Jahr 802 festhalten will, sowie die Bemerkungen von Patzold, Normen im Buch, S. 335f.
84 Edition: MGH Capit. 1 Nr. 43 und 44, S. 121f. und 122–126. Zur Überlieferung vgl. Mordek, Bibliotheca, S. 1085f., der für Nr. 43 dreiundzwanzig und für Nr. 44 dreißig Handschriften nennt. Zur Datierung vgl. MGH Capit. 1 S. 120.
85 Vgl. Patzold, Normen im Buch, S. 350.
86 Vgl. Hartmann, Kirche und Kirchenrecht, S. 94–96.
87 Vgl. ebd. S. 96–98.
88 Dazu Kottje, Geltungsbereich, bes. S. 372ff.
89 Vgl. Mordek, Kapitularien und Schriftlichkeit, S. 330ff. und Fichtenau, Archive der Karolingerzeit.
90 Vgl. Schmitz, Einleitung zu seiner Edition, bes. S. 12f. sowie Mordek, Karolingische Kapitularien, S. 67f. Ders., Fränkische Kapitularien, S. 31

hat es so formuliert: »Kapitularien im eigentlichen Sinne überlebten nicht archivalisch, sondern bibliothekarisch«.
91 Kéry, Collections, S. 14 ff.
92 Kéry, Collections, S. 87 ff.; Hartmann, Kirche und Kirchenrecht, S. 64 mit Anm. 28.
93 Vgl. Hartmann, Synoden, S. 475 und ders., Kirche und Kirchenrecht, S. 239 f.
94 Mordek/Schmitz, Neue Kapitularien, das Zitat auf S. 423.
95 Vgl. Hartmann, Synoden, S. 139.
96 Hg. von Brommer in: MGH Capit. episc. 1.
97 MGH Capit. 1 S. 170, 33–39. Vgl. Hartmann, Bischof als Richter, S. 109 und Schieffer, Entstehung des Sendgerichts, S. 54 f.
98 C. 37 (MGH Capit. 1 S. 98, 13–18).
99 Vgl. Hartmann, Bibel, S. 61 ff.
100 MGH Capit. 1 S. 150, 33.
101 Vgl. Ganshof, L'epreuve de la croix.
102 Vgl. Synode von Reisbach/Freising und Salzburg (800) c. 46 (MGH Conc. 2,1 S. 212, 35–213, 2).
103 Urkunden Karls Nr. 102 S. 146 f.
104 Vgl. dazu (mit etwas anderer Interpretation) Schmitz, Kapitulariengesetzgebung, S. 507 f.
105 MGH Conc. 2, 1 S. 209, 18 ff. Vgl. Mordek/Glatthaar, Wahrsagerinnen, S. 62.
106 Ebd. S. 64.
107 Fichtenau, Karolinigisches Imperium, S. 98.
108 Siehe oben S. 103.
109 Siehe oben S. 91 ff.
110 Vgl. Becher, Eid und Herrschaft, S. 21–77 und Schieffer, Ein politischer Prozeß.
111 Vgl. Brunner/Schwerin, Rechtsgeschichte ^{2}2, S. 296–303 und Weitzel, Dinggenossenschaft, S. 775–912.
112 MGH Capit. 1 S. 149 Nr. 61 (809) c.13
113 Ebd. Nr. 40 (803) c.15; Nr. 62 (809) c.16.
114 Ganshof, Kapitularien, S. 158.
115 Siehe unten S. 258.

Kapitel 9 Wirtschaftsleben

1 Vgl. Mitterauer, Warum Europa?, S. 42 ff. Vgl. auch Kötzschke, Agrarpolitiker und Metz, Agrarwirtschaft.
2 Vgl. Mitterauer, Warum Europa?, S. 49.
3 Vgl. dazu Curschmann, Hungersnöte, S. 82 und 89 ff.

4 MGH Capit. 1 S. 52.
5 Vgl. Jeitler, Waldnutzung, bes. S. 18 ff.
6 Vgl. Semmler, Forst des Königs, bes. S. 141.
7 ARF zu 810 und andere Annalen, vgl. Curschmann, Hungersnöte, S. 93.
8 Vgl. Ganshof, Das fränkische Reich, S. 182 ff.
9 Zur Eisenherstellung in der Karolingerzeit vgl. Sprandel, Eisengewerbe, S. 37 ff., bes. S. 39 f.
10 MGH Capit. 1 S. 252, 6 und 254, 22.
11 Ebd. S. 301, 15.
12 Vgl. bes. Binding, Königspfalzen, S. 72 ff. zu Aachen, S. 99 ff. zu Ingelheim, S. 117 ff. zu Frankfurt und S. 123 ff. zu Paderborn, jeweils mit weiterer Literatur. Seither: Mecke, Pfalz Paderborn; Falkenstein, Pfalz und vicus Aachen und Picard, Königspfalzen.
13 Siehe oben S. 79 ff.
14 Vgl. Heitz, St. Riquier.
15 Vgl. zum St. Galler Klosterplan zuletzt: Ochsenbein/Schmuki, St. Galler Klosterplan und Picker, St. Galler Klosterplan.
16 Vgl. Coupland, Coinage, 211–229.
17 Ebd. S. 215 f.
18 Ebd. S. 220.
19 Ebd. S. 224 mit Abbildungen auf S. 225.

Kapitel 10   Karl und die Kirche

1 MGH Epp. 4 S. 137 f.
2 Vgl. die Hinweise von Favier, Charlemagne, S. 413 f. und Buck, Admonitio und Praedicatio.
3 Vgl. dazu Ubl, Inzestverbot, S. 276.
4 Zur Gesetzgebung Karls über die Sonntagsheiligung vgl. Thomas, Sonntag, S. 68 ff.
5 MGH Capit. 1 S. 175. Zur Interpretation vgl. Huberti, Gottesfrieden, S. 109 und 246 f.
6 MGH Capit. episc. 1 S. 121 f.
7 MGH Capit. 1 S. 222.
8 Siehe oben S. 100 und 102.
9 So die Formulierung bei Padberg, Missionarische Programme, S. 137.
10 Ebd.
11 Siehe oben S. 103 f.
12 Siehe oben S. 97.
13 Vgl. Padberg, Missionarische Programme, S. 139.
14 Vgl. R. Schieffer, Eigenkirche, in: LexMA 3 (1986) Sp. 1705–1708.
15 MGH Capit. 1 S. 119, 24–27 (c. 3). Vgl. Hartmann, Synoden, S. 454.

16 Vgl. ebd. S. 454 f.
17 Vgl. Hauck, Karolingische Taufpfalzen, S. 10–15.
18 Vgl. Weise, Königtum und Bischofswahl, S. 13 ff.; Schieffer, Kirchenpolitik, bes. S. 316 f. und vor allem Schieffer, Karl der Große und die Einsetzung der Bischöfe.
19 Vgl. ebd. S. 454 ff., wo fünf solcher Fälle aus Briefen und ebenfalls fünf aus historiographischen Quellen genannt werden.
20 Vgl. ebd. S. 459 ff.
21 Ebd. S. 461 f.
22 Thegan, Gesta Hludowici c.44, S. 232 f.
23 Vgl. MGH Epp. 4 S. 90 und 92 f. Zur Sache vgl. auch Hauck, Kirchengeschichte 2, S. 206.
24 Vgl. Büttner, Mission, S. 480 ff.
25 Vgl. Hartmann, Synoden, S. 51 und 57 ff.
26 Vgl. Büttner, Mission, S. 483.
27 MGH Epp. 4 S. 153, 26.
28 Siehe oben S. 80.
29 Büttner, Mission, S. 485.
30 MGH Conc. 2, 1 S. 258. Vgl. Büttner, Mission, S. 486 und Hartmann, Synoden, S. 130 f.
31 Vgl. MGH Capit. 1 Nr. 71 c.12 und Nr. 72 c.12 (S. 162 und 164).
32 Vgl. die undatierte Urkunde Karls, Nr. 72, S. 104.
33 Urkunden Karls Nr. 142, S. 193 f.
34 Vgl. dazu jetzt die ausführliche Arbeit von Hack, Codex Carolinus, 2 Bde. (2007), die sich allerdings fast ausschließlich mit formalen Gesichtspunkten der Briefe und nicht mit ihrem Inhalt beschäftigt.
35 Editon: Duchesne, Liber Pontificalis, Bd. 1 S. 426–523 (Zacharias – Hadrian I.) und 2 S. 1–48 (Leo III.). Eine deutsche Übersetzung gibt es nicht, aber eine englische von Raymond Davis (1992).
36 Vgl. Hartmann, Hadrian I., S. 130 ff.
37 Übersetzung nach Abel/Simson, Jahrbücher Karls 1, S. 155.
38 Vgl. Hartmann, Hadrian I., S. 119–142.
39 Vgl. dazu Hahn, Hludowicianum S. 30 ff.
40 Vgl. Hartmann, Hadrian I. S. 182 ff., der die Fälschung in »das Jahr 776« setzen möchte (S. 185).
41 Vgl. Fried, Donation of Constantine, S. 35 ff., 53 ff. und bes. S. 103 ff.
42 Vgl. dazu und zu den Gründen für dieses abrupte Ende Hartmann, Hadrian I., S. 21–28.
43 Zur Taufe der Söhne und zu ihrer Ausstattung mit Unterkönigtümern siehe unten S. 236.
44 Vgl. Hartmann, Frankfurt und Nizäa und ders., Konzil von Frankfurt.
45 Vgl. Hartmann, Hadrian I., S. 164 ff.
46 MGH Poetae 1, S. 113 f., vgl. auch ebd. S. 101.

47 Siehe oben S. 159.
48 Vgl. Heil, Alkuinstudien I, S. 20 ff. und Hartmann, Synoden, S. 121 f.
49 Vgl. ebd. S. 104 f. und 107 f.
50 Vgl. ebd. S. 117 f.
51 ARF zu 809. Vgl. – auch zum folgenden – Hartmann, Synoden, S. 126 f.
52 Vgl. dazu Borgolte, Papst Leo III.
53 Hg. von Willjung, Das Konzil von Aachen 809 (MGH Conc. 2, Suppl. 2) S. 237–249 (Decretum Aquisgranense) und S. 253–412 (die Gutachten).
54 Das Protokoll ist ebd. S. 287–294 ediert; vgl. auch die Bemerkungen ebd. S. 111 ff.
55 Vgl. dazu ebd. S. 117 ff.
56 Das an Eb. Amalar von Trier gerichtete Exemplar der Umfrage ist in MGH Epp. 5 S. 242 und erneut bei Keefe, Water and the Word 2, S. 261–263 ediert.
57 Vgl. Dahlhaus-Berg, Theodulf, S. 92 ff.
58 Edition: Magnus von Sens: Keefe, Water and the Word 2, S. 265–271, Amalar von Trier: ebd. S. 337–351, Leidrad von Lyon: ebd. S. 353–384.
59 Vgl. Dahlhaus-Berg, Theodulf, S. 101 ff.
60 Vgl. ebd. S. 109 ff.; S. 116–134 hat Dahlhaus-Berg die Vorlagen Theodulfs analysiert. Keefe, Water and the Word 2, S. 280–321 hat diesen Traktat neu ediert.
61 Keefe, Water and the Word.
62 Ebd. 1 S. 22 ff.
63 Zu Pippins Ehegesetzen vgl. zuletzt Ubl, Inzestverbot, S. 251–270.
64 Vgl. Perels, Kirchliche Zehnten, S. 20 f.
65 MGH Capit. 1 S. 56, 34 f.
66 Ebd. S. 77, 33–35.
67 MGH Capit. 1 S. 125, 16 f.
68 Ebd. S. 59, 34–37.
69 Vgl. MGH Epp. 4 S. 37 bei Anm. 2, wo weitere einschlägige Stellen aus Briefen Alkuins genannt sind.
70 Vgl. MGH Epp. 4 Nr. 43, S. 87 f.
71 Vgl. Alkuins Brief 100 (MGH Epp. 4 S. 145 f.)
72 MGH Conc. 2, 1 S. 282, 23–35. Zum Pilgerwesen vgl. bes. Albert, Pélerinage, S. 101 ff.
73 ARF zu 813. Zu den Reformsynoden von 813 vgl. Hartmann, Synoden, S. 128–140.
74 Vgl. dazu Hartmann, Synoden, S. 132 f.
75 Vgl. Dahlhaus-Berg, Theodulf, S. 221–235 und Hartmann, Synoden, S. 133 f.
76 Vgl. Hartmann, Synoden, S. 134–139.
77 Vgl. Hoffmann, Schreibschulen im Südwesten 1, S. 275 f.

78 Vgl. MGH Conc. 3 S. 158.

Kapitel 11   Bildung und Wissenschaft

1. Vgl. Fried, Artes liberales, bes. 27 f. und 30 f., der sich für die Kenntnis des Lesens und des Latein bei Karl dem Großen ausspricht gegen Richter, Sprachenpolitik, bes. S. 419 und 433 f. Dutton, Charlemagne's Mustache, S. 69–92 kommt letztlich zum Ergebnis (S. 92), dass Karl nicht schreiben und nur schlecht lesen konnte.
2. Siehe oben S. 43.
3. Vgl. bes. Fried, Artes liberales, S. 31, der ebd. Anm. 29 auch auf verschiedene Arbeiten von Arno Borst verweist.
4. Vgl. Dutton, Charlemagne's Mustache, S. 76.
5. Dutton, ebd. S. 92.
6. Vgl. Riché, Le renouveau culturel.
7. Vgl. Wood, Administration, S. 67.
8. Vgl. Wendehorst, Wer konnte lesen, bes. S. 13 ff.
9. MGH Poetae 1 Nr. 44 S. 77. Vgl. Fichtenau, Karolingisches Imperium, S. 41.
10. MGH Capit. 1 S. 80, 25–28. Dieser Brief ist sowohl in einer Hs. von der Reichenau (heute: Karlsruhe, Aug. 29) als auch in einer aus dem Kloster St. Denis (Leiden, Voss. Lat. F 4) erhalten.
11. Dungal, Brief 1 (MGH Epp. 4 S. 570–578).
12. Übersetzung nach Berschin, Biographie und Epochenstil 3, S. 103; vgl. Martin, Epistola de litteris colendis.
13. Briefe des Bonifatius, Nr. 68 (MGH Epp. Sel. 1 S. 141). Vgl. Berschin, Biographie und Epochenstil 3, S. 109 f.
14. Vgl. Berschin, Biographie und Epochenstil 3, S. 109.
15. So Berschin, Biographie und Epochenstil 3, S. 103.
16. Epistola generalis (MGH Capit. 1 S. 80); vgl. Berschin, Biographie und Epochenstil 3, S. 105.
17. Vgl. etwa Angenendt, Kult, S. 117–135, der jedoch auf S. 135 darauf hinweist, dass die karolingische Renaissance »nicht einfachhin als ›archaisch‹ anzusehen ist«.
18. Vgl. Mayr-Harting, Charlemagne's Religion, S. 122 f. mit Verweis auf Isidor von Sevilla, De officiis ecclesiasticis.
19. Admonitio generalis c. 72 (MGH Capit. 1 S. 60); vgl. Berschin, Biographie und Epochenstil 3, S. 111.
20. Berschin, Biographie und Epochenstil 3, S. 112 f.
21. Vgl. die Capitula de examinandis ecclesiasticis (802) c.1 (ebd. S. 110, 3–6).
22. MGH Capit. 1 Nr. 117 (S. 235); vgl. die ähnliche Liste ebd. Nr. 116 (ebd. S. 234 f.).

23 Epistola de litteris colendis (MGH Capit. 1 S. 79, 35–37).
24 Sintpert von Murbach, Regularia statuta monasterii Murbacensis (hg. von Bernhard Pez, Thesaurus anecdotorum novissimus 2, 3 [1721] S. 380).
25 Angilbert von St. Riquier, Libellus de ecclesia Centulensi (MGH SS 15,1 S. 178, 27f.).
26 Vgl. Borst, Buch der Naturgeschichte, S. 138ff., 156ff. (2. Redaktion: 809–812) und S. 166ff. (Redaktion von 818). Borst hat diese Texte auch ediert in: MGH Quellen zur Geistesgeschichte 21, 2 (2006) S. 660–772 (Text von 793), ebd. 21, 3 S. 1054–1334 (Aachener Enzyklopädie von 809) und ebd. S. 1367–1451 (Text von 818).
27 Vgl. Borst, Buch der Naturgeschichte, S. 121ff.
28 Ebd. S. VIII.
29 Ebd. S. 155.
30 Vgl. ebd. S. 156.
31 MGH Capit. 1 S. 110, 41f.
32 Theodulf, 1. Bischofskapitular, c. 20 (MGH Capit. episc. 1 S. 116).
33 Vgl. Interrogationes examinationis c.12 (MGH Capit. episc. 3 S. 215, 17f.).
34 MGH Capit. 1 S. 257, 31–33. Vgl. Specht, Unterrichtswesen S. 28f.
35 Alkuin, Brief 308 (MGH Epp. 4 S. 471, 20).
36 Vgl. dazu Garrison, Nicknames, die auf S. 61 eine Übersichtstafel mit den wichtigsten Spitznamen bietet.
37 Kusch, Lateinisches Mittelalter, S. 67.
38 Übersetzt bei Kusch, Lateinisches Mittelalter, S. 69.
39 Ebd. S. 71.
40 Vgl. Freeman in ihrer Edition der Libri Carolini (MGH Conc. 2 Suppl. 1, bes. S. 38–50) und Hartmann, Frankfurt und Nizäa, S. 321.
41 Vgl. Bischoff, Paläographie, S. 129ff. und 143ff.; Spilling, Entstehung; Dutton, Charlemagne's Mustache, S. 85ff.
42 Zahlen nach Bischoff, Katalog 1, S. VII (Vorwort). Band 1: Aachen – Lambach enthält über 2000 Handschriften, Bd. 2: Laon – Paris: enthält 2350 Hss. Für Band 3 sind weitere 2700 Codices vorgesehen.
43 Vgl. Brown, Renaissance, S. 34ff.
44 Zu den Bibeln aus Tours vgl. Fischer, Bibeltext, S. 169–171.
45 Zur Schule von Fulda vgl. Fried, Fulda, bes. S. 14ff.
46 Lupus von Ferrières, Brief 1 (MGH Epp. 6 S. 7f.).
47 Bischof Haito von Basel hat in c. 2 seines wohl vor 813 entstandenen Bischofskapitulars verfügt, dass Credo und Vaterunser »sowohl auf Latein als auch in der Volkssprache« (*quam latine tam barbarice*) »von allen gelernt werden« soll (MGH Capit. episc. 1 S. 210, 12); vgl. auch Haubrichs, Anfänge, S. 292.

48 Vgl. Sonderegger, St. Galler Paternoster und Credo, in: Verfasserlexikon 2 (²1980) Sp. 1044–1047, sowie Haubrichs, Anfänge, S. 289 und 237 f.
49 Vgl. Masser, Freisinger Paternoster, in: Verfasserlexikon 2 Sp. 905–907.
50 Vgl. dazu Haubrichs, Anfänge, S. 140–144, bes. S. 143.
51 Thegan, Gesta Hludowici c.19, S. 201; vgl. Geuenich, Überlieferung, bes. S. 114 und Haubrichs, Anfänge, S. 143.
52 Vgl. Geuenich, Überlieferung, S. 124–127.
53 Vgl. Schaller, Politische Dichtung, S. 209 f.
54 Urkunden Karls Nr. 112, S. 158. Vgl. Schaller, Politische Dichtung, S. 194–196.
55 Hg. und übersetzt von Hauck, Taufpfalzen, S. 62–67. Vgl. dazu Schaller, Politische Dichtung, S. 198.
56 MGH Poetae 1 S. 47 f.
57 Siehe oben S. 25.
58 Vgl. bes. Bullough, Alcuin, S. 331 ff. und 432 ff.
59 Nach Bullough, Alcuin, S. 435 f. soll Alkuin erst im Lauf des Jahres 786 im Frankenreich eingetroffen sein.
60 Vgl. dazu Heil, Kompilation oder Konstruktion.
61 Vgl. Garrison, English and Irish, bes. S. 100 (mit weiterer Literatur).
62 Edition: MGH Capit. episc. 1 S. 73–142 mit Ergänzungen ebd. 4 S. 76–80. Vgl. auch Brommer, Bischöfliche Gesetzgebung.
63 Hg. von Freeman, Opus Karoli (MGH Conc. 2 Suppl. 1, 1998).
64 Hg. Willjung, in: MGH Conc. 2 Suppl. 2 S. 315–382.
65 Siehe oben S. 173.
66 Vgl. D. Schaller, Gedichte Theodulfs, bes. S. 21 ff.
67 Vgl. Boshof, Agobard.
68 Vgl. Garrison, English and Irish, S. 99 ff.
69 Ebd. S. 99 mit Anm. 9.
70 Ebd. S. 112 f.
71 Ebd. S. 110 f.
72 Siehe oben S. 66.
73 Edition: MGH Poetae 1 S. 569–573. Vgl. Brunhölzl, Literatur 1, S. 311.
74 Vgl. K. Hauck, Einhardskreuz.
75 Siehe oben S. 13 ff.
76 Siehe oben S. 13.
77 Siehe oben S. 17 und 19.
78 Vgl. dazu Schaller, Der junge Rabe.
79 Vgl. R. Kottje, Hraban, in: Verfasserlexikon 4 (²1993) Sp. 166–196.
80 Vgl. dazu Schieffer, Karl in Aachen, S. 16 f.
81 Schieffer nennt ebd. S. 18 f. noch weitere fränkische Gelehrte aus der Umgebung Karls des Großen.
82 Gegen die Kritik an diesem Begriff, den vor allem Patzelt, Renaissance übte, hat sich schon 1954 Paul Lehmann, Karolingische Renaissance,

S. 310 sehr deutlich ausgesprochen: »Die karolingische Renaissance ist eine geschichtliche Tatsache«. Vgl. auch Brown, Renaissance sowie Depreux, Ambitions et limites.

83 Vgl. Depreux, Büchersuche und Büchertausch.
84 Vgl. dazu auch Fleckenstein, Bildungsreform, bes. S. 48 ff. sowie Schieffer, Zeit des karolingischen Großreichs, S. 132 mit Anm. 30.
85 Der Beitrag von Liebeschütz, Wesen und Grenzen befasst sich vor allem mit den Schriften des Agobard von Lyon (S. 33–37) und mit der Translatio von Einhard (S. 39–42). Aber auch die Libri Carolini werden von ihm interpretiert (S. 24–28) und es wird auf ihr doppeltes Gesicht hingewiesen, da sie einerseits ein Zeugnis für den Wunderglauben und den Reliquienkult darstellen, aber auch den karolingischen Rationalismus bezeugen.
86 Vgl. dazu Kasten, Adalhard, S. 121 ff.
87 Siehe oben S. 173 f.

Kapitel 12 Kaisertum

1 Vgl. Thümmel, Konzilien, S. 63–77.
2 Zur Verfasserfrage vgl. zuletzt Freeman, in: MGH Conc. 2 Suppl. 1 S. 12 ff., die sich S. 16 ff. ganz klar für Theodulf ausspricht. Vgl. auch Thümmel, Konzilien, S. 220 mit Anm. 1063.
3 Hg. von Freeman S. 97, 3 f.
4 Vgl. dazu Thümmel, Konzilien, S. 219 f.
5 Vgl. Hartmann, Frankfurt und Nizäa.
6 In der Vita Willibrordi c. 23 (MGH SS rer. Merov. 7 S. 134) und in zwei Briefen aus dem Jahr 799 (MGH Epp. 4 S. 292, 26 und 310, 31).
7 Vgl. Classen, Karl und Byzanz, S. 49.
8 Zur Darstellung des Attentats auf Leo III. in den Quellen vgl. Schieffer, Attentat auf Papst Leo III.; ders., Neues von der Kaiserkrönung, S. 15 ff. Fried, Einhards Schweigen, S. 296 ff. versucht nachzuweisen, dass Leo III. tatsächlich abgesetzt wurde. In Paderborn sei dann längere Zeit über seine Wiedereinsetzung verhandelt worden.
9 Zum Empfang des Papstes in Paderborn Hack, Papstempfang 799.
10 So Jarnut, 799 und die Folgen, S. 204.
11 MGH Epp. 4 S. 288.
12 Anspielung auf die Informationen, die Alkuins Briefpartner Arn von Salzburg über sittliche Verfehlungen des Papstes Alkuin übermittelt hatte.
13 Anspielung auf die Absetzung Kaiser Konstantins VI. durch seine Mutter Irene, vgl. Hiestand, Eirene basileus, bes. S. 274 ff. und Lilie, Byzanz unter Eirene, S. 267 ff.

14 Die Hypothese von Jarnut, 799 und die Folgen, S. 206 ff., dass Karl im Frankenreich geblieben sei, weil es dort zu einer schweren Krise seiner Herrschaft gekommen sei, ist aber abzulehnen.
15 Vgl. das Frontispiz in Band 1 des Katalogs von Stiegemann/Wemhoff, 799. Kunst und Kultur sowie Carlo Magno a Roma (2001) S. 176–179.
16 Vgl. Classen, Karl und Byzanz, S. 59.
17 Vgl. Vacca, Prima sedes, bes. S. 83 ff.
18 Vita Leonis, in: Duchesne (Hg.), Liber Pontificalis 2 S. 7, 16 f.
19 Zu den unterschiedlichen Fassungen des Reinigungseides vgl. Kerner, Der Reinigungseid Leos III., der S. 140 f. Anm. 49 die beiden Versionen abdruckt. Vgl. noch Schieffer, Arn und die Kaiserkrönung, S. 119.
20 Vita Leonis, in: Duchesne (Hg.), Liber Pontificalis 2 S. 7, 26 f.
21 Annales Laureshamenses zu 801 (MGH SS 1 S. 38). Vgl. Classen, Karl und Byzanz, S. 61.
22 Köln, Dombibliothek, Cod. 83 II.
23 Vgl. Löwe, Kölner Notiz, das Zitat auf S. 7.
24 So Löwe, ebd. S. 27 ff.
25 Vgl. Fried, Einhards Schweigen, S. 308 ff., der S. 311 soweit geht zu behaupten, dass »die rhomäische Kaiserin im Jahr 798 Karl das Kaisertum« übertragen habe.
26 Da die Salbung in Byzanz unbekannt war, hat Theophanes diese Zeremonie ins Lächerliche gezogen, vgl. Chrysos, Ereignis, S. 8.
27 Vgl. Chrysos, Ereignis S. 7. Zum angeblichen Eheprojekt vgl. auch Fried, Einhards Schweigen, S. 314 f. – Lilie, Byzanz unter Eirene, S. 211 f. weist diese Nachricht als Legende zurück.
28 Classen, Karl und Byzanz, S. 77.
29 Vgl. Classen, Karl und Byzanz, S. 77 f.
30 Annales Laureshamenses zu 801 (MGH SS 1 S. 38). Vgl. Classen, Karl und Byzanz, S. 60.
31 So schon Heldmann, Kaisertum, S. 71 ff., bes. aber Hageneder, Das crimen maiestatis.
32 Vgl. auch Fried, Einhards Schweigen, S. 321 f.
33 Urkunden Karls Nr. 197, S. 265 f. In einer Urkunde vom 4. März 801 (ebd. Nr. 196) wurde noch der alte Titel *rex Francorum et Langobardorum ac patricius Romanorum* verwendet.
34 Vgl. Classen, Romanum gubernans.
35 Vgl. Wendling, Erhebung Ludwigs.
36 Siehe oben S. 171 ff.
37 Vgl. Löwe, Grenzen des Kaisergedankens.
38 Vgl. Perels, Zum Kaisertum Karls.
39 Siehe oben S. 159.
40 Vgl. Müller-Mertens, Römisches Reich, bes. S. 91.

41 Vgl. dazu Fried, Einhards Schweigen, S. 299f., 303ff. und 323ff. sowie Schieffer, Neues von der Kaiserkrönung, S. 20ff.
42 Vgl. Landes, Millennium, bes. 196ff.
43 Die zu diesem Thema von Wolfram Brandes schon 1997 angekündigte Monographie ist immer noch nicht erschienen. Vgl. vorerst Möhring, Karl der Große, S. 15f.
44 Vgl. Fried, Einhards Schweigen, S. 300 Anm. 51.
45 ARF zu 800; vgl. Schieffer, Neues von der Kaiserkrönung, S. 23.
46 Vgl. Möhring, Weltkaiser der Endzeit, S. 136ff., bes. S. 139. Zur Verbreitung des Ps.-Methodius am Ende des 8. Jh. vgl. ebd. S. 324.
47 Vgl. zur Problematik dieser Konstruktion auch Schieffer, Neues von der Kaiserkrönung, S. 23f.

Kapitel 13 Das Frankenreich und seine Nachbarn

1 Vgl. dazu Bertolini, Carlomagno und Hartmann, Hadrian I., S. 244–249.
2 Vgl. Smith, Province and Empire, bes. S. 57–59 und 67–69.
3 Siehe oben S. 199f.
4 Vgl. dazu Hughes, Church und Byrne, Irish kings.
5 ARF zu 798. Vgl. Défourneaux, Monarchie asturienne, bes. S. 179f.
6 Vgl. Bullough, Alcuin, S. 36 mit Anm. 79, wo der Druckort des Briefs angegeben ist.
7 Vgl. Herbers, Geschichte Spaniens, S. 107.
8 Vgl. Levison, England and the Continent, S. 53ff. und 70ff. und Wallace-Hadrill, Charlemagne and England, S. 683ff.
9 Vgl. Levison, England and the Continent, S. 132ff.
10 Vgl. Story, Carolingian Connections, S. 188–195 und 251–253 und dies., Charlemagne, S. 203ff.
11 ARF zu 808.
12 MGH Epp. 5 S. 90, 11.
13 ARF zu 777; vgl. Jankuhn, Der Norden, S. 699–707.
14 ARF zu 782.
15 ARF zu 798.
16 ARF zu 804.
17 ARF zu 808; vgl. Jankuhn, Wehranlagen der Wikingerzeit, bes. S. 317ff.
18 Vgl. Krüger, Grafschaftsverfassung, S. 71ff.
19 Vgl. dazu Jankuhn, Wehranlagen der Wikingerzeit, S. 703ff.
20 Vgl. Fritze, Datierung, S. 326ff. hat sich für »nach 844« ausgesprochen; Dralle, Slaven an Havel und Spree, S. 42ff. tritt für eine Entstehung nach 795 ein.

21 ARF zu 780.
22 Einhardsannalen zu 782.
23 Vgl. Hellmann, Slawische Welt, S. 715 f.
24 Vgl. Dralle, Wilzen, Sachsen, S. 220 f. und 227 und ders., Slaven an Havel und Spree, S. 87–96 und 116–118.
25 Vgl. Hellmann, Slawische Welt, S. 718.
26 Vgl. Tinnefeld, Byzanz und der Westen.
27 Eine Tabelle aller bekannten Gesandtschaften zwischen dem Frankenreich und dem Osten aus der Zeit von 768 bis 840 bietet Berschin, Ost–West–Gesandtschaften, S. 168–171.
28 Vgl. Hartmann, Synoden, S. 81 f.
29 Siehe oben S. 212.
30 Siehe oben S. 213.
31 MGH Epp. 4 S. 546–548.
32 Ebd. S. 556.
33 ARF zu 814.
34 Quelle: Continuationes Fredegarii c. 51. Vgl. Borgolte, Gesandtenaustausch, S. 36 ff.
35 Vgl. Borgolte, Gesandtenaustausch, S. 46 ff.
36 ARF zu 810: *elefans ille, quem ei Aaron rex Sarracenorum miserat, subita morte periit.* Auch Einhard erwähnt dieses Geschenk. Zum Namen: Dutton, Charlemagne's Mustache, S. 189 f., der mitteilt, dass der Name Abul Abbas nicht nur eine Verwandtschaft mit dem regierenden Haus der Abbasiden andeuten könne (eher unwahrscheinlich), sondern vielleicht »Vater der Runzeln« bedeutet, was für einen Elefanten durchaus passend wäre.
37 Dicuil, Liber de mensura orbis terrae VII,35, hg. von Tierney/Bieler (Scriptores latini Hibernici 6, 1967) S. 82.
38 Vgl. Borgolte, Gesandtenaustausch, S. 53 f.
39 Vgl. ebd. S. 61 ff.
40 Siehe oben S. 217.
41 Vgl. Borgolte, Gesandtenaustausch, S. 77 ff.
42 Vgl. Borgolte, Gesandtenaustausch, S. 95 f.
43 Vgl. ebd. S. 78 f. und S. 134 f.
44 Vgl. ebd. S. 86 ff.
45 ARF zu 807.
46 Vgl. Alertz, Horologium.
47 Vgl. ebd. S. 249.
48 Vgl. Buckler, Harunu'l-Rashid, Appendix I, S. 43 ff.
49 Vgl. McCormick, Charlemagne and the Mediterranean World.
50 Vgl. das Corpus nummorum saeculorum novem ad undecim, qui in Suecia reperti sunt, bisher 7 Teilbände, 1975 ff.
51 Vgl. dazu McCormick, Origins, S. 729 ff.

Kapitel 14 Die Söhne Karls und die Regelung seiner Nachfolge

1 Wenn bei McKitterick, Karl der Große, S. 93 in Tabelle 3 noch zwei weitere Söhne genannt sind, Ricbod, Abt von St. Riquier, und Bernhard, Abt von Moutier St. Jean, dann handelt es sich bei diesen nicht um Söhne, sondern um Enkel Karls des Großen, vgl. Werner, Nachkommen, 3. Generation, Nr. 19 und 20 und S. 448.
2 Chronicon Laureshamense zu 774 (MGH SS 21 S. 348, 16). Vgl. Abel/Simson, Jahrbücher Karls 1, S. 196.
3 Vgl. dazu Kasten, Königssöhne, S. 139.
4 Litania Karolina, hg. Holder-Egger, Einhardi Vita Karoli (MGH SS rer. Germ. 1911) S. 46 f.
5 MGH Necr. 2 S. 12.
6 Bericht des Legaten c.12 (MGH Epp. 4 S. 23 f.). Vgl. Vollrath, Synoden Englands, S. 169 und Cubitt, Anglo-Saxon Church Councils, S. 183 f.
7 Vgl. Kasten, Königssöhne, S. 146 f.
8 Vgl. ebd. S. 147 und 201.
9 ARF zu 784.
10 Annales S. Amandi zu 789 (MGH SS 1 S. 12), wo das Karl übertragene Gebiet als *regnum* bezeichnet ist. – Zum Maine vgl. Brunterc'h, Duché du Maine, bes. S. 43 ff.
11 Kasten, Königssöhne, S. 142.
12 Der Aufsatz von Franz Fuchs ist bisher noch nicht erschienen; er wurde mir vom Verfasser freundlicherweise zugänglich gemacht.
13 Vgl. Jarnut, Chlodwig und Chlothar.
14 Thegan und Astronomus, beide hg. und übersetzt von Tremp.
15 Vgl. Werner, Adelsfamilien, S. 119 Anm. 133.
16 Werner, Nachkommen, 3. Generation Nr. 8 und 9.
17 Vgl. Schaller, Pippins Heimkehr.
18 Gegen diese These von Fried, Elite und Ideologie, S. 90 ff. haben sich Ubl, Inzestverbot, S. 379 Anm. 428 und Hartmann, Königin, S. 105 ausgesprochen.
19 Vgl. bes. Classen, Thronfolge und Kasten, Königssöhne, S. 154 ff.
20 In der Forschung ist es umstritten, ob Karl der Jüngere tatsächlich bevorzugt wurde: Fried, Erfahrung und Ordnung, bes. S. 158 mit Anm. 28, hat an der eindeutigen Bevorzugung Karl des Jüngeren festgehalten, während Kaschke, Tradition und Adaption, bes. S. 276 betont, dass Karl nicht als Haupterbe ausersehen gewesen sei.
21 Classen, Thronfolge, S. 220.
22 Vgl. dazu ebd. S. 224 ff.
23 Vgl. zu diesem Depreux, Bernhard.

24 Vgl. Kasten, Königssöhne, S. 165.
25 Adso von Montier-en-Der († 992), Miracula sanctorum Wandelberti et Eustasii (MGH SS 15, 2 S. 1174, 8–10). Vgl. Pfister, Drogon, S. 123 zum Ort und zum genauen Datum des Todes von Drogo. Über Drogo vgl. auch Depreux, Prosopographie, S. 163–167.

Kapitel 15 Die Lage im Frankenreich nach Karls Tod

1 Vgl. Ganshof, La fin du règne und ders., L'échec. Vgl. auch Fried, Weg in die Geschichte, S. 332–341.
2 Vgl. z. B. Waitz, Verfassungsgeschichte 4, S. 324 ff., bes. S. 337 f. und Schmitt, Untersuchungen, S. 5–26.
3 Vgl. Müller-Mertens, Karl der Große, S. 93 ff. Kritisch dagegen Schmitt, Untersuchungen, S. 167 ff.
4 Vgl. Reuter, Plunder and tribute und ders., End of the expansion.
5 McKeon, Année désastreuse; anders Boshof, Ludwig der Fromme S. 142.
6 Werner, Gouverner l'empire, S. 43 ff.
7 Vgl. dazu Boshof, Ludwig der Fromme, S. 148 ff.
8 Vgl. Boshof, Ludwig der Fromme, S. 182–191.
9 Vgl. Schmitz, Kapitulariengesetzgebung, S. 514–516.
10 So Semmler, Renovatio Regni Francorum, S. 144.
11 Siehe oben S. 193 f.
12 Hauck, Kirchengeschichte Deutschlands 2, S. 180.
13 Ganshof, Louis the Pious und Th. Schieffer, Krise des karolingischen Imperiums.

Kapitel 16 Nachleben

1 Vgl. Schieffer, Karolinger, 4. Aufl. S. 225.
2 Brandenburg, Nachkommen. Das Zitat bei Werner, Nachkommen, S. 407.
3 Vgl. Werner, Legitimität, S. 203–225, das Zitat auf S. 203.
4 Zur Herkunft dieser Passage des Speculum historiale aus dem Gechichtswerk des Andreas von Marchiennes vgl. Werner, Legitimität, S. 205.
5 Ebd. S. 223.
6 Vgl. Keller, Die Ottonen und Karl der Große, S. 92.
7 Vgl. Lohrmann, Politische Instrumentalisierung, S. 102 f.
8 Vgl. Heinig, Die Habsburger und Karl der Große, S. 155 f.
9 Vgl. Clemen, Kaiserpalast zu Ingelheim, bes. S. 59 f.

10 Vgl. Heinig, Die Habsburger und Karl der Große, S. 153f.
11 Vgl. ebd. S. 158 und 162f.
12 Vgl. ebd. S. 155.
13 Vgl. dazu Moeglin, Les ancêtres du prince und ders., Dynastisches Bewußtsein.
14 Vgl. Moeglin, Dynastisches Bewußtsein, S. 598.
15 Ebd. S. 599.
16 Ebd. S. 601f.
17 Bei Brandenburg, Nachkommen können über das Register unter »Piasten« Nachkommen Karls des Großen aus diesem Fürstengeschlecht aufgefunden werden.
18 Vgl. dazu Hahn, Jahrbücher, S. 238ff. und Abel/Simson, Jahrbücher Karls 1, S. 15–17.
19 MGH SS 22 S. 209.
20 Johannes Turmair's genannt Aventinus Bayerische Chronik IV, 2 (hg. von M. von Lexer, 1886, S. 117).
21 Hg. von G. Zucchetti, in: Fonti per la Storia d'Italia, Rom 1920, S. 112–116.
22 Vgl. Grosse, St. Denis, zur Datierung der Descriptio, S. 257 Anm. 745.
23 Edition der Descriptio, in: Die Legende Karls des Großen im 11. und 12. Jahrhundert, hg. von G. Rauschen (Leipzig 1890) S. 103–125. Nachdruck in: Deutz, Vita (2002) S. 338–357.
24 Ausgabe: W. Hertz, Das Rolandslied (1861). Vgl. dazu Paris, Histoire poetique de Charlemagne; Lehmann, Das literarische Bild Karls des Großen; Morrissey, Barbe fleuri, S. 74ff.; Kerner, Mythos, S. 160ff. und zuletzt Bastert, Karl der Große.
25 Ausgabe: Hg. von D. Kartschoke, Das Rolandslied des Pfaffen Konrad, mit Übersetzung und Literatur (1993).
26 Vgl. H. Beckers, Karlmeinet-Kompilation, in: Verfasserlexikon 4 (²1983) Sp. 1012–1028.
27 Vgl. K.-E. Geith, Züricher Buch vom heiligen Karl, in: Verfasserlexikon 10 (²1999) Sp. 1597–1600.
28 Zu diesem Bischof hat Tischler, Tatmensch oder Heidenapostel, S. 27f. Anm. 115 alle Quellen zusammengestellt.
29 Ausgabe: H.-W. Klein, Die Chronik von Karl dem Großen und Roland. Der lateinische Ps.-Turpin (1986). Vgl. Tischler, Tatmensch oder Heidenapostel, bes. S. 16ff.; Morrissey, Barbe fleuri, S. 81ff.
30 Vgl. Tischler, Tatmensch oder Heidenapostel, S. 17.
31 Vgl. dazu Morrissey, Barbe fleuri, S. 130ff.
32 Zur Bezeichnung Karls des Großen als *magnus* vgl. bes. Lehmann, Mittelalterliche Beinamen.
33 Vgl. ebd. S. 133.

34 Ludwig der Fromme an Abt Hilduin von St. Denis (um 835) (MGH Epp. 5 S. 326, 32).
35 Nithard, Historiarum libri IV, I, 1, S. 1, 21 f.
36 Es gibt dazu mehrere Quellen aus dem 11. Jahrhundert, das Chronicon des Thietmar von Merseburg IV, 47 (MGH SS rer. Germ. N. S. 9, 1935, S. 184–186); die Hildesheimer Annalen zum Jahr 1000 (MGH SS rer. Germ. 8, 1978, S. 28); das Chronicon Novalese III, 32 (hg. von G. C. Alessio, 1982, S. 162) und das Chronicon des Ademar von Chabannes III, 31 (hg. von J. Chavanon, 1897, S. 153 f.). – Vgl. dazu bes. Görich, Karlsgrab sowie Kerner, Mythos, S. 97 ff.
37 Vgl. Beumann, Grab und Thron, S. 32 f.
38 Vgl. Görich, Karlsgrab, S. 415 ff.
39 Die Quellen sind zusammengestellt bei Böhmer/Opll, Regesten Friedrichs I. 1 Nr. 1530, S. 243. Vgl. auch Laudage, Alexander III. und Barbarossa, S. 167–171 und Kerner, Mythos, S. 111 ff.
40 Text der Urkunde: MGH DF I. 502. Die Übersetzung nach Pacaut, Friedrich Barbarossa (dt. 1969) S. 198–200.
41 Hg. und übersetzt von H. und I. Deutz (2002).
42 Vgl. die Abbildungen bei Görich, Karlsgrab, S. 420 mit Abb. 6–8.
43 Vgl. dazu den Sammelband von Müllejans, Karl der Große mit zahlreichen Abb. und der Interpretation des Bildprogramms durch E. G. Grimme (auf S. 124–135) sowie Stürner, Friedrich II., Bd. 1 S. 173 f.
44 Vgl. Graus, Lebendige Vergangenheit, S. 196.
45 Zu den zahlreichen Bezügen Napoleons auf Karl den Großen vgl. Kerner, Mythos, S. 181–191 sowie Morrissey, Barbe fleuri, S. 349 ff. Vgl. auch Favier, Charlemagne, S. 688–700 und Pape, Karlskult.
46 Vgl. Kerner, Mythos, S. 185.
47 Walahfrid Strabo, Visio Wettini, V. 446–465, S. 66 f.
48 Diese Bemerkung in der Vita Adalhardi des Paschasius Radbertus, c. 33 (Migne PL 120 Sp. 1526 BC) dürfte sich auf Gundrada beziehen, vgl. Hartmann, Königin, S. 198 mit Anm. 349.
49 MGH Dt. Chron. 1,1 S. 353.
50 Vgl. dazu auch Hartmann, Königin, S. 220 f.
51 Vgl. ebd. S. 220 Anm. 507 und 508.
52 Vgl. Fürbeth, Karlsbild, S. 315 ff.
53 Alexander von Roes, Memoriale c. 25 (hg. von Grundmann/Heimpel, in: MGH Staatsschriften 1 S. 126, 16 f.). Die Handschrift mit dieser Glosse (Wien, Deutsch-Ordens-Archiv, Cod. 415) ist um 1400 entstanden.
54 Vgl. etwa Giovanni Villani, Nuova Cronica IV,1–3 (hg. von Porta 1 S. 143–152).
55 Kaiserchronik, Vers 14757–14759 (MGH Dt. Chron. 1,1 S. 348) und ebd. Vers 14812–14814 (ebd. S. 349).

56 Siehe dazu oben S. 131 ff.
57 Hg. von Waitz (MGH SS rer. Germ.) S. 227.
58 Vgl. Siegel, Rechtsbücher, S. 14 ff.
59 Vgl. ebd. S. 28 f.
60 Vgl. Lindner, Die Feme, S. 466 ff.
61 Vgl. z. B. Alexander von Roes, Memoriale c. 24 (MGH Staatsschriften 1, 1958, S. 124 f.). Dazu Folz, Souvenir, S. 367 ff. und 380 ff.
62 Siehe oben S. 149 f.
63 Stephanus Baluzius, Capitularia regum Francorum 1 (1677), Praefatio c. 33.

Schluss

1 Mitterauer, Warum Europa?

Quellen und Literatur

Quellen

Admonitio generalis, hg. von Alfred Boretius (MGH Capit. 1 S. 52–62)

Alkuin, Briefe, hg. von Ernst Dümmler (MGH Epp. 4, 1895, S. 1–481)

– Gedichte, hg. von Ernst Dümmler (MGH Poetae 1 S. 160–351)

Annales Bertiniani/Annales de Saint-Bertin, hg. von Félix Grat/Jeanne Vieillard/Suzanne Clémencet, 1964

Annales Fuldenses, hg. von Friedrich Kurze (MGH SS rer. Germ. 1891)

Annales Laureshamenses, hg. von Georg Heinrich Pertz (MGH SS 1 S. S. 22–39)

Annales Mettenses priores, hg. von Bernhard von Simson (MGH SS rer. Germ. 1905)

Annales Mosellani, hg. von Georg Heinrich Pertz (MGH SS 16 S. 491–496)

Annales Northumbrenses, hg. von Georg Waitz (MGH SS 13 S. 154–156, Auszüge)

Annales Petaviani, hg. von Georg Heinrich Pertz (MGH SS 1 S. 3–19)

Annales Regni Francorum, hg. von Friedrich Kurze (MGH SS rer. Germ. 1895); Übersetzung: Rau 1 S. 9–155

Annales sancti Amandi, hg. von Georg Heinrich Pertz (MGH SS 1 S. 4–18)

Astronomus, Vita Hludowici, hg. und übersetzt von Ernst Tremp (MGH SS rer Germ. 64, 1995, S. 279–555)

Bonifatiusbriefe, hg. von Michael Tangl (MGH Epp. sel. 1, 1916)

Capitulare de villis, hg. von Alfred Boretius (MGH Capit. 1, 1883, Nr. 32, S. 82–91); Faksimile und Einleitung, hg. von Carlrichard Brühl (1971)

Chanson de Roland, hg. von W. Hertz, Das Rolandslied (1861)

Chronicon von Moissac, hg. von Georg Heinrich Pertz (MGH SS 1 S. 280–313)
Codex Carolinus (hg. von Wilhelm Gundlach, MGH Epp. 3, 1892, S. 469–657)
Collectio Hibernensis: hg. von Hermann Wasserschleben, Die irische Kanonensammlung (^{2}1885)
Collectio Vetus Gallica: hg. von Hubert Mordek, Kirchenrecht und Reform S. 341–617
Continuationes Fredegarii: hg. von Bruno Krusch (MGH SS rer. Merov. 2, 1888, S. 168–193)
Divisio regnorum (806), hg. von Alfred Boretius (MGH Capit. 1 S. 126–130)
Einhard, Vita Karoli Magni (hg. von Oswald Holder-Egger, MGH SS rer. Germ. 1911); Übersetzung: Rau 1 S. 163–211
Epistola de litteris colendis: hg. von Edmund E. Stengel, in: Urkundenbuch des Klosters Fulda 1 (1958) S. 251–254
Ghaerbald von Lüttich, Bischofskapitularien, hg. von Peter Brommer (MGH Capit. episc. 1 S. 3–42)
Haito von Basel, Bischofskapitular, hg. von Peter Brommer (MGH Capit. episc. 1 S. 203–219)
Kaiserchronik, hg. von Edward Schröder (MGH Deutsche Chroniken 1, 1, 1892)
Karlsepos, hg. von Ernst Dümmler (MGH Poetae 1 S. 366–379); Faksimile, in: Wilhelm Hentze (Hg.), De Karolo rege et Leone papa (1999); Transkription und Übersetzung von Franz Brunhölzl, in: ebd., Beiheft
Leges Langobardorum, hg. von Franz Beyerle, Die Gesetze der Langobarden (1947)
Lex Baivariorum, hg. von Ernst von Schwind (MGH Leg. nat. Germ. 5, 2, 1926)
Lex Ribvaria, hg. von Franz Beyerle und Rudolf Buchner (MGH Leg. nat. Germ. 3, 2, 1954)
Lex Salica, hg. von Karl August Eckhardt (MGH Leg. nat. Germ. 4, 2, 1969)
Liber Pontificalis: hg. von Louis Duchesne, Le Liber Pontificalis (1886–1892); englische Übersetzung: Raymond Davis, The Lives of the eighth-century popes ((1992)
Libri Carolini siehe Opus Caroli
Lupus von Ferrières, Briefe, hg. von Ernst Dümmler (MGH Epp. 6 S. 1–126)

Nithard, Historiarum Libri IIII (hg. von Philippe Lauer, Les classiques de l'histoire de France au moyen âge 7, 1964); Übersetzung: Rau 1 S. 385–461

Notker, Gesta Karoli Magni Imperatoris (hg. von Hans F. Haefele, MGH SS rer. Germ. N.S. 12, 1959); Übersetzung: Quellen, hg. Rau 3 S. 321–427

Opus Caroli regis contra synodum, hg. von Ann Freeman (MGH Conc. 2 Suppl. 1, 1998)

Paschasius Radpertus, Vita Adalhardi (Migne PL 120 Sp. 1507–1556); Auszüge: hg. von Georg Heinrich Pertz (MGH SS 2, 1829, 524–532)

Paulus Diaconus, Gesta episcoporum Mettensium (hg. von Georg Heinrich Pertz, MGH SS 2, 1829, S. 260–270)

– Gedichte, hg. von Ernst Dümmler (MGH Poetae 1 S. 27–77)

Poeta Saxo, hg. von Paul von Winterfeld (MGH Poetae 4 S. 1–71)

Pseudo-Turpin, hg. von H.-W. Klein, Die Chronik von Karl dem Großen und Roland. Der lateinische Ps.-Turpin (1986)

Rau = Quellen zur karolingischen Reichsgeschichte, hg. von Reinhold Rau 1 (1955), 3 (1960)

Thegan, Vita Hludowici imperatoris, hg. und übersetzt von Ernst Tremp (MGH SS rer. Germ. 64, 1995, S. 167–277)

Theodulf von Orléans, Bischofskapitular, hg. von Peter Brommer (MGH Capit. episc. 1 S. 73–142

– Gedichte, hg. von Ernst Dümmler (MGH Poetae 1 S. 437–581)

Translatio sancti Alexandri, hg. von Georg Heinrich Pertz (MGH SS 2 S. 673–681)

Translatio sancti Germani, hg. von Georg Waitz (MGH SS 15, 1 S. 5–16)

Die Urkunden der Arnulfinger, hg. von Ingrid Heidrich (2001)

Die Urkunden Pippins, Karlmanns und Karls des Großen (hg. von Engelbert Mühlbacher u.a., MGH DD Karol. 1, 1906)

Visio Wettini, siehe Walahfrid Strabo

Vita Adalhardi siehe Paschasius Radpertus

Vita Arnulfi, hg. von Bruno Krusch (MGH SS rer. Merov. 2, 1888, S. 432–446)

Walahfrid Strabo, Visio Wettini, hg. und übersetzt von Hermann Knittel (1986)

Literatur

Abel, Sigurd/Simson, Bernhard: Jahrbücher des deutschen Reiches unter Karl dem Großen 1–2 (^{2}1888; 1883)
Albert, Bat-Sheva: La pélerinage à l'époque carolingienne (1999)
Alertz, Ulrich: Das Horologium des Harun al-Raschid für Karl den Großen, in: Ex Oriente: Isaak und der weisse Elefant. Bagdad-Jerusalem-Aachen. Eine Reise durch drei Kulturen um 800 und heute, hg. von Wolfgang Dressen u. a. (2003) 1 S. 234–249
Althoff, Gerd: Der Sachsenherzog Widukind als Mönch auf der Reichenau, in: FmSt 17 (1983) S. 251–279
– Spielregeln der Politik im Mittelalter. Kommunikation in Frieden und Fehde (1997)
Angenendt, Arnold: Der richtige Kult, in: Das Buch als magisches und als Repräsentationsobjekt, hg. von Peter Ganz (1992) S. 117–132
Anton, Hans Hubert: Fürstenspiegel und Herrscherethos in der Karolingerzeit (1968)
– Beobachtungen zum fränkisch-byzantinischen Verhältnis in karolingischer Zeit, in: Schieffer, Beiträge zur Geschichte, S. 97–119
– Pseudo-Cyprian: De duodecim abusivis saeculi und sein Einfluss auf den Kontinent, insbesondere auf die karolingischen Fürstenspiegel, in: Löwe, Die Iren 2 (1982) S. 568–617
Bachrach, Bernard: Charlemagne's Cavalry. Myth and Reality, in: ders.: Armies and politics in the early medieval west (1993), S. 1–20
– Military Organization in Aquitaine under the Early Carolingians, in: Speculum 49 (1974), S. 1–33
Balzer, Manfred: Widukind Sachsenherzog – und Mönch auf der Reichenau? in: Neueröffnung des Widukind-Museums in Enger (1983), S. 9–29
Banniard, Michel: Viva voce. Communication écrite et communication orale du 4e au 9e siècle en Occident latin (1992)
Bastert, Bernd (Hg.): Karl der Große in den europäischen Literaturen des Mittelalters: Konstruktion eines Mythos (2004)
Becher Matthias: Drogo und die Königserhebung Pippins, in: FmSt 23 (1989) S. 131–153
– Eid und Herrschaft: Untersuchungen zum Herrscherethos Karls des Großen (1993)
– Karl der Große (1999)
– Neue Überlegungen zum Geburtsdatum Karls des Großen, in: Francia 19 (1992) S. 37–60

- Eine verschleierte Krise, in: Johannes Laudage (Hg.): Von Fakten und Fiktionen (2003) S. 95–133
- Der sogenannte Staatsstreich Grimoalds, in: Jarnut/Nonn/Richter: Karl Martell (1994) S. 119–146

Beck, Heinrich: Karl der Große, in: RGA 16 (2000) S. 242–244

Berndt, Fritz: Der Sarg Karls des Großen, in: Zs. des Aachener Geschichtsvereins 3 (1881) S. 97–118

Berndt, Rainer (Hg.): Das Frankfurter Konzil von 794. Kristallisationspunkt karolingischer Kultur 1–2 (1997)

Berschin, Walter: Biographie und Epochenstil im lateinischen Mittelalter 3: Karolingische Biographie. 750–920 n. Chr. (1991)
- Die Ost-West-Gesandtschaften am Hof Karls des Großen und Ludwigs des Frommen (768–840), in: Butzer/Kerner/Oberschelp: Karl der Grosse S. 157–172

Bertolini, Ottorino: Carlomagno e Benevento, in: Beumann u. a.: Karl der Große 1 S. 609–671

Beumann, Helmut/Wolfgang Braunfels/Bernhard Bischoff/Percy Ernst Schramm (Hg.): Karl der Große: Lebenswerk und Nachleben Bd. 1–4 (1965–1967)
- Grab und Thron Karls des Großen zu Aachen, in: ders.: Karl der Große 4 S. 9–38

Binding, Günther: Deutsche Königspfalzen. Von Karl dem Großen bis Friedrich II. (765–1240) (1996)

Bischoff, Bernhard: Katalog der festländischen Handschriften des neunten Jahrhunderts (mit Ausnahme der wisigothischen) 1: Aachen-Lambach (1998)
- Paläographie des römischen Altertums und des abendländischen Mittelalters (1979, ²1986)

Böhmer, Johann Friedrich/Opll, Ferdinand: Die Regesten des Kaiserreiches unter Friedrich I. 1. Lieferung 1152(1122) – 1158 (1980)

Borgolte, Michael: Der Gesandtenaustausch der Karolinger mit den Abbasiden und mit den Patriarchen von Jerusalem (1976)
- Geschichte der Grafschaften Alemanniens in fränkischer Zeit (1984)
- Papst Leo III., Karl der Große und der Filioquestreit von Jerusalem, in: Byzantina 10 (1980) S. 403–427

Borst, Arno: Der überlieferte Geburtstag, in: Schieffer: Mittelalterliche Texte S. 1–91
- Das Karlsbild in der Geschichtswissenschaft vom Humanismus bis heute, in: Beumann, u. a.: Karl der Große 4 S. 364–402

– Das Buch der Naturgeschichte. Plinius und seine Leser im Zeitalter des Pergaments (1994)
Boshof, Egon: Ludwig der Fromme (1996)
– Erzbischof Agobard von Lyon. Leben und Werk (1969)
Brandenburg, Erich: Die Nachkommen Karls des Großen. I.–XIV. Generation (1935)
Brommer, Peter: Die bischöfliche Gesetzgebung Theodulfs von Orléans, in: ZRG Kan. 60 (1974) S. 1–120 und ebd. 61 (1975) S. 116–148
Brown, Giles: Introduction: the Carolingian Renaissance, in: McKitterick, Rosamond (Hg.): Carolingian culture: Emulation and innovation (1994) S. 1–51
Brunhölzl, Franz: Geschichte der lateinischen Literatur des Mittelalters 1 (1975)
Brunner, Heinrich/von Schwerin, Claudius: Grundzüge der deutschen Rechtsgeschichte ²2 (1930)
Brunner, Karl: Oppositionelle Gruppen im Karolingerreich (1979)
Brunterc'h, Jean-Pierre: Le duché du Maine et la marche de Bretagne, in: Atsma, Hartmut (Hg.): La Neustrie. Les pays du nord de la Loire de 650 à 850, 1 (1989) S. 29–127
Buchkremer, Josef: Das Grab Karls des Großen, in: Zs. des Aachener Geschichtsvereins 26 (1907) S. 68–210
Buchner, Max: Die Clausula de unctione Pippini, eine Fälschung aus dem Jahre 880. Eine quellenkritische Studie, zugleich ein Beitrag zur Geschichte der Karolingerzeit (1926)
Buck, Thomas Martin: Admonitio und Praedicatio: Zur religiöspastoralen Dimension von Kapitularien und kapitulariennahen Texten (507–814) (1997)
– »Capitularia imperatoria«. Zur Kaisergesetzgebung Karls des Grossen von 802, in: HJb 122 (2002) S. 3–26
Buckler, Francis William: Harunu'l-Rashid and Charles the Great (1931)
Bühler, Arnold: Capitularia Relecta: Studien zur Entstehung und Überlieferung der Kapitularien Karls des Grossen und Ludwigs des Frommen, in: AfD 32 (1986) S. 305–501
Büttner, Heinrich: Mission und Kirchenorganisation des Frankenreiches bis zum Tode Karls des Großen in: Beumann u. a.: Karl der Große 1 S. 454–487
Bullough, Donald A.: Alcuin. Achievement and Reputation (2004)
– 'Baiuli' in the Carolingian 'regnum Langobardorum' and the career of Abbot Waldo († 813), in: EHR 77 (1962) S. 625–637

Butzer, Paul/Kerner, Max/Oberschelp, Walter (Hg.): Karl der Grosse und sein Nachwirken. 1200 Jahre Kultur und Wissenschaft in Europa, Bd. 1: Wissen und Weltbild (1997)

Byrne, Francis John: Irish kings and high-kings (1973)

Carlo Magno a Roma (2000)

Chrysos, Evangelos: Das Ereignis von 799 aus byzantinischer Sicht, in: Stiegemann/Wemhoff: 799. Kunst und Kultur S. 7–12

Classen, Peter: Karl der Grosse, das Papsttum und Byzanz: Die Begründung des karolingischen Kaisertums, hg. von Horst Fuhrmann und Claudia Märtl (1985)

– Karl der Große und die Thronfolge im Frankenreich, in: ders., Ausgewählte Aufsätze, hg. von Josef Fleckenstein (1983) S. 205–229

– Romanum gubernans imperium. Zur Vorgeschichte der Kaisertitulatur Karls des Großen, in: Ebd. S. 187–204

Clemen, Paul: Der karolingische Kaiserpalast zu Ingelheim, in: Westdeutsche Zeitschrift für Geschichte und Kunst 9 (1890) S. 54–92

– Die Porträtdarstellungen Karls des Großen, in: Zs. des Aachener Geschichtsvereins 11 (1889) S. 184–271

Collins, Roger: Charlemagne (1998)

– Die Fredegar-Chroniken (2007)

– The »Reviser« revisited: Another Look at the Alternative Version of the Annales Regni Francorum, in: Murray, After Rome's Fall S. 191–213

Coupland, Simon: Charlemagne's Coinage: Ideology and Economy, in: Story: Charlemagne S. 211–229

Cubitt, Catherine: Anglo-Saxon church councils c. 650–c. 850 (1995)

Curschmann, Fritz: Hungersnöte im Mittelalter. Ein Beitrag zur deutschen Wirtschaftsgeschichte des 8. bis 13. Jahrhunderts (1900)

Dahlhaus-Berg, Elisabeth: Nova antiquitas et antiqua novitas. Typologische Exegese und isidorianisches Geschichtsbild bei Theodulf von Orléans (1975)

Deér, Josef: Karl der Große und der Untergang des Awarenreiches, in: Beumann u. a.: Karl der Große 1 S. 719–791

Défourneaux, Marcellin: Charlemagne et la monarchie asturienne, in: Mélanges d'histoire du Moyen Age, dédiés à la mémoire de Louis Halphen (1951) S. 177–184

Depreux, Philippe: – Ambitions et limites des réformes culturelles à l'époque Carolingienne, in: Revue historique 623 (2002) S. 721– 753
– Büchersuche und Büchertausch im Zeitalter der karolingischen Renaissance am Beispiel des Briefwechsels des Lupus von Ferrières, in: AKG 76 (1994) S. 267–284
– Das Königtum Bernhards von Italien und sein Verhältnis zum Kaisertum, in: QFIAB 72 (1992) S. 1–25
– Prosopographie de l'entourage de Louis le Pieux (781–840) (1997)
Dierkens, Alain: Autour de la tombe de Charlemagne, in: Byzantion 61, 1 (1991) S. 156–180
Doll, Monika: »Im Essen jedoch konnte er nicht enthaltsam sein ...«. Fleischverzehr in der Karolingerzeit, in: Stiegemann/Wemhoff: 799. Kunst und Kultur Bd. 3 S. 445–450
Dopsch, Heinz u. a. (Hg.): Virgil von Salzburg, Missionar und Gelehrter. Beiträge des Internationalen Symposiums vom 21.– 24. September 1984 (1985)
Dralle, Lothar: Wilzen, Sachsen und Franken um das Jahr 800, in: Beumann, Helmut/Schröder, Werner (Hg.): Aspekte der Nationenbildung im Mittelalter (1978) S. 205–227
– Slaven an Havel und Spree. Studien zur Geschichte des hevellisch-wilzischen Fürstentums (6. bis 10. Jahrhundert) (1981)
Dutton, Paul Edward: Charlemagne's Mustache and other Cultural Clusters of a Dark Age (2008)
Eckhard, W. A.: Kapitularien, in: HRG 2 (1978) Sp. 623–629
Effenberger, Arne: Die Wiederverwendung römischer, spätantiker und byzantinischer Kunstwerke in der Karolingerzeit, in: Stiegemann/Wemhoff: 799. Kunst und Kultur Bd. 3 S. 643–661
Engelbert, Pius: Papstreisen ins Frankrenreich, in: Römische Quartalschrift für christliche Altertumskunde und Kirchengeschichte 88 (1993) S. 77–113
Epp, Verena: Von Theoderich dem Großen zu Karl dem Großen, in: Godman u. a.: Am Vorabend S. 219–229
Erkens, Franz-Reiner (Hg.): Karl der Große und das Erbe der Kulturen (2001)
Esch, Arnold: Überlieferungs-Chance und Überlieferungszufall als methodisches Problem des Historikers, in: HZ 240 (1985) S. 529–570

Falkenstein, Ludwig: Pfalz und vicus Aachen, in: Ehlers, Caspar (Hg.), Orte der Herrschaft: Mittelalterliche Königspfalzen (2002) S. 131–181
Fasoli, Gina: Carlo Magno e l'Italia (1968)
Favier, Jean: Charlemagne (1999)
Fichtenau, Heinrich: Archive der Karolingerzeit, in: ders.: Beiträge zur Mediävistik 2 (1977) S. 115–125
– Das karolingische Imperium. Soziale und geistige Problematik eines Großreiches (1949)
– Karl der Große und das Kaisertum, in: MIÖG 61 (1953) S. 257–334
Fischer, Bonifatius: Bibeltext und Bibelreform unter Karl dem Großen, in: Beumann u. a.: Karl der Große 2 S. 156–216
Fleckenstein, Josef: Die Bildungsreform Karls des Großen als Verwirklichung der Norma rectitudinis (1953)
– Das großfränkische Reich: Möglichkeiten und Grenzen der Großreichsbildung im Mittelalter, in: HZ 233 (1981), S. 265–294
– Die Hofkapelle der deutschen Könige 1: Grundlegung. Die karolingische Hofkapelle (1959)
Folz, Robert: Le souvenir et la légende de Charlemagne dans l'empire germanique médiéval (1950)
Freise, Eckhard: Das Frühmittelalter bis zum Vertrag von Verdun (843), in: Wilhelm Kohl (Hg.): Westfälische Geschichte 1 (1983) S. 276–335
– Die Sachsenmission Karls des Großen und die Anfänge des Bistums Minden, in: An Weser und Wiehen (1983) S. 57–100
– Widukind in Attigny, in: 1200 Jahre Widukinds Taufe (1985) S. 12–45
Frenzel Elisabeth: Eginhard und Emma, in: Enzyklopädie des Märchens 3 (1981) Sp. 1020–1023.
Fried, Johannes: Donation of Constantine and Constitutum Constantini. The misinterpretation of a fiction and its original meaning (2007)
– Elite und Ideologie oder Die Nachfolgeordnung Karls des Großen vom Jahre 813, in: Régine Le Jan (Hg.): La royauté et les Élites dans l'Europe carolingienne (du début du IXe aux environs de 920) (1998)
– Erfahrung und Ordnung. Die Friedenskonstitution Karls des Großen vom Jahr 806, in: Kasten (Hg.): Herrscher- und Fürstentestamente S. 146–192

- Fulda in der Bildungs- und Geistesgeschichte, in: Schrimpf, Gangolf (Hg.), Kloster Fulda in der Welt der Karolinger und Ottonen (1996) S. 3–38
- Karl der Große, die Artes liberales und die karolingische Renaissance, in: Butzer u. a.: Karl der Große S. 25–43
- Papst Leo III. besucht Karl den Großen in Paderborn oder Einhards Schweigen, in: HZ 272 (2001) S. 281–326
- Wann verlor Karl der Große seinen ersten Zahn?, in: DA 56 (2000) S. 573–583
- Der Weg in die Geschichte. Die Ursprünge Deutschlands bis 1024 (1994)
- 794 – Karl der Große in Frankfurt am Main. Ein König bei der Arbeit, in: 794 – Karl der Große in Frankfurt am Main (1994) S. 25–34

Fritze, Wolfgang H.: Die Datierung des Geographus Bavarus und die Stammesverfassung der Abodriten, in: Zs. für slavische Philologie 21 (1951/52) S. 326–342

Fürbeth, Frank: Carolus Magnus. Zur dunklen Seite des Karlsbildes im Mittelalter, in: Erkens: Erbe der Kulturen S. 294–325

Gaborit-Chopin, Danielle: La Statuette équestre de Charlemagne (1999)

Ganshof, François-Louis: L'échec de Charlemagne, in: Comptes rendus de l'Académie des Inscriptions et Belles-Lettres 1947 S. 248–254
- L'épreuve de la croix, in: Studi in onore Pincherle (1967) S. 217–231
- La fin du règne de Charlemagne, une décomposition, in: Zs. für schweizerische Geschichte 28 (1948) S. 533–552

Gauert, Adolf: Zum Itinerar Karls des Großen, in: Beumann u. a.: Karl der Große 1 S. 307–321

Geuenich, Dieter: Die volkssprachige Überlieferung der Karolingerzeit aus der Sicht des Historikers, in: DA 39 (1983) S. 104–130

Godman, Peter/Collins, Roger (Hg.): Charlemagne's Heir. New Perspectives on the Reign of Louis the Pious (814–840) (1990)

Godman, Peter/Jarnut, Jörg/Johanek, Peter (Hg.): Am Vorabend der Kaiserkrönung (2002)

Goffart, Walter, Festschrift s. Murray, Alexander

Görich, Knut: Otto III. öffnet das Karlsgrab in Aachen. Überlegungen zur Heiligenverehrung, Heiligsprechung und Traditionsbildung, in: Althoff, Gerd/Schubert, Ernst (Hg.): Herrschaftsrepräsentation im ottonischen Sachsen (Vorträge und Forschungen 46, 1998) S. 381–430

Goetz, Hans-Werner: Strukturen der spätkarolingischen Epoche im Spiegel der Vorstellungen eines zeitgenössischen Mönchs. Eine Interpretation der »Gesta Karoli« Notkers von Sankt Gallen (1981).

Graus, František: Lebendige Vergangenheit. Überlieferung im Mittelalter und in den Vorstellungen vom Mittelalter (1975)

Grimme, Ernst Günther: Das Bildprogramm des Aachener Karlsschreins, in: Müllejans (Hg.): Schrein in Aachen S. 124–135

Große, Rolf: Saint-Denis zwischen Adel und König. Die Zeit vor Suger (1053–1122) (2002)

Hack, Achim Thomas: Codex Carolinus. Päpstliche Epistolographie im 8. Jahrhundert (2005)

– Das Empfangszeremoniell bei mittelalterlichen Papst-Kaiser-Treffen (1999)

– Karl der Große, Hadrian I. und die Muslime in Spanien. Weshalb man einen Krieg führt und wie man ihn legitimiert, in: Hartmann/Herbers: Faszination S. 29–54

– Karl der Große hoch zu Ross, in: Francia 35 (2008) S. 349–379

– Das Zeremoniell des Papstempfangs 799 in Paderborn, in: Stiegemann/Wemhoff: 799. Kunst und Kultur Bd. 3 S. 19–33

Hageneder, Othmar: Das »crimen maiestatis«, der Prozeß gegen die Attentäter Papst Leos III. und die Kaiserkrönung Karls des Großen, in: Mordek, Hubert (Hg.): Aus Kirche und Reich. Festschrift für Friedrich Kempf (1983), S. 55–79

Hägermann, Dieter: Karl der Große. Herrscher des Abendlandes. Biographie (2000)

– Karl der Große (2003)

Hahn, Adelheid: Das Hludowicianum. Die Urkunde Ludwigs d. Fr. für die römische Kirche von 817, in: AfD 21 (1975) S. 15–135

Hahn, Heinrich: Jahrbücher des fränkischen Reichs 741–752 (1863)

Halphen, Louis: Etudes critiques sur l'histoire de Charlemagne (1921)

Hannig, Jürgen: Ars donandi. Zur Ökonomie des Schenkens im früheren Mittelalter, in: GWU 37 (1986) S. 149–162

– Pauperiores vassi de infra palatio? Zur Entstehung der karolingischen Königsbotenorganisation, in: MIÖG 91 (1983) S. 309–374

Hartmann, Florian: Hadrian I. (772–795). Frühmittelalterliches Adelspapsttum und die Lösung Roms vom byzantinischen Reich (2006)

Hartmann, Martina: Die Königin im frühen Mittelalter (2009)
Hartmann, Wilfried: Der Bischof als Richter. Zum geistlichen Gericht über kriminelle Vergehen von Laien im früheren Mittelalter (6. – 11. Jahrhundert), in: Römische Historische Mitteilungen 28 (1986) S. 103–124
– (Hg.), Deutsche Geschichte in Quellen und Darstellung. Bd. 1: Frühes und hohes Mittelalter. 750–1250 (1995)
– Die karolingische Reform und die Bibel, in: AHC 18 (1986) S. 58–74
– Kirche und Kirchenrecht um 900. Die Bedeutung der spätkarolingischen Zeit für Tradition und Innovation im kirchlichen Recht (2008)
– Das Konzil von Frankfurt 794. Nachwirkung und Nachleben, in: Berndt: Frankfurt 794 S. 331–355
– Das Konzil von Frankfurt 794 und Nizäa 787, in: AHC 20 (1988) S. 307–324
– Ludwig der Deutsche (2002)
– Die Synoden der Karolingerzeit im Frankenreich und in Italien (1989)
– Herbers, Klaus (Hg.): Die Faszination der Papstgeschichte. Neue Zugänge zum frühen und hohen Mittelalter (2008)
Haselbach, Irene: Aufstieg und Herrschaft der Karlinger in der Darstellung der sogenannten Annales Mettenses priores (1970)
Haubrichs, Wolfgang: Die Anfänge. Versuche volkssprachiger Schriftlichkeit im frühen Mittelalter (ca. 700–1050/60), in: Heinzle, Joachim (Hg.): Geschichte der deutschen Literatur von den Anfängen bis zum Beginn der Neuzeit, Bd. 1, 1 (1988)
Hauck, Albert: Kirchengeschichte Deutschlands 2 (1912)
Hauck, Karl (Hg.): Das Einhardkreuz. Vorträge und Studien zur Münsteraner Diskussion zum arcus Einhardi (1974)
– Karl als neuer Konstantin 777. Die archäologischen Entdeckungen in Paderborn in historischer Sicht, in: FmSt 20 (1986) S. 513–540
– Karolingische Taufpfalzen im Spiegel hofnaher Dichtung. Überlegungen zur Ausmalung von Pfalzkirchen, Pfalzen und Reichsklöstern, in: Nachrichten Göttingen 1985 Nr. 1
– Tiergärten im Pfalzbereich, in: Deutsche Königspfalzen 1 (1963) S. 30–74
Hechberger, Werner: Adel im fränkisch-deutschen Mittelalter: zur Anatomie eines Forschungsproblems (2005)
Heil, Johannes: Kompilation oder Konstruktion? Die Juden in den Pauluskommentaren des 9. Jahrhunderts (1998)

Heil, Wilhelm: Alkuinstudien 1: Zur Chronologie und Bedeutung des Adoptianismusstreites (1970)

Heinig, Paul-Joachim: Die Habsburger des 15. und 16. Jahrhunderts und Karl der Große, in: Zs. des Aachener Geschichtsvereins 104/105 (2002/03) S. 147–171

Heitz, Carol: Saint-Riquier en 800, in: Revue du Nord 69 (1986) S. 335–344

Heldmann, Karl: Das Kaisertum Karls des Großen. Theorien und Wirklichkeit (1928)

Hellmann, Manfred: Karl und die slawische Welt zwischen Ostsee und Böhmerwald, in: Beumann u.a.: Karl der Große 1 S. 708–718

Hellmann, Siegmund: Einhards literarische Stellung, in: Historische Vierteljahrschrift 27 (1932) S. 40–110

Hengst, Karl: Die Ereignisse der Jahre 777/78 und 782. Archäologie und Schriftüberlieferung, in: Godman u.a.: Am Vorabend S. 57–74

Herbers, Klaus (Hg.): Jakobus und Karl der Große (2003)

– Geschichte Spaniens im frühen Mittelalter. Vom Westgotenreich bis zum Ende des 15. Jahrhunderts (2006)

Hiestand, Rudolf: Eirene basileus, in: Hecker, Hans (Hg.): Der Herrscher. Leitbild und Abbild in Mittelalter und Renaissance (1990) S. 253–283

Hlawitschka, Eduard: Franken, Alemannen, Bayern und Burgunder in Oberitalien (774–962). Zum Verständnis der fränkischen Königsherrschaft in Italien (1960)

– Zur landschaftlichen Herkunft der Karolinger, in: RhVjbll 27 (1962) S. 1–17

Hoffmann, Hans Hubert: Fossa Carolina, in: Beumann u.a.: Karl der Große 1 S. 437–453

Hoffmann, Hartmut: Kirche und Sklaverei im frühen Mittelalter, in: DA 42 (1986) S. 1–24

– Schreibschulen des 10. und des 11. Jahrhunderts im Südwesten des Deutschen Reiches 1 (2004)

– Untersuchungen zur karolingischen Annalistik (1958)

Hoffmann, Heinrich: Karl der Große im Bilde der Geschichtsschreibung des frühen Mittelalters (1919)

Holder-Egger, Oswald: Zur Translatio S. Germani, in: NA 18 S. 274–281

Honselmann, Klemens: Die Bistumsgründungen in Sachsen unter Karl dem Großen, in: AfD 30 (1984) S. 1–50

Huberti, Ludwig: Studien zur Rechtsgeschichte der Gottesfrieden und Landfrieden (1892)
Hughes, Kathleen: The Church in Early Irish society (1966)
Illmer, Detlev: Zum Problem der Emanzipationsgewohnheiten im merowingischen Frankenreich, in: Recueils de la Société Jean Bodin pour l'histoire comparative des institutions. L'enfant 2: Europe médiévale et moderne (1976) S. 127–168
Innes, Matthew: Charlemagne's Will: Piety, Politics and the Imperial Succession, in: EHR 112 (1997) S. 833–855
Jahn, Joachim: Ducatus Baiuvariorum. Das bairische Herzogtum der Agilolfinger (1991)
Jankuhn, Herbert: Karl der Große und der Norden, in: Beumann u. a.: Karl der Große 1 S. 699–707
– Die Wehranlagen der Wikingerzeit zwischen Schlei und Treene (1937)
Jarnut, Jörg/Nonn, Ulrich/Richter, Michael (Hg.): Karl Martell in seiner Zeit (1994)
Jarnut, Jörg: Die Adoption Pippins durch König Liutprand und die Italienpolitik Karl Martells, in: ders. u. a.: Karl Martell S. 217–226
– Ein Bruderkampf und seine Folgen, in: Herrschaft, Kirche, Kultur: Beiträge zur Geschichte des Mittelalters. Festschrift für Friedrich Prinz zu seinem 65. Geburtstag, hg. von Georg Jenal (1993) S. 165–176
– Chlodwig und Chlothar. Anmerkungen zu den Namen zweier Söhne Karls des Großen, in: Francia 12 (1984) S. 645–651
– Geschichte der Langobarden (1982)
– 799 und die Folgen. Fakten, Hypothesen und Spekulationen, in: Westfälische Zeitschrift 150 (2000) S. 191–209
Jeitler, Markus Friedrich: Wald und Waldnutzung im Frühmittelalter, in: Das Mittelalter 13 (2008) S. 12–27
Johanek, Peter: Der Ausbau der sächsischen Kirchenorganisation, in: Stiegemann/Wemhoff: 799. Kunst und Kultur Bd. 2 S. 494–506
Kammerer, Walter: Die Aachener Pfalz Karls des Großen in Anlage und Überlieferung, in: Beumann u. a.: Karl der Große 1 S. 322–348
Karl der Große. Werk und Wirkung. Katalog der Ausstellung in Aachen 1965
Karlswerk siehe Beumann (Hg.)
Kaschke, Sören: Tradition und Adaption: die »Divisio regnorum« und die fränkische Herrschaftsnachfolge, in: Kasten: Herrscher- und Fürstentestamente S. 259–289

Kasten, Brigitte: Adalhard von Corbie. Die Biographie eines karolingischen Politikers und Klostervorstehers (1986)
- (Hg.): Herrscher- und Fürstentestamente im westeuropäischen Mittelalter (2008)
- Königssöhne und Königsherrschaft. Untersuchungen zur Teilhabe am Reich in der Merowinger- und Karolingerzeit (1997)

Katalog der Ausstellung in Aachen 1965 siehe Karl der Große Werk und Wirkung

Katalog der Ausstellung in Paderborn 1999 siehe Stiegemann/ Wemhoff: 799. Kunst und Kultur

Keefe, Susan A.: Water and the Word. Baptism and the education of the clergy in the Carolingian empire (2002)

Keller, Hagen: Die Ottonen und Karl der Große, in: Zs. des Aachener Geschichtsvereins 104/105 (2002/03) S. 69–94

Kerner, Max: Karl der Große. Ein Mythos wird entschleiert (2000)
- Der Reinigungseid Leos III., in: Zs. des Aachener Geschichtsvereins 84/85 (1977/78) S. 131–160

Kéry, Lotte: Canonical Collections of the Early Middle Ages (ca. 400–1140). A bibliographical Guide to the Manuscripts and Literature (1999)

Köbler, Gerhard: Die Begründungen der Lex Baiwariorum, in: Studien zu germanischen Volksrechten. Gedächtnisschrift für Wilhelm Ebel, hg. von Götz Landwehr (1982) S. 69–85

Kötzschke, Rudolf: Karl der Große als Agrarpolitiker, im besonderen auch für deutsche Landschaften, in: Festschrift Edmund E. Stengel zum 70. Geburtstag (1952) S. 181–193

Kolmer, Lothar: Zur Kommendation und Absetzung Tassilos III., in: ZBLG 43 (1980), S. 291–327

Kottje, Raymund: Zum Geltungsbereich der Lex Alamannorum, in: Beumann, Helmut/Schröder, Werner (Hg.): Die transalpinen Verbindungen der Bayern, Alemannen und Franken bis zum 10. Jahrhundert (1987) S. 359–377

Krüger, Karl Heinrich: Königsgrabkirchen der Franken, Angelsachsen und Langobarden bis zur Mitte des 8. Jahrhunderts. Ein historischer Katalog (1971)

Krüger, Sabine: Studien zur sächsischen Grafschaftsverfassung im 9. Jahrhundert (1950)

Kurze, Friedrich: Zur Überlieferung der karolingischen Reichsannalen und ihrer Überarbeitung, in: NA 28 (1903) S. 619–669

Kusch, Horst: Einführung in das lateinische Mittelalter. Bd. 1: Dichtung (1957)

Landes, Richard: Lest the Millenium be fulfilled. Apocalyptic Expectations and the Pattern of Western Chronography 100–800 CE, in: Verbeke, Werner u. a. (Hg.): The use and abuse of eschatology in the Middle Ages (1988) S. 137–211

Laske, Walter: Das Problem der Mönchung Tassilos III., in: Die Anfänge des Klosters Kremsmünster (Mitteilungen des oberösterreichischen Landesarchivs, Ergänzungsbd. 2, 1978) S. 189–197

Laudage, Johannes: Alexander III. und Barbarossa (1997)

Lehmann, Paul: Mittelalterliche Beinamen und Ehrentitel, in: ders.: Erforschung des Mittelalters. Ausgewählte Abhandlungen und Beiträge 1 (1941) S. 129–136)

– Das literarische Bild Karls des Großen vornehmlich im lateinischen Schrifttum des Mittelalters, in: SB München 1934,9

– Das Problem der karolingischen Renaissance, in: I Problemi della civiltà carolingia (Settimane di studio del Centro italiano di studi sull'alto medioevo 1, 1953) S. 309–358

Le Jan, Régine: Famille et pouvoir dans le monde franc (7e–10e siècles). Essai d'anthropologie sociale (1994)

Levison, Wilhelm: England and the Continent in the eighth century (1946)

Liebeschütz, Hans: Synagoge und Ecclesia. Religionsgeschichtliche Studien über die Auseinandersetzung der Kirche mit dem Judentum im Hochmittelalter (1983)

– Wesen und Grenzen des karolingischen Rationalismus, in: AKG 33 (1950) S. 17–44

Lilie, Ralph-Johannes: Byzanz unter Eirene und Konstantin VI. (1996)

Lindner, Theodor: Die Feme. Geschichte der »heimlichen Gerichte« Westfalens (1896)

Lintzel, Martin: Karl der Große und Karlmann, in: HZ 140 (1929) S. 1–22

Lohrmann, Dietrich: Instrumentalisierung Karls des Großen durch die Staufer und ihre Gegner, in: Zs. des Aachener Geschichtsvereins 104/105 (2002/03) S. 95–112

Lot, Ferdinand: L'art militaire 1 (1946)

Löwe, Heinz: Von den Grenzen des Kaisergedankens in der Karolingerzeit, in: Ders.: Von Cassiodor zu Dante (1973) S. 206–230

– (Hg.): Die Iren und Europa im früheren Mittelalter 1–2 (1982)

– Eine Kölner Notiz zum Kaisertum Karls des Großen, in: RhVjbll. 14 (1949) S. 7–34

- Von Theoderich dem Großen zu Karl dem Großen. Das Werden des Abendlandes im Geschichtsbild des frühen Mittelalters (Sonderausgabe 1958)
Martin, Thomas: Bemerkungen zur ›Epistola de litteris colendis, in: AfD 31 (1985) S. 227–272
Mayr-Harting, Henry: Charlemagne's Religion, in: Godman u. a.: Am Vorabend S. 113–124
McCormick, Michael: Charlemagne and the Mediterranean World: Communications, Arab Coins and Commerce at the Time of the Paderborn Meeting, in: Godman u. a.: Am Vorabend S. 193–218
- Origins of the European Economy. Communications and Commerce, AD 300–900 (2001)
McKeon, Peter: 817: Une année désastreuse et presque fatale pour les Carolingiens, in: Le moyen âge 84 (1978) S. 5–12
McKitterick, Rosamond: Constructing the Past in the Early Middle Ages: The case of the Royal Frankish Annals, in: Transactions of the Royal Historical Society 7 (1997) S. 101–129
- History and Memory in the Carolingian World (2004)
- The Illusion of Royal Power in the Carolingian Annals, in: EHR 115 (2000) S. 1–20
- Karl der Große (2008)
Mecke, Birgit: Die karolingische Pfalz Paderborn – Entdeckung und Ausgrabung, in: Fenske, Lutz u. a. (Hg.): Splendor palatii. Neue Forschungen zu Paderborn und anderen Pfalzen der Karolingerzeit (2001) S. 51–70
Meier, Christel: Baumeister Europas? Die Rezeption antiker Zivilisationstechniken im Zeitalter Karls des Großen, in: Butzer u. a.: Karl der Große S. 279–320
Menghin, Wilfried: Die Langobarden. Archäologie und Geschichte (1985)
Metz, Wolfgang: Die Agrarwirtschaft im karolingischen Reiche, in: Beumann u. a.: Karl der Große 1 S. 489–500
- Zur Erforschung des karolingischen Reichsgutes (1971)
- Das karolingische Reichsgut. Eine verfassungs- und verwaltungsgeschichtliche Untersuchung (1960)
Mitterauer, Michael: Warum Europa? Mittelalterliche Grundlagen eines Sonderwegs (^{2}2003)
Moeglin, Jean-Marie: Les ancêtres du prince (1985)
- Dynastisches Bewußtsein und Geschichtsschreibung. Zum Selbstverständnis der Wittelsbacher, Habsburger und Hohenzollern im Spätmittelalter, in: HZ 256 (1993) S. 593–635

Möhring, Hannes: Karl der Große und die Endkaiser-Weissagung. Der Sieger über den Islam kommt aus dem Westen, in: Kedar, Benjamin Z. (Hg.): Montjoie. Studies in Crusade History in Honour of Hans Eberhard Mayer (1997) S. 1–19
– Der Weltkaiser der Endzeit (2000)
Mordek, Hubert: Bibliotheca capitularium regum Francorum manuscripta. Überlieferung und Traditionszusammenhang der fränkischen Herrschererlasse (1995)
– Fränkische Kapitularien und Kapitulariensammlungen, in: ders.: Studien S. 1–53
– Karolingische Kapitularien, in: ders.: Studien S. 55–80
– Kapitularien und Schriftlichkeit, in: ders.: Studien S. 307–340
– Kirchenrecht und Reform im Frankenreich. Die Collectio Vetus Gallica, die älteste systematische Kanonessammlung des fränkischen Gallien. Studien und Edition (1975)
– Studien zur fränkischen Herrschergesetzgebung. Aufsätze über Kapitularien und Kapitulariensammlungen, ausgewählt zum 60. Geburtstag (2000)
–/Glatthaar, Michael: Von Wahrsagerinnen und Zauberern. Ein Beitrag zur Religionspolitik Karls des Großen, in: AKG 75 (1993) S. 33–64
–/Schmitz, Gerhard: Neue Kapitularien und Kapitulariensammlungen, in: DA 43 (1987) S. 361–439
Morrissey, Robert: L'empereur à la barbe fleurie. Charlemagne dans la mythologie et l'histoire de France (1997)
Müllejans, Hans (Hg.): Karl der Große und sein Schrein in Aachen. Eine Festschrift (1988)
Müller-Mertens, Eckhard: Karl der Grosse, Ludwig der Fromme und die Freien. Wer waren die liberi homines der karolingischen Kapitularien (742/743–832)? Ein Beitrag zur Sozialgeschichte und Sozialpolitik des Frankenreiches (1963)
– Römisches Reich im Frühmittelalter: kaiserlich-päpstliches Kondominat, salischer Herrschaftsverband, in: HZ 288 (2009) S. 51–92
Mütherich, Florentine: Die Reiterstatuette aus der Metzer Kathedrale, in: Studien zur Geschichte der europäischen Plastik. Festschrift für Theodor Müller (1965), S. 9–16
Murray, Alexander Callander (Hg.): After Rome's fall: Narrators and sources of early medieval history. Essays presented to Walter Goffart (1998)

Nelson, Janet: Aachen as a place of power, in: de Jong, Maike u. a. (Hg.): Topographies of Power in the Early Middle Ages (2001) S. 217–241
– Charlemagne the man, in: Story: Charlemagne S. 22–37
– Charles the Bald (1992)
– Making a difference in eighth-century politics: the daughters of Desiderius, in: Murray: After Rome's Fall S. 171–190
– The voice of Charlemagne, in: Gameson, Richard/Leyser, Henrietta (Hg.): Belief and Culture in the Middle Ages. Studies presented to Henry Mayr-Harting (2001) S. 76–88
– Women at the Court of Charlemagne: A case of monstrous Regiment?, in: Parsons, J. C. (Hg.): Medieval Queenship (1993) S. 43–61
Nonn, Ulrich: Das Bild Karl Martells in mittelalterlichen Quellen, in: Jarnut u. a.: Karl Martell S. 9–21
– Die Schlacht bei Poitiers 732. Probleme historischer Urteilsbildung, in: Schieffer (Hg.): Beiträge zur Geschichte S. 37–56
– Pagus und Comitatus in Niederlothringen: Untersuchungen zur politischen Raumgliederung im früheren Mittelalter (1983)
Ochsenbein, Peter/Schmuki Karl (Hg.): Studien zum St. Galler Klosterplan (2002)
Oelsner, Ludwig: Jahrbücher des fränkischen Reiches unter König Pippin (1871)
Offergeld, Thilo: Reges pueri. Das Königtum Minderjähriger im frühen Mittelalter (2001)
Pacaut, Marcel: Friedrich Barbarossa (dt. 1969)
Padberg, Lutz E. von: Die Diskussion missionarischer Programme zur Zeit Karls des Großen, in: Godman u. a.: Am Vorabend S. 125–143
– Das Paderborner Treffen von 799 im Kontext der Geschichte Karls des Großen, in: Hentze, Wilhelm (Hg.): De Karolo rege et Leone papa. Der Bericht über die Zusammenkunft Karls des Großen mit Papst Leo III. in Paderborn 799 in einem Epos für Karl den Kaiser (1999) S. 9–104
Pape, Matthias: Der Karlskult an Wendepunkten der neueren deutschen Geschichte, in: HJb 120 (2000) S. 138–181
Paris, Gaston: Histoire poétique de Charlemagne (1865)
Patze, Hans: Geschichte Niedersachsens Bd. 1: Grundlagen und frühes Mittelalter 1 (1977)
Patzelt, Erna: Die karolingische Renaissance (1965)

Patzold, Steffen: Normen im Buch. Überlegungen zu Geltungsansprüchen so genannter ›Kapitularien‹, in: FmSt 41 (2007) S. 331–350
Perels, Ernst: Die kirchlichen Zehnten im karolingischen Reiche (1904)
– Zum Kaisertum Karls des Großen in mittelalterlichen Geschichtsquellen, in: SB Berlin 1931 Nr. 16
Pfister, Christian: L'archevêque de Metz Drogon (823–856), in: Mélanges Paul Fabre. Études d'histoire du moyen âge (1902) S. 101–145
Picard, Tobias: Königspfalzen im Rhein-Main-Gebiet. Ingelheim – Frankfurt – Trebur – Gelnhausen – Seligenstadt, in: Müller, Heribert (Hg.): »...Ihrer Bürger Freiheit«. Frankfurt am Main im Mittelalter. Beiträge zur Erinnerung an die Frankfurter Mediaevistin Elsbet Orth (2002) S. 19–73
Picker, Hanns Christoph: Der St. Galler Klosterplan als Konzept eines weltoffenen Mönchtums: Ist Walahfrid Strabo der Verfasser?, in: Zs. für KG 119 (2008) S. 1–29
Pohl, Walter: Die Awaren. Ein Steppenvolk in Mitteleuropa: 567–822 n.Chr. (1988)
– Die Awarenkriege Karls des Großen, 788–803 (1988)
Ranke, Leopold von: Zur Kritik fränkisch-deutscher Reichsannalisten, in: Abhandlungen der Akademie der Wissenschaften zu Berlin (1854) S. 415–458
Ratkowitsch, Christine: Das Karlsbild in der lateinischen Großdichtung des Mittelalters, in: Bastert: Karl der Große, S. 1–16
Reuter, Timothy: The End of Carolingian Military Expansion, in: Godman/Collins: Charlemagne's Heir S. 391–405
– »Kirchenreform« und »Kirchenpolitik« im Zeitalter Karl Martells: Begriffe und Wirklichkeit, in: Jarnut u.a.: Karl Martell S. 35–58
– Plunder and Tribute in the Carolingian Empire, in: Transactions of the Royal Society Series 5 Bd. 35 (1985) S. 75–94
Riché, Pierre: Le renouveau culturel à la cour de Pepin III, in: Francia 2 (1974) S. 59–70
Riché, Pierre/Heitz, Carol/Héber-Suffrin, François (Hg.): Actes du Colloque »Autour d'Hildegarde« (1987)
Richter, Michael: Die »lange Machtergreifung« der Karolinger. Der Staatsstreich gegen die Merowinger in den Jahren 747–771, in: Schultz, Uwe (Hg.): Große Verschwörungen (1998) S. 48–59
– Karl der Große und seine Ehefrauen, in: Erkens: Erbe der Kulturen S. 17–24

- Die Sprachenpolitik Karls des Großen, in: Sprachwissenschaft 7 (1982) S. 412–437
Ross, James Bruce: Two neglected paladins of Charlemagne: Erich of Friuli and Gerold of Bavaria, in: Speculum 20 (1945) S. 212–235
Schaller, Dieter: Das Aachener Epos für Karl den Kaiser, in: FmSt 10 (1976) S. 134–168
- Karl der Große im Licht zeitgenössischer politischer Dichtung, in: Butzer u. a.: Karl der Große S. 193–219
- Der junge »Rabe« am Hof Karls des Großen, in: Autenrieth, Johanne/Brunhölzl, Franz (Hg.): Festschrift Bernhard Bischoff (1971) S. 123–141
- Philologische Untersuchungen zu den Gedichten Theodulfs von Orléans, in: DA 18 (1962) S. 13–91
- Pippins Heimkehr vom Awarensieg, in: Könsgen, Ewald (Hg.): Arbor amoena comis (1990) S. 61–74
Schefers, Hermann (Hg.): Einhard. Studien zu Leben und Werk (1997)
Scheibe, Friedrich Carl: Alcuin und die Admonitio generalis, in: DA 14 (1958) S. 221–229
Schieffer, Rudolf: Arn von Salzburg und die Kaiserkrönung Karls des Großen, in: Dopsch, Heinz/Freund, Stephan/Schmid, Alois (Hg.): Bayern und Italien. Politik, Kultur, Kommunikation (8.–15. Jahrhundert). Festschrift für Kurt Reindel zum 75. Geburtstag (2001) S. 104–121
- Das Attentat auf Papst Leo III., in: Godman u. a.: Am Vorabend S. 75–85
- (Hg.): Beiträge zur Geschichte des regnum Francorum (1990)
- Zur Entstehung des Sendgerichts im 9. Jahrhundert, in: Müller, Wolfgang P./Sommar Mary E. (Hg.): Medieval Church Law and the origins of the Western legal tradition. A Tribute to Kenneth Pennington (2006) S. 50–56
- Karl der Große – Intentionen und Wirkungen, in: Erkens: Erbe der Kulturen S. 3–14
- Karl der Große und die Einsetzung der Bischöfe im Frankenreich, in: DA 63 (2007) S. 451–467
- Die Karolinger (1992; ⁴2006)
- Karolingische Töchter, in: Jenal, Georg (Hg.): Herrschaft, Kirche, Kultur. Festschrift für Friedrich Prinz (1993) S. 125–139

- Karolingische und ottonische Kirchenpolitik, in: Bauer, Dieter R. u. a. (Hg.): Mönchtum – Kirche – Herrschaft 750–1000 (1998) S. 311–325
- (Hg.): Mittelalterliche Texte: Überlieferung – Befunde – Deutungen; Kolloquium der Zentraldirektion der Monumenta Germaniae Historica am 28./29. Juni 1996 (Schriften der MGH 42, 1996)
- Neues von der Kaiserkrönung Karls des Großen (SB München 2004, 2)
- Ein politischer Prozeß des 8. Jahrhunderts im Vexierspiegel der Quellen in: Berndt: Frankfurt 794 S. 167–182
- Die Zeit des karolingischen Großreichs, 714–887 (2005)
- Vor 1200 Jahren: Karl der Große lässt sich in Aachen nieder, in: Butzer u. a.: Karl der Große S. 3–21

Schieffer, Theodor: Die Krise des karolingischen Imperiums, in: Engel, Josef/Klinkenberg, Hans Martin (Hg.): Aus Mittelalter und Neuzeit. Gerhard Kallen zum 70. Geburtstag (1957) S. 1–15

Schmid, Karl: Zur Ablösung der Langobardenherrschaft durch die Franken, in: QFIAB 52 (1972) S. 1–36

Schmidt, Theun-Mathias: Proserpina-Sarkophag, in: Stiegemann/Wemhoff: 799. Kunst und Kultur Bd. 2 S. 758–763

Schmidt-Wiegand, Ruth: Lex Saxonum, in: HRG 2 (1978) Sp. 1962–1965

Schmitt, Johannes: Untersuchungen zu den Liberi Homines der Karolingerzeit (1977)

Schmitz, Gerhard: Echte Quellen – falsche Quellen. Müssen zentrale Quellen aus der Zeit Ludwigs des Frommen neu bewertet werden?, in: Erkens, Franz-Reiner/Wolff, Hartmut (Hg.): Von Sacerdotium und Regnum. Geistliche und weltliche Gewalt im frühen und hohen Mittelalter. Festschrift für Egon Boshof zum 65. Geburtstag (2002) S. 275–300
- Zur Kapitulariengesetzgebung Ludwigs des Frommen, in: DA 42 (1986) S. 471–516
- Die Waffe der Fälschung zum Schutz der Bedrängten? Bemerkungen zu gefälschten Konzils- und Kapitularientexten, in: Fälschungen im Mittelalter 2: Gefälschte Rechtstexte. Der bestrafte Fälscher (1988) S. 79–110

Schramm, Percy Ernst: Karl der Große im Lichte seiner Siegel und Bullen sowie der Bild- und Wortzeugnisse über sein Aussehen, in: Beumann u. a.: Karl der Große 1 S. 15–23

–/Mütherich, Florentine: Denkmale der deutschen Könige und Kaiser (1962)
Schröer, Norbert: Die Annales S. Amandi und ihre Verwandten (1975)
Schubert, Ernst: Die Capitulatio de partibus Saxoniae, in: Geschichte in der Region. Zum 65. Geburtstag von Heinrich Schmidt, hg. von D. Brosius u. a. (1993) S. 3–28
Schulze, Hans Kurt: Die Grafschaftsverfassung der Karolingerzeit in den Gebieten östlich des Rheins. (1973)
Sellert, Wolfgang: Aufzeichnung des Rechts und Gesetz, in: ders. (Hg.): Das Gesetz in Spätantike und frühem Mittelalter (1992) S. 67–102
Semmler, Josef: Der Dynastiewechsel von 751 und die fränkische Königssalbung (2003)
– Renovatio Regni Francorum: Die Herrschaft Ludwigs des Frommen im Frankenreich 814–829/830, in: Godman/Collins: Charlemagne's Heir S. 125–146
– Der Forst des Königs, in: ders. (Hg.): Der Wald in Mittelalter und Renaissance (1991) S. 130–147
Siegel, Heinrich: Die deutschen Rechtsbücher und die Kaiser-Karls-Sage, in: SB Wien 140,9 (1899)
Siegrist, Theodor: Herrscherbild und Weltsicht bei Notker Balbulus. Untersuchungen zu den Gesta Karoli (1963)
Siems, Harald: Lex Frisionum, in: HRG 2 (1978) Sp. 1916–1922
Smith, Julia Mary Howard: Province and Empire: Brittany and the Carolingians (1992)
Sonderegger, Stefan: Die althochdeutsche Lex Salica, in: Festgabe für Wolfgang Jungandreas zum 70. Geburtstag (1964) S. 113–122
Specht, Franz Anton: Geschichte des Unterrichtswesens in Deutschland von den ältesten Zeiten bis zur Mitte des dreizehnten Jahrhunderts (1885)
Spilling, Herrad: Die Entstehung der karolingischen Minuskel, in: 794 – Karl der Große in Frankfurt am Main. Ein König bei der Arbeit (1994) S. 51–54
Sprandel, Rolf: Das Eisengewerbe im Mittelalter (1968)
Sprigade, Klaus: Die Einweisung ins Kloster und in den geistlichen Stand als politische Maßnahme im frühen Mittelalter (1964)
Springer, Matthias: Die Sachsen (2004)
Staab, Franz: Die Königin Fastrada, in: Berndt: Frankfurt 794 S. 183–217

- Die Gründung der Bistümer Erfurt, Büraburg und Würzburg durch Bonifatius im Rahmen der fränkischen und päpstlichen Politik, in: Archiv für mittelrheinische KG 40 (1988) S. 13–41
Staudte-Lauber, Annalena: Carlus princeps regionem Burgundiae sagaciter penetravit. Zur Schlacht von Tours und Poitiers und dem Eingreifen Karl Martells in Burgund, in: Jarnut u.a.: Karl Martell S. 79–99
Stella, Francesco: Autore e attribuzioni del »Karolus Magnus et Leo papa«, in: Godman u.a.: Am Vorabend S. 19–33
Stiegemann, Christoph/Wemhoff, Matthias: 799. Kunst und Kultur der Karolingerzeit 1–3 (Katalog der Ausstellung in Paderborn 1999)
Störmer, Wilhelm: Früher Adel. Studien zur politischen Führungsschicht im fränkisch-deutschen Reich vom 8. bis 11. Jahrhundert (1973)
Story, Joanna: Carolingian Connections. Anglo-Saxon England and Carolingian Francia, c. 750–850 (2003)
- (Hg.): Charlemagne. Empire and Society (2005)
- Charlemagne and the Anglo-Saxons, in: dies.: Charlemagne S. 195–210
Stratmann, Martina: Einhards letzte Lebensjahre im Spiegel seiner Briefe, in: Schefers: Einhard S. 323–339
- Die Königs- und Privaturkunden für die Reimser Kirche bis gegen 900, in: Deutsches Archiv 52 (1996) S. 1–55
- Schriftlichkeit in der Verwaltung von Bistümern und Klöstern zur Zeit Karls des Großen, in: Butzer u.a.: Karl der Große S. 251–267
Stürner, Wolfgang: Friedrich II., Teil 1 (1992)
Tangl, Michael: Kleine Mitteilungen. Der Entwurf einer unbekannten Urkunde Karls d. Gr. in Tironischen Noten, in: MIÖG 21 (1900) S. 344–350
Tautscher, Anton: Betriebsführung und Buchhaltung in den karlingischen Königsgütern nach dem Capitulare de villis, in: VSWG 61 (1974) S. 1–28
Tellenbach, Gerd: Vom karolingischen Reichsadel zum deutschen Reichsfürstenstand, in: Theodor Mayer (Hg.): Adel und Bauern im deutschen Staat des Mittelalters (1943) S. 22–73
- Königtum und Stämme in der Werdezeit des deutschen Reiches (1939)
Thomas, Wilhelm: Der Sonntag im frühen Mittelalter (1929)

Thümmel, Hans Georg: Die Konzilien zur Bilderfrage im 8. und 9. Jahrhundert (2005)

Thürlemann, Felix: Die Bedeutung der Aachener Theoderich-Statue für Karl den Großen (801) und bei Walahfrid Strabo (829), in: AKG 59 (1977) S. 25–65

Tiefenbach, Heinrich: Ein übersehener Textzeuge des Trierer Capitulare, in: RhVjbll. 39 (1975) S. 272–310

Tinnefeld, Franz: Formen und Wege des Kontaktes zwischen Byzanz und dem Westen zur Zeit Karls des Großen, in: Erkens: Erbe der Kulturen S. 25–35

Tischler, Matthias M.: Einharts Vita Karoli. Studien zur Entstehung, Überlieferung und Rezeption (2001)

– Tatmensch oder Heidenapostel? Die Bilder Karls des Großen bei Einhart und im Pseudo-Turpin, in: Herbers, Klaus (Hg.): Jakobus und Karl der Große. Von Einhards Karlsvita zum Pseudo-Turpin (2003) S. 1–38

Traufler, Henri: Die Gründung des Klosters, in: Ferrari, Michele/Schroeder, Jean/Traufler, Henri (Hg.): Die Abtei Echternach 698–1998 (1999) S. 47–52

Ubl, Karl: Die Konstruktion eines Verbrechens. Inzestverbot und Gesetzgebung im ersten Jahrtausend (2008)

Vacca, Salvatore: Prima sedes a nemine iudicatur. Genesi e sviluppo storico dell'assioma fino al Decreto di Graziano (1993)

Verbruggen, Jean François: L'armée et la stratégie de Charlemagne, in: Beumann u.a.: Karl der Große 1 S. 420–436

Vezin, Jean: Les livres dans l'entourage de Charlemagne et d'Hildegarde, in: Riché/Heitz/Heber-Suffrin: Hildegarde S. 63–70

Vollrath, Hanna: Die Synoden Englands bis 1066 (1985)

Waitz, Georg: Deutsche Verfassungsgeschichte 4 (^{2}1885)

Wallace-Hadrill, John Michael: Charlemagne and England, in: Beumann u.a.: Karl der Große 1 S. 683–698

Wattenbach, Wilhelm/Levison, Wilhelm/Löwe, Heinz: Deutschlands Geschichtsquellen im Mittelalter. Vorzeit und Karolinger, Heft 2 (1953); Heft 6 (1990)

Weise, Georg: Königtum und Bischofswahl im fränkischen und deutschen Reich vor dem Investiturstreit (1912)

Weitzel, Jürgen: Dinggenossenschaft und Recht. Untersuchungen zum Rechtsverständnis im fränkisch-deutschen Mittelalter (1985)

Wendehorst, Alfred: Wer konnte im Mittelalter lesen und schreiben? in: Fried, Johannes (Hg.): Schulen und Studium im sozialen Wandel des hohen und späten Mittelalters (1986) S. 9–33

Wendling, Wolfgang: Die Erhebung Ludwigs d. Fr. zum Mitkaiser im Jahre 813 und ihre Bedeutung für die Verfassungsgeschichte des Frankenreiches, in: FmSt 19 (1985) S. 201–238
Werner, Karl Ferdinand: Bedeutende Adelsfamilien im Reich Karls des Großen, in: Beumann u. a.: Karl der Große 1 S. 83–142
– Das Geburtsdatum Karls des Großen, in: Francia 1 (1973) S. 115–157
– Hludovicus Augustus. Gouverner l'empire chrétien – Idées et réalités, in: Godman/Collins: Charlemagne's Heir S. 3–123
– Die Legitimität der Kapetinger und die Entstehung des Reditus regni Francorum ad stirpem Karoli, in: Die Welt als Geschichte 12 (1952) S. 203–225
– Die Nachkommen Karls des Großen bis um das Jahr 1000 (1.–8. Generation), in: Beumann u. a.: Karl der Große 4 S. 403–482
– Die Ursprünge Frankreichs bis zum Jahr 1000 (dt. 1989)
Wolf, Gunther: Einige Beispiele für Einhards hofhistoriographischen Euphemismus, in: Schefers: Einhard S. 311–321
– Grifos Erbe, die Einsetzung König Childerichs III. und der Kampf um die Macht – zugleich Bemerkungen zur karolingischen »Hofhistoriographie«, in: AfD 38 (1992) S. 1–16
Wolff, Philippe: L'Aquitaine et ses marges, in: Beumann u. a.: Karl der Große 1 S. 269–306
Woll, Ingrid: Untersuchungen zu Überlieferung und Eigenart der merowingischen Kapitularien (1995)
Wood, Ian: Administration, law and culture in Merovingian Gaul, in: McKitterick, Rosamond (Hg.): The Uses of Literacy in Early Mediaeval Europe (1990) S. 63–81

Abbildungsverzeichnis

Abbildungen

Abb. 1: Seite der Vita Karoli von Einhard (9. Jh.) 14
*(Rom, Vatikanische Bibliothek,
Hs. Vat. Reg. lat. 339, fol. 19ᵛ)*
Abb. 2: Silberdenar Karls des Großen 71
*(Paris, Bibliothéque Nationale de France,
Cabinet des Medailles)*
Abb. 3: Bronzestatuette Karls des Großen aus Metz 73
Abb. 4: Proserpina-Sarkophag 79
Abb. 5: Grabplatte Widukunds 101
(Stiftskirche Enger, Kreis Herford)
Abb. 6: Modell der Aachener Pfalz (Hugot) 118
*(Aus: Hans K. Schulze, Vom Reich der Franken
zum Land der Deutschen, Siedler Verlag, Berlin 1987)*
Abb. 7: Sogenannter Thron Karls des Großen im
Aachener Dom 144
Abb. 8: Torhalle in Lorsch *(Museumszentrum Kloster Lorsch)* . . 157
Abb. 9: Der hl. Petrus übergibt Leo III. das Pallium und
Karl dem Großen eine Fahnenlanze als Zeichen
ihrer Würde 209
*(Rom, Vatikanische Bibliothek,
Hs. Vat. Barb. lat. 2062, fol. 61ʳ)*
Abb. 10: Karl der Große und sein Sohn Pippin 240
(Modena, Biblioteca Capitolare, Hs. O. I. 2, fol. 154ᵛ)

Karten

Karte 1: Die Aufenthaltsorte Karls des Großen 116/117
Karte 2: Das Reich Karls des Großen um 800 n. Chr. 218

Stammtafeln

(Nach: Rudolf Schieffer, Die Karolinger, 4. Auflage, Stuttgart 2006)

Stammtafel 1: Arnulfinger, Pippiniden, Karolinger 30
Stammtafel 2: Von Karl Martell zu Karl dem Großen . . . 31
Stammtafel 3: Kinder und Enkel Karls des Großen . . . 58/59

Personenregister

Abkürzungen: ags. = angelsächsisch; B. = Bischof; Eb. = Erzbischof; Gem. = Gemahlin; Gf. = Graf; Hg. = Herzog; Hl. = Heiliger; K. = Kaiser; KdGr. = Karl der Große; Kg. = König; Kon. = Konkubine; LdFr. = Ludwig der Fromme; P. = Papst; S. = Sohn; T. = Tochter

Abd ar-Rahman I., Emir v. Cordoba 86
Abraham, awarischer Kagan 97
Adalhaid, T. Pippins v. Italien 238
Adalhard, Abt v. Corbie, Vetter KdGr. 43, 49, 53, 64, 84 f., 120, 172, 205, 244
Adallind, Konkubine KdGr. 50, 60
Adalwin, B. v. Regensburg 172
Adelchis, S. des Desiderius 51, 83, 226
Adelheid, T. KdGr. 54, 65
Adelperga, T. des Desiderius 52
Adelram, Vertreter des Abts v. St. Denis 147
Aegidius, Hl. 256
Aeneas, Held aus Troia 197
Aethelbald, Kg. v. Mercien 220
Agobard, Eb. v. Lyon 199, 244 f.
Aistulf, Kg. der Langobarden 36 f.
Alarich II., Kg. der Westgoten 151
Alexander der Große 253
Alexander v. Roes, Kanoniker aus Köln 156
Alfons II., Kg. v. Asturien 219
Alkuin, ags. Gelehrter 19, 51, 57, 67, 84, 127 f., 136, 159, 162 f., 165 f., 171, 174, 178, 181, 187, 189 f., 193, 195, 197 f., 201, 204, 207 f., 213, 217, 221
al-Mansur, Kalif 229
Alpais (Chalpaida), Gem. Pippins d. M. 27
Alpais, T. LdFr. 237, 244
Amalar, Eb. v. Trier 173
Ambrosius, Kirchenvater 191
Andreas v. Regensburg, Historiograph 249
Angilbert, Abt v. St. Riquier 66, 81, 85, 96, 156, 200, 202, 204
Angilram, B. v. Metz 197
Ansegis, Abt v. Fontenelle 141
Ansegisel, S. Arnulfs v. Metz 25 f., 197
Anselm, Pfalzgf. 87
Anselperga, T. des Desiderius 52

Aratus, griech. Autor 187
Arichis, Hg. v. Benevent 52, 85, 196
Aristoteles, griech. Philosoph 188
Arn, Eb. v. Salzburg 81, 92, 147, 163, 166, 172 f.
Arnulf v. Metz 25, 34, 197
Arnulf, S. LdFr. 237
Arnulf v. Kärnten, K. 249
Astronomus, Biograph LdFr. 69, 111
Atula, T. Pippins v. Italien 238
Augustin, Kirchenvater 191
Augustus, röm. K. 77, 204, 253
Autchar, fränk. Hg. 35

Balduin, Gf. v. Hennegau 248
Beatus, Abt v. Liébana 217, 219 f.
Beda Venerabilis, ags. Kirchenvater 188, 191
Begga, T. Pippins d. Ä. 25 f.
Bego, fränk. Gf. 244
Benedikt, Abt v. Aniane 244
Benedikt v. Monte Soracte 250
Bera, Gf. v. Barcelona 81
Berhthaid, T. Pippins v. Italien 238
Bernarius, B. v. Worms 172
Bernhard, S. Karl Martells 65
Bernhard, S. Pippins v. Italien 85, 131, 199, 237, 239, 241, 244
Bernhard v. Septimanien 244
Bernoin, Eb. v. Besançon 81
Berta, T. KdGr. 54, 61, 65–67, 200, 220
Bertrada, Mutter KdGr. 33, 37, 41, 45, 47 f., 50–53

Beseleel, alttestamentlicher Baumeister 201
Boethius, spätantiker Gelehrter 200
Bonifatius, ags. Missionar 28, 34 f., 55, 166, 183, 221
Burchard, Marschall KdGr. 81

Caesar, röm. Staatsmann 204, 248, 253
Candidus/Witto, ags. Gelehrter 198 f.
Cathwulf, ags. Autor 41, 127, 136
Childebert, S. Grimoalds 26
Childebrand, Historiograph 15
Childerich III., fränk. Kg. 35
Chlodwig, fränk. Kg. 236
Chlothar, fränk. Kg. 236
Chrodegang, B. v. Metz 35, 166, 237
Claudius, B. v. Turin 199
Clemens Scottus, irischer Grammatiker 200
Corellus, Vertreter des B. v. Paris 147
Cyprian, B. v. Karthago 127

Dagobert I., fränk. Kg. 25, 29
David, Kg. v. Israel 127 f., 204, 256 f.
Desiderius, Kg. der Langobarden 37, 47 f., 51 f., 83, 89, 168, 196
– T. des Desiderius (Gerberga?) 47, 50, 52–54, 83, 168
Dicuil, irischer Gelehrter 178, 200, 229
Dionysius, Hl. 46
Dragowit, Kg. der Wilzen 225

Drogo, S. Pippins d. M. 42
Drogo, S. Karlmanns 34, 40
Drogo, S. KdGr. 50, 239, 241, 244
Dungal, irischer Gelehrter 11, 182, 200

Eardulf, Kg. v. Northumbrien 222
Eberhard, Markgf. v. Friaul 111
Ebo, Eb. v. Reims 165, 244 f.
Ebroin, Hausmeier 26
Ecfrith, S. Offas v. Mercien 66, 220
Eckehard, Gf. v. Mâcon 111
Egbert, Kg. v. Wessex 222
Egbert, fränk. Gf. 223
Einhard 13–16, 19, 39, 43, 49, 50, 55 f., 66 f., 70–73, 78–80, 86, 94, 96, 119, 130, 139 f., 148, 156, 159 f., 171, 177–179, 188, 190, 195, 201 f., 238, 252, 254
Ekkehard, Truchsess KdGr. 87
Elipandus, Eb. v. Toledo 121
Emma, Gem. Einhards 66
Erich, Markgf. v. Friaul 95 f.
Erimbert, Eb. v. Bourges 166
Erkanbert, B. v. Minden 104
Eudo, Hg. v. Aquitanien 28
Ezechias, Kg. v. Israel 127

Fastrada, Gem. KdGr. 50, 55–57, 61 f., 94, 234, 256
Felix, B. v. Urgel 121, 171
Flodoard, Historiograph 49
Frechulf v. Lisieux, Historiograph 111
Fridugis, Abt v. St. Martin in Tours 81

Friedrich I. Barbarossa, K. 78, 180, 248, 253 f.
Friedrich II., K. 254
Friedrich III., K. 249
Fulrad, Abt v. St. Denis 36, 49, 108, 147 f.

Gelasius I., P. 186
Gerberga, Schwägerin KdGr. 48, 51, 83 f.
Germanus, Hl. 42
Gerold, Präfekt v. Baiern 92, 96
Gerold, Gf. v. der Ostmark 81
Gerswind, Kon. KdGr. 50, 60
Gervold, Abt v. St. Wandrille 221
Ghaerbald, B. v. Lüttich 145
Gisela, Schwester KdGr. 41, 45, 50 f., 226, 256
Gisela, T. KdGr. 54, 61, 65, 67 f.
Gisela, Mutter K. Heinrichs III. 248
Gotfrid, Kg. der Dänen 223
Gottfried, Hg. v. Alemannien 53
Gottfried v. Viterbo, Historiograph 250
Gregor I., der Große, P. 186, 191
Gregor III., P. 29
Grifo, S. Karl Martells 32 f., 235
Grimoald, S. Pippins d. Ä. 26
Grimoald, Kg. der Langobarden 64
Grimoald v. Benevent 85
Gundrada, Cousine KdGr. 68
Gundrada, T. Pippins v. Italien 238

Hadrian I., P. 83, 85, 87, 89, 91, 136, 142, 166, 168–171, 206 f., 236, 252
Haito, B. v. Basel 81, 145, 172, 255
Halfdan, dänischer Gesandter 223
Hardrad, Rebell 18, 128
Hartnit, Enkel KdGr. 66
Harun ar-Raschid, Kalif 74, 76, 133, 229–231
Hathumar, B. v. Paderborn 104
Heinrich II., K. 179, 248
Heinrich III., K. 179, 248
Heinrich IV., K. 179
Heinrich VI., K. 180
Heinrich der Löwe, Hg. v. Bayern und Sachsen 251
Herchenrad, B. v. Paris 147 f.
Hibernicus Exul, irischer Dichter 200
Hieronymus, Kirchenvater 184, 191
Hilarius, B. v. Poitiers 200
Hildebold, Eb. v. Köln 81, 212, 244
Hildegard, Gem. KdGr. 49, 50, 53–56, 60 f., 64 f., 170, 233, 235 f., 239
Hildegard, T. KdGr. 54, 65
Hiltrud, Mutter Tassilos 32, 65
Hiltrud, T. KdGr. 55, 65, 68
Himiltrud, Gem. KdGr. 50 f., 233 f.
Hinkmar, Eb. v. Reims 27, 120
Homer, griech. Dichter 204
Horaz, röm. Dichter 204
Hrabanus Maurus, Abt v. Fulda, Eb. von Mainz 111, 193, 200–202.
Hrodgaud, Hg. v. Friaul 84

Hugo, Neffe Karl Martells 27
Hugo, S. KdGr. 50, 239, 241
Hugo, Gf. v. Tours 244
Hugo Capet, Kg. v. Frankreich 247

Irene, byz. Kaiserin 61, 211–213, 227
Irmingard, Gem. LdFr. 237, 245
Irmino, Abt v. St. Germain 43
Isaak, fränk. Gesandter 229
Isidor v. Sevilla, Kirchenvater 185 f., 191

Jakobus, Apostel 220, 252
Jesse, B. v. Amiens 81
Johannes, Apostel 200
Johannes, Eb. v. Arles 81
Josias, Kg. v. Israel 128, 135
Josua, Richter der Israeliten 127
Judas Makkabäus 127
Judith, Gem. LdFr. 56, 245
Justinian I., röm. K. 151

Karl Martell 25, 27–29, 32, 41 f., 65, 82, 89, 98, 167, 179
Karl d. Jüngere, S. KdGr. 46, 66, 68, 170, 208, 215, 225, 234–239
Karl d. Kahle, S. LdFr. 71, 72, 245
Karl III., K. 18, 40
Karl IV., K. 248 f.
Karl IV., franz. Kg. 248
Karlmann, Hausmeier 25, 32–34, 36 f., 40–42, 48, 89, 226

Karlmann, Bruder KdGr. 38, 41–49, 51–53, 79, 135, 168
Karlmann, S. KdGr. siehe Pippin v. Italien
Karlmann, westfränk. Kg. 120
Konrad II., Kg. 180
Konrad, Dichter (12. Jh.) 251
Konstans II., K. 213
Konstantin d. Gr., röm. K. 72, 100, 119, 169, 208 f., 216, 258
Konstantin V., byz. K. 226
Konstantin VI., byz. K. 65, 226 f.

Landfrid, fränk. Gesandter 229
Lebuin, Hl. 98
Leidrad, Eb. v. Lyon 81, 173
Leo III., P. 19, 57, 68, 159, 171 f., 206–215, 222, 252
Leon, byz. Kaisersohn 50, 226
Leon V., byz. K. 228
Lioba, ags. Nonne 55
Liudger, B. v. Münster 104
Liutgard, Gem. oder Kon. KdGr. 50, 57 f., 61, 67 f., 208
Liutperga, Gem. Tassilos 52, 89, 91
Liutprand, Kg. der Langobarden 29, 151
Lothar, S. KdGr. 54, 236
Lothar I., S. LdFr., K. 71, 245
Ludwig der Fromme, K. 21, 25, 46, 50, 54–56, 65 f., 69, 71, 79, 87 f., 92, 97, 104, 119 f., 125 f., 129–131, 134, 141 f., 147 f., 150 f., 155, 165, 169 f., 179, 193–195, 199–201, 214 f., 223–225, 228, 233 f., 236–239, 241 f., 244–246, 253, 258

Ludwig der Deutsche, Kg. 79, 92, 104, 224, 245
Ludwig, Abt v. St. Denis 66
Ludwig das Kind, Kg. 247
Ludwig VIII., franz. Kg. 248
Ludwig XVIII., franz. Kg. 236
Lull, B. v. Mainz 166, 167
Lupus, Abt v. Ferrières 13, 193 f., 204, 245

Macrobius, spätröm. Gelehrter 182, 187
Madalgard, Kon. KdGr. 50, 60
Magnus, Eb. v. Sens 173
Marc Aurel, röm. K. 72
Martianus Capella 187
Martin, Hl. 208
Matfrid, Gf. v. Orléans 244
Maxentius v. Aquileia 173
Maximilian I., K. 249
Michael I., byz. K. 228
Modoin, Dichter 19, 200, 202, 204

Napoleon, franz. K. 254
Nathanael, Schüler Alkuins 67
Nibelung, Historiograph 15
Nikephoros, byz. K. 227 f.
Nithard, Enkel KdGr., Historiograph 66, 253
Notker v. St. Gallen 11, 18, 50, 54, 61, 74, 165, 180 f., 230, 232, 234, 252

Odilbert, Eb. v. Mailand 173
Odilo, Hg. v. Baiern 33, 65
Odoakar, Feldherr 206
Offa, Kg. v. Mercien 66, 220–222
Otolf, Seneschall KdGr. 81
Otto I., K. 106, 216

Otto III., K. 79, 179, 253
Otto IV., K. 254, 258
Otto v. Wittelsbach, Hg. v. Bayern 249
Ovid, röm. Dichter 200, 204

Paschasius Radbertus 53
Paul I., P. 45
Paulinus, Patriarch v. Aquileia 19, 128, 163, 165, 172, 196, 198, 201
Paulus Diaconus, Gelehrter 196 f., 201, 226, 234
Petrus, Apostel 208 f.
Petrus v. Pisa, Grammatiker 182, 196, 201
Philipp v. Schwaben, Kg. 180
Philipp II. Augustus, franz. Kg. 248
Pippin der Ältere, Hausmeier 26
Pippin der Mittlere, Hausmeier 26 f., 33, 42
Pippin der Jüngere, Vater KdGr. 20, 29, 32–35, 37 f., 40–48, 51, 64, 71, 74, 78, 82–84, 89 f., 98, 146, 165, 172 f., 179, 222, 226, 228, 248
Pippin, S. Pippins d. J. 41
Pippin, Neffe KdGr. 48
Pippin d. Bucklige, S. KdGr. 18, 48, 51, 128, 170, 233–235
Pippin v. Italien (Karlmann), S. KdGr. 46, 54, 68, 84 f., 95, 170, 208, 233 f., 236–239
Pippin, S. LdFr. 245
Pius VII., P. 255
Platon, griech. Philosoph 188

Plektrud, Gem. Pippins d. Ä. 26, 27, 33
Plinius, röm. Gelehrter 182, 188
Poeta Saxo 19, 195

Ratchis, Kg. der Langobarden 34, 37
Regina, Kon. KdGr. 50, 60
Richbod, B. v. Trier 17
Riculf, Eb. v. Mainz 81, 165
Roland, Markgf. v. der Bretagne 87, 251 f., 256
Romulus Augustulus, röm. K. 206
Rorico, fränk. Gf. 66
Rotchild, Tutor Pippins v. Italien 85
Rothard, fränk. Hg. 36
Rothari, Kg. der Langobarden 151
Rotrud, T. KdGr. 54, 61, 65–68, 226 f.
Ruodhaid, T. KdGr. 65, 68
Ruodhild, T. KdGr. 65, 68 f.

Salomo, Kg. v. Israel 127
Seneca, röm. Autor 200
Sigifrid, Kg. der Dänen 223
Sigismund, fränk. Gesandter 229
Sigrada, Kon. KdGr. 50, 60 f.
Sintpert, Abt v. Murbach 186
Smaragd, Abt v. St. Mihiel 172
Stephan II., P. 35 f.
Stephan III., P. 48, 52
Stricker, Dichter 251
Sueton, röm. Historiograph 13, 15, 70, 77, 160, 253
Sulayman al-Arabi, Gouverneur v. Saragossa 86

Swanahild, Gem. Karl
  Martells 32

Tassilo III., Fürst v. Baiern 33,
  47, 52f., 65, 89–93, 121,
  149, 153, 225
Thegan, Biograph LdFr. 55,
  165, 195
Theoderich, Kg. der Ost-
  goten 72, 119f.
Theoderich, S. KdGr. 50, 239,
  241
Theodo, S. Tassilos 89
Theodor, Eb. v. Canterbury 55
Theodor, awarischer Kagan 97
Theodosius II., röm. K. 151
Theodrada, Cousine KdGr. 68,
  238
Theodrada, T. KdGr. 55, 65,
  68f.
Theodrada, T. Pippins v.
  Italien 238
Theodulf, B. v. Orléans 19, 67,
  81, 145, 161, 165, 171–175,
  188, 190, 198–202, 206, 209,
  236, 244
Theophanes, byz. Chronist 61,
  212, 227
Thietmar v. Merseburg,
  Historiograph 253
Tilpin, Eb. v. Reims 166, 252

Unruoch, Markgf. v. Friaul 81

Vegetius, röm. Schrift-
  steller 111
Vergil, röm. Dichter 197, 200
Vinzenz v. Beauvais 248
Virgil, B. v. Salzburg 90
Vitruv, röm. Schriftsteller 200

Wala, Vetter KdGr. 81, 85, 244
Walahfrid Strabo, Abt v.
  Reichenau 60, 120, 255
Waldo, Abt v. Reichenau 85
Waltcaud, B. v. Lüttich 81
Wamba, Kg. der Westgoten 35
Warin, fränk. Graf 49
Wetti, Mönch 255
Wichar (Wilhar/Wulchar), Eb.
  v. Sens 49, 166
Widukind, sächs. Anfüh-
  rer 100f., 103, 223
Wiho, B. v. Osnabrück 104
Wilhelm der Eroberer, Kg.
  v. England 84
Willehad, B. v. Bremen 104
Willerich, B. v. Bremen 104
Willibald, Biograph des Boni-
  fatius 99
Willibrord, ags. Missionar 26f.,
  221
Winigis, Hg. v. Spoleto 207
Woynimir, slaw. Feldherr 95
Wulfar, Eb. v. Reims 81

Zacharias, P. 35

Martina Hartmann

Die Königin im frühen Mittelalter

2009. XXIV, 246 Seiten, 13 Stammtafeln. Kart. € 27,- ISBN 978-3-17-018473-2

Dieses Buch behandelt die politische Geschichte der Königin im frühen Mittelalter: Die einzelnen Königinnen der großen Königreiche der Westgoten, der Langobarden, der Merowinger und der Karolinger werden erstmals umfassend vorgestellt, ihr Leben umrissen und ihre politische Bedeutung in einer Gesamtschau dargestellt. Darüber hinaus widmet sich das Buch ausgewählten, spannenden Aspekten der Königinnen im frühen Mittelalter, so z. B. ihrer Herkunft, ihrer Heiraten und Scheidungen, ihrer finanziellen Ausstattung, ihrem Tod und ihrem Begräbnis sowie ihrem Nachleben.

„Mit ihrer Abhandlung über die Königin im frühen Mittelalter leistet Martina Hartmann einen nützlichen Beitrag für das Verständnis der Geschichte mittelalterlichen Königinnentums."

Stefanie Dick, H-Soz-u-Kult

„Zweifellos ein nützliches Nachschlagewerk auch für Studierende."

Michael Borgolte, FAZ

▶ **www.kohlhammer.de**

W. Kohlhammer GmbH · 70549 Stuttgart
Tel. 0711/7863 - 7280 · Fax 0711/7863 - 8430

Eugen Ewig
Die Merowinger und das Frankenreich

Mit Literaturnachträgen von Ulrich Nonn
5., aktual. Auflage 2006
274 Seiten, 2 Karten. Kart. € 18,–
ISBN 978-3-17-019473-1
Urban Taschenbücher, Band 392

Rudolf Schieffer
Die Karolinger

4., überarb. u. erw. Auflage 2006
266 Seiten, 6 Stammtafeln. Kart.
€ 17,–
ISBN 978-3-17-019099-3
Urban Taschenbücher, Band 411

Gerd Althoff
Die Ottonen
Königsherrschaft ohne Staat

2., erw. Auflage 2005
290 Seiten. Kart. € 18,–
ISBN 978-3-17-018597-5
Urban Taschenbücher, Band 473

▶ www.kohlhammer.de

W. Kohlhammer GmbH · 70549 Stuttgart
Tel. 0711/7863 - 7280 · Fax 0711/7863 - 8430

Franz-Reiner Erkens
Herrschersakralität im Mittelalter

Von den Anfängen bis zum Investiturstreit

2006. 282 Seiten, 16 Abb. Kart.
€ 25,–
ISBN 978-3-17-017242-5

Egon Boshof
Europa im 12. Jahrhundert

Auf dem Weg in die Moderne

2007. 346 Seiten, 17 Abb. Kart.
€ 29,80
ISBN 978-3-17-014548-1

Gabriela Signori
Das 13. Jahrhundert

Einführung in die Geschichte des spätmittelalterlichen Europas

2007. 202 Seiten, 20 Abb., 2 Pläne, 6 Karten. Kart. € 24,–
ISBN 978-3-17-019096-2

▶ **www.kohlhammer.de**

W. Kohlhammer GmbH · 70549 Stuttgart
Tel. 0711/7863 - 7280 · Fax 0711/7863 - 8430